KB119433

동방의 빛 ❻

빛의 예언 下

豫言

동방의 빛 ❻

빛의 예언 下

| 금시명 지음 |

學古房

머리말

정역을 연구하고 성서를 연구해본 결과, 대변혁은 이미 오래전부터 확정되어 있었다고 본다. 그것을 직시할 것인가, 외면할 것인가, 선택은 오직 두 가지 뿐인 듯하다. 돌이켜보면, 2004년 무렵 정역의 난해함이 알 수 없는 미지의 힘으로 필자를 끌어들였었지만, 지금 이 순간 『모든 세기』와 『성경』의 예언들이 뿜어내는 극한의 난해함, 그 아우라만으론 설명이 약간 부족해 보인다. 거기에 담긴 종말의 예언들이 남의 일이 아니라 바로 나 자신의 일이라는 그 어떤 절박함 같은 것이 그 극한의 난해함 앞에 마주설 수 있도록 해주었던 것이 아닌가 싶다. 지난 2015년에 필자는 동양의 정수인 주역과 천부경을 중심으로 동양에 희망이 있다는 의미를 담아 『동방의 빛』 시리즈 네 권을 출간했었고, 이후 『성경』 속의 「계시록」과 「다니엘서」, 그리고 노스트라다무스가 남긴 『모든 세기』를 중심으로 서양의 예언들을 연구해보면서, 서양에서도 결국은 동양의 주역과 마찬가지로 "동방의 빛"을 이야기해주고 있다는 결론에 도달할 수 있었다. 그리하여 애당초 혼자서 공부해보려던 취지에서 나아가, 『모든 세기』와 『성경』의 주요 예언을 해설하는 제5권과 제6권을 출간하고 『동방의 빛』 시리즈를 완결해야겠다는 결심으로 바뀌게 된 것이다. 독자 여러분들은 제1편 두 통의 서신을 읽으면서 대大예언가의 마음을 헤아릴 수 있게 될 것이다. 그리고 제2편 「다니엘서」를 읽으면서, 성서의 예언이 어떻게 주어지고, 예언에는 어떤 원칙이 있는지, 그리고 예언들이 어떻게 하나하나 실현되고 있는지를 느껴

보게 될 것이고, 나아가 성서에서 바라보는 종말의 시기를 가늠해볼 수 있게 될 것이다. 제3편 「계시록」을 읽으면서 불원간에 닥쳐올 종말의 양상을 그려볼 수 있게 될 것이고, 제4편 동방의 빛을 읽으면서 그래도 우리에겐 희망이 있다는 것을 발견할 수 있을 것이다.

필자의 연구 결과에 의하면 난해하기로 정평이 나있는 『모든 세기』의 4행시들은 핵심 키워드를 통해 서로 긴밀하게 연관된다. 이러한 연관성에 초점을 맞추면 노스트라다무스가 주장하는 7000년이란 것이 언제 마감되는지 추산이 가능해지고, 그 수치를 다시 『모든 세기』의 4행시들과 대조함으로써 제대로 된 결과인지 확인까지도 가능해진다. 또한 이러한 연관성에 초점을 맞춰보면 각각의 4행시로 이뤄진 수많은 예언들이 종전과 다른 모양새로 다가오는 것을 느낄 수 있다. 대체로 아들과 국왕에게 보낸 2통의 서신이 "뼈대"에 해당되고, 『모든 세기』의 4행시들은 서로 얽혀 서신의 내용을 뒷받침해주는 "살"이 된다고 볼 수 있다. 각각의 4행시들은 미래의 개별적인 사건들을 묘사하고 있지만, 이들은 마치 각각의 퍼즐 조각과 같아서, 퍼즐과 퍼즐을 서로 끼워 맞춰주는 일이 각각의 개별적인 사건들을 파악하는 일보다 훨씬 더 중요하다는 것을 깨닫게 된다. 해당 사건이 일어난 후에 관련되는 4행시를 해석하다가 보면 예언의 내용이 어느 정도 파악이 가능해지고, 결국 어느 시점에 가서는 커다란 윤곽에 대한 전체적인 메시지가 읽혀질 수 있도록 배려해놓았다고 볼 수 있다. 그동안의 다른 예언 연구가들은 주로 개별적인 4행시들을 해석하는 데만 너무 깊이 몰두했던 나머지, 2통의 서신과 4행시에서 통합적으로 제시되는 다양한 정보들의 유기적 연관성을 크게 놓치고 있었던 것으로 보인다. 더불어 노스트라다무스가 각각의 시문들을 써내려가면서 『성경』

의 예언들과 일일이 대조하고 일치시키는 작업들을 수행했다는 사실을 토대로, 『모든 세기』와 『성경』의 예언서들을 같이 곁들여 가면서 함께 연구를 하게 되면 난해한 양쪽의 예언들을 풀어내는 데 있어서 상상하는 이상의 커다란 상승효과를 얻을 수 있다는 사실을 경험으로 절감할 수 있었다. 이러한 소소한 깨달음들로 말미암아 마침내 두 가지 난해한 『모든 세기』, 그리고 『성경』의 예언을 풀이해낼 수가 있었고, 그리고 본서가 출간될 수 있게 된 것이다. 흔히 1999년에 지구의 종말이 일어나지 않았다는 이유로 노스트라다무스를 엉터리라고 폄하하거나 무시해버리는 것은 조금 성급하고 부적절한 일로 여겨진다. 그리 머지않아 그의 진가가 제대로 드러나는 날이 반드시 오게 될 것이라고 확신하는 바이다. 본서에 들어가기 전에, 먼저 수많은 상징들에 대해 익숙해질 필요가 있을 것 같다. 간단하게 염소와 양에 대한 이야기 하나와 함께 가볍게 워밍업을 해보는 것도 도움이 될 듯싶다. 그래봤자 염소와 양일 뿐인데, 이런 짐승들 따위가 뭐 그리 대단하겠는가라고 여길 수도 있겠지만, 어쩌면 이들의 얘기가 곧 우리들의 모습과 크게 다르지 않을지도 모르겠단 생각을 하게 될 것이다.

성서에서는 흔히 양은 선하고 의로운 자들을 상징하고, 염소는 악하고 불의한 자를 상징하는데 쓰이고 있다. 하지만 옛날 양을 키우던 목동들은 우리 안에다가 일부러 양과 염소를 함께 키웠다고 하는데, 그 이유는 양과 염소의 습성 차이에 있다고 한다. 양은 그 무더운 여름에도 몸을 서로 맞대고 모여 사는 습성이 있다고 한다. 한 여름의 뜨거운 태양 아래서 그렇지 않아도 두꺼운 양털을 뒤집어쓰고 있는 양들이 떨어지지 않으려고 자기들끼리 그렇게 엉겨 붙어 있으면 살갗이 벗겨지기도 하고 한낮에 질식해서 죽기도 하는데, 그래서 목동들은 양의 우리에 염소들을 같이 넣었다고 한다. 양들은 움직이는 것을 싫어하고 뭉쳐 지내는 것을 좋아하는데 염소가 그들의 중간에서 계속 치받는 것이다. 양들의 입장에서는 귀찮고 괴로워 죽을 지경이겠지만, 그렇게 하는 것이 양들을 위해서도 유익하고 오히려 양들을 살리는 일이라는 것이다. 그래서 양과 염소를 섞어 키웠다는 것이다. 그 외에도 여러 다른 이유들을 들 수 있다. 양떼만을 키우면 양은 풀을 먹을 때 줄기까지 먹거나 심지어는 뿌리까지 캐먹는 습성이 있다고 한다. 그렇게 모든 것을 먹어 치우기에 다음 해에는 풀이 나질 않게 되는데, 염소를 함께 키우면 염소의 습성을 양들이 따라하게 된다. 염소는 연한 풀잎들만을 골라가면서 재빨리 뜯어먹기 때문에 양들이 따라하게 되면 뿌리까지 먹는 것을 방지할 수 있게 되고, 따라서 다른 곳으로 옮겼다가 시간이 지나서 그 자리로 돌아오면 그때는 풀이 다시 날 수 있게 되는 것이다. 또한 양들은 게으르다고 한다. 양들은 풀을 배부르게 뜯게 되면 움직이지 않고 자리에 눕는 습성이 있다고 한다. 이렇게 먹고 자고를 반복하면 자연스럽게 비대해지는데 잘못해서 그 몸으로 움푹한 곳에 누웠다가는 일어나지도 못하는 경우가 종종 발생한다. 마치 거북이가 뒤집혀 허우적거리듯이 양들도 비슷하다고 한다. 이런 상황에서 양이 너무 긴장하면 복부에는 가스가 차오르게 되고 혈액순환이 잘 되질 않아 다리까지 혈액이 공급되지 못한다. 그 영향으로 다리에 마비가 일어난다. 이 상태로 오래 있게 되면 스스로 죽든지 포식자들에게 잡혀 죽게 되는 것이다. 그러나 염소를 함께 섞어 놓고 키우면 이리 뛰고 저리 뛰는 염소들로 인해 누워있지 못하게 되고 결국 양들도 건강을 유지할 수 있게 된다고 한다. 또 염소를 함께 섞어 키우는 이유 중의 하나는 겁이 많은 양들의 습성 때문이기도 하다. 양들은 겁이 많아 험한 길과 높은 바위를 만나게 되면 나아가지 못하고 주저하게 되는데, 이러한 곳을 지날 때 염소가 중요한 역할을 하게 된다. 목동이 양들을 이끌 때 평탄한 길로만 인도할 수가 없다. 어쩔 수 없이 거칠고 험한 길을 갈 수밖에 없는 상황에 처하게 되는데 이때 겁 없는 염소가 앞장서 길을 잡아 나아가면 자연스럽게 양들이 그 뒤를 따르게 된다. 또한 물가로 인도해 물을 먹일 때도 염소가 큰 역할을 한다. 양들은 겁이 많아 바람 때문에 물살이 흔들려 수면에 비친 자신의 모습이 흔들리기라도 하면 깜짝 놀라서 어쩔 줄 몰라 하게 된다. 이때도 염소의 담대한 태도가 양들을 안정시켜주는 역할을 한다. 낮 동안에 함께 방목을 하다가 밤이 되면 목동은 이 두 그룹을 나눈다. 염소는 추위를 타는 짐승이므로 굴 안쪽으로, 양은 더위를 타는 짐승이므로 굴 입구에 재워야 둘 다 잠을 설치지 않는다. 낮에는 뜨거운 태양을 견디지 못하는 양들은 더위에 강한 염소의 배 밑으로 머리를 쳐 박고 햇빛을 피한다. 또한 양들은 풀을 먹고 당장 배가 부르다고 해서 눕는 것이 아니다. 누워 한숨 자고 일어난 후에도 먹을 것이 보장되어 있다고 느껴져야 비로소 안심하고 누울 수 있다. 만약 그것이 보장되지 않는다면 양들은 당장 배부른 것은 안중에도 없고 오직 나중에 먹을 것이 보장되지 않는다는 그 이유 하나만으로 평안히 누워있지를 못한다. 또한 양들은 시력이 아주 좋지 못하다. 양의 시력은 -0.7 정도라고 알려져 있다. 그래서 바로 1미터 앞에 있는 사물조차도 제대로 구별해내지 못한다. 그래서 목동은 자신의 뒤를 졸졸 따라오는 양의 목에 방울을 달아 뒤에 따라오는 양들이 그 소리를 듣고 따라오게 한다. 이외에도 양은 방향감각이 없다. 양들처럼 부실하게 태어난 짐승이 또 있을까? 꾀도 없고, 힘도 없고, 방향감각도 없고, 시력도 안 좋고, 날카로운 이빨이나 발톱도 없고, 들이받을 뾰족한 뿔도 시원치 않다. 거기다 자신을 숨길 줄도 모르고 안짱다리라 빨리 뛰지도 못하고 후각이 발달하지 않아 독초도 구별하지 못하여 목동이 초원의 독초를 제거하지 않으면 그것을 먹고 심각한 상태에 이르기가 다반사이다. 그에 비해 염소는 놀라운 야생 적응력을 가진 강인한 동물이라고 할 수 있다. 어떤 동물학자가 염소의 천적이 없는 외딴 섬을 하나 골라 그곳에다 단지 몇 마리의 염소를 풀어놓는 실험을 했다고 한다. 그리로 얼마 있지 않아 그곳을 방문하여 보니, 그곳은 온통 염소들의 천국으로 바뀌어 있었다고 한다. 천적이 없는데다가 염소들의 무서운 번식력 때문에 그 섬은 온통 염소들로 넘쳐나는 **"염소들의 섬"**으로 바뀌고 만 것이었다. 그리고 시간이 지나 또 다시 그 섬을 방문했을 때, 이번에도 깜짝 놀라게 되었다고 한다. 그렇게 번성하던 그 많던 염소들이 모두 죽어 있었다는 것이다. 그 이유는 염소들이 그 섬의 먹을 만한 모든 풀들과 심지어는 나뭇잎들까지 다 먹어치운 결과 더 이상 먹을 것들이 남아 있지 않게 되었고, 그 많던 염소들이 모두 한꺼번에 굶어죽었던 것이다. 대부분의 동물들은 나름대로 종족 보존을 위한 본능 같은 것이 있게 마련이어서 주위의 환경과 상황에 따라 스스로 개체의 수를 줄이거나 늘리면서 생존을 모색하게 되는데, 염소들은 그렇지 않았다고 한다. 그들은 단지 그들의 탐욕, 즉 끊임없이 먹어대고 힘닿는 대로 번식하여서 마침내 모두가 공멸에 이르게 되는 그런 동물이었던 것이다.

2017년 12월 10일

휘날리는 함박눈을 바라보며…

목 차

제3편 요한계시록 / 15

제4편 동방의 빛 / 233

요한계시록 3

계시록 4장

계 4:1 이 일 후에 내가 보니 하늘에 열린 문이 있는데 내가 들은 바 처음에 내게 말하던 나팔소리 같은 그 음성이 가로되 이리로 올라오라 이 후에 마땅히 될 일을 내가 네게 보이리라 하시더라 계 4:2 내가 곧 성령에 감동하였더니 보라 하늘에 보좌를 베풀었고 그 보좌 위에 앉으신 이가 있는데 계 4:3 앉으신 이의 모양이 벽옥과 홍보석 같고 또 무지개가 있어 보좌에 둘렸는데 그 모양이 녹보석 같더라 계 4:4 또 보좌에 둘려 이십 사 보좌들이 있고 그 보좌들 위에 이십 사 장로들이 흰 옷을 입고 머리에 금 면류관을 쓰고 앉았더라 계 4:5 보좌로부터 번개와 음성과 뇌성이 나고 보좌 앞에 일곱 등불 켠 것이 있으니 이는 하나님의 일곱 영이라 계 4:6 보좌 앞에 수정과 같은 유리 바다가 있고 보좌 가운데와 보좌 주위에 네 생물이 있는데 앞뒤에 눈이 가득하더라 계 4:7 그 첫 번째 생물은 사자 같고 그 두 번째 생물은 송아지 같고 그 세 번째 생물은 얼굴이 사람 같고 그 네 번째 생물은 날아가는 독수리 같은데 계 4:8 네 생물이 각각 여섯 날개가 있고 그 안과 주위에 눈이 가득하더라 그들이 밤낮 쉬지 않고 이르기를 거룩하다 거룩하다 거룩하다 주 하나님 곧 전능하신 이여 전에도 계셨고 이제도 계시고 장차 오실 자라 하고

성서의 「창세기」가 인류가 어떻게 에덴동산을 잃어버리고 이후 얼마나 타락하게 되는가를 말해준다면, 「계시록」은 최후의 심판과 함께 에덴동산을 다시 회복해가는 내용을 담고 있는 듯하다. 즉 구약과 신약을 통틀어 성서의 결론이 「계시록」이다. 계 4:2에서 성령에 감동한 요한이 하늘나라로 초청을 받는다. 거기에는 하나님의 보좌가 보이고 그 위에

앉으신 이가 있는데, 이 장면은 단 7:9에서 “내가 보았는데 왕좌가 놓이고 옛적부터 항상 계신 이가 좌정하셨는데,”를 연상하게 한다. 드디어 심판이 시작되는데, 주위에 24보좌들이 있고 거기에 24장로들이 앉아 있다. 그들은 순결함과 의로움을 상징하는 흰옷을 입고 금 면류관을 쓰고 있다. 하늘의 모습을 모방한 고대 이스라엘의 성소에서도 봉사하는 제사장들이 24그룹이 있었다. 지금 향로를 들고 있는 그들은 심판에 함께 배석하는 배심원들로 보인다. 또한, 보좌 가운데와 보좌 주위에 네 생물이 있다고 기술되고 있는데, 이는 보좌를 중심으로 그 주위에 네 생물이 둘러싸고 있다는 뜻으로 해석된다. 그런데 네 생물의 앞뒤에 눈이 가득하다는 것은 살피는 기능을 말하는 듯하고, 생물들의 모습은 각각 사자, 송아지, 사람 얼굴, 독수리 같다고 한다. 유대인들의 역사책에도 이스라엘이 진을 칠 때에는 사자, 송아지, 사람 얼굴, 독수리의 네 깃발을 사방에 꽂았다고 한다.

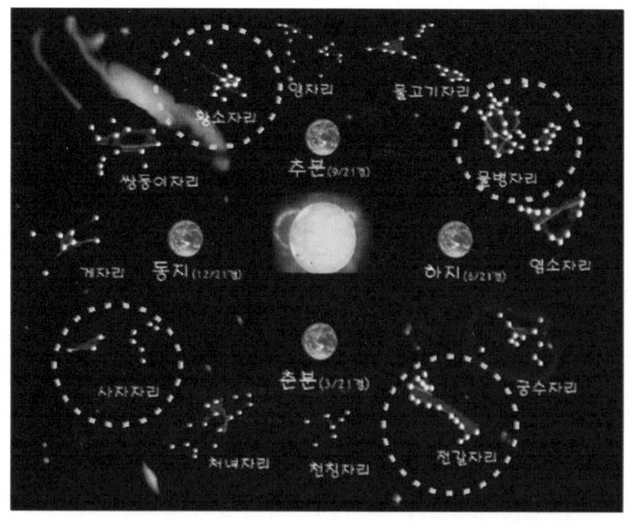

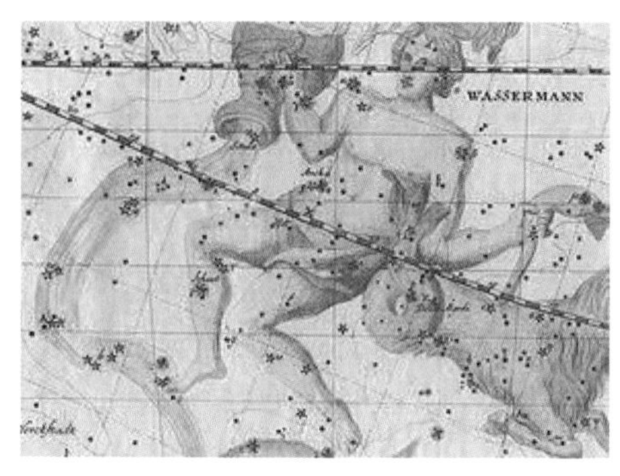

위의 그림에서 우리 태양계를 둘러싸고 있는 "**황도 12궁**"이라 불리는 12개의 별자리를 살펴보면, 지금 「계시록」 4장에서 기술되는 장면이 시각적으로 아주 쉽사리 이해될 수 있는 길이 열린다. 먼저 "**중심에 있는 보좌**"라는 것은 그림의 중심에 놓여있는 "**태양**"이라고 볼 수 있다. 그리고 네 생물이 보좌를 둘러싸고 있다는 것은, 상기의 그림과 같이 네 개의 별자리가 태양을 둘러싸고 있는 모습으로 치환될 수 있다. 즉 네 생물 중에서 사자는 황도 12궁중에서 "**사자자리**"를 의미하는 것이고, 송아지는 "**황소자리**"를 의미한다. 얼굴이 사람 같다는 세 번째 생물은 "**물병자리**"를 의미한다. 물병자리는 그리스 신화에서 가니메데가 들고 있는 물병을 말한다고 보는 견해가 일반적이다. 그리스 신화에서 제우스는 아름다운 소년 가니메데를 보고 사랑에 빠져, 독수리로 변신한 뒤 가니메데를 데리고 올림포스 산으로 올라가 신들에게 포도주를 따르는 일을 시켰다고 전해진다. 따라서 물병자리의 다른 상징은 제우스가 사랑에 빠질 만큼 **아름다운 얼굴을 가진 소년 가니메데**가 된다.

한편 네 번째 생물은 독수리라고 하는데, 상기 태양계를 둘러싼 황도 12궁의 구도로 보자면 분명 "**전갈자리**"가 자리하고 있는 것이 매우 의아하게 여겨질 수도 있겠다. 하지만 전갈자리의 특성을 알게 되면, 「계시록」 4장에 독수리가 등장하고 있는 이유를 이해할 수 있게 된다. 전갈자리의 상징은 당연히 전갈이지만, 전갈자리의 또 다른 상징은 독수리이기도 하다. 본래 전갈자리라는 것은 숙명적으로 선과 악을 동시에 보유하고 있는 별자리이다. 그리고 자신의 본성 속에 들어있는 악을 이겨내고 제거해야하는 숙명까지 타고난다. 그리고 마침내 성공하여 순수한 선으로 남게 되는 순간 전갈은 하얀 독수리로 비상하게 된다. 지금 「계시록」 4장에서 등장하고 있는 독수리라는 존재가 바로 "**승리한 전갈**"인 것이다. 악과의 전쟁을 이겨내고, 순수한 선으로 거듭 나 날개를 달고 비상하게 된 거룩한 존재… 그리하여 본래는 음침한 사막을 떠돌던 전갈에 불과하던 존재가 하얀 독수리로 비상하는데, 이때의 하얀 독수리는 하늘을 지배하는 새들의 왕 독수리 정도가 아니라, "**시뻘건 불꽃으로 모든 것을 태워버리고 정화되어 그렇게 활활 타오르는 잿더미 속에서 순백의 두 날개를 펄럭이며 부활하는 거룩한 불사조**"를 상징한다. 이렇게 하얀 독수리를 비롯하여 지금 심판에 때에 좌정하고 있는 모든 이들은 모두 다 "승리한 존재들"이라는 것을 이해할 필요가 있을 것 같다. 가령 황소자리에 황소가 아니라 송아지가 그 자리를 차지하고 있는 것도 같은 맥락으로 이해된다. 그러한 성스런 자리에 속세의 더러운 때를 벗지 못한 전갈과 같은 존재는 아예 낄 수가 없는 것이다. 그리고 우리는 「계시록」 4장이 태양을 중심으로 한 태양계에 국한되는 협소한 구도가 아니라, 태양을 중심에 놓고, 그러한 태양을 둘러싼 전 우주적 차원의 무한한 구도라는 것도 이해할 필요가 있다. 그 무한한 우주의 중심에 계신 "거룩한 태양"이 바로 하나님의 표상이다.

그리고 또 한 가지, 지금 거론한 네 마리의 생물에다가 24보좌를 더해보면, "28"이란 숫자를 얻게 되는데, 우리는 동방의 빛 시리즈 제2권 『천부경』에서 다룬 바 있었던 동양의 별자리 "28수"와 연결된다는 것을 또한 깨달을 필요가 있다. 이것을 깨닫게 되면 24장로들의 금 면류관이 무엇을 의미하는지도 저절로 깨닫게 된다. 밤하늘에 반짝이는 별들, 그들이 바로 금 면류관이 상징하는 바이다. 또한 물병자리는 입춘, 황소자리는 입하, 사자자리는 입추, 전갈자리는 입동과 비견되면서, 동양 주역에서의 춘하추동 개념과도 정확히 일치한다. 따라서 상기의 네 별자리는 곧 청룡, 백호, 주작, 현무로 바꾸어 보아도 동일한 의미가 된다. 서양의 하늘과 동양의 하늘이 결코 둘이 아닌 것이다. 하물며 이스라엘의 "여호와"와 조선이 제천행사를 통해 해마다 제를 올렸던 대상인 "천제"가 서로 다른 분이시겠는가?

더불어 한 가지 더 짚고 넘어가야 할 것은 노스트라다무스가 사람들이 "점성술"이라고 치부하며 무시해버리는 풍조를 잘 알고 있으면서도 굳이 "천체학"이라고 이름을 바꿔 부르면서까지, 자신의 예언을 구성하는 중요 요소로 삼았던 그 근거가 바로 「계시록」 4장에 있다는 것을 깨달을 필요가 있다. 이렇게 버젓이 『성경』의 중요한 대목에 명명백백하게 명시되어 있는데도 불구하고, 사람들이 이를 깨닫지 못하고 오히려 하나의 점술로 매도해버리는 풍조를 그는 "무지의 소행"으로 치부해 버렸던 것이다. 그는 명확한 근거를 잘 파악하고 있었기 때문에 스스로 떳떳했고, 자신감을 가지고 판단의 중요 요소로 삼을 수 있었던 것이다.

"성경은 천체학을 한 번도 점술이나 미신으로 매도한 적이 없다. 그런데도 그렇게 매도하는 당신은 대체 어떤 의도로 그리하는 것인가? 그렇게 해서 당신이 얻는 게 도대체 무엇인가? 오히려 의심스러운 쪽은 바로 당신이다. 잘 모르겠으면 그냥 입 다물고 가만히 있으라."

바로 이것이 노스트라다무스의 입장이었을 것 같다.

계시록 6장

계 6:1 내가 보매 어린 양이 일곱 인 중의 하나를 떼시는데 그 때에 내가 들으니 네 생물 중의 하나가 우렛소리 같이 말하되 오라 하기로

서기 95년경 사도 요한[1)]이 계시를 통해 마치 오늘날 우리가 영화를 보는 것 같이 일련의 영상들을 보게 된다. 먼저 보좌에 앉아계신 하나님의 오른손에 일곱 인으로 봉함된 책이 놓인 것을 보았다고 한다. 요한이 보기에 그 책은 아주 중요한 것처럼 보였고 누군가가 빨리 봉해진 일곱 인을 떼야 할 것 같이 여겨졌다. 그러나 능히 그것을 뗄 사람이 없자 그는 안타까워서 울었다. 그때 어린 양이 등장해 인을 떼는 것을 보았고, 하나씩 인을 뗄 때마다 이상한 장면이 보이기 시작한다. 그 장면을 보여주는 존재는 「계시록」 4장에 등장했던 네 생물이다. 여기서 말하는 "인印"은 도장을 말한다. 고대의 여러 가지 중요한 문서들은 권한이 없는 사람이 펴서 읽는 것을 막기 위해 그 문서에 봉인하는 일이

1) 서기 95년 로마 황제 도미티아누스의 기독교 박해 때 요한은 군병들에게 붙잡혀 파트모스 섬으로 유배되었는데 그 곳에서 요한묵시록을 저술하다가, 96년 황제가 암살되자 사면 받아 에페소스로 귀환하여 요한 복음서와 요한 서신을 저술하였다. 그때 그는 너무 노쇠해 제대로 설교를 할 수 없어 항상 신도들에게 부축을 받았다고 한다. 요한은 항상 서로 사랑하라고 가르쳤는데, 매일 같은 말만 반복하는 것에 대해 신도들이 불평을 하자 그는 "사랑은 그리스도 교회의 기초요, 사랑만 있으면 죄를 범하지 않는다."고 대답하였다. 그리하여 요한은 '사랑의 사도'라고 불리게 되었다. 서기 100년경에 94살의 나이에 사도들 중 유일하게 순교하지 않고 편안하게 임종을 맞았다고 전해 내려온다.

많았다. 두루마리인 경우에는 그 둘레에 상하로 끈을 감고 축축한 진흙 덩어리를 끈 위에 덮어씌운 다음, 인으로서 음각된 소인이나 인장을 그 진흙 무더기 위에 찍었다. 진흙 대신에 밀랍을 사용하기도 했다. 나라의 관리들은 물론이고 개인과 단체들도 인으로 도장을 사용했는데, 도장에는 주인의 이름이 음각되어 있었고 때로는 신들이나 이상한 짐승들의 모양이 새겨져있기도 했다. 특히 권리증서, 계약서, 서약서, 유언서 같은 문서들은 날인을 일곱 개나 했다. 계 6:1에 "인을 뗀다."고 하는데, 이는 유대인들의 관습에 조상에게 물려받은 땅을 팔게 되는 경우, 일곱 명의 증인들을 불러 그 땅 문서를 봉인하여 그것과 함께 팔았던 데에서 그 의미를 유추해볼 수 있다. 만일 그 땅을 본래의 주인에게 돌리려면 돈을 갚고 그 땅문서를 봉인할 때 당시에 함께했던 증인들 앞에서 인을 떼어야 했다. 그래야 그 땅을 다시 소유할 수 있었다. 그리고 증인들은 주로 그 마을의 장로들이었다.

「계시록」 6장의 가장 큰 특징은 종말의 시기까지 일어날 일들을 개괄적으로 크게 한번 정리해주는 장이란 것이다. 이와 비슷한 사례로는 「다니엘서」 2장을 들 수 있겠다. 「다니엘서」 2장에서는 바벨론 왕의 꿈에 커다란 신상이 나오면서, 그 신상이 마지막에 둥둥 날아온 돌에 의해 무참하게 깨지는 것으로 마무리되었고, 이는 이후 인류사 전체의 흐름을 거시적으로 잡아준 것이었다. 또한 미시적으로는 시대의 전환기였던 프랑스 대혁명 이후에 전개되는 흐름의 윤곽을 일목요연하게 이해할 수 있도록 도와준다. 그와 마찬가지로, 지금 「계시록」 6장도 요한 이후 최후 종말의 때까지 벌어질 일들의 전체적 개요를 거시적으로 잡아주는 것은 물론이고, **미시적으로는 특히 20세기 초부터 최후까지 전개되어질 일들을**

이해할 수 있게 해준다. 이러한 구도는 마치 60갑자로 갑자년, 을축년, 병인년과 같이 커다란 그릇에만 60갑자를 담는 것이 아니라 갑자월, 을축월, 병인월과 같이 작은 그릇에도 같은 재료를 마찬가지로 똑같이 담을 수 있다는 동양철학의 개념을 떠올려보면 이해가 쉬울 것이다. 먼저 거시적인 관점에 입각해서 전체적 개요를 살펴볼 것이고, 이어 미시적 관점에 의거해 20세기 초부터 어떤 일들이 전개되어 나가는 지를 집중적으로 살펴볼 것이다. 우선 편의상 「계시록」 6장에서 차례로 떼어지는 6개의 인에 대하여 거시적 관점으로 분석을 시작한다. 첫째 인을 뗄 때는 흰 말이 나오고, 둘째 인을 뗄 때는 붉은 말, 그리고 셋째는 검은 말, 넷째 인 때는 청황색 말이 나온다. 이것은 요한의 시대부터 시간이 흘러가면서, 교회가 각 시대마다 주로 어떤 기조로 흘러가는지를 알려준다. 그리고 다섯째 인을 떼자 억울하게 죽임을 당한 영혼들이 탄원하는 장면이 나오고, 여섯째 인을 떼면서 최후의 심판으로 이어진다.

계 6:2 이에 내가 보니 흰 말이 있는데 그 탄 자가 활을 가졌고 면류관을 받고 나아가서 이기고 또 이기려고 하더라 계 6:3 둘째 인을 떼실 때에 내가 들으니 둘째 생물이 말하되 오라 하니 계 6:4 이에 다른 붉은 말이 나오더라 그 탄 자가 허락을 받아 땅에서 화평을 제하여 버리며 서로 죽이게 하고 또 큰 칼을 받았더라 계 6:5 셋째 인을 떼실 때에 내가 들으니 셋째 생물이 말하되 오라 하기로 내가 보니 검은 말이 나오는데 그 탄 자가 손에 저울을 가졌더라 계 6:6 내가 네 생물 사이로부터 나는 듯한 음성을 들으니 이르되 한 데나리온에 밀 한 되요 한 데나리온에 보리 석 되로다. 또 감람유와 포도주는 해치지 말라 하더라 계 6:7 넷째 인을 떼실 때에 내가 넷째 생물의 음성을 들으니 말하되 오라 하기로 계 6:8 내가 보매 청황색 말이 나오는데 그 탄 자의 이름은 사망이니 음부가

그 뒤를 따르더라 그들이 땅 사분의 일의 권세를 얻어 검과 흉년과 사망과 땅의 짐승들로써 죽이더라

첫째 인을 떼면서 나오는 흰 말은 순결과 승리를 상징한다. 이때는 순결한 초대 교회의 시대를 상징한다. 1세기 무렵의 교회는 오류가 섞이지 않은 순수한 진리, 곧 예수가 가르친 그대로 진리를 보존하고 있었다. 그 교회는 오순절 성령의 충만을 경험했던 이기는 교회였었다. 또한 면류관을 쓰고 말을 탄 이는 초대교회를 이끌었던 지도자를 상징한다. 고대 로마에는 전쟁에서 승리한 장군이 개선할 때에 흰 말을 타고 오는 전통이 있었다. 그렇듯이 참된 진리가 나아가 세상을 정복하여 이기고 또 이겼던 시대였다. 초대 교회 당시 로마 시내에만 기독교도들이 약 5만 명 이상이었고, 소아시아 지방의 안디옥에 있던 기독교도들은 약 10만 명으로서 그 도시의 20%에 이를 정도였다. 그리고 로마제국의 전체 기독교도들은 대략 500만 명에 이르렀다. 그러므로 바울은 「로마서」 1:8에서, "**첫째는 내가 예수 그리스도로 말미암아 너희 모든 사람을 인하여 내 하나님께 감사함은 너희 믿음이 온 세상에 전파됨이로다.**"라고 말할 수 있었던 것이다. 이르길 "말 탄자가 면류관을 쓰고 활을 가지고 이기고 또 이기려고 한다."고 하는데 이것은 참된 진리로 승리한 초대 교회를 잘 표현해준다.

이어 두 번째 달려오는 붉은 색 말을 탄 이는 칼을 쥐고 있는데, 붉은 색은 전쟁과 피를 상징한다. 서기 100년~서기 323년은 피를 흘리는 시대였다. 서로 질투하고 시기하는 일이 많아지고 파당이 생겨났다. 교회는 순결을 잃기 시작하였고, 무엇보다도 큰 칼의 위협이 닥쳐왔다. 그

시대는 붉은 피를 많이 흘린 시대였고, 외부의 핍박으로 고난을 받던 시대였다. 교회는 순교자들의 피로 붉게 물들어 갔다. 수많은 기독교도들이 콜로세움의 원형 극장에서 맹수들에게 먹히거나 화형대의 이슬로 사라져 갔다. 특히 유럽과 북부 아프리카 지역에서 무자비한 핍박과 죽음이 계속되었다.

셋째 인과 함께 검은 말이 나오는데, 그 말 탄 자는 손에 저울을 가지고 있다고 한다. 여기서 검은색 말은 글자 그대로 검은 세력을 의미한다. 저울은 무엇을 상징하는 것일까? 계산하고, 저울질하고, 거래하는 것을 의미한다. 이 시대는 교회가 검은 세력, 즉 악의 세력과 결탁하여 계산하고 저울질하면서 굴복하였고, 그 결과 핍박은 그치게 되었지만 그 대신에 커다란 대가를 지불해야 했다. 순결하고 의로웠던 교회가 타락의 나락으로 떨어지게 된 것이다. 이 시대는 오류가 교회 안에 들어와 순결한 진리들을 대치하기 시작했을 뿐만 아니라 세속주의와 배금주의가 교회를 가득 채우게 되었다. 나아가 기독교는 갑자기 로마제국의 공식적인 종교로 등극하게 되었다. 기독교와 로마교를 융화하는 종교 정책의 일환으로 콘스탄티누스 황제가 표면적으로 기독교로 개종하면서, 엄청난 수의 로마교도들이 기독교로 유입되었다. 더불어 이 융화정책에 의하여 기독교의 교리는 로마교의 교리와 타협하고 융합될 수밖에 없었다. 교회 안에 예전에 없던 풍습과 전통들이 가득하게 된 것이다. 로마제국은 교회 감독에게 정치적 권위를 주었고, 결국 교황권이 시작될 수 있었다. 더불어 로마교에서 들어온 의식들이 가톨릭의 의식들로 변신하였다. 이렇게 들어 온 로마교의 풍습들 중의 하나가 우상숭배였다. 십계명에 금지되어 있는 우상들을 들여오면서 그 이름들과 모습들을 바꾸어놓고 성경적 냄새가 풍기게 만들기 위하여 베드로, 요한, 바울과 같은 형상들로 만들어 교회 안에 들여와 세우기 시작했다. 주피터 신의 이름은 베드로로 바꾸고 다산 신을 상징하는 여신은 성모 마리아로 바꾸었다. 또 다른 타협은 안식일이었다. 당시 태양신이 로마제국에서 인기가 있었고, 그래서 로마제국은 이교도들을 수용하고 비위를 맞추기 위하여 예배일을 토요일이 아니라 태양신을 섬기는 일요일로 변경하기에 이른다. 일요일에 예배를 드리면, 그 당시 미움을 받고 있던 유대인들과 거리를 둘 수 있었고, 이교도들이 훨씬 편안해 했기 때문에 일석이조의 효과가 있었다. 나아가 지옥설, 영혼 불멸설, 고해 성사, 성자숭배, 십계명 바꾸기 등의 많은 타협이 거듭됐다. 이때는 각종 미신들과 틀에 박힌 제례의식들이 진정한 영적 체험을 대치하던 때였다. **계 6:6에서 "가로되 한 데나리온에 밀 한 되요, 한 데나리온에 보리 석 되로다 또 감람유와 포도주는 해치 말라 하더라."**고 했는데, 여기서 한 데나리온은 당시 어른 한명이 일하여 받는 하루 품삯이었다. 원래 한 데나리온을 가지고 밀 다섯 되를 살 수 있었다. 그런데 여기선 한 데나리온으로 밀을 한 되 밖에 살 수 없다고 말하고 있으며, 또 보통 한 데나리온으로 보리 24되를 살 수 있어야 하는데 단지 석 되 밖에 살 수 없다고 한다. 이는 심각한 기근과 가난을 표현한 것인데, 특히 영적인 기근을 강조한 표현으로 보인다. 이 시기 동안 기독교는 심각하게 타락하고 영적인 기근이 들어 하늘 창고에는 수확이 거의 없어질 정도였다. 그러나 "감람유"로 상징된 성령의 역사와 포도주로 상징되는 예수의 가르침은 그래도 조금이나마 유지되고 있었고, 참 진리의 잔을 마시는 자들이 그래도 조금은 남아 있었던 시기였다.

그리고 마지막으로 청황색 말이 달려온다. 청황색은 죽음의 색깔이다. 식물이 햇빛을 받지 못하고 죽으면 청황색으로 변한다. 가르침에서 멀리 떠난 교회가 다다르게 되는 곳은 결국 영적인 사망이다. 이 시기는 영적으로 완전히 죽어 있던 시대를 말한다. 하늘 창고는 수확이 없어 완전히 텅텅 비게 되었다. 성직자들은 오류를 오히려 진리라고 우기면서 강제로 주입하였고, 오류가 없는 진리들은 권위에 의해 핍박을 받던 시대였다. 어둠이 교회를 완전히 점령하여 타협과 오류와 거짓을 들여오고, 교황 세력을 통하여 참된 진리들을 죽이고 핍박하는 데에 성공한 것이다. 이 시기에 적게는 수 천만 명에서 많게는 일 억 명 이상의 순교자가 생겼다. 그래서 그 말 탄 자의 이름이 "사망"이다. 그리고 그 뒤에는 "음부", 즉 무덤이 따르고 있었던 것이다. 한 때 하얀 색으로 상징될 정도로 순결했던 교회가 이제는 지옥의 사신만이 뒤를 따르는, 영적으로 완전히 죽어버린 교회가 된 것이다. 중세시대는 온 유럽이 긴 암흑시대에 처해있던 시기였다. 이 시기 동안 참된 진리는 교황에 의하여 완전히 짓밟혀지고 씨가 말라버리고 어둠이 만든 사악한 교리들이 교회를 가득 채웠다. 성서를 보유하거나 읽을 수도 없었고, 성서대로 믿는 신실한 성도들은 종교 재판소에 끌려가 무참하게 죽임을 당했다. 교황권이 돈을 받고 면죄부와 천국 가는 열차표를 팔던 참혹한 시기였다.

계 6:9 다섯째 인을 떼실 때에 내가 보니 하나님의 말씀과 그들이 가진 증거로 말미암아 죽임을 당한 영혼들이 제단 아래에 있어 계 6:10 큰 소리로 불러 이르되 거룩하고 참되신 대주재여 땅에 거하는 자들을 심판하여 우리 피를 갚아 주지 아니하시기를 어느 때까지 하시려 하나이까 하니 계 6:11 각각 그들에게

흰 두루마기를 주시며 이르시되 아직 잠시 동안 쉬되 그들의 동무 종들과 형제들도 자기처럼 죽임을 당하여 그 수가 차기까지 하라 하시더라

다섯째 인을 떼자 제단 아래서 하나님을 위하여 죽임을 당한 영혼들이 부르짖는 장면이 이어진다. 다섯째 인은 16세기부터 18세기 중반에 걸친 시기를 말한다. 중세기 암흑시대에 순교를 당한 자들의 울부짖음이 상징적으로 기록된 것이다. 암흑시대에 수많은 순교자들과 종교 개혁자들이 억울하게 누명을 뒤집어쓰고 죽임을 당하였다. 성서의 진리와 순수한 신앙을 지켰으나, 오히려 이단자로 몰리어 잔인한 죽임을 당한 것이다. 이 땅에서 그들은 마치 범죄자처럼 취급당했다. 무서운 박해는 다섯째 인 기간에도 계속되었던 것이다. 영국의 크롬웰 장군이 사무엘 몰란드 경에게 교황권이 십자군을 보내어 왈덴스인들을 학살한 사실을 조사해오라고 부탁했을 때, 그는 끔찍한 사실들을 목도하고 너무나 놀란 나머지 하나님께 그 영혼들을 위해 기도를 올려야 했다. 『실락원』을 저술한 존 밀턴은 그의 저서에 이렇게 적었다. “하나님, 그들을 보복하여 주시옵소서. 알프스 산에 차디찬 뼈들이 되어 버린 이 불쌍한 성도들, 학살당한 당신의 자녀들을 신원하여 주옵소서. 우리의 조상들이 나무와 돌들을 섬길 때에 이들은 하나님의 순결한 진리를 믿었지 아니하였나이까? 알프스 산 피드몬 골짜기에 있는 그들의 신음소리를 당신의 기록 책에 기록하소서. 주여!”

지금까지 거시적 관점의 흐름을 논했지만 이제부터는 미시적 관점으로 살펴볼 차례이다. 마지막 시기를 살아가고 있는 우리들에겐 오히려 이 관점이 훨씬 더 피부로 와 닿을 것이라 생각되어 여기에 방점을 찍기로 결정한 것이다. 그동안 필자가 「요한계시록」을 여러 번에 걸쳐 샅샅이 살펴보았지만 천성이 어리석어서 그런지 도무지 어느 구절 하나 선명하게 이해되는 것이 없다가, 드디어 하늘의 도움으로 제6장을 풀어내는 신비의 열쇠를 손에 넣을 수 있었고, 그로부터 여러 구절들이 실타래 풀리듯이 풀리는 것이 많아지게 되었다. 하여 이제부터 그 열쇠라는 것을 자세히 소개해보려고 한다. 그것은 다름 아닌 바로 "노스트라다무스의 그림 예언", 바로 그것이었다. 그림 예언들에 대한 소문은 이런저런 매체들을 통해 많이들 접해서 알고 있으리라 믿는다. 하지만 모두들 익히 잘 알고 있다시피 그 그림들의 해석 또한 그리 쉬운 것이 아닌지라, 이 또한 아리송하지 않을 수가 없었다. 하지만 여기 「계시록」 6장과 그림 예언, 이 둘을 서로 접목시켜가면서 하나하나 다시 살펴보니, 비로소 선명하게 이해가 되기 시작했다. 그리고 마침내 필자가 깨닫게 된 것은, 예언자가 남긴 그림들이야말로 바로 「계시록」 6장을 이해하도록 해주는 결정적인 열쇠였다는 것이다. 1994년 이탈리아 저널리스트 엔자 마싸는 로마 국립도서관에서 16세기 고서 필사본을 발견했는데, 그것이 바로 노스트라다무스가 남긴 잃어버린 예언서였다고 한다. 당시 책의 표제는 '노스트라다무스 바티니시아 코드'였고, 이탈리아 역사학자들은 정밀 검사를 통해 이 고문서가 실제 예언자가 살았던 16세기에 제작되었음을 확인했다고 한다. 그러나 더 깊은 연구 결과 이 예언서는 1994년이 아니라 1982년에 엔자 마싸와 로베르토 피노티가 함께 발견한 것으로 밝혀졌고, 책 표제도 '노스트라다무스 바티니시아 코드'가 아니고 '바티니시아 노스트라다미'였다. 그 책에는 우리의 예언자 혹은 그의 아들 세자르가 그린 것으로 추정되는 수많은 수채화들이 수록돼 있다. 노스트라다무스를 연구하는 빈센트 브리지스가 말하길,

> "이 그림들이 특별하게 평가되고 중요한 이유는 마지막 즈음에 연속으로 이어진 일곱 장의 그림에 깊은 의미가 담겨 있는 것 같기 때문이다"

라고 했는데, 필자가 연구해보니 그가 말한바 그대로 예언자가 남긴 이 일곱 장의 그림은 「계시록」을 풀어내는 아주 중대한 힌트들을 담고 있었던 것이다. 필자가 지금 이 책을 서술해나가는 중요한 근간이 되고 있는 이른바 "키워드(Key Word) 연결법"이란 것을 결정적으로 처음 포착해냈을 뿐만 아니라, 확신을 가질 수 있었던 계기가 바로 이 그림들에 있었던 것이다. 이제부터 주요 그림을 하나하나 보면서 설명해보기로

한다.

우선 다음의 그림은 예언자가 남긴 82장의 그림 중에서 제66번째 그림에 해당된다. 그런데 이 그림이 어찌하여 하필 66번째 그림이 된 것일까? 혹 뭔가 중대한 의미가 들어있는 것은 아닐까? 바로 그렇다. 예언자가 우리에게 알려주고 싶었던 중대한 메시지는 바로 이것이다. 이 66번째 그림과 매치가 되는 성서의 내용이 하필이면 「계시록」 제6장이란 것, 바로 그것이 중요하다. 그렇다. 제6장과 66번째 그림… 예언자가 우리들에게 알려주고 싶었던 것은 바로 666의 실체를 보여주고 싶었던 것이다. 그의 첫 번째 이 그림에서 태양은 새로운 세기가 밝아오는 것을 의미하는 듯하다. 그런데 그 밑에 붉은색 모자를 쓴 괴물이 하나 웅크리고 앉아있다. 그 괴물은 과연 무엇을 의미하는 것일까? 적그리스도일까? 혹은 「계시록」 17장에 등장하는 붉은 짐승이 드디어 모습을 나타낸다는 뜻일까? 붉은 짐승의 정체는 또 무엇일까? 질문들이 꼬리에 꼬리를 물고 일어난다. 그런데 자세히 보면 태양에서 퍼져 나오는 빛의 패턴에 있어서 서로 다른 두 가지 패턴이 보인다. 첫 번째 패턴은 우리가 통상 그리고 있는 직선의 패턴이고, 그것의 개수는 7개이다. 그리고 그 사이사이로 꾸불꾸불 패턴이 보이고 있는데 그것의 개수는 6개이다. 만약 그림에서 괴물이 태양 밑에 웅크리고 있지 않았더라면 그때 우리가 볼 수 있었던 태양의 모습은 아마도 바로 아래쪽에 보이는 바, 즉 두 가지 패턴이 모두 7개로 구성된 그림이었을 것이다. 하지만 아쉽게도 괴물이 아래쪽을 가려버리는 바람에 볼 수가 없게 되고 말았다. 그러고 보니 얼굴도 두 가지이다. 하나는 괴물의 얼굴이고, 또 다른 하나는 빛나는 태양의 얼굴이다. 정리해 보면, 태양이 상징하는 빛의 얼굴과 그것에 배당되는 7이란 숫자, 성서에서는 7을 신神의 숫자로 본다. 그와 대응되는 어두운 괴물과 그것에 배당되는 6이란 숫자, 성서에서는 6을 악마의 숫자로 본다. 따라서 새로운 세기가 밝아오면서 동시에 선과 악이 정면으로 대결하는 대결전이 드디어 시작되었다는 것을 말해주는 게 아닐까? 또한 필자가 연구해본 바에 의하면 여기서의 괴물은 다름 아닌 공산주의의 등장을 말해주고 있는 듯하다. 1917년 3월, 그리고 11월, 러시아에 이른바 두 차례의 볼셰비키 혁명이 일어나면서 세계 최초로 마르크스주의에 입각한 공산주의 국가가 성립되기에 이르는데, 소련 정권이 수립된 때가 1922년 12월 30일의 일이다. 우리의 예언자는 이때의 일이 세계사적으로 너무나 중대하다고 여겼는지, 그림에만 그치지 않고 거기에 덧붙여 특별히 4행시를 준비하는 세심함을 보여주었다.

Nostradamus prophecy: Quatrain 1, 54

Two revolutions will be caused by the evil scythe bearer
making a change of reign and centuries.
The mobile sign thus moves into its house:
Equal in favour to both sides.

두 개의 혁명이 큰 낫을 가진 악마에 의해 일어나리라.
통치와 세기의 변화를 유발하면서
움직이는 표식은 그것의 집안으로 움직이고
양측에 동등하게 이익이 되도록.

상기 "두 개의 혁명"이란 글귀와 더불어 "큰 낫"이란 언급에서 우리는 1917년 러시아의 상황을 지칭한다는 것을 그리 어렵지 않게 짐작할 수 있다. 붉은 혁명을 통해 수립된 소련, 그리고 소련의 국기에 그려진 그 낫이야말로 세상에서 가장 큰 낫이 틀림없질 않은가? 여러 세기를 두루두루 통찰한 예언자는 우리에게 메시지 하나를 분명하게 전해준다. 공산주의와 유물론, 그들이야말로 의심의 여지가 전혀 없는 악마, 그 자체라는 것을… 예언자가 남긴 1,000여개의 4행시들 중에서 이보다 더 선명하게 메시지를 전달해주는 경우도 그리 흔치가 않다고 하겠는데, 이는 예언자가 적어도 이 내용만큼은 반드시 꼭 전해줘야겠다는 강한 의지를 드러내고 있는 것이 분명하다. 그럼에도 불구하고 공산주의가 온 지구를 시뻘겋게 물들인 그런 한때가 있었던 것이다. 우리들의 지성이란 것이 도대체 왜 이 모양 이 꼴인 건지 모르겠다. 만물의 영장이니 뭐니 하면서 우쭐대고는 있지만 정작 조금만 더 자세히 들여다보면 온통 빈틈투성이란 것이다. 사실 역사를 고찰함에 있어서 가정이란 것이 지극히 무의미한 것이기는 하지만, 그래도 너무나 아쉬운 점은 우리가 예언자의 얘기에 조금만 더 주의깊이 귀를 기울이기는 것, 단지 그것 하나만으로도 충분히 공산주의란 것이 아예 이 지구상에 발붙일 곳이 없도록 만들 수도 있었을 텐데 우리는 그러지 못했고 결국 그들을 용인해버렸다는 것…

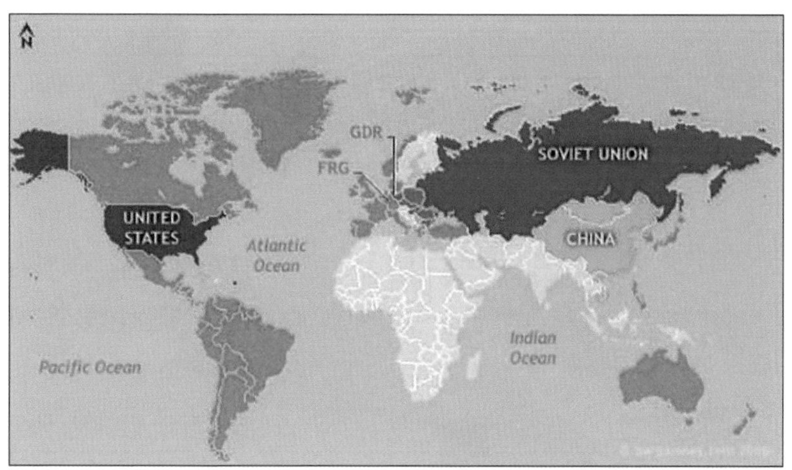

그리고 그 일에 의한 영향은 아직도 계속 현재진행형이라는 것, 더 나아가 불원간 우리에게 닥쳐올 그 엄청난 재앙이 바로 여기에 뿌리를 두고 있다는 것… 아마도 우리 인류는 아주 먼 미래에까지 계속 이 일을 놓고 두고두고 뼈저리게 후회하게 될 것으로 보인다. 그리고 더 한심스러운 것은 우리 한반도이다. 운명의 장난인지, 이것이 우리의 수준인지, 구분이 잘 안되지만 아직까지도 휴전선 저 너머에는 시뻘건 공산주의가 고수되고 있다. 그들이야말로 악마 중의 악마가 분명한데도 말이다. 그런데 이것이 왜 그렇게 중대한 걸까? 아마도 성서에서 예언된 인류의 종말과 관계되어 장차 지구의 존망을 좌지우지할 정도로 중차대한 핵심 요소이자, 핵심 변수이기 때문에 그런 것이 아닐까 싶다. 아무튼 이렇게 해서 우리는 드디어 「계시록」에서 일곱 개의 인을 떼는 그 순간이야말로 바로 20세기 초 무렵에 해당되는 것임을 짐작할 수 있게 되었다. 우리는 "**공산주의는 곧 악마**"라고 명확하게 규정한 대목을 특히 눈여겨 볼 필요가 있다.

계 6:2 이에 내가 보니 흰 말이 있는데 그 탄 자가 활을 가졌고 면류관을 받고 나아가서 이기고 또 이기려고 하더라

이어서 흰색 말이 등장하는데, 그 탄 이가 활을 가졌고, 또한 면류관을 받고서 나아가 이기고 또 이기려고 한다고 묘사되어 있다. 예언자는 이러한 상황을 보다 선명하게 이해할 수 있도록 도움을 주기 위해 그것을 두 번째 그림으로 표현해놓았다. 두 번째 그림과 「계시록」 상기의 구절을 연결해주는 키워드(Key Word)는 바로 "면류관"

과 "활"이다. 더불어 그림에서 왼쪽 아래에 보이는 두 마리의 물고기는 그간 2150년간의 물고기 시대, 즉 쌍어궁 시대를 갈무리하고, 그 다음 물병자리 시대, 2150년간의 새로운 주기로 접어드는 시기임을 알려주는 듯하다.[2] 아, 그리고 중요한 부분이 바로 화살이 없는 빈 활을 들고 있는 남자… "그 탄 자가 활을 가졌고"라는 대목을 표현해주는 것이 분명하다. 흰색 말까지 그려 넣으면 너무도 적나라할 것이기 때문에 그것만큼은 일부러 삽입해놓지 않은 듯하다. 그리고 머리카락 길게 늘어뜨린 한 남자가 책을 보고 있는데, 그 책에는 원자폭탄이 터지는 장면이 보인다. 어떤 이가 이 장면을 놓고 생명나무가 어쩌구~저쩌구 운운하던데, 완전히 정신 나간 소리에 불과하다. 매사에 사리 분별을 그렇게 흐리멍텅~하게 가져가면 오던 복도 다시 도망가 버리기 마련이다. 순진무구한 것까지는 어떻게 구제가 가능하지만 어리석은 것은 도저히 어떻게 구제가 안 되는 법이다. 생명나무가 아니라 그것과 정반대되는 죽음의 버섯구름이 분명하다. 그리고 면류관을 쓴 남자가 보이는데, '면류관을 받고'라는 대목을 표현해주고 있는 바이다. 성서에서 면류관을 쓴다는 것은 최고의 지위에 올라선다는 것을 의미한다. 그러니까 「계시록」 6장, 바로 여

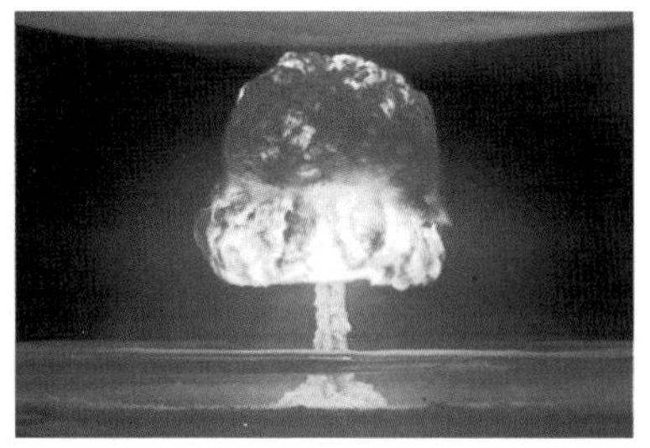

2) 지구 세차 운동 때문에 25800년의 주기가 존재하고, 12별자리가 각각 평균 2150년 동안 지배한다고 한다. 첫 번째 별자리는 양자리, 황소자리, 쌍둥이자리, 게자리, 사자자리, 처녀자리, 천칭자리, 전갈자리, 사수자리, 염소자리, 물병자리, 물고기자리 순서이지만, 점성학적 시대는 반대 방향으로 진행하므로 물병자리 시대는 물고기자리의 다음이라고 한다.

기 이 구절을 우리의 예언자가 보충 설명을 해주고 있었던 것이 틀림없다. 따라서 계6:2에 해당하는 시점이 바로 20세기 중반 즈음이란 말이 되는 것이고, 면류관을 쓰고 활을 든 자가 책을 보고 있는데 자세히 보면 그 책에 "One Male" 이라고 씌어 있고, 이것이야 말로 바로 우리가 익히 잘 알고 미국… 그리고 그 남자의 실제 이름은 당연히 당시의 미국 대통령이었던 트루먼[3], 그 인물이 된다. 공교롭게도 "진정한 남자"라는 의미를 축약해놓은 "Truman"이란 단어, 그리고 책에 써놓은 "One male"이 찰떡궁합처럼 서로 잘 부합한다는 느낌이 들게 된다. 즉 "One Male(한 남자)"에 해당하는 "진정한 남자"… 그 자가 바로 트루먼 대통령이다. 결론적으로 인류 최초로 원자폭탄을 손에 쥐게 된 미국, 그리고 세계를 리드하는 지위에 올라서게 되는 미국을 뜻하는 것이 분명하다. 그 미국이 마치 어린 양처럼 흰색 말을 타고, 마치 정의의 사자라도 되는 양, 그렇게 흉내를 내면서 한 손엔 성경책을 들고 예수님 아멘을 외쳐대는데, 정작 다른 쪽 한 손에는 빈 활을 들고서 정의의 이름으로 이기고 또 이기려고 하는 자가 되는 셈이다. 빈 활의 의미도 생각해보면 참으로 심오하다. 지나온 역사를 되돌아보면, 세계 최

3) Harry S. Truman은 프랭클린 루즈벨트 미국 대통령의 갑작스런 죽음으로 부통령이 된 지 불과 82일 만에 대통령직을 승계하였다. 그는 제2차 세계대전에서 독일의 항복을 받았고, 태평양 전쟁에서는 일본 천황인 히로히토로부터 항복을 받았다. 또한 한국 전쟁 당시 미국의 대통령이기도 하다. 그는 인류 최초로 핵폭탄 투하 명령을 내린 인물이기도 하다

초로 손에 넣은 핵무기로 그들은 전 세계를 상대로 온갖 공갈 협박을 다해가면서 다른 나라들을 이래라저래라 하면서 제 맘대로 좌지우지하게 된다. 누가 시키지도 않았는데, 자기 스스로 세계의 경찰을 자처하면서 모든 것을 자기 맘대로 쥐락펴락하는 미국, 이것이야말로 사실 우리 모두가 드러내놓고 말은 안하고 있지만, 속으론 전 세계 삼척동자들도 전부 다 알고 있는 이 시대의 적나라한 진실이 아닌가 말이다.

계 6:3 둘째 인을 떼실 때에 내가 들으니 둘째 생물이 말하되 오라 하니 계 6:4 이에 다른 붉은 말이 나오더라 그 탄 자가 허락을 받아 땅에서 화평을 제하여 버리며 서로 죽이게 하고 또 큰 칼을 받았더라

다음은 세 번째 그림인데 이것과 「계시록」 6장을 연결해주는 키워드는 "큰 칼"이다. 이 책을 읽고 있는 독자 분들은 이 그림을 접하게 되면 어떤 이미지가 떠오르는지 궁금하다. 필자는 이 그림을 볼 때마다 자동적으로 일본 열도가 떠오르게 된다. 영락없이 일본 열도의 아래 부분을 닮은 형상이 보이고, 그 열도에 원자폭탄이 터지는 것이 보인다. 앞선 그림에서는 단지 책 속에 들어있는 장면에 불과한 것이었지만, 드디어 이 세

번째 그림에서는 실제로 그 원자폭탄이 기어이 터지고야 만다는 것을 알 수 있다. 그리고 큰 칼을 들고 있는 일본은 제2차 세계대전 당시의 군국주의 일본제국을 상징하는 것이 분명하다. 더불어 큰 칼을 휘감고 있는 흰색 휘장의 모양새는 마치 우리가 살고 있는 한반도처럼 보인다. 그리고 그 한반도가 큰 칼에 의해 남북으로 끊어지는 모양새이다. 기묘하지 않은가? 1,000여개의 4행시에 담긴 예언들을 분석해볼 때 노스트라다무스의 시야가 단지 유럽과 그 주변 지역에 국한되어 있으므로 그 속에서 다른 지역의 일을 찾는 것은 난센스(Nonsense)라고 모 예언연구가가 주장하기도 했지만, 이 그림을 보면 극동지역까지도 이렇게 명백하게 그의 시야 속에 포함되어 있었다는 것, 매우 중요한 증거 자료라고 할 수 있겠다. 따라서 예언가의 시야는 지구 전체를 총망라하고 있었다고 보는 것이 더 타당할 것이다. 우리의 예언가는 지금 「계시록」 6장의 3절과 4절을 보충 설명해주고 있고… 그림에서 비록 붉은 말은 그려져 있지 않지만, 그 대신 큰 칼이 보이는데 그것을 휘두르고 있는 오른팔이 붉은 색 계통의 옷이다. 너무 적나라한 붉은 말을 대신해서 시점을 넌지시 알려주고 있는 것이 분명하다. 계 6:4는 곧 붉은 말이 허락을 받아 제1,2차 세계대전을 일어나는 것을 의미한다. 그리고 세 번째 그림은 그 중에서도 특히 제2차 세계대전에 주목하고 있는 듯한데, 바로 독일, 일본, 이탈리아 등이 큰 칼을 든 세력이고, 또한 전갈도 그들을 의미하는 것으로 보인다. 그림에서 전갈의 다리가 8개인데, 독일 등의 추축국이라 불리던 “8개의 동맹국”을 상징한다. 전갈 반대쪽 하얀색 동물은, 염소? 양? 말? 대체 뭘 그려 놓은 것일까? 아무래도 양이 맞는 것 같다. 그것이 뭐든 간에 아무튼 바로 미국과 그들의 동맹국들이 분명할 것이다. 원자폭탄을 투하하고, 일본이 패망하고, 한반도는 남북으로 분단되고, 이 시기가 바로 「계시록」 6장의 둘째 인을 떼는 시점이란 것을 알려준다.

Nostradamus prophecy: Quatrain 2, 6

Near the gates and within two cities
There will be two scourges the like of which was never seen,
Famine within plague, people put out by steel,
Crying to the great immortal God for relief.

입구 근처, 그리고 두 도시에
일찍이 보지 못한 두 개의 재앙이 있으리라.
철이 아닌 것에 강타당한 사람들이 기아와 전염병을 만나
위대한 불멸의 신에게 울부짖는다.

일본은 태양이 떠오르는 곳이고, 동양의 입구에 해당되기도 한다. 두 도시는 히로시마와 나가사키를 의미하는 것이고, 인류 최초로 원자폭탄이 투하되었으므로 일찍이 보지 못했던 재앙이란 문구에 정확히 부합한다.

Nostradamus prophecy: Quatrain 1, 32

The great Empire will soon be exchanged
for a small place, which soon will begin to grow.
A small place of tiny area

in the middle of which he will come to lay down his sceptre.

거대한 제국이 곧 작은 나라가 될 것이고
곧 커지기 시작하리라.
작은 지역의 작은 장소의 중앙
그는 그의 왕권을 포기하러 오리라.

일본의 몰락과 부활을 동시에 말해주는 4행시이다. 제2행에 묘사된 바와 같이 무조건 항복으로 몰락했다가 다시 커지는 기적이 일어났다. 그리고 그 기적을 가능하게 했던 중요한 원동력은 바로 한국전쟁이었다. 미군의 군수기지 역할을 수행하면서 일본은 경제대국의 기틀을 마련한다.

계 6:5 셋째 인을 떼실 때에 내가 들으니 셋째 생물이 말하되 오라 하기로 내가 보니 검은 말이 나오는데 그 탄 자가 손에 저울을 가졌더라 계 6:6 내가 네 생물 사이로부터 나는 듯한 음성을 들으니 이르되 한 데나리온에 밀 한 되요 한 데나리온에 보리 석 되로다. 또 감람유와 포도주는 해치지 말라 하더라

그리고 그 다음 네 번째 그림인데 이것과 「계시록」의 상기 대목을 연결해주는 키워드는 "저울"이다. 그림을 보면 이번에는 빈 활이 아니라 화살이 장전된 활을 들고 있는 사내가 보이는데, 이 모양새는 영락없이 옛 소련의 국기가 묘하게 연상된다. 활을 겨누는 그 반대편에는 백인으로 보이는 웬 여자 하나가 옷을 홀딱 벗고 있는데 그냥 한눈에 딱 보아도 서로 그다지 썩 좋은 관계가 아니란 것을 눈치 챌 수 있다.

이 여자를 일컬어 여신이라고 말하는 작자가 있던데 이 또한 완전히 정신 나간 소리에 불과하다. 이 여자야 말로 「계시록」 17장에서 등장하는 바로 그 유명한 음녀가 되시겠다. 옷을 벗고 있다는 것은 음탕하다는 것을 상징하는 것이다. 그리고 반대쪽 사내는 꽤나 공격적으로 보이고, 음녀와 달리 공갈 협박보다는 실제로 화살을 마구 쏘아대는 쪽을 더 선호하는 거칠고 호전적인 성향인 것 같다. 그리고 그 밑으로 보충설명해주는 그림들이 있는데, 사내의 모습 밑으로는 악을 상징하는 염소, 공산주의… 염소는 악을 상징한다. 그리고 음녀 밑에는 저울이 보이는데, 이는 계산을 잘하고 타협의 기술을 능수능란하게 구사하는 상업주의, 자본주의, 배금주의가 맹위를 떨치는 것을 말해주는 듯하다. 음녀가 매우 부유한 세력이란 것을 알려주는 듯하다. 세상에서 제일 화려하게 호의호식하는 부유한 세력 말이다. 또한 성서에서 한 데나리온은 하루의 생활비를 의미하는데, 한 데나리온에 불과 밀 한 되, 보리 석 되밖에 안 된다는 것은 새로이 형성된 자본주의라는 것이 그 속을 들여다보면 기본적으로 거대 자본력이 다수의 가난한 이들의 희생에 기반을 둔다는 것을 의미하는 듯하다. 따라서 노동자들이 먹고 살기 힘든 팍팍한 현실… 이러한 자본주의의 맹점이 공산주의를 발호하게 만드는 원인을 제공한다는 것을 말해주는 듯 보인다. 이 또한 우리의 예언자의 보충 설명이 아니었다면 어느 시점인지를 전혀 알 수가 없었을 텐데… 바로 미소냉전이 한창이던 바로 그 시기가 이때임을 알 수 있게 되었다. 그리고 한 가지, 더 짚고 넘어가야 할 것은 그림에서 시간을 상징하는 수레바퀴 밑으로 차오르고 있는 달이 보인다는 것이고, 이것이 의미하는 바에 대해서도 추정해볼 필요가 있을 듯하다. 노스트라다무스는 자신의 시문들에다가 달이란 상징물을 꽤나 빈번하게 사용하고 있는데, 각 시문에 등장하는 달은 대부분의 경우 소련이나 러시아를 의미한다고 보면 된다. (그에 비해 초승달은 아랍 국가를 상징한다.) 굳이 러시아를 달이라고 표현하는 이유가 무엇일까? 달은 어두운 밤이 되어야 빛이 나는 존재이기 때문이다. 스스로 빛을 발산하는 태양은 능히 자신의 광채로써 만물을 비춰주고 세상을 밝혀줄 수 있지만, 달이란 물상은 오직 어둠속에서만 자신의 빛을 마음껏 뽐낼 수 있는 존재이다. 그리고 그렇게 뽐내는 달빛조차도 알고 보면 스스로 발산하는 빛이 아니라 태양빛을 반사할 뿐이다. 따라서 결단코 진리의 본체가 될 수 없는 존재가 바로 달이기도 하다. 그런데 달은 스스로 주제파악을 잘 못하고 자고자대(自高自大), 즉 태양에 비견될 정도로 스스로 높고 위대하다는 과대망상에 쉽게 빠져들 수 있는 존재이기도 하다. 주지하다시피 지금 우리는 유사 이래 최악의 암흑시대를 코앞에 두고 있는 형편에 처해있다고 할 수 있다. 장차 세상이 극도로 어두워지고 온통 칠흑 같은 암흑만이 지배하게 되는 바로 그 시기가 도래했을 때 우리는 어쩔 수 없이 빛나는 존재로서의 러시아를 다시 바라봐야 할 시기가 반드시 찾아오고야 말거라는 것, 그것이 어찌 슬픈 일이 아니겠는가. 소련이나 러시아가 달이란 상징물로써 표현된 실제 사례를 살펴 보기로 한다.

Nostradamus prophecy: Quatrain 1, 31

The wars in France will last for so many years
beyond the reign of the Castulon kings.
An uncertain victory will crown three great ones,
the Eagle, the Cock, the Moon, the Lion, the Sun in its house.

프랑스에서의 전쟁이 여러 해 동안 지속된다.
스페인 왕들의 통치 시대를 넘어서리라.
승리는 확정되지 않았으나 세 거인은 관을 쓴다.
독수리, 닭, 달, 사자, 그리고 자기 집안에 웅크린 태양

1945년 7월 17일부터 8월 2일까지 독일 포츠담에서 회담이 개최되었다. 당시 9주전 그러니까 1945년 5월 8일 나치 독일이 무조건 항복을 선언했고, 전후의 질서와 평화조약 문제, 일본에 대한 항복 권고와 제2차 대전 이후의 일본 처리 문제 등이 논의되었고, 합의 내용은 "포츠담 선언"으로 공포되었다. 당시 회담의 주요 참여국은 소련, 영국, 미국이었다. 소련 공산당 총서기 스탈린, 영국 총리 윈스턴 처칠, 그리고 미국은 제2차 대전을 이끌던 루즈벨트 대통령이 1945년 4월 12일에 사망하여, 해리 트루먼 부통령이 대통령직을 대행하고 있었다.[4] 이 4행시는 바로 포츠담 회담이 열린 그 시기에 대하여 기술해놓은 것으로 보이며, 독수리는 미국을 상징하고, 닭은 프랑스를 상징하고, 사자는 영국을 상징하고, 태양은 극동의 일본을 상징한다.[5] 따라서 달은 소련을 상징한다는 것이 분명해진다.[6] 덧붙여, 세 거인이 의미하는 바는 미국, 소련, 영국이라는 것에 의심의 여지가 전혀 없다고 하겠다. 한편 음녀의 뒤로는 하얀 휘장이 있고 그것이 7이란 숫자를 표현해주는 듯하고… 달이 완전히 차오르면 "0"이란 숫자가 완성된다. 그렇게 되면 결국 "70"이란 숫자가 완성되는데, 바로 소비에트연방의 존속기간을 이런 식으로 표현해놓았던 것 같다. 대략 70년 만에 소련이 붕괴되었는데, 상기 네 번째 그림의 존속 유효 기간이 바로 70년이라고 말해주는 듯하다.

---

4) 당시 일본은 포츠담 선언을 묵살하였고 이에 미국이 8월 6일 히로시마에, 8월 9일 나가사키에 원자폭탄을 투하하게 되었다. 소련도 8월 8일 일본에 대한 선전포고와 동시에 참전하여 일본군에 대한 공격을 개시하였다. 상황이 불리해지자 일본 군부는 결국 항복을 결의하고 1945년 8월 10일 포츠담 선언의 수락을 결정하였으나 지도부의 분열로 이를 번복하였다가 최종적으로 항복하였다.

5) 좋은 의미로서의 태양이 아니라, 단지 태양이 동쪽에서 뜨는 물상이기에 노스트라다무스도 편의상 그렇게 표현해놓은 것뿐이다.

6) 예언연구가 고도 벤은 자유 중국의 국기 때문에 달은 자유 중국을 상징한다고 주장한 바가 있는데, 자유 중국의 국기에 그려진 것은 달이 아니라 태양이란 사실을 모르고 하는 소리에 불과하다. 또한 자유 중국은 당시 세 거인의 지위로 참여한 것도 아니다.

Nostradamus prophecy: Quatrain 4, 50

Libra will see the Hesperias govern,
Holding the monarchy of heaven and earth:
No one will see the forces of Asia perished,
Only seven hold the hierarchy in order.

리브라는 헤스페리아가 강한 것을 보리라.
하늘과 땅의 군주국을 유지하면서
어느 누구도 아시아의 힘들이 번창하게 되는 것을 알 수 없으리라
단지 일곱이 순서대로 계급을 유지하면서

상기의 4행시는 제2차 세계대전이 끝난 후 구축되는 세계 질서에 대한 큰 가닥을 정리해준다. 여기서 리브라는 이탈리아를 말하고, 헤스페리아는 서방 세계를 의미한다. 굳이 이탈리아의 관점에서 "서방 세계가 강성해진다."라고 언급하는 대목은 아마도 전쟁이 끝난 후 특히 이탈리아가 어느 쪽으로 줄을 설까 나름 고민을 많이 했던 것이 아닌가하고 추측된다. 더불어 서열화 된 일곱 나라, 즉 서방선진7개국, G-7이 세계를 좌지우지하는 주역의 자리를 차지한다는 데에 방점을 찍어놓고 있는 듯하다. 하지만, 더불어 동아시아의 약진도 살짝 곁들여 놓은 것이 이채롭다. 그리고 일본의 운명을 빼놓을 수가 없는데 바로 다음의 4행시에 잘 나타나 있다. 천황이 항복 문서에 서명을 하고, 작은 나라로 전락하지만, 그들은 다시 경제적 강국으로서 국제 사회에 부상한다. 그리고 당당히 서방선진7개국의 지위까지 올라서게 되는데, 이 또한 4행시로 잘 예언되어 있는 바이다.

Nostradamus prophecy: Quatrain 4, 29

The Sun hidden eclipsed by Mercury
Will be placed only second in the sky:
Of Vulcan Hermes will be made into food,
The Sun will be seen pure, glowing red and golden.

해의 나라는 수성에 의해 실추를 숨기게 되리라.
두 번째 하늘에만 놓인다.
불칸에 의해 헤르메스는 멋진 초원이 되리라.
해의 나라는 순연한 광휘와 블론드의 광휘를 보리라.

여기서 수성은 경제력을 의미하고, 헤르메스도 경제와 상업을 의미한다. 패전국가의 오명을 경제력으로 극복하게 되는데, 그들의 한계점도 분명히 말해준다. 두 번째 하늘에만 놓인다는 것은 서방선진7개국의 위치까지는 도달하지만, 최고의 자리까진 허락되지 않을 것이란 의미이다. 일본의 경제력이 한때는 미국을 크게 위협했던 적이 있었지만 결국은 추월하지 못한 채 주저앉게 되었고, 유엔의 안전보장이사국 지위를 간절히 원했지만 이 또한 뜻을 이루지 못하고 말았다. 그리고 이어서 등장하는 그 다음 그림은 붉은 전갈이 왼쪽을 향해 살금살금 기어가는 것 같은 모습이다. 몇 번의 일식과 월식이 있는 것 같고… 일식과 월식을 연구하는 학자들이 이 시기는 바로 1992년~2012년의 시기에 해당한다고 주장하는데, 나름 어느 정도 일리가 있는 듯하다. 지금까지 흘러온 시대의 흐름 순서상 모순이 없기 때문이다. 아무튼 전갈이 검정색이 아니라, 붉은 색이란 것은 호전적인 전갈이 공산주의 색채를 띠고 있다는 것을 상징하는 듯하고… 전갈은 본래 그 꼬리가 핵심적 무기일 텐데, 그 꼬리가 잘 안보이니, 이는 날카로운 비장의 무기, 즉 공격적인 성향을 몰래 감춰 놓는 것을 상징하는 듯하다. 이를 현실에서 찾아보자면, 바로 1991년 이후의 러시아가 떠오르게 된다. 1991년 당시 미국과 바티칸을 위시한 서방의 거대한 작전에 휘말려 마침내 소비에트연방이 무너져 내리고, 어쩔 수 없이 잠시 발톱을 숨기게 된 러시아가 이제 서서히, 아주 서서히 계속 왼쪽으로, 왼쪽으로, 또 다시 과거 소비에트연방 시절의 공산주의 쪽으로 살금살금 회귀해가는… 그리하여 카오스의 대혼란을 향해 살금살금 방향을 잡아가는 시기를 보여주는 듯하다. 그리고 2011년 11월 15일, 드디어 고대 바빌로니아에서 결정된 후 지난 3,000년간 한 번도 바뀌지 않았던 황도12궁 자리에 불길한 숫자를 의미하는 13번째 별자리인 '뱀주인자리', 즉 우리말로 땅꾼자리가 추가되었고… 때를 맞춘 듯, 기다렸다는 듯이 2012년 3월 블라디미르 푸틴이 또 다시 러시아 대통령에 당선되었다. 이제 임기도 4년이 아니라 6년 임기로 더 늘려놓은 상태이므로 합법적으로 보장된 그의 임기만도 이제 2024년까지 충분히 노려볼 수 있는 상황이다.

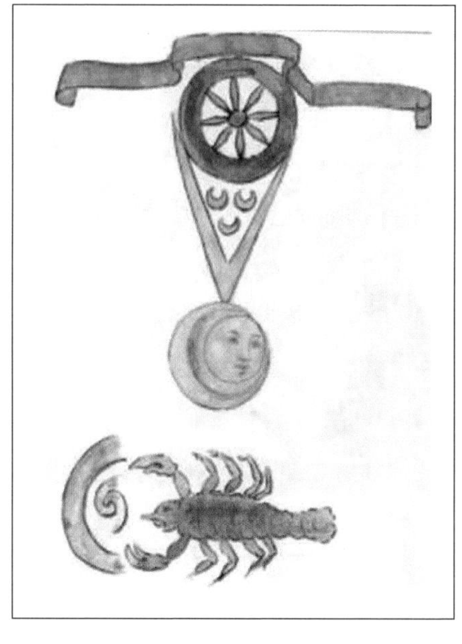

계 6:7 넷째 인을 떼실 때에 내가 넷째 생물의 음성을 들으니 말하되 오라 하기로 계 6:8 내가 보매 청황색 말이 나오는데 그 탄 자의 이름은 사망이니 음부가 그 뒤를 따르더라 그들이 땅 사분의 일의 권세를 얻어 검과 흉년과 사망과 땅의 짐승들로써 죽이더라 계 6:9 다섯째 인을 떼실 때에 내가 보니 하나님의 말씀과 그들이 가진 증거로 말미암아 죽임을 당한 영혼들이 제단 아래에 있어 계 6:10 큰 소리로 불러 이르되 거룩하고 참되신 대주재여 땅에 거하는 자들을 심판하여 우리 피를 갚아 주지 아니하시기를 어느 때까지 하시려 하나이까 하니 계 6:11 각각 그들에게 흰 두루마기를 주시며 이르시되 아직 잠시 동안 쉬되 그들의 동무 종들과 형제들도 자기처럼 죽임을 당하여 그 수가 차기까지 하라 하시더라

그리고 등장하는 다음 그림을 보면 노아의 방주 같이 생긴 것이 공중에 걸려 있고, 그 밑으로는 자주색 옷을 입은 심판관이 단두대 같이 생긴 것을 앞에 두고, 그가 살릴 자와 죽일 자들의 명단을 자세히 살펴보고 있는 듯하다. 이 그림과 「계시록」의 상기 대목을 연결해주는 키워드는 바로 "사망과 음부"이다. 또 그림의 밑으로는 단두대처럼 생긴 것의 밑으로 헐벗고 굶주린 것처럼 몹시 피폐해 보이는 여자들이 보이는데, 계 6:9 "죽음을 당한 영혼들이 제단 아래에 있어"라는 대목과 연결해주는 또 하나의 키워드이기도 하다.

「계시록」의 바로 이 구절, 사망과 음부의 시기에 해당하는 때임을 알려주고 있다. 또한 계 6:11에 기술된 바와 같이 방주에는 죽은 이들의 영혼이 가득하고, 그리하여 계 6:10에 기술된 바와 같이 영혼들의 탄원 소리로 넘쳐날 것 같다.

12세기 대주교였던 말라키 오모게어(1094~1148)가 환상을 통해 보게 된 미래의 일을 기록해놓은 문서가 1590년 그가 죽은 지 450년이 지난 후 바티칸의 고문서를 보관해놓는 장소에서 발견되었다. 그는 그 문서에 그가 살아생전, 그러니까 1143년에 취임한 교황으로부터 시작해 그 이후 등장할 111명의 교황들에 대한 특징들을 2, 3개의 라틴어로 아주 짧고 함축성 있게 묘사해놓았다고 한다. 그런데 지난 2013년 2월 28일 사임한 베네딕토16세가 바로 111번째에 해당하는 인물이었고, 문서에 "올리브의 영광"이라고 표현되어 있었다고 한다. 그는 2005년 4월 선출되기 이전에는 독일 베네딕토 수도회 출신의 추기경이었는데, 베네딕토 수도회의 상징이 바로 "올리브"였으므로 정확히 적중된 것이다. 그리고 문서에는 111번째 교황 이후에 등장할 숫자가 표시되지 않은 **마지막 교황**에 대해서도 언급되어 있는데, 그가 로마 가톨릭 교회에서 세워질 최후의 교황일 거라고 예언되었고, 묘사된 바는 "Peter the Roman" 즉, "로마인 베드로"라고 한다. 더불어 그가 하게 될 일은,

> "마지막 박해의 때에 로마 교회는 Peter the Roman이 통치하고 있을 것인데, 그는 그의 양 무리들을 많은 환난 가운데서 먹이게 될 것이다. 그리고 그 환난들 후에는 7개의 언덕으로 된 도시(로마를 지칭)는 파괴될 것이고, 무서운 판관이 백성들에게 끔찍한 심판을 내릴 것이다."

라고 적혀 있다고 한다. 드디어 마지막 교황으로 선출된 인물은 호르헤 마리오 베르고글리오 추기경이다. 그는 2013년 3월 13일에 교황으로 선출되었고 프란체스코1세[7]라고 불리고 있다. 그는 1936년 부에노스아이레스에서 이탈리아 출신의 철도 노동자 가정의 5남매 중 하나였고, 아르헨티나에서 태어났지만 이탈리아에서 이주한 로마인이 분명하다. 그리고 부에노스아이레스는 가톨릭 인구가 70%가 넘는 남미 가톨릭의 중심도시로서 "서쪽의 로마, 서쪽의 바티칸"으로 불린다. 그가 선출되기 이전, 말라키의 예언에 관한 소문을 모든 사람들이 들어 알고 있었기 때문에, 교황청에서는 무조건 Peter(피터, 베드로)라는 이름과 관계없는 인물로 선출해줄 것을 요구했었다고 한다. 그러나 정작 선출해놓고 보니, 프란체스코1세의 Full Name이 "Francesco di Pietro di Bernardone"였다고 한다. 여기서 중간에 나오는 Pietro의 영어식 표기가 바로 "Peter"이니 또 다시 놀라게 되었다고 한다. 그런데 사람들은 흔히 말라키의 예언에 언급된 바, "무서운 재판관이 사람들에게 심판을 내린다."는 의미에 대해 이를 "창조주에 의한 최후의 심판"으로 이해하려는 경향들이 큰 것 같다. 하지만 이것은 전혀 그런 의미가 아닌 것이, 그림에서 자주색 옷을 입은 재판관에게서 그 어떤 인자함이나 온화함을 찾아볼 수가 없다. 그러니 그는 전혀 재림하는 메시아 그분이 아니다. 그는

7) 2017년 현재 그의 나이는 82세이다.

그저 무서운 재판관이고 심판관일 뿐이다. 그리고 그 무서운 심판관[8]이 행하는 일은 「계시록」 13장에 기록된 내용, 즉 사람들에게 끔찍한 요구를 강제하는 일이고, 13장에서 그것을 자세히 다루기로 한다.

계 6:12 내가 보니 여섯째 인을 떼실 때에 큰 지진이 나며 해가 검은 털로 짠 상복 같이 검어지고 달은 온통 피 같이 되며 계 6:13 하늘의 별들이 무화과나무가 대풍에 흔들려 설익은 열매가 떨어지는 것 같이 땅에 떨어지며 계 6:14 하늘은 두루마리가 말리는 것 같이 떠나가고 각 산과 섬이 제 자리에서 옮겨지매 계 6:15 땅의 임금들과 왕족들과 장군들과 부자들과 강한 자들과 모든 종과 자유인이 굴과 산들의 바위틈에 숨어 계 6:16 산들과 바위에게 말하되 우리 위에 떨어져 보좌에 앉으신 이의 얼굴에서와 그 어린 양의 진노에서 우리를 가리라

이제 마지막 일곱 번째 그림인데 「계시록」의 상기 구절을 연결해주는 키워드는 "마지막 심판"이다. 여기에 등장하는 청색 계통의 옷을 입은 인물은 메시아? 아니면 적그리스도? 과연 어느 쪽일까? 지금 그 분께서 오른손에 책을 하나 들고 있는데, 마치 사람들을 향해 생명책 속에 이름이 보이질 않는다고 말해주고 있는 듯하다. 그리고 그렇게 말해주는 대상들은 바로 염소(악한 세력)와 붉은 색 옷을 입은 두 여인들이다. 그리고 그 맨 위의 시계처럼 생긴 물건은 이제 드디어 큰 바늘과 작은 바늘이 모두 없어져버렸으니 마침내 시간이 멈추어버린 종말의 시각, 최종 심판의 때임을 알려주는 듯하다. 휘장조차 마치 마지막을 뜻하는 오메가의 형상들이니 말중말(末中末)의 시기임이 분명해 보인

---

8) 그림예언 6번째에 그려져 있는 재판관은 재림 예수가 아니다.

다. 이때가 바로 하늘이 원수를 갚는 때이니, 악마의 세력이 종말을 고하는 시기가 될 것이다. 따라서 이 그림 속의 책이야말로 진짜 성서에서 언급된 바로 그 "생명책"을 말하는 것이 분명하고 그것을 들고 계신 분은 바로 메시아이다. 마지막 그때 활활 타오르는 "화로"가 그대로 계속 가동되다가는 그야말로 또 하나의 참혹한 지옥 그 자체가 되어버릴 것이기 때문에 차마 더 이상 방치하는 것이 어렵겠다고 판단하신 창조주께서 드디어 메시아를 통해 움직이시게 될 것이다. 앞으로 도래할 이 마지막 시기를 더욱 절실히 깨닫게 해주는 것이 바로 『구약성서』의 「스바냐」 1:9~10이다.

> "그 날에 문턱을 뛰어넘어서 포악과 거짓을 자기 주인의 집에 채운 자들을 내가 벌하리라. 나 여호와가 말하노라 그 날에 물고기 문에서는 부르짖는 소리가 제 이 구역에서는 울음소리가 작은 산들에서는 무너지는 소리가 일어나리라."

드디어 오래전부터 예언되었던 바, 여호와께서 분노해마지 않으시는 "분노의 그날"이 당도하게 되었다. 「스바냐」 1:9에 부합하는 자는 바로 창조주를 농락하고 희롱한 교황 또는 그를 비호하는 예수회 세력이다. 그리고 프리메이슨… 나중에 자세히 다루기로 한다. 공산주의가 발호하던 초기에 그 뒤에서 남몰래 지원해오던 예수회… 「스바냐」 1:10에서 보이는 물고기의 문이란 표현, 이것이 바로 물고기 시대, 즉 쌍어궁 시대가 문을 닫는 그 무렵이 바로 그때임을 알려주고 있는 듯하다. 우리의 예언자도 「계시록」 6장이 너무나 중요하다고 여겼는지, 특별히 7장의 그림을 남겨 후대에 전해주고 있는 것이고… 「스바냐」 1:14~18에선 다음과 같이 묘사된다.

> "여호와의 큰 날이 가깝도다 가깝고도 빠르도다 여호와의 날의 소리로다 용사가 거기서 심히 슬피 우는 도다. 그날은 분노의 날이요 환난과 고통의 날이요 황폐와 패망의 날이요 캄캄하고 어두운 날이요 구름과 흑암의 날이요. 나팔을 불어 경고하며 견고한 성읍들을 치며 높은 망대를 치는 날이로다. 내가 사람들에게 고난을 내려 맹인 같이 행하게 하리니 이는 그들이 나 여호와께 범죄 하였음이라 또 그들의 피는 쏟아져 티끌 같이 되며 그들의 살은 분토 같이 될지라. 그들의 은과 금이 여호와의 분노의 날에 능히 그들을 건지지 못할 것이며 이 온 땅이 여호와의 질투의 불에 삼켜지리니 이는 여호와가 이 땅 모든 주민을 멸절하되 놀랍게 멸절할 것임이라"

특히 「스바냐」 1:16에서 견고한 성읍들을 치며 높은 망대를 치는 날이라고 표현된 바, 각고의 노력을 기울여 쌓아놓은 세상 최고의 견고함이 오히려 독이 되고 말았다. 자… 이렇게 해서 우리는 「계시록」 6장이 바로 마지막 때에 전개되어지는 크나큰 개략적 전개 과정이었음 알게 되었다. 노스트라다무스가 남긴 7개의 그림 덕택에 더욱 적나라하게 짐작해볼 수 있게 된 것이다. 문제는 2017년 현재가 바로 넷째 인이 떼어지기 직전이란 것이다. 셋째 인까지는 이미 떼어졌고… 그래서 2017년 현재 정말 마지막 때가 우리들 코앞에 임박해있다는 것을 직시할 필요가 있다.

56

계시록 8장

계 8:1 일곱째 인을 떼실 때에 하늘이 반시 동안쯤 고요하더니 계 8:2 내가 보매
하나님 앞에 시위한 일곱 천사가 있어 일곱 나팔을 받았더라 계 8:3 또 다른 천
사가 와서 제단 곁에 서서 금향로를 가지고 많은 향을 받았으니 이는 모든 성
도의 기도들과 합하여 보좌 앞 금단에 드리고자 함이라 계 8:4 향연이 성도의
기도와 함께 천사의 손으로부터 하나님 앞으로 올라가는지라 계 8:5 천사가
향로를 가지고 단 위의 불을 담아다가 땅에 쏟으매 뇌성과 음성과 번개와 지
진이 나더라 계 8:6 일곱 나팔 가진 일곱 천사가 나팔 불기를 예비하더라 계 8:7
첫째 천사가 나팔을 부니 피 섞인 우박과 불이 나서 땅에 쏟아지매 땅의 삼분
의 일이 타서 사위고 수목의 삼분의 일도 타서 사위고 각종 푸른 풀도 타서 사
위더라

필자가 이미 20대초부터 나름 기회가 될 때마다 큰맘을 먹고 「계시록」 해석을 홀로 시도해왔었지만 특히 제8장과 제9장은 넘기가 불가능한 난공불락의 철옹성이었다. 만약 문자 그대로 일곱 대접과 일곱 인의 심판이 종말의 시기에 한꺼번에 겹쳐 몰려오는 것이라면, 이건 도저히 이 지상에 남아날 사람이 없겠다 싶을 정도로 엄청난 규모의 재앙들로 빼곡하게 채워져 있었다. 지구가 열 개라도 모자랄 지경이었다. 차라리 빨리 죽어버리는 게 오히려 낫겠다 싶을 정도의 거대한 지옥불과도 같은 존재이기도 했다. 솔직히 누구라도 읽어내기가 싶지 않은 내용들이다. 차라리 애써 외면해버리고 싶은 충동이 유발된다. 마치 잡인들의

출입을 막으며 「계시록」을 지켜내는 무서운 사대천왕과도 같은 존재로 비춰졌던 것 같다. 불행인지 다행인지 잘 분간이 안 되지만, 그나마 불세출의 천재 뉴턴에 의해 지난 2천년 동안 일곱 나팔의 심판이 이미 진행되어 왔다는 연구 성과를 접할 수 있었고, 이 소식을 처음 접했을 때 마치 칠흑 같은 어두움 속에서 한줄기 빛을 본 것 같았다. 우리는 앞서 이미 뉴턴이 상당한 경지였음을 살펴본 바 있지만, 다시 한 번 그의 탁월한 연구에 주목해볼 필요가 있다. 특히 「계시록」 8장부터 등장하는 일곱 나팔의 심판 부분에 이르러서는 그의 견해가 도움이 많이 된다. 지금부터 주로 뉴턴의 연구 결과에 기초해 제8장을 해석해보기로 한다.

그의 주장에 의하면 첫 번째 나팔이 불었을 때 그때 피 섞인 우박과 불이 땅에 떨어지고 땅의 삼분의 일이 탄다고 했는데, 이는 서기 395년 고트족이 서로마 제국으로 침입해 들어갔던 상황을 말해 준다는 것이다. 단 8:7에 "**무섭고 놀라우며 또 극히 강하며 또 큰 철 이가 있어서 먹고 부서뜨리고 그 나머지를 발로 밟았다.**"라고 묘사될 만큼 막강하던 로마제국이 차츰 내리막을 걷게 되는데, 「다니엘」 2장과 7장에 의하면 다른 나라에 완전히 정복되진 않고 10개의 족속으로 나뉠 것이라고 예언되어 있다. 흔히 잘 나갈 때 조심해야 되는 법이듯이, 로마제국이 수준 높은 문명으로 번영을 누리며 극히 안락하게 살 수 있었으나 결국 그들이 도를 넘어 사치와 향락으로 치달으면서 멸망을 자초하게 된 셈이다. 당시 북쪽 지역에 살고 있었던 야만족들은 로마제국의 번영과 발달된 문명을 부러워하면서 호시탐탐 기회를 엿보고 있었는데 마침내 절호의 기회를 포착하게 된다. 서기 395년 알라릭이 이끄는 고트족[9)]의 군대는 동북쪽에서 로마제국으로 침입해 들어간다. 서기 410년에는 알프스를 넘어 로마 시내까지 침입하여 제국의 3분의 1을 정복했고, 뉴턴은 이로써 "피 섞인 우박과 불이 나서 땅에 쏟아지매 땅의 삼분의 일이 타서 사위고 수목의 삼분의 일도 타서 사위고 각종 푸른 풀도 타서 사위더라."라는 예언 구절이 성취된 것이라고 주장했다.

여기서 나오는 우박과 불이란 단어는 "피"와 더불어 『성경』에서 흔히 전쟁의 참혹한 양상을 상징하는 용어로 쓰인다. 뉴턴은 첫 번째 나팔과 함께 온다는 "우박"은 특히 추운 북쪽 지역으로부터의 침입자들을 상징한다고 해석했다. 또한 "불"은 농가들과 도시들이 불타는 것을 상징하고, "피"는 이 침입자들에 의해 시민들이 학살당한 것을 상징한다고 해석했다. 또한 「사사기」 9장에 "하루는 나무들이 나가서 기름을 부어 왕을 삼으려 하여 감람나무에게 이르되 너는 우리 왕이 되라 하매 감람나무가 그들에게 이르되 나의 기름은 하나님과 사람을 영화롭게 하나니 내가 어찌 그것을 버리고 가서 나무들 위에 요동하리요."라고 하였고 「이사야」 44장에선 "대저 내가 목마른 자에게 물을 주며… 나의 신을 네 자손에게, 나의 복을 네 후손에게 내리리니 그들이 풀 가운데서 솟아나기를 시냇가의 버들 같이 할 것이라… 각종 풀도 타서 사위더라."고 하였듯이 "나무"는 성서에서 사회 지도층에 있는 사람들을 가리킬 때 쓰는 용어이고 "풀"은 아무 곳에서나 잘 자라기 때문에 일반 백성을 가리킬 때 쓰는 용어라고 보았다. 따라서 나무와 풀이 불탄다는 것은 사회의 지도층 인사들과 일반 시민들이 너나 할 것 없이 모두 살해당한 일을 상징한다는 것이다. 따라서

9) 고트 사람들은 3~5세기에 로마제국에 침입하여 이탈리아, 프랑스, 스페인에 왕국을 건설한 "튜튼" 족의 한 파로서 난폭한 야만족으로 알려져 있었다.

첫 번째 나팔의 심판은 서기 395년 ~ 서기 410년 사이 서로마에서 이미 예언이 성취되었다는 결론이다.

계 8:8 둘째 천사가 나팔을 부니 불붙는 큰 산과 같은 것이 바다에 던지우매 바다의 삼분의 일이 피가 되고 계 8:9 바다 가운데 생명 가진 피조물들의 삼분의 일이 죽고 배들의 삼분의 일이 깨어지더라

서기 428년 형 군데리크의 뒤를 이어 반달족의 왕이 된 가이세리크는 이듬해 함대를 조직하여 약 8만 명을 이끌고 지브롤터 해협을 건너 북아프리카를 침공했다. 반달족은 북아프리카의 도시 히포 레기우스 성을 포위하고 14개월 만에 결국 함락시켰다. 서기 430년에는 보니파키우스를 물리친다. 또한 서기 435년에는 로마와 조약을 맺어 누미디아 일부와 마우레타니아를 차지하고 특별 조약을 통해 로마와 동맹을 맺었다. 하지만 거기에 머물지 않고 서기 439년 기습 이동으로 카르타고를 점령해 로마의 지배에서 벗어나 카르타고를 수도로 삼고 반달 왕국을 건설했다. 이후 35년 동안 반달 왕국은 대규모 함선을 조직하고 지중해 연안을 점령해 들어갔다. 서기 442년 로마와 협정을 맺어 아프리카, 비자케나, 누미디아 일부 지방의 지배자로 인정받았다. 이어 지중해 서쪽의 많은 부분을 정복하고 발레아레스 제도, 사르데냐, 코르시카, 시칠리아를 합병했다. 로마는 그동안 훈족의 침입에 전념하고 있었고 아틸라가 죽자 겨우 반달족에 대한 대책을 세울 수 있었다. 발렌티니아누스3세는 자신의 딸과 가이세리크 아들의 결혼으로 반달족을 무마해보려 했으나, 페트로니우스 막시무스가 그를 죽이고 황제가 되면

서 양측의 교섭은 깨지게 되었다. 455년 6월 반달족은 로마를 침공했고 그들은 2주일동안 로마의 문화시설과 공공시설들을 무자비하게 파괴하였다. 그들은 값이 나가는 모든 귀중품들을 파괴하였으며, 서기 70년경 로마의 장군 타이터스가 예루살렘에서 로마로 빼앗아갔던 일곱 금촛대도 카르타고로 가져갔다. 이때 훈족 아틸라의 침입 때 나섰던 교황 레오가 반달족 가이세리크와도 담판을 벌여 약탈을 최소화하는 데 일조했다고 하는 얘기가 있으나 확실하지는 않다. 이러한 반달족의 로마 침공은 그 자체로 로마인들에게 엄청난 충격이어서 반달리즘이라는 말이 생겨났고 반달족은 조직적으로 로마의 재물을 배로 실어 북아프리카로 옮겨갔다.

서기 468년 이번에는 로마가 총력을 기울여 1,113척의 배를 동원하였고 10만 명의 대군을 이끌고 반달족의 근거지 북아프리카 카르타고로 진격해 들어갔다. 이에 맞선 반달족은 불이 붙은 배를 로마의 함대정 가운데로 보내어 로마 함대가 큰 혼란에 빠지게 만들었고, 때마침 불어온 바람에 로마의 전함들에 연쇄적으로 불이 옮겨 붙으면서 로마는 참패를 당했다. 이러한 역사적 사건을 두고 뉴턴은 "**불붙는 큰 산과 같은 것이 바다에 던지우매 바다의 삼분의 일이 피가 되고 바다 가운데 생명 가진 피조물들의 삼분의 일이 죽고 배들의 삼분의 일이 깨어지더라.**"고 한 예언이 성취되었다고 보았다. 「예레미야」 51:25에 보면 고대 바벨론 제국을 "멸망의 산"이라고 불렀다. 그것처럼 **계 8:8**에서 "큰 산과 같은 것"은 "어떤 나라"를 가리킨다는 것이다. 물론 여기서의 어떤 나라는 "반달족"이 될 것이다. 그리고 반달족과의 전쟁으로 인해 로마제국은 바다의 삼분의 일이 피가 되고, 피조물의 삼분의 일이 죽고, 배들의 삼분의 일이 깨어졌다는 것이다. **따라서 두 번째 나팔의 심판은 서기 429년 ~ 서기 468년 사이 서로마에서 성취되었다는 결론이다.**

계 8:10 셋째 천사가 나팔을 부니 횃불같이 타는 큰 별이 하늘에서 떨어져 강들의 삼분의 일과 여러 물 샘에 떨어지니 계 8:11 이 별 이름은 쑥이라 물들의 삼분의 일이 쑥이 되매 그 물들이 쓰게 됨을 인하여 많은 사람이 죽더라

서기 452년 서로마에 더 긴박한 상황이 닥쳐왔다. 그것은 훈족의 영웅 아틸라가 일어나 로마로 밀려든 것이었는데, 훈족은 본래 야만적이고 잔인하기로 소문이 자자했었다. 그런 훈족을 결집시킨 아틸라는 유럽 일대를 종횡무진 휩쓸었다. 그들은 마치 "물 샘"에 떨어진 독처럼 그들의 말이 밟고 지나간 자리는 다시 풀이 자라지 않았다. 그의 출현은 마치 빛나는 별이 하늘에서 번쩍이는 것과 같았고, 별빛이 반짝반짝 빛나듯 그렇게 전광석화처럼 남쪽으로 내달렸고, 이는 반달족의 치근덕거림과는 크게 다른 양상이었다. 그때 아틸라는 스스로 '**신의 재앙이자 신의 심판자**'라고 자칭하였다. 전쟁터에서 화려하고 빛나는 옷을 입고 싸웠으며, 자신은 군신인 화성(Mars)의 대리자라고 말하곤 했다. 너무나 잔인하고 흉포하여 사람들은 그를 일컬어 '쑥'이라고 불렀다. 따라서 "큰 별이 하늘에서 떨어져"에서의 큰 별은 아틸라를 표상한다. 또한 "강물"은 "바닷물"과 달리 사람들에게 식수가 되어주고 농사를 지을 수 있도록 해주므로 "강물"은 생명에 직결되며, 그런 강물의 삼분의 일이 쓰게 되어 마시지 못하게 되었다 함은 많은 생명들이 멸절된다는 것을 의미한다. 또한 "물 샘"이라 함은 강물의 근원이다. 샘에서 시내가 흐르

고 시냇물이 모여 거대한 강물을 이루고 마침내 망망대해로 흘러든다. 그런 여러 "물 샘"이 독으로 변한다는 것은 근원의 여럿이 파괴된다는 것이고 많은 뿌리가 상하는 것이므로 이제 멸망은 시간문제가 되는 것이다. 실제로 훈족의 침입은 서로마에게 회생이 불가능할 정도로 치명상을 입혔고, 비틀거리다가 서기 476년 역사 속으로 사라져버렸다. 이상한 것은 서기 453년 아틸라가 죽고 훈족의 군대들도 역사 속에서 갑자기 자취를 감추었다. 그들은 정말로 혜성처럼 나타났다가 혜성처럼 사라져갔다.

계 8:12 넷째 천사가 나팔을 부니 해 삼분의 일과 달 삼분의 일과 별들의 삼분의 일이 침을 받아 그 삼분의 일이 어두워지니 낮 삼분의 일은 비췸이 없고 밤도 그러하더라 계 8:13 내가 또 보고 들으니 공중에 날아가는 독수리가 큰소리로 이르되 땅에 거하는 자들에게 화 화 화가 있으리로다 이 외에도 세 천사의 불 나팔 소리를 인함이로다 하더라

세 개의 나팔이 불면서 서로마가 치명상을 입었지만 근근이 세력을 유지하고 있었다. "횃불 같이 타는 큰 별"이 아틸라를 상징했듯이 네 번째 나팔과 함께 등장하는 해, 달, 별도 어떤 모종의 상징일 것이다. 여기서의 해는 로마 황제, 달은 원로원, 별은 집정관을 표상한다. 서기 476년 마지막 황제는 용병대장 오도아케르의 강압에 못 이겨 원로원에 사퇴 의사를 전달했으며, 원로원은 비잔티움(동로마)의 황제 제논에게 서신을 띄워 이제부터 서로마에는 더 이상 황제가 필요 없음을 알렸다. 서기 493년 게르만족의 일파인 동고트의 데오도릭이 동로마 제논의 지

원을 받아 라벤나를 점령하고 게르만족 오도아케르를 몰아내면서 동고트 왕국을 세웠다. 그러므로 넷째 나팔로 인한 해, 달, 별에 대한 예언은 서로마가 멸망하면서 천하를 호령하던 황제와 원로원과 집정관들이 죽임을 당하여 그 빛을 잃고 어두워진 것을 표상한다. 로마 황제의 권위는 데오도릭이 대신하고 살아남은 원로원과 집정관들도 그들의 지위를 조금 더 유지할 수 있었다. 하지만 이마저도 그리 오래가지는 못했다. 동로마의 장군 벨리사리우스가 동고트를 공격했고, 그 결과 서기 541년 집정관 제도는 동로마 유스티니아누스 황제에 의하여 사라졌다. 그렇게도 맹렬하였던 서로마의 해, 달, 별은 이렇게 종막을 고했다. **"내가 또 보고 들으니 공중에 날아가는 독수리가 큰 소리로 이르되 땅에 거하는 자들에게 화, 화, 화가 있으리로다. 이 외에도 세 천사의 불 나팔소리를 인함이로다 하더라."** 앞의 네 가지 나팔도 무서운 것이었는데, 다섯째 나팔 직전에는 앞으로 오게 될 세 가지 나팔로 인하여 "커다란 재앙"이 있을 거라는 경고까지 추가된다. 이로써 앞으로 다가올 일들이 얼마나 심각하고 무서운 건지를 짐작할 수 있게 해준다.

계시록 9장

계 9:1 다섯째 천사가 나팔을 불매 내가 보니 하늘에서 땅에 떨어진 별 하나가 있는데 저가 무저갱의 열쇠를 받았더라 계 9:2 저가 무저갱을 여니 그 구멍에서 큰 풀무의 연기 같은 연기가 올라오매 해와 공기가 그 구멍의 연기로 인하여 어두워지며 계 9:3 또 황충이 연기 가운데로부터 땅위에 나오매 저희가 땅에 있는 전갈의 권세와 같은 권세를 받았더라

셋째 나팔에서 "횃불 같이 타는 큰 별"이 아틸라를 상징했듯이, "하늘에서 땅에 떨어진 별"도 지도자를 상징한다. 뉴턴에 연구에 의하면 다섯째 나팔은 주로 마호메트[10]가 세운 이슬람과 관계된다. "무저갱"이란

10) 마호메트는 아라비아의 한 도시인 메카에서 상업에 종사하고 있었는데, 612년부터 그는 하나님이 자신에게 계시를 주셨다고 믿기 시작하였다. 모하메드의 기본적 신념은 하나님은 오직 한분이라는 것이었다. 그는 하나님을 아랍식으로 알라(Allah)라고 불렀으며, 노아, 아브라함, 예수 등 많은 선지자들이 있었으나 자신이 알라신의 최후의 선지자라고 하였다. 모하메드는 그를 따르는 무리들을 위하여 여러 규칙들을 제정하였다. 그의 사후에 이 규칙들을 모아 하나의 책으로 정리한 것이 이른바 "코란"으로서 이슬람교의 성전이다. 코란에도 마지막 때에 대한 예언들이 많이 있는데, 그것에 의하면 마지막 때가 얼마 남지 않았고, 최후의 심판에서 알라는 악한 자들을 지옥에 가두어 피와 끓는 물을 마시게 하고 영원한 불에 타면서 고통을 치르게 한다고 가르친다. 그러나 알라는 의로운 사람들에게는 대단히 동정적이기 때문에 그들을 하늘의 화려한 연회에 초대하여 아름답고 부드러운 눈을 가진 처녀들과 연회를 즐기게 할 것이라고 하였다. 코란은 지하드(Jihad)라고 하는 거룩한 전쟁Holy War)을 찬양하고 있다. 코란은 말하기를 모든 신자들이 하늘에서 쾌락을 누리면서 살 것이지만, 성전에서 목숨을 버리는 자들은 하늘에서 더 큰 쾌락을 누릴 것이라고 하였다. 그들은 성전으로 새로운 영토를 점령하여

단어는 "측량할 수 없는", 또는 "바닥이 없는"이라고 하는 의미의 헬라어 "Abussos"에서 유래한 것인데, 그것은 마치 무덤 같기도 하고 광야처럼 황막한 곳을 의미한다. 또한 "황충"은 메뚜기를 말하고 "전갈"은 주로 광야나 사막에 많이 서식하고 꼬리에 치명적인 독을 가진 동물이다. "저가 무저갱의 열쇠를 받았다."는 것은 황폐한 지역을 중심으로 나라나 세력이 일어설 것을 의미한다. 그리고 이들이 나팔의 중심 무대로 보이는 유럽 지역에까지 막강한 위세를 떨치게 될 것임을 알려준다. 또한 창조주의 진리는 밝은 빛으로 표상되는 반면 "연기로 인하여 어두워진다."는 것은 거짓되고 편벽된 이치로 가득 차있음을 상징한다. 서기 622년 이슬람은 아라비아 사막을 중심으로 마치 메뚜기 떼처럼 일어나 세력을 확장해나갔다. 이슬람교는 특히 남을 개종시키려는 의지가 강한 선교 중심의 종교였고, 처음에는 가족적인 규모의 종교로 출발했으나, 마호메트가 사망할 즈음에 이르러선 전 아랍인들이 그의 신봉자가 되어 있었다. 늘 부족끼리 싸움을 일삼아 왔던 아랍인들은 마호메트가 내걸은 성전의 대열에 하나로 뭉쳤고, 메뚜기와 같이 그 수를 끝없이 늘려갔다. 마호메트가 죽은 후 서기 636년부터는 아부바커가 후계자를 뜻하는 "칼리프(Caliph)"의 자리에 올라 아라비아를 통치하기 시작했다. 그는 아라비안 족속들을 모아서 정복 전쟁을 시작하였다. 그들은 마호메트와 알라 신의 이름을 외치며 진격을 계속하여 서기 651

노략한 부를 분배하였는데, 점령지의 백성들에게 모하메드는 "알라 신이냐, 칼이냐, 하나를 택하라!"고 강요했으며, 코란에는 모슬렘들이 자기 종족 중 그리스도교로 개종하는 자는 처형하도록 되어 있다. 그러나 한 가지 특기할 만한 사실은 그들은 그들의 신조와 비슷하게 신실히 믿고 있는 기독교인들은 너무 잔인하게 대하지 않았다는 것이다. 그들은 로마 가톨릭이 아닌 진실한 기독교인들을 보면 그들을 건드려 괴롭히지 않았으며, 포교를 하거나 개종을 하지 않았다.

년엔 시리아, 이라크, 메소포타미아, 이란, 이집트를 석권하였다.

계 9:4 저희에게 이르시되 땅의 풀이나 푸른 것이나 각종 수목은 해하지 말고 오직 이마에 하나님의 인 맞지 아니한 사람들만 해하라 하시더라 계 9:5 그러나 그들을 죽이지는 못하게 하시고 다섯 달 동안 괴롭게만 하게 하시는데 그 괴롭게 함은 전갈이 사람을 쏠 때에 괴롭게 함과 같더라 계 9:6 그 날에는 사람들이 죽기를 구하여도 얻지 못하고 죽고 싶으나 죽음이 저희를 피하리로다

아부바커는 그의 추종자들에게 하나님의 법을 믿음으로 지키는 자들을 존경하고 우상 숭배하는 자들만 죽이라고 하였다.

"너희의 승리가 어린이와 여자의 피로 이루어지지 않게 하라. 종려나무를 자르지 말고, 옥수수 밭에 불을 놓지 말며, 과수들을 자르지 말고, 먹으려고 하는 것 외에 가축들을 죽이지 말라. 너희가 나아갈 때에 산중과 시골에 은거하며 이것이 자신들이 하나님을 섬기는 길이라고 주장하는 사람들을 만나거든 그들을 건드리지 말고 죽이지 말며 그들의 사원도 파괴하지 말라. 그러나 너희는 머리를 삭발한 사단의 회에 속한 사람들을 만나게 될 것인데 그들이 모하메드교로 개종하거나 조공을 바치기 전에는 절대로 살려두지 말라."

명령을 하달 받은 군사들은 무기를 들고 사방으로 나아가 사람들에게 무슬림이 될 것을 강요하였다. 이들은 전갈과 같이 잔학하여 사라센 제국과의 전쟁에서 패전한 나라들은 심한 고통을 당했다. "풀"과 "수목"은 첫째 나팔에서 나온 것처럼 백성들을 상징한다. "땅의 풀이나 푸른 것이나 각종 수목들은 해하지 말"라고 한 것은 어린이와 여자와 산중과

시골에 은거하며 자신의 종교생활에 충실한 사람들을 죽이지 말라고 아부바커가 명령한 내용에서 이해가 가능해진다. 따라서 "오직 이마에 하나님의 인 맞지 아니한 사람들만 해하라 하시더라."는 예언도 성취되었다.

계 9:7 황충들의 모양은 전쟁을 위하여 예비한 말들 같고 그 머리에 금 같은 면류관 비슷한 것을 썼으며 그 얼굴은 사람의 얼굴 같고 계 9:8 또 여자의 머리털 같은 머리털이 있고 그 이는 사자의 이 같으며 계 9:9 또 철흉갑 같은 흉갑이 있고 그 날개들의 소리는 병거와 많은 말들이 전장으로 달려 들어가는 소리 같으며 계 9:10 또 전갈과 같은 꼬리와 쏘는 살이 있어 그 꼬리에는 다섯 달 동안 사람들을 해하는 권세가 있더라 계 9:11 저희에게 임금이 있으니 무저갱의 사자라 히브리 음으로 이름은 아바돈이요 헬라 음으로 이름은 아볼루온이더라

「잠언」 30:27에서 "황충은 임금이 없으되 다 떼를 지어 나간다."고 하였다. 마호메트가 죽은 후 몇 백 년 동안 그의 추종자들은 왕이나 정부 없이 여러 조직으로 분리되어 있었으나, 13세기 말 오토만 장군이 처음으로 단합된 정부를 구성하였고 '오토만 제국'이라고 알려진 오스만 터키 제국을 설립하였다. 이처럼 무슬림들은 처음에는 왕도 없고 별다른 조직도 없었으나 몽롱한 연기에 취해 마치 성난 메뚜기 떼가 모든 것들을 갉아먹으며 지나가듯이 아라비아 전역을 종횡무진으로 몰려다녔다. 그들은 세계적으로 유명한 아라비아 말을 타고, 머리에는 누런 황색 두건을 두르고 있었기 때문에 마치 누런 금 같은 면류관을 쓴 것 같이 보였다. 남자들도 머리를 길렀으며 이로써 "여자의 머리털

같은 것이 있더라."는 예언도 성취된다. 그들의 창은 사자의 어금니 같이 생겼고, 가슴에는 철갑 옷을 두르고 전쟁에 나갔다. "또 전갈과 같은 꼬리와 쏘는 살이 있어 그 꼬리에는 다섯 달 동안 사람들을 해하는 권세가 있더라."는 1299년 7월 27일 오토만이 터키 왕조를 세운 후부터 1449년 7월 27일 동로마제국이 오스만 터키에 무릎을 꿇을 때까지 150년이 경과함으로써 이 예언도 성취되었다. 성서에서의 하루는 일 년을 말하므로, 다섯 달은 150일이고, 150일은 150년이 된다. 이 기간 동안 오스만 터키는 그리스, 라틴 민족과 끊임없이 전쟁을 계속하여 괴롭혔다. 그러나 **계 9:5** 예언대로 괴롭게만 하고 죽이지는 못하였다. 즉 전쟁한 나라들을 완전히 정복하지는 못하였다. 하지만 150년이란 숫자가 채워지자마자 큰 진전이 있게 된다. 동로마 황제의 세력은 급격히 쇠락해졌으며, 1448년 10월 31일 동로마의 황제 요한이 죽은 후, 그의 형제들은 오스만 터키 제국의 수상이었던 무라드2세에게 그들의 맏형이 황제가 될 수 있도록 요청하여 1449년 새로운 황제가 임명되었다. 이렇게 동로마가 자진해서 오스만 터키에게 무릎을 꿇는다. **계 9:11**의 "무저갱의 사자"는 이 오스만 터키 제국의 지도자를 가리킨다. 히브리 음으로 아바돈, 헬라 음으로 아볼루온이고, "멸망 또는 파괴자"라는 의미이다. 그들의 전쟁하는 모습과 공격성은 잔인하고 무서운 것이었으며, 그 뜻이 의미하는바 그대로 대단히 파괴적이었다.

계 9:12 첫째 화는 지나갔으나 보라 아직도 이 후에 화 둘이 이르리로다 **계 9:13** 여섯째 천사가 나팔을 불매 내가 들으니 하나님 앞 금단 네 뿔에서 한 음성이 나서 **계 9:14** 나팔 가진 여섯째 천사에게 말하기를 큰 강 유브라데에 결박한 네 천사를 놓아 주라 하매 **계 9:15** 네 천사가 놓였으니 그들은 그 년 월 일 시에 이

르러 사람 삼분의 일을 죽이기로 예비한 자들이더라

첫 번째 "화"는 무슬림이 등장하여 그 세력을 확장하는 과정에서 일어났던 전쟁이었다. 이어서 두 번째 "화"가 이르러 전 유럽을 또다시 큰 혼란의 도가니로 몰아가는데, 그것은 서기 1449년 여섯째 나팔과 함께 그동안 회교국 세력이 동로마를 완전히 제압하지 못하게 해놓았던 계 9:4에서 언급된 다섯 달의 족쇄가 드디어 풀리게 되면서 일이 시작된다. 이슬람은 오스만 터키를 비롯한 소아시아 지역까지 세력이 커져 갔으며 결국 동로마가 멸망하기에 이르렀다. "네 천사"는 징계하고 처벌하는 임무를 맡은 사자를 가리키며, 이 천사들은 세상의 어떤 인물이나 세력을 통하여 그들의 임무를 실행한다. 역사적으로는 유브라데 강 유역에 위치하여 있던 네 이슬람 족장들을 의미했다. "유브라데"는 이 네 천사가 억제하고 있던 세력들이 어느 지역을 가리키는지 보여준다. 13세기경 회교 세력들은 유브라데 강을 중심으로 자리 잡고 있었다. 여기 나타난 네 지역은 무슬림 세력의 네 관할 구역이었던 알렙포, 이코니움, 다마스커스, 바그다드를 가리킨다. 그리고 "년 월 일 시"의 의미는 "1년 1월 1일 1시"로 해석되어야 한다. 즉 「다니엘서」의 "한 때 두 때 반 때"와 똑같은 맥락이다.

(1년=360일≡360년) + (1달=30일≡30년) + (1일≡1년) + (1시)
= 391년 + 15일

그러므로 "년 월 일 시"는 실제로 **391년 15일**을 의미하게 된다. 이 기간은 다섯째 나팔의 150년 기간이 마쳐진 1449년 7월 27일에 시작되어져 여기에 391년 15일을 더한 1840년 8월 11일을 의미하게 되는데, 실제로 그날 무슨 일이 있었던가? 1833년에 미국의 성경학자 조시아 릿치 박사가 「계시록」 9장을 연구한 끝에 『그리스도의 재림』이란 책을 발행하면서 1840년 8월 11일 오스만 터키 제국이 그 주권을 잃어버릴 것이라고 발표했었다. 발표 당시만 해도 그는 많은 사람들에게 조롱을 당했다. 하지만 터키는 실제로 1840년에 그 주권을 박탈당하였다. 1838년 터키와 이집트가 전쟁을 벌였을 때, 이집트는 터키를 정복할 수 있는 단계에 이르게 되었다. 그런데 **"자라" 보고 놀란 가슴 "솥뚜껑" 보면서 놀란다고**, 이슬람 세력인 오스만 터키가 사라지는 건 나쁠 게 없지만 그 대신 이집트가 오스만 터키까지 정복하면서 더 강한 이슬람 세력으로 등장하게 될 것을 크게 염려한 주변국들이 이집트에게 오스만 터키를 치지 말라고 경고하기 시작하였다. 이러한 와중에 눈치가 빠른 터키는 재빨리 유럽연맹에 굴복한다는 제스처(Gesture)를 쓰면서 자발적으로 주권을 포기한다고 선언해버렸다. 이어서 유럽연맹의 대표자가 편지를 가지고 이집트를 방문했으며, 이집트 정부에 영국, 오스트리아, 프러시아, 러시아 4개국의 메시지, 곧 이제 오스만 터키의 운명이 자신들 손에 달려 있게 되었으니, 이집트 정부는 오스만 터키에게서 손을 떼라고 강력하게 압력을 넣었다. 그렇게 오스만 터키제국은 완전히 유럽연맹에 무릎을 꿇었고, 유럽연맹의 사절이 이집트의 알렉산드리아에 도착했던 날이 바로 1840년 8월 11일이었다.

계 9:16 마병대의 수는 이만만이니 내가 그들의 수를 들었노라 계 9:17 이같이 이상한 가운데 그 말들과 그 탄 자들을 보니 불빛과 자주빛과 유황빛 흉갑이 있고 또 말들의 머리는 사자 머리 같고 그 입에서는 불과 연기와 유황이 나오

더라 계 9:18 이 세 재앙 곧 저희 입에서 나오는 불과 연기와 유황을 인하여 사람 삼분의 일이 죽임을 당하니라 계 9:19 이 말들의 힘은 그 입과 그 꼬리에 있으니 그 꼬리는 뱀 같고 또 꼬리에 머리가 있어 이것으로 해하더라 계 9:20 이 재앙에 죽지 않고 남은 사람들은 그 손으로 행하는 일을 회개치 아니하고 오히려 여러 귀신과 또는 보거나 듣거나 다니거나 하지 못하는 금 은 동과 목석의 우상에게 절하고 계 9:21 또 그 살인과 복술과 음행과 도적질을 회개치 아니하더라

마병대의 수가 이만만이란 것은 무슬림의 총 숫자가 2억 명을 넘는다는 것을 의미한다. 오스만 터키가 한창 전성기를 달리고 있을 때, 그들은 근대식 화약과 총포를 처음 발명하였고 그것을 본격적으로 전쟁에 동원했다. 당시 오스만 터키 군인들이 말을 타고 총과 대포들을 쏘면서 전쟁하는 모습은 마치 불과 연기와 유황이 말의 입에서 나오는 것처럼 보였다. 불빛과 자주 빛과 유황은 전쟁 중에 오스만 터키 군사들이 입었던 군복의 색깔을 나타낸다. 또한 그들이 대포 쏘는 모양이 마치 말의 입에서 연기가 나오는 것과 같았다. 그들의 공격 특징은 갑자기 시작된다는 것과 매우 폭력적이라는 것이었다. 서기 1453년까지 동로마의 콘스탄티노플 성벽은 충분히 방어할 수 있을 정도로 매우 단단하였고 그것으로 동로마 제국은 한동안 버텨낼 수 있었다. 그러나 오스만 터키가 새로 개발한 거대한 대포와 화약이 동원되면서 콘스탄티노플은 더 이상 버티지 못하고 함락되고 말았다. 또한 "이 말들의 힘은 그 입과 그 꼬리에 있으니 그 꼬리는 뱀 같고 또 꼬리에 머리가 있어 이것으로 해하더라."라고 한 바, 『성경』에서 종종 입은 거짓선지자의 입, 꼬리는 거짓선지자, 머리는 지도자를 상징하는데, 오스만 터

키는 군대 지도자뿐만 아니라 거짓선지자와 그 입이 복합된 구조로 전쟁에 임한다는 것을 알 수 있다. 이는 그들이 한편으론 거짓된 교리를 가지고 거짓선지자가 선동하면서 다른 한편으론 무자비한 전쟁을 벌인다는 것을 알려준다. 한 손에 코란을 들고 다른 손으론 칼을 들이대며, "죽을래? 믿을래? 믿으면 살려준다."고 하면서 강요하는 것이다.

계시록 10장

계 10:1 내가 또 보니 힘센 다른 천사가 구름을 입고 하늘에서 내려오는데 그 머리 위에 무지개가 있고 그 얼굴은 해 같고 그 발은 불기둥 같으며 계 10:2 그 손에 펴 놓인 작은 책을 들고 그 오른발은 바다를 밟고 왼발은 땅을 밟고 계 10:3 사자의 부르짖는 것같이 큰 소리로 외치니 외칠 때에 일곱 우레가 그 소리를 발하더라 계 10:4 일곱 우뢰가 발할 때에 내가 기록하려고 하다가 곧 들으니 하늘에서 소리 나서 말하기를 일곱 우뢰가 발한 것을 인봉하고 기록하지 말라 하더라 계 10:5 내가 본 바 바다와 땅을 밟고 서있는 천사가 하늘을 향하여 오른손을 들고 계 10:6 세세토록 살아계신 자 곧 하늘과 그 가운데 있는 물건이며 땅과 그 가운데 있는 물건이며 바다와 그 가운데 있는 물건을 창조하신 이를 가리켜 맹세하여 가로되 지체하지 아니하리니 계 10:7 일곱째 천사가 소리 내는 날 그 나팔을 불게 될 때에 하나님의 비밀이 그 종 선지자들에게 전하신 복음과 같이 이루리라

계 10:1에 다른 천사가 나타나는데, 이 천사는 바다와 땅을 밟고 있다. 그 뜻은 지금의 기별이 온 세상으로, 즉 바다를 건너 온 땅으로 전파되어야 한다는 의미인 듯하다. 그런데 그 손에 펴 놓인 것은 “작은 책”이었다. 그 책이 지금 펴 놓여 있다고 표현한 것은 전에 닫혀 있었다가 이제 펼쳐지게 되었음을 강조하는 것으로 보인다. 그런데, 『성경』 가운데 닫혀져 있던 책이 있었던가? 단 12:4에 그 답이 있다. “다니엘아 마지막 때까지 이 말을 간수하고 이 글을 봉함하라. 많은 사람이 빨리 왕래

하며 지식이 더하리라." 바로 이 장면에서 봉함되었던 글을 일컬어 "성경 속의 작은 책"이라고 표현하는 듯하다. 땅과 바다를 밟고 그 손에 펴 놓인 작은 책을 들고 서 있는 이 천사가 하늘을 향하여 소리를 친다, 그런데 일곱 우레가 소리를 발하고 있는데도, 이 일곱 우레에 대해서만큼은 기록하지 말라고 한다. 기록하지 않았으므로 그것을 파악할 순 없지만, 결코 좋은 일은 아닐 것이다. 이에 대해선 『모든 세기』의 4행시들을 참조하는 수 외에는 다른 도리가 없는 듯하다. 더불어 계 10:6과 계 10:7에 지체하지 않을 것이라고 한 것은 이제 1260년이나 2300주야와 같은 기나긴 기간의 예언이 더 이상은 없을 거라는 뜻이다. 다시 말해 마지막 날이 이제 매우 가깝다는 의미이다. 우리는 지금 일곱째 나팔이 임박한 시기에 살고 있다. 일곱째 천사가 나팔을 부는 날, "하나님의 비밀이 선지자들을 통하여 전하신 복음과 같이 이루리라."고 했다. 이것은 또 무슨 뜻인가? 「에베소」 6:19에서 이르기를 "또 나를 위하여 구할 것은 내게 말씀을 주사 나로 입을 벌려 복음의 비밀을 담대히 알리게 하옵소서 할 것이니."라고 하였다. 여기서 바울은 "복음의 비밀"이라고 표현했다. 또한 「에베소」 1:9~10에서는 "그 뜻의 비밀을 우리에게 알리셨으니 곧 그 기쁘심을 따라 그리스도 안에서 때가 찬 경륜을 위하여 예정한 것이니 하늘에 있는 것이나 땅에 있는 것이 다 그리스도 안에서 통일되게 하려 하심이라."고 하였다. 여기서 말하는 하나님의 비밀이란 복음을 통하여 타락한 인류를 다시 회복시키는 일을 뜻한다. 오늘날 성서는 크게 변질되어 있다. 본래 기록된 의도대로 성서가 이해되지 않고 있다. 왜곡된 해석, 값싼 해석, 통속적 해석, 어리석은 해석, 심지어는 말도 안 되는 해석이 오늘날 많은 교회들에서 가르쳐지고 있다. 성서는 읽고 믿는 자들을 변화시킬 수 있어야 한다. 그래야 성서이다.

하늘과 땅을 가리지 않고 모두 성서 안에서 통일될 수 있어야 한다. 모든 존재들이 자신의 본질을 직시하고 성령 속에서 모두 하나가 될 수 있어야 한다. 「골로새」 1:26~28에서 이르길, "이 비밀은 만세와 만대로부터 옴으로 감추어졌던 것인데 이제는 그의 성도들에게 나타났고 하나님이 그들로 하여금 이 비밀의 영광이 이방인 가운데 어떻게 풍성한 것을 알게 하려 하심이라. 이 비밀은 너희 안에 계신 그리스도니 곧 영광의 소망이니라. 우리가 그를 전파하여 각 사람을 권하고 모든 지혜로 각 사람을 가르침은 각 사람을 그리스도 안에서 완전한 자로 세우려 함이니."라고 하였다. 여기서도 이 비밀이야말로 "**너희 안에 계신 그리스도**"라고 분명히 말해주고 있다. 성령이 우리 속에 들어와 우리를 하나님의 형상으로 변화시켜야 한다. 이것이 진정한 복음이며, 바울이 말한 영광의 소망인 것이다. 믿기만 하면 천국 간다는 복음은 제대로 된 가르침이 아니다. 참된 복음은 존재를 하늘과 하나가 되도록 해주는 것이다.

계 10:8 하늘에서 나서 내게 들리던 음성이 또 내게 말하여 가로되 네가 가서 바다와 땅을 밟고 서 있는 천사의 손에 펴 놓인 책을 가지라 하기로 **계 10:9** 내가 천사에게 나아가 작은 책을 달라 한즉 천사가 가로되 갖다 먹어버리라 네 배에는 쓰나 네 입에는 꿀같이 달리라 하거늘 **계 10:10** 내가 천사의 손에서 작은 책을 갖다 먹어버리니 내 입에는 꿀 같이 다나 먹은 후에 내 배에서는 쓰게 되더라 **계 10:11** 저가 내게 말하기를 네가 많은 백성과 나라와 방언과 임금에게 다시 예언하여야 하리라 하더라

“천사가 요한에게 이 작은 책을 먹으라고 하여 먹으니 입에서는 달았지만 뱃속에서는 썼다고 한다.” 이 말의 의미는 무엇일까? 이에 대한 성서연구가들의 주장을 소개해보면 그 대강은 다음과 같다. 19세기 초 당시 그 동안 봉함되어 해석되지 않고 있었던 「다니엘서」 2300주야에 대한 예언을 활발하게 연구한 뒤, 사람들은 서기 1844년이면 예수가 재림할 거라는 결론에 도달하게 되었고, 그 놀라운 소식에 사람들은 열광하기 시작했다. 그렇게 작은 책 「다니엘서」를 처음 받아먹게 되었을 때는 그것이 너무도 달고 기뻤다는 것이다. 1844년의 대소동, 1840년 무렵 세상 곳곳에서 굉장한 재림운동들이 일어났고, 교회들마다 큰 부흥운동이 벌어지게 되었다.

사실 준비된 나팔들이 차례대로 불리고 첫째 “화”, 둘째 “화”, 이렇게 “화”들이 임할 때마다 「계시록」에 예언된 재앙들이 어김없이 닥쳐왔지만, 다른 한편으론 그것에 대한 반동 작용으로 아주 주목할 만한 역사적 사건들이 일어나고 있었다. 다섯째 나팔 즉, 첫째 “화”가 지났을 때는 마르틴 루터에 의한 종교개혁이 일어났다. 중세 가톨릭교회는 온 세상을 암흑시대로 만들어버렸고, 당시의 사람들은 성경책을 접할 수도 읽을 수도 없었다. 집안에서 성경책이 발견되면 공개적으로 화형을 당하는 시대였다. 사람들은 교회에서 하나님을 믿는 것이 아니라 하나님을 대신한다는 교황을 믿어야했다. 그때 마르틴 루터가 나타나 절대적 신권이었던 교황을 향해 “당신이 바로 적그리스도”라고 지목하면서 진리의 횃불이 다시 타오르도록 만들었다. 가톨릭교회와 결탁한 왕국들이 종교개혁을 제압하려고 시도할 때마다, 이슬람 세력이 나타나 괴롭힘으로써 그들의 힘을 적군을 막아내는 데 소모해야 했으므로 불타오르는 종교개혁 운동을 제대로 진압해버릴 수가 없었다. 그리하여 종교개혁의 영향은 들불처럼 널리 퍼져나갈 수 있었다. 그리고 여섯째 나팔이 불리고 둘째 "화"가 지났을 때도, 예언 연구에 일대 혁신이 일어났다. 특히 1798년을 기점으로 교황권 핍박의 시기가 끝나면서 성서 예언연구가 활발해지게 되었는데, 유럽을 비롯하여 신대륙 미국에 이르기까지 각 교파의 목사들과 신학 교수들에 의해 「다니엘서」의 2300주야에 대한 연구들이 활발하게 전개되기 시작했다. 또한 유럽과 미국에서 1830년 전후 수백 명의 목사들과 교수들과 신문기자들이 「계시록」 예언을 해석하면서 재림이 곧 실현된다고 외치기 시작하였다.

시대의 전환기였던 프랑스 대혁명에 이어 1798년 교황이 잡혀갔다. 그리고 맞이하게 된 서기 1800년, 19세기 당시는 구질서의 붕괴와 신질서의 대두가 교차되던 복잡다단한 변화의 시기였다. 혐오해마지 않던 구질서 붕괴에 따른 안도감과 신질서 대두에 따른 기대감이 가득했던 시기이기도 했다. 반면 변화에 저항하는 보수 세력들은 구질서 붕괴에 따른 비애감과 새로운 질서가 가져올 불안감에 시달리고 있었다. 이렇게 복잡하게 뒤엉킨 시대적 분위기 속에서 유럽을 중심으로 성서 연구에 새로운 광풍이 불기 시작하였다. 1798년 교황의 몰락을 두 눈으로 똑똑히 목도하면서 「다니엘서」에 예언되었던 "1260" 이라고 하는 숫자의 의미가 너무도 선명하게 드러났던 것이다. 사람들은 서기 538년에 시작되었던 1260년간의 오랜 저주가 드디어 1798년에 풀리게 되었음을 확신하게 되었고, 이제 유일하게 남은 것은 "2300주야"뿐이었다.

사람들은 이 거대한 숫자의 시작점과 끝점을 찾아내는데 몰두하기 시작했다. 더불어 과연 「사도행전」 1:9~12에 묘사된 바, "이 말씀을 마치시고 그들이 보는데 올려져 가시니 구름이 그를 가리어 보이지 않게 하더라. 올라가실 때에 제자들이 자세히 하늘을 쳐다보고 있는데 흰 옷 입은 두 사람이 그들 곁에 서서 이르되, 갈릴리 사람들아, 어찌하여 서서 하늘을 쳐다보느냐. **너희 가운데서 하늘로 올려지신 이 예수는 하늘로 가심을 본 그대로 오시리라 하였느니라.**"고 하였는바, 이 문구의 표현과 같이 과연 예수가 승천한 모습 그대로 이 땅으로 다시 올 것인가? 이에 대해 재림이란 것은 단지 영적인 상징에 불과하다면서 그간에는 재림을 완전히 무시해버리거나 아주 먼 미래의 일로 치부해버리는 태도로 일관하고 있었다. 그러나 가톨릭의 권위가 땅에 떨어진 그때, 사람들은 하나둘 성서에 묘사된 바들이 정말로 현실화될 가능성이 높다고 믿기 시작했다. 그러다가 나중에는 정말로 예수 재림이 임박하다는 결론에 도달하게 된다. 유럽에서 예수의 재림이 **2300주야라는 숫자코드**와 연계되면서 거기에 얽힌 비밀만 풀어내면 재림 시기를 알 수 있다는 확고한 믿음으로 이어졌다. 사실 2300주야에 대한 연구는 19세기에 갑자기 나타난 것은 아니었다. 이미 17세기 뉴턴에 의해 깊은 연구가 있었지만, 19세기 들어 독일의 벵겔[11], 요한 패트릭, 아일랜드의 한스가 연구를 활발하게 전개하였고, 그 중에서도 특히 벵겔은 2300주야가 마감되는 바로 그 연도가 예수의 재림 시기라고 확신하였다. 이는 영국에서도 마찬가지였다. 윌리엄 커닝햄, 루이스 웨이, 헨리 드럼몬드, 조셉 울프 등이 연구를 진행했고, 그 중에서도 조셉 울프는 14개국 언어를 구사하는 능력을 바탕으로 인도인, 유대인, 무슬림 등에게 예수 재림에 대한

11) 벵겔 (Bengel, Johann Albrecht 1687-1752) 루터교 목사, 신학자

믿음을 전도하였다. 당시 임박한 재림에 깊은 관심을 보였던 이들 성서 연구자들이 한 자리에 모여 일주일동안의 집중 공동연구를 진행하였고, 참석자들 전원이 재림이 임박하다는 결론에 동의하였다. 유럽 내륙에서도 재림운동에 대한 광풍이 불었고, 임박한 재림에 대한 믿음으로 전 유럽에 영적 부흥운동이 일어났다. 스웨덴 국교의 목사들은 재림운동에 무관심했지만, 일반인들은 숲속에서 몰래 집회를 열어가면서 임박한 재림에 대한 믿음을 사람들에게 퍼뜨려나갔다. 1842년과 1843년에는 6살 밖에 안 된 어린 아이들까지 재림을 주장하는 일이 나타났고, 이 또한 영적인 부흥운동에 기름을 부었다. 호주의 플레이드 풋, 인도의 드루머드 저트도 집회에 참석했던 월슨에 의해 재림을 믿게 되었다.

신대륙 미국도 예외가 아니었다. 19세기 초반에 이미 2300주야에 대한 연구들이 활발하게 전개되었는데, 특히 농부였던 윌리엄 밀러는 오랜 독학으로 2300주야의 마감 연도가 1844년이라고 확정짓게 되었다. 그는 자신의 연구 결과를 공개해야 될지, 말아야 될지를 놓고 갈등하고 있었고, 마음속으로 자신을 초청하면 공개하겠노라고 마음속으로 다짐하고 있었지만, 다른 한편으론 일개 농부에 불과한 자신을 누가 부르겠는가라고 혼자 생각하고 있던 바로 그러한 찰나에, 놀랍게도 그간의 성서연구 결과에 대해 강의해달라는 요청을 받는 기적을 체험한다. 초청받은 첫 집회에서 대단한 호응을 얻어냈고, 한 주일 더 해달라는 요청으로 이어지고, 나중에는 12과정으로 늘어나고, 다른 침례교회에서도 강의 초청이 들어오고, 이어 도처에서 초청장이 쇄도하는 지경에 도달하고, 책으로 출판하고, 1840년에는 신문과 잡지까지 발행하게 된다. 당시 미국의 재림운동으로 감리교회에는 4만 명의 새로운 신자들이, 침례교회에는 4만 5천명의 새로운 신자들이 입회하였다. 특히 웨스트-버지니아 주에서는 90% 이상의 목사들이 이 재림운동에 참여하였다. 감리교회가 앞장을 서고, 침례교회가 따랐으며, 그 밖에 회중교회, 그리스도교회, 장로교회, 감독교회, 루터교회, 퀘이커 교회 등이 이 운동에 참여했다.

당시 이렇게 전 세계 사람들의 부흥운동을 부추겼던 요인 중의 하나는, 때 맞춰 일어난 심상찮은 여러 자연재해들도 크게 한 몫을 했다. 「요엘」 2:30에서 이르기를 "내가 하늘들에서와 땅에서 이적을 보이리니 곧 피와 불과 연기 기둥들이라."고 하였고, 이어 「요엘」 2:31에서는 "주의 크고 두려운 날이 이르기 전에, 해가 어둠으로 변하고 달이 피로 변하리라." 고 하였고, 「사도행전」 2:20에서는 "크고 찬란한 주님의 날이 오기 전에 해가 변하여 흑암이 되고, 달이 피로 변하리라."고 하였다. 또한 「마태복음」 24:29에서는 "그날 환난 후에 즉시 해가 어두워지며 달이 빛을 내지 아니하며 별들이 하늘에서 떨어지며 하늘의 권능들이 흔들리리라."라고 하였는데, 이런 일들이 성취된 것처럼 보이는 현상들이 도처에서 전개되었다. 1755년 11월 1일, 당시까지 있었던 지진 중 최악의 기록을 남겼던 "리스본 대지진"이 있었다. 이 지진으로 5분 동안 지구의 반이 흔들렸고 여러 도시들이 큰 해일이 밀려와 6만 명이 사망하였다. 600만㎢에 영향을 주었으며, 스페인과 포르투갈을 흔들었을 뿐만 아니라, 심지어는 그린랜드와 미국 동부에서도 흔들림을 감지할 만큼 초대형 지진이었다.

1780년 5월 19일, 북미 뉴잉글랜드 주를 중심으로 대낮에 암흑천지가 되는 사건이 일어났다. 또 그날 밤에는 이른바 "Blood Moon"이라고

하는 "핏빛 색깔의 달"까지 나타났다. 1776년 미국이 독립을 선언하고 4년도 채 되지 않은 때였다. 1780년 5월 19일 그날 아침 멀쩡하게 떠올랐던 태양이 갑자기 오전 10시부터 어두움이 드리우기 시작했는데, 사람들이 자기 손바닥조차 볼 수 없을 정도의 칠흑 같은 암흑이 엄습해왔다. 닭과 새들이 놀라 자기 둥우리로 돌아가고 소도 자기 외양간으로 돌아갔으며 어두움이 다음날 아침까지 계속되었다. 『우리나라 미국의 첫 세기』란 책에선

> "1780년 5월 19일의 흑암은 오래도록 기억될 가장 놀라운 자연 현상이었으며, 설명할 수 없는 신비로운 이 어두움은 아침부터 대낮에 미 동북부 뉴잉글랜드 주들을 뒤덮었다."

고 기술하고 있다. 그리고 예일 대학 총장이었던 티모시 드와이트 박사는 "코네티컷 주의 국회의원들이 회의를 연기하고 심판이 이르렀다고 가슴을 치며 촛불을 켜 들고 집으로 돌아갔다."고 했다. 이 사건은 아직까지도 설명이 안 되는 초자연적인 신비현상으로 손꼽히고 있다. 해가

갑자기 깜깜하게 어두워졌던 바로 같은 날 밤에 떠오른 달은 핏빛 색깔의 달이었다. 마치 지구의 마지막이 가까웠다고 통곡하는 것처럼 성서의 예언 그대로 달 자체가 피의 빛깔인 붉은 빛 그 자체를 띄우고 있었다. 이를 본 많은 사람들은 「계시록」 6장에 있는 여섯째 인의 예언대로 마지막을 알려주는 실재 자연재해들이 그 일련의 순서를 따라 일어나고 있다는 사실에 주목하게 되었다. 또한 「마태복음」 24:29의 내용 중에 "별들이 하늘에서 떨어지며"라는 문구만 아직 성취되지 않은 것으로 여겨졌는데, 그것마저도 드디어 1833년 11월 13일 북아메리카에서 성취되고 만다. 당시 정말로 별들이 하늘에서 소나기처럼 쏟아져 내렸다. 그 당시 사람들은 이 모든 것들이 예수의 재림이 임박하다는 증거라고 보았다. 해가 어두워진다는 예언이 성취된 후 50여 년이 흘러간 1833년 이 세상은 또 하나의 놀라운 예언 성취를 보게 되었다. 정확하게 그 날은 1833년 11월 12일 밤이었다. 아그네스 메리 클라크는 『19세기의 천문학의 역사』란 책에서 이렇게 말했다.

"그날 밤에 이 지구에 별들이 쏟아져 내려왔다. 멕시코 만에서부터 캐나다 핼리팩스까지 볼 수 있었던 이 기현상은 새벽녘 동이 틀 때까지 계속되었는데, 마치 별들이 사방팔방으로 쏘아대는 것처럼 온 하늘을 불꽃놀이로 수놓았다."

라고 하였다. 그리고 같은 일에 대해서 영 찰스는 쓴 『천문학의 매뉴얼』이란 책에서 다음과 같이 적고 있다.

"유성들이 떨어지는 현상 가운데 가장 놀라운 현상은 1833년도 11월 12일에 일어났던 것으로서 5~6시간 동안 한 시간에 약 20만개씩 이상의 별들이 떨어졌다."

그 당시 신문들은 별들이 마치 설익은 과실이 태풍에 흔들려 떨어지는 것 같았다고 대서특필하면서 사람들의 시선을 다시 성서 예언으로 돌리게 만들었다. 이 경이로운 현상은 그 전날 저녁 9시쯤부터 시작되었으며 새벽 4시에 그 절정을 이루게 되었다. 그 밤은 아예 유성들로 빽빽이 가득 찬 하늘이었다고 사람들은 말할 정도였다. 마치 수천 개의 유성들이 하늘 중간에 모였다가 터져 나오는 것 같았고, 별들의 폭풍우 같았다. 떨어지는 유성들의 크기는 보통 별들과 같았고 어떤 것들은 달의 크기처럼 크게 보이는 것들도 있었다.

또한 재림운동을 마지막 절정으로 치닫게 한 결정적 계기는 바로 둘째 "화"인 오스만 터키의 침략으로 인해 동로마가 멸망한 후 크게 세력을 떨치고 있던 오스만 터키가 1840년 8월 11일에 주권을 잃을 거라는 조시아 릿치의 예언 해석이 정확히 들어맞는 역사적 사건이었다. 둘째 "화"의 예언에 등장하는 "년, 월, 일, 시"라는 문구가 곧 391년 15일간의 기간을 말한다는 그의 해석이 성취되는 것을 목도하게 된 것이고, 이에 개신교도들이 1일을 1년으로 해석하는 관점이 지극히 옳다는 사실을 깨닫게 되었다. 그러므로 「다니엘서」의 2300주야 예언을 기원전 457부터 시작된 2300년간으로 해석하는 데에 전혀 주저함이 없게 된 교회들이 산술적으로 산출되는 2300주야의 마지막 연도가 서기 1844년이라는 것과 동시에 예수의 재림 연도라고 선포하게 되었다. 그리고 구체적인 재림 날짜로는 유대인들의 "대속죄일"이 가장 유력한 것으로 지목되었다. 그날은 유대력으로 7월 10일, 양력으로는 10월 21일이었다.

간절히 재림을 기다리던 사람들은 그날이 되기 전에 상점 문을 닫았고, 다니던 직장을 사직한 이들도 있었고, 농장에서는 추수조차 안하고 방치해놓고 있었다. 수많은 부흥집회들이 우후죽순으로 열리고 있었고, 출판물 인쇄기는 쉴 틈이 없이 돌아가고 있었다. 예수가 십자가에 못 박힌 이래, 1844년 그때처럼 사람들이 그렇게 간절하고 경건하게 살아가던 때는 없었다고 해도 전혀 과언이 아니었다. 그리고 드디어 기다리던 새날이 밝아왔다. 모두들 이른 새벽녘부터 부산을 떨며 정성스럽게 준비해놓았던 예쁜 새 옷으로 단장하고 재림 예수를 맞이하러 나가 동녘에 힘차게 떠오르는 아침 해를 두근거리는 부푼 가슴을 끌어안으며 바라보았다. 그런데 예수는 보이지 않았다. 태양이 중천에 솟았는데도 마찬가지였다. 이상하다, 그럴 리가 없는데… 혹시나 하는 마음에 일몰까지 기다렸는데도 전혀 기미가 보이질 않았다. 해가 지고 깜깜한 밤중을 지나 자정을 알리는 괘종시계 소리가 울리는데도 예수는 나타나지 않았다. 사람들은 하나둘씩 울부짖기 시작했다. 모두들 정말로 가슴이 찢어질 듯이 아파하면서 슬퍼하였고, 도무지 믿어지지 않는 이 현실을 어떻게 받아들여야 할지를 몰라 한 없이 울기만 했다. 그들은 온 마음으로 허탈해하면서 하나씩 둘씩 뿔뿔이 흩어져갔다.

"입에서는 달았지만 뱃속에서는 썼다."고 했다. 재림을 입으로 말할 때는 한 없이 좋았지만, 정작 고대하고 고대하던 재림은 이루어지지 않았다. 그러자 그들은 이루 말할 수 없을 정도로 너무너무 크게 실망하게 되었다. 그 중에서도 아마 윌리엄 밀러의 가슴이 가장 쓰리고 아팠을 것이다. 이후 그 뜨겁던 부흥운동의 열기는 순식간에 차갑게 식어버렸다. 하지만 윌리엄 밀러 같은 이들은 어디에 오류가 있었던 건지를 알아내기 위해서 『성경』을 읽고 또 읽고를 반복할 수밖에 없었다. 날짜를 산출해냈던 모든 계산 과정에서는 어떠한 오류도 찾아낼 수가 없었다. 그러나 한 가지가 마음에 걸리는 것이 있었다. 단 8:13에서 "내가 들은즉 거룩한 자가 말하더니 다른 거룩한 자가 그 말하는 자에게 묻되 이상에 나타난바 매일 드리는 제사와 망하게 하는 죄악에 대한 일과 성소와 백성이 내어준 바 되며 짓밟힐 일이 어느 때까지 이를꼬 하매" 라고 거룩한 자가 다른 거룩한 자에게 물었고, 이어 다른 거룩한 자가 단 8:14에서 답하기를 "그가 내게 이르되 이천삼백 주야까지니 그때에 성소가 정결하게 함을 입으리라 하였느니라."라고 대답하는 이 장면이 2300주야의 뿌리였다. 그것이 바로 이 대목이었다. 그런데 여기서 도대체 "성소가 정결케 된다."는 것이 무슨 의미인 걸까? 당초 성소가 정결하게 된다는 이 대목을 놓고 마침내 예수가 재림할 것이라고 해석을 했었던 것인데, 일이 이 지경이 되고 나서야 이 문구의 올바른 해석은 예수의 재림이 아니라 하늘 성소가 정결하게 된다는 의미라는 것을 깨닫게 된 것이다.

본래 성소라는 것은 유대인 성소제도에 뿌리를 두고 있었던 것이다. 유대인들은 일 년 내내 죄를 속죄하기 위해 양을 죽이고 그 피를 지상 성소에 뿌리는 일들을 해오는 풍습이 있었다. 그렇게 일 년 내내 성소가 더러워진 것을 10월 21일 성소를 정결하게 하는 날을 두고 대속죄일이라고 칭하였던 것이다. 그 날은 일 년 동안의 모든 죄를 결산하는 날이었으므로, 특별히 금식하고 화개하면서 자신의 지난 일들을 반성하면서 깊이 자중하는 날이었고, 이 날이 지나면 비로소 죄책감에서 해방되어 기쁜 마음으로 장막절 축제에 참여할 수 있었다. 지금 「다니엘서」의 문구는 그러한 성소를 정결하게 하는 일이 비단 땅에서만 필요한 것이 아니라, 하늘에서도 똑같은 성소 정결 과정이 필요한 거라는 의미로 재해석이 이뤄지게 되었고, 비로소 사람들은 본래의 의미가 결코 예수의 재림을 의미했던 것이 아니었음을 자각할 수 있었다. 그리고 "입에서는 달았지만 뱃속에서는 썼다."라는 이 문구의 의미까지도 몸으로 체득할 수 있었다. 바로 여기까지가 성서연구가들의 견해이다.

이에 대해 필자는 그들이 그렇게 뜨거운 맛을 한번 보고도 아직도 정신을 못 차리고 대충대충 넘어가버리고 만다는 느낌을 지울 수가 없다. 『성경』의 문구 하나하나에는 대충대충이란 것이 허용되질 않는다는 것을 기억해둘 필요가 있다. 그 다음에 이어지는 계 10:11에서 이르기를, "저가 내게 말하기를 네가 많은 백성과 나라와 방언과 임금에게 다시 예언하여야 하리라."고 말한 의미는 무엇일까? "다시 예언하여야 하리라." 고 기술되어 있으면, 이 또한 반드시 예언으로 성취되어야 마땅하지 않을까? 그것도 많은 백성과 나라와 방언과 임금에게 예언되어야 하는 것이다. 따라서 2017년 현재 그런 일이 과연 어떻게 성취되었는지를 두 눈을 부릅뜨고 샅샅이 살펴봐야 되는 상황이다. 그것이 정상적인 대응 방법이다. 이에 대한 필자의 소견은 이것이다. 사도 요한이 서기 95년경 이 예언서 「계시록」을 적어 우리에게 남긴 이후 우리 인류에게 과연 어떤 성서 예언이 주어져 왔는지를 살펴보면 저절로 자명해진다. 이후 다니엘이나 사도 요한 같은 선지자들이 나와서 「다니엘서」나 혹은 「계시록」에 비견할 만한 예언서를 전해주었던 바가 있었는가? 모두가 주지하는 바와 같이 그런 일은 일어나지 않았다. 그렇다면 이를 어떻게 받아들이고 어떻게 이해해야 하는가?

이에 대해 필자는 앞서 살펴본 바 있는 노스트라다무스의 『모든 세기』를 주목해야 한다고 믿는다. 그는 사도 요한과 똑같은 방법, 즉 성령의 인도로 방대한 양의 예언을 남겼다. 그리고 많은 백성과 나라와 방언과 임금에게 예언을 남긴 유일한 인물이기도 하다. 그리고 그는 전술했던 바와 같이 그냥 유대인이 아니라, 성서에 등장하는 "**이사칼족의 자손**"이기도 했다. 비록 자신 스스로가 선지자의 칭호만큼은 극구 사양한다고 했으나, 이는 어디까지나 본인의 겸손일 뿐이다. 누가 뭐래도 노스트라다무스야 말로 하나님의 충실한 전령 역할을 가장 훌륭하게 수행해낸 위대한 선지자였음을 부인할 수가 없다. 그는 원하지 않았지만 우리는 그를 선지자라고 칭해야 마땅하다고 본다. 그것을 뒷받침할 만한 주요 논거는 바로 "예언의 원칙"이다. 「다니엘서」와 「계시록」에서는 중요한 원칙이 발견되고 있는데, 그것이 이른바 "반복의 원칙"이다. 「다니엘서」 2장과 7장이 반복되고 있고, 「다니엘서」 8장과 11장이 반복된다. 또한 「다니엘서」 7장의 1260년 이야기는 「계시록」 11장 등에서 다시 반복된다. 이것이 무엇을 의미하는가? 「아모스」 3:7에 이르길, "**주 여호와께서는 자기의 비밀을 그 종 선지자들에게 보이지 아니하시고는 결코 행하심이 없으시리라.**"고 했듯이, 하나님은 선지자들을 통해 미리 예고하지 않고는 아무런 재앙도 내리지 않을 것이란 약속을 해놓았던 것이고, 그것도 모자라서 "반복 예고의 원칙"까지 세워두었던 것이다. 그리고 그것을 칼 같이 지켜나가시고 있었던 것이니, 창조주께선 이렇게 철두철미하게 한번 한 약속은 반드시 지켜나가시는 그런 분이셨던 것이다. 따라서 반복해서 예고되지 않은 재앙은 성취될 수가 없는 것이다. 그런데 「계시록」 8장 이후 일곱 나팔의 심판은 아무리 찾아보아도 반복의 흔적을 찾아볼 수가 없다. 그런데도 멀쩡하게 예언이 성취되고 있다.

이것은 또 무엇을 의미하는 것인가? 어딘가에 이미 예언되었던 것이 아닐까? 그렇다면 그곳이 어디란 말인가? 그것이 바로 『모든 세기』인 것 같다. 따라서 필자는 어쩌면 「계시록」에 기술되어 있는 대로, "작은 책"을 정말로 먹어버리고, 그것이 입에서 달았지만 뱃속에서 쓰다는 것까지 직접 체감을 했던 이가 바로 사도 요한이면서 동시에 다시 환생한 노스트라다무스일지도 모르겠다고 생각을 해보게 되는 것이다. 「계시록」에 기술된 바, 문자 그대로 "작은 책"을 먹었던 것이고, 그로 인해서 "많은 백성과 나라와 방언과 임금을 향해서 방대한 양의 예언을 다시 해야 하는 엄청나게 수고스런 임무"를 다시 수행할 수밖에 없었던 그런 숨은 사연이 있는 것일지도 모른다. 누가 보더라도 『모든 세기』야 말로 지금 「계시록」에서 거론하고 있는 상기의 문구들을 모두 충족시키는 유일한 예언서임에 틀림없다.

계시록 11장

계 11:1 또 내게 지팡이 같은 갈대를 주며 말하기를 일어나서 하나님의 성전과 제단과 그 안에서 경배하는 자들을 척량하되

여기서 하나님의 성전이란 "진리의 빛"을 말한다. 제단이란 "교회"를 말하고, 경배하는 자들은 "교인"을 말한다. 「히브리」 8:5에 이르기를 "저희가 섬기는 것은 하늘에 있는 것의 모형과 그림자라 모세가 장막을 지으려 할 때에 지시하심을 얻음과 같으니 가라사대 삼가 모든 것을 산에서 네게 보이던 본을 좇아 지으라 하셨느니라."고 한 바와 같이 사실 지상의 교회는 엄밀히 말해 모형과 그림자에 불과한 것이고 그보다 훨씬 중요한 실체는 진리의 빛이다. 실제로 여기 제11장에서는 중심 주제 중의 하나로 1260년간이나 교회를 이방인들에게 내주는 일을 다루고 있다. 하지만 그들이 정작 중요한 것은 결코 훼손시키지 못한다는 것을 분명하게 암시해 주고 있다. 그들이 훼손할 수 있는 것은 단지 껍데기나 그림자에 불과할 뿐이다. 그것이 전부이다. 자신이 가진 재주를 모두 쏟아가며 갖은 신기묘산을 뽐내는 사탄에 대해 창조주께선 기꺼이 껍데기까지 벗어주는 허허실실의 전략으로 대응하신다. 본래 뛰는 놈 위에 나는 자 있듯이, 온갖 재주는 사탄이 다 부리고 수확은 창조주께서 차지하시게 될 것이다.

한편 상기의 구절에서 절대로 대수롭지 않다고 보아 넘길 수가 없는 특

별한 용어 하나가 등장한다. (천사가) 요한에게 "갈대"를 준다고 하는데, 그것의 생김새가 "지팡이"처럼 생겼다고 한다. 그리고 그것의 용도는 "척량" 하는데 쓰는 것이라고 한다. 이는 요즈음의 용어로 바꾸면 측량하는데 쓰는 도구가 된다. 그리고 앞으로 「계시록」 23장에서도 "금 갈대"라는 용어가 등장할 것인데, 그것도 마찬가지로 척량하는 데 사용한다고 한다. 지금 11장의 "지팡이 같은 갈대", 그리고 23장의 "금 갈대"가 다른 것일까? 같은 것일까? 그리고 또 하나의 흥미로우면서도 동시에 아주 신비로운 설화 하나가 있다. 어쩌면 이미 이 설화를 잘 알고 있을지도 모른다. 그래서 새삼스러운 일에 불과할 수도 있지만 "구슬이 서 말이라도 꿰어야 보배가 된다."는 속담대로 구슬간의 상호 연관성을 구성할 수 있어야 목걸이나 팔찌 같은 진짜 보배로 거듭날 수 있는 법이다. 이제 그것을 한번 꿰어보려고 한다.

옛날 어느 마을에 일찍 부모를 여의고 남의 집에서 머슴 일을 하면서 살아가는 떠꺼머리총각 돌쇠가 있었다. 그는 제대로 배우지는 못했지만, 제 딴에는 포부가 높고 배짱이 커서 행동 하나하나에도 거리낌이 없었다. 오뉴월 모내기하는 철이 되어 너나없이 한창 바쁠 때에도 늘어지게 낮잠을 자기 일쑤였다. 그 날도 마찬가지였다. 삼복더위에 정자나무 밑에서 코까지 드르렁 드르렁 골면서 낮잠을 자는 참이었다. 한참 코를 골던 돌쇠는 갑자기 누가 차기라도 한 것처럼 벌떡 일어났다. 그러더니 주위에서 끌끌거리며 혀를 차는 소리에도 아랑곳없이 실실 웃음을 흘리는 것이었다.

"아니 하라는 일은 안 하고 잠이나 퍼질러 자더니 뭐가 그리 좋다고 웃는 게냐?"
"하하하! 어르신, 제가 너무 좋은 꿈을 꿔서 그럽니다."

다들 바빠 죽을 지경인데 한가하게 꿈 타령이라니 기가 막힐 일이었다.

"도대체 어떤 꿈인데 그러는 게야?"
"그냥 보통 꿈이 아니에요. 함부로 얘기를 해 드릴 수가 없습니다. 고을 원님이라면 또 몰라도요."
"그래 이놈, 어디 한번 원님한테 가 보자. 혼 좀 나봐야 해."

그렇게 해서 돌쇠는 원님 앞으로 가게 됐다. 자초지종을 들은 원님이 궁금해서 물었다.

"그래 도대체 어떤 꿈이었단 말이냐?"

그러자 돌쇠의 대답이 뜻밖이었다.

"아이, 여기 오면 어떨지 모른다고 했지 말씀드린다고는 안 했구먼요. 감사님이라면 몰라도 원님한테는 말씀을 못 드리겠는걸요."

그러자 원님도 기가 막혔다. 원님은 어찌 되나 보자면서 돌쇠를 감사한테로 데리고 갔다. 그런데 글쎄 여기서도 계속 배짱을 부리는 것이었다.

"아이, 안되겠습니다. 임금님께서 물어보시면 한번 생각을 해 봅지요."

그러자 감사는 그만 화가 벌컥 났다.

"감히 여기가 어느 안전이라고 겁도 없이 배짱이란 말이냐? 이놈을 당장 하옥해라."

그러나 옥에 갇히면서도 돌쇠는 끝내 꿈 이야기를 하지 않았다.

'내 꿈은 그렇게 쉽게 말할 꿈이 아니야.'

옥 속에서 죽을 날을 기다리면서도 돌쇠는 천하태평이었다. 하루 세 끼 턱턱 받아먹으면서 옥 바닥에 누워서 늘어지게 낮잠을 자곤 했다. 잠에서 깨면 옥을 드나드는 쥐들을 구경하면서 노는 게 소일거리였다. 그때 감옥에는 꽤나 많은 쥐들이 들락거렸다. 조그만 새끼 쥐들이 여럿이었다. 그때 새끼들 가운데 한 마리가 천방지축 촐랑대면서 뛰어다니다가 그만 옥기둥에 머리를 쿵하고 박고서는 넘어져 죽고 마는 것이 아닌가. 손으로 만져 건드려보아도 전혀 꼼짝을 못하는 걸 보니 숨이 끊어진 것이 확실했다.

"어허, 이거 나도 이 꼴이 되는 게 아닌 가 몰라."

그때였다. 새끼가 죽은 것을 보고서 밖으로 나갔던 어미 쥐가 웬 잣대[12] 같이 생긴 물건을 하나 물고 오더니 죽은 쥐의 몸을 재기 시작했다. 가만히 살펴보니 반짝반짝 노르스름한 게 금으로 된 자, 즉 금척이 분명했다.

'저런 걸 어디서 구했담. 그나저나 지금 뭘 하는 걸까? 쥐들도 관을 짜나?'

그때 신기한 일이 벌어졌다. 죽어 넘어졌던 그 쥐가 몸을 일으키더니 아무 일도 없었다는 듯 발발거리고 다시 뛰어다니는 것이었다. 눈을

12) 길이를 재는 데 쓰는 도구, 자 혹은 자막대기, 잣대 등으로 표현한다. (응용) 삼각자, 줄자 등등

동그랗게 뜨고서 그 모양을 살펴보던 돌쇠는 정신을 번쩍 차렸다.

'내가 지금 이럴 때가 아니지.'

돌쇠는 얼른 몸을 움직여 어미 쥐가 물고 있던 금척을 빼앗아 품속에 넣었다.

'역시 그 꿈이 보통 꿈은 아니었네. 하하.'

그 다음 날, 왠지 주변 돌아가는 분위기가 이상하더니 때가 지나도 밥이 나오지를 않았다.

"아니, 무슨 일이 있나요? 왜 밥도 안 준대요?"

그러자 옥을 지키는 옥리가 벌컥 화를 냈다.

"인석아, 지금 네놈 밥이 문제냐? 어젯밤에 하나밖에 안 계신 감사님의 따님이 돌아가셨어, 이놈아!"

돌쇠가 잠깐 놀라는 체 하더니 다시 큰소리를 쳤다.

"아, 일단 밥부터 내오라니까요. 따님은 내가 살려 드리리다! 아무 걱정 마시우."

그 말을 전해들은 옥사장이 달려 왔다.

"네가 지금 따님을 살리겠다고 했느냐? 네놈이 무슨 재주로?"

"아, 밑져봐야 본전 아니겠소? 감사님께 말씀이나 좀 아뢰어 주시오."

그렇게 해서 돌쇠는 감사 앞에 서게 되었다. 뜻밖에도 감사가 돌쇠의 손을 덥석 잡으며 꼭 딸을 살려만 달라고 애원했다. 그러자 돌쇠는

"걱정 마십시오. 저를 따님 계신 방에 혼자 들여보내 주면 제가 꼭 따님을 살리겠습니다. 꿀물 한 사발만 챙겨 주십시오."

감사는 돌쇠의 말이 영 믿기질 않았지만 마지막 지푸라기라도 잡는 심정으로 돌쇠를 그녀가 누워 있는 방으로 들여보내 주었다. 그러자 돌쇠는 품속에서 금척을 꺼내서 그녀의 몸을 발끝에서부터 재 올라가기 시작했다. 그러자 금척의 움직임에 따라 몸에 온기가 돌아오기 시작하더니 가슴을 지나자 심장이 콩닥콩닥 뛰기 시작했다. 얼굴을 다 재자 발그레 혈색이 돌아오면서 숨통이 탁 트였다. 그녀가 까만 눈을 뜨고 자리에 일어나 앉으며 말했다.

"아이, 오래 잤더니 목이 마르네. 물 좀 없나요?"

돌쇠가 기다렸다는 듯 꿀물을 내밀자 그녀가 맛있게 들이마셨다.

"아, 꿀맛이야!"

돌쇠가 방문을 열고 죽었던 딸을 부축하고 걸어 나오니 아주 난리가 났다. 감사는 살아난 딸을 얼싸안고 웃다가 울다가 한참 난리법석을 떨더니 돌쇠를 보고 말했다.

"아니, 네가 정말로 우리 딸을 살렸구나! 대체 어떻게 된 일이냐? 아니, 아니, 원하는 것은 뭐든지 들어주마. 뭘 원하는지 어서 말해보려무나?"
"아이, 됐습니다요."

그러자 감사가 딸에게 물었다.

"얘야, 죽은 너를 저 사람이 살렸어. 저 사람한테 뭘 해 주면 좋겠느냐?"
"아버님, 저 분이 제 생명의 은인이니 저 사람과 살게 해 주세요. 절 살리느라고 제 몸을 다 만졌을 테니 다른 데로 시집갈 수도 없어요."
"그래, 딸이 죽었다 살아난 마당에 그 소원을 못 들어주겠느냐. 여봐라, 이제 넌 내 사위다!"

그렇게 해서 돌쇠는 감사의 사위가 되었다.

돌쇠가 공주와 짝이 되어 꿈같은 나날을 보내고 있는데, 뜻하지 않게 나라에서 공문이 내려왔다. 어떤 사내가 죽은 공주를 살렸다는 소문이 대궐에까지 퍼져서 소식을 들은 임금님이 급히 사람을 보낸 것이었다.

"그곳에 죽은 사람을 살리는 인재가 있다니 대궐로 보내 삼 년 전에 죽은 우리 공주를 좀 살리게 해 주오."

죽은 지 하루 이틀도 아니고 삼 년이나 된 사람을 살려 내라니 말도 되지 않는 일이었다. 감사는 그냥 모른 척 하고 싶었지만 임금님의 하명이라 뿌리칠 수도 없었다. 그래서 돌쇠가 죽은 공주를 살리러 가게 되었다.

"뭐, 어떻게 되겠지!"

말은 이렇게 했지만, 돌쇠도 이번 일은 영 자신이 없었다.

"그래, 살짝 내빼는 거야."

이렇게 생각한 돌쇠는 길을 가다 말고 뒤가 마렵다면서 일행을 뒤에 두고 혼자 숲 속으로 들어갔다. 바지춤을 내리는 척하려는데 갑자기 어디선가 호랑이 한 마리가 나는 듯이 달려오더니 돌쇠를 번쩍 채 갔다. 호랑이는 순식간에 어느 동굴 앞에 다다라 돌쇠를 내려놓았는데, 동굴 안을 살펴보니 다른 호랑이 한 마리가 신음 소리를 내고 있었다. 들어가서 자세히 보니 입 속에 사람의 비녀가 걸려 있었다.

'흠, 이걸 꺼내 달라는 게로군.'

돌쇠는 무서움을 참고 호랑이 입 속으로 손을 넣어 비녀를 빼냈다. 그러자 돌쇠를 업어 온 호랑이가 돌쇠를 동굴 속으로 잡아끌었다. 가서 보니 사람인지 사슴인지 해골이 수북이 쌓여 있었다. 그때 호랑이가 크기가 커 보이는 금척을 입에 물고서 어느 해골을 쓱쓱 문지르기 시작했다. 그러자 해골 위에 살이 돋아나서 마치 산 사람처럼 되는 것이었다. 호랑이는 그것을 돌쇠 앞에 떨어뜨렸다.

'아니, 이건 크기가 더 큰 금척인데, 은혜를 갚겠다는 건가?'

돌쇠가 그것을 집어 들자 호랑이는 다시 돌쇠를 태우고 나는 듯이 달려서 원래 그 곳으로 데려다주었다. 돌쇠는 일을 다 본 척 옷매무새를 추스르며 사람들에게 말했다.

"자, 날이 저물기 전에 어서 갑시다."

드디어 대궐에 도착한 돌쇠는 크기가 큰 금척으로 죽은 공주의 유골을 문지르고, 작은 금척으로 몸을 재서 죽은 지 삼 년이 지난 공주를 정말로 살려냈다. 임금님은 어찌나 반갑고 기뻤는지 그 돌쇠를 사위로 삼았다. 그래서 돌쇠는 공주까지 두 번째 아내로 맞이하게 되었다. 어느 무더운 여름날, 돌쇠가 발을 씻고 있는 참이었다. 금 대야에 물을 담아 두 부인이 각각 한 발씩 맡아 씻겨주고 있었다. 돌쇠가 그 모습을 내려다보면서 싱글벙글 웃으면서 혼잣말처럼 중얼거렸다.

"과연 대단한 꿈이었어."

그러자 두 부인이 서로 입을 맞춘 듯이 물었다.

"도대체 어떤 꿈이었답니까. 이제 말씀 좀 해 주세요."

돌쇠는 뿌듯한 표정을 짓더니,

"하하, 말해 드리리다. 어떤 꿈이었는가 하면 구름을 뚫고 하늘로 솟아 올라가 오른손에는 해를 쥐고 왼손에는 달을 쥐는 꿈이었다오. 이 어찌 크게 길한 길몽이 아니겠소."

하면서 껄껄 웃는 것이었다.

이는 옛날부터 우리나라에 전해져 내려오고 있는 "**금척 설화**"이다. 그냥 하나의 설화에 불과하지 않느냐고 웃어넘길 수도 있겠지만 절대 그럴 수가 없는 것이, 이 설화가 전부가 아니라는 것이다. 한국 역사에는 "금척"에 대한 제법 풍부한 이야기들이 전해져 오고 있고, 심지어 그 내용도 대단히 심원하다. 우선 『동경잡기』에 금척의 기원에 대한 이야기가 실려 있다. 신라의 시조 박혁거세가 꿈을 꿨는데 하늘에서 신인이 내려와 말하기를,

"너는 문무에 뛰어나고 신성하여 백성이 바라본 지가 오래되었으니 이 금척을 가지고 금구(金甌)[13]를 바로 잡으라!"

고 하였는데, 꿈을 깨보니 정말로 금척이 손에 들려 있었다고 한다. 이렇게 시작된 금척에 대한 이야기는 박혁거세의 일화에서만 단지 일회성으로 끝나지 않고, 집안 대대로 그 이야기가 지속된다. 신라 박제상(朴堤上, 363~419)의 저술로 알려진 『부도지』에도 금척이 묘사되어 있다. 잠시 박제상의 역사를 살펴보기로 한다.

그는 신라 박혁거세 거서간의 9세손이며, 파사이사금의 5세손으로, 영해(寧海) 박씨(朴氏)의 시조이기도 하다. 그는 슬하에 3남 1녀를 두었다. 신라 17대 내물왕은 고구려에 조카를 볼모로 보냈다. 조카는 하필 자신을 볼모로 보낸 왕에게 늘 원망하는 마음을 품고 있었는데, 후일 왕의 자식들이 아직 어린 상태에서 왕이 그만 죽게 되자, 그 뒤를 이어 왕위에 오르니 18대 실성왕이었다. 고구려는 실성왕에게도 볼모를 요구했고 원망스럽던 내물왕의 둘째 아들을 보내버렸다. 그는 또 왜국에

13) 금으로 만든 단지, 여기서는 나라를 뜻함

서도 볼모를 요구하자 내물왕의 셋째 아들을 보냈고, 남아 있는 첫째 아들 눌지를 죽이려고 하였으나, 눌지는 지금의 경주 양산인 삽라군 태수였던 박제상의 도움을 받아 오히려 실성왕을 죽이고 왕위에 올랐다. 왕위에 오른 19대 눌지왕은 볼모로 잡혀가 있는 동생들을 구출해오기를 간절히 원했고, 그 중책을 지혜와 용기를 겸비한 박제상에게 맡겼다. 그리하여 박제상은 고구려에 볼모로 가 있던 복호(卜好)를 무사히 구해 왔으며, 고구려에서 돌아오자마자 그는 집에 들르지도 않고 곧바로 다시 왜국으로 발길을 돌렸다. 박제상은 미사흔(未斯欣) 마저 무사히 신라로 탈출시켰으나, 자신은 왜국에 사로잡힌 몸이 되었다. 왜인들은 박제상의 발바닥 가죽을 벗기고 베어낸 갈대 위를 걷게 하는 등 혹독한 고문을 가하면서 왜국의 신하가 되라고 종용하였으나, 그는 끝내 거부하였다. 결국 왜인들은 결국 박제상을 불에 태워 죽였다. 그 소식을 들은 그의 부인이 두 딸과 함께 바닷가 언덕 위에서 왜국 쪽을 바라보며 통곡하다 죽으니, 이에 눌지왕은 그 자리에 사당을 세우고, 둘째 딸 아영은 미사흔의 부인으로 삼고, 5살 난 외아들은 궁으로 들어가 살게 해주었다. 그는 장성해서 조정에 아첨하는 무리가 많음을 보고는, 인재등용의 중요성을 알리는 상소문을 올리고, 고향으로 돌아와 청빈하게 살았다. 집이 가난해서 옷을 백 번이나 기워 입어 마치 메추리를 거꾸로 매단 것 같았다. 그래서 동네 사람들이 동쪽 마을, 즉 동리에 사는 백결선생(百結先生)이라고 불렀다. 그는 거문고를 잘 탔고 방아타령을 지었다고 한다. 또한 화랑도의 근원인 천웅도의 전수자이기도 했다. 박제상이 지은 현존하는 가장 오래된 역사 선가서인 『징심록(澄心錄)』을 연구하였다고 전해진다. 그 책은 3교 15지로 구성되어 있었으며, 그 중 제1지가 오늘날 전해 내려오고 있는 『부도지(符都誌)』라고 한다.

이후 조선을 건국하기 전 이성계가 꿈에서 금척을 받았노라고 주장하면서 금척이 수면 위로 다시 부상하게 되고, 그래서인지 세종대왕이 박제상의 후손 영해 박 씨들을 각별히 보살피어 서울 반궁(泮宮)[14]에서 살게 하며 벼슬을 내렸다고 한다. 김시습도 같은 마을에서 태어나 어린 시절부터 영해 박 씨 종가를 내 집같이 드나들며 한 가족처럼 지냈는데, 이 집안과 김시습의 인연을 따져보니 박제상이 고구려에서 구해온 복호공이 바로 김시습의 직계 조상이었다고 한다. 그러다가 1455년 세조가 단종의 왕위를 찬탈하면서, 박 씨 집안은 벼슬을 버리고 한양을 떠나 강원도 철원 복계산 금화현으로 들어가는데, 김시습도 세한지맹(歲寒之盟)으로 이들을 따라 같이 나서게 됐고, 이때 김시습은 전해져 오던 『징심록(澄心錄)』[15]과 『금척지(金尺誌)』를 읽을 수 있었고, 고대어로 적혀있던 원본을 당시의 문장으로 옮겨 적었다고 한다. 금척에 관한 유래, 형상, 논평 등을 기록하여 『징심록추기(澄心錄追記)』를 썼고 그것이 지금까지 전해지고 있다. 그 책에는 온통 금척에 관한 흥미로운 이야기들로 가득하다. 그 중에 이런 이야기도 들어있다. 박혁거세 왕이 30개의 똑같은 무덤을 만들어 금척을 그 속에 감추었다고 한다. 지금도 경주시 건천읍 금척리는 도로 공사로 인해 훼손된 것 말고도 30여 개의 고분이 남아 있다. 나당 연합군이 백제를 평정한 후, 당나라 장수 소정방이 금척 이야기를 듣고 나서 몹시 탐을 내게 되었고, 당나라 황제의

14) 지금의 서울 명륜동 성균관

15) 『금척지(金尺誌)』는 백결선생이 저술한 고대(古代) 역사(歷史) 선가서(仙家書)이다.

명령을 빙자하면서 금척을 찾으려고 금척원 지역을 파냈다고 한다. 이때 누군가 금척을 몰래 감춰가지고 바다를 건너가 땅 속에 묻었다가 몇 년 뒤에 다시 가지고 돌아와 그 스승에게 반환하니, 스승이 금강산 바위굴 속에 깊이 감춰버렸다고 한다. 『징심록추기』 제9장에 보면 이런 내용이 실려 있다.

금척지유래(金尺之由來): 금척의 유래가
기원심원기리심수(其源甚遠其理深邃): 그 근원이 매우 멀고 그 이치가 매우 깊어
이기형상칙여삼태지례(而其形象則如三台之例): 그 형상은 삼태성이 늘어선 것 같으니
두함화주(頭含火珠): 머리에는 불구슬을 물고
사절이오촌(四節而五寸): 네 마디로 된 5촌, 즉 다섯 치이다.
기허실지수구이성십(其虛實之數九而成十): 그 허실의 數가 9가 되어 10을 이루니,
차칙천부지수야(此則天符之數也): 이는 천부天符의 數이다.
이고(以故): 그러므로
능도천지조화지근(能度天地造化之根): 능히 천지조화의 근본을 재고
능지리세소장지본(能知理勢消長之本): 능히 이세소장(理勢消長)의 근본을 알고,
지어인간만사무불측찰(至於人間萬事無不測察): 사람이나 만사에 이르기까지 재지 못하는 것이 없으며,
이규구어기문심규명근(而規矩於氣門心竅命根): 숨구멍이나 마음이나 목숨을 재면
즉능기사회생운(則能起死回生云): 능히 기사회생할 수 있다고 하니,
진가위신비지물야(眞可謂神秘之物也): 진실로 신비한 물건이라고 할 것이다.

금척으로 언덕을 재면 언덕이 평지가 되고, 흐르는 물을 재면 물길을 돌릴 수 있으며, 병든 사람이나 짐승들의 몸에 대면 모든 병이 깨끗이 나을 수 있고 심지어 죽은 사람까지도 살려내는 신비한 도구였다고 한다. 앞서 살펴본 금척 설화가 바로 여기에서 유래된 것은 두 말하면

잔소리일 것이다. 사실 필자가 『성경』 예언을 풀이하면서 이 금척 설화 등을 거론하는 것에 대해 상당한 숙고를 거듭했던 것이 사실이다. 어떤 이들은 이렇게 말할지도 모르기 때문이다.

> "감히 하나님 말씀을 담아 놓은 『성경』 이야기에 『징심록추기』가 웬 말인가? 게다가 금척설화는 또 웬 말인가?"

그러나 생각해보라. 분명 『성경』에 금 갈대가 등장하는 것이 사실이지만, 『징심록추기』에도 금척이 등장하는 것 또한 명백한 사실이 아닌가. 더욱이 둘 다 금으로 만들어졌다는 점, 그리고 척량하는데 사용한다는 용도까지 완전히 똑같다. 체용이 명확히 일치한다. 이것이 도대체 어찌된 영문일까? 두 문화권의 물리적 거리에 비추어보았을 때 전혀 관계가 없어야 마땅할 텐데 도무지 알 수가 없다. 그런데 더 이상한 것은 필자가 보기에 『성경』에 등장하는 금척보다 『징심록추기』에 등장하는 금척이 훨씬 더 상세하고, 내용도 풍부하다는 것이다. 『성경』에서는 성전을 측정하고, 사람의 마음을 측정한다고 잠깐 기록된 것이 전부라면, 『징심록추기』에서는 책 한권 전체가 온통 금척에 대한 이야기로 가득하다. 비유를 해보자면, 『성경』은 그냥 아주 잠깐 소개해주는 예고편이라면, 진짜 본 방송은 『징심록추기』란 것이다. 언덕을 재면 언덕을 바꿀 수 있고, 강을 재면 물길을 바꿀 수 있고, 심지어는 죽은 사람까지도 살려낼 수 있다는 것이다. 대관절 이와 같이 기묘한 사실을 어떻게 받아들여야 할까? 신라인들은 정말로 금척을 보았던 것이 아닐까? 정말로 금척을 보았던 사람들이 서술해놓은 책이 아니었을까? 이러한 조화를 어떻게 받아들이고, 어떻게 이해해야 하는가? 그리고 그 신라의 금척은 어디로 가버린 것일까? 하늘로 다시 올라간 것일까? 지금 「계시록」에서 그 금척이 분명 등장하고 있는 것이다. 지금 필자가 이 책을 저술하면서 펼치고 있는 일관된 주장, 이른바 "키워드 연결법"에 의하면, 『징심록추기』와 「계시록」의 연결은 명백하다. 의심의 여지가 없다. 여기서 우리가 생각해보아야 할 문제 하나, 『성경』의 하나님은 우리 한반도 하고는 정녕 관계가 없으셨던 분이실까? 절대 그렇지가 않을 것이다. 이치적으로도 말이 되지 않는다. 하지만 지금까지 살펴본 바에 의하면 『성경』의 무대는 온통 근동이나 유럽에 치우쳐 있는 것 또한 사실이다. 이 또한 확실하다. 그러나 하나님은 모든 민족, 모든 나라들의 하나님이어야 할 것이다. 이 또한 분명할 것이다. 그럼 이러한 논리적 모순은 대체 무엇을 의미하는 걸까? 사실 한반도가 참으로 수상하게 여겨지는 것은 비단 이뿐만이 아니다. 알고 보면 『성경』 내에서도 도처에 한반도와 관련되는 것으로 의심되는 구절들이 등장한다. 박혁거세 외에도 또 다른 역사 속에서도 하나님께서는 우리 한반도에 특별한 흔적들을 살짝살짝 남기신 것이 확인되고 있고, 기회 있을 때 그것도 소개할 예정이다. 이러한 현상은 『모든 세기』에서도 마찬가지이다. 오죽했으면 지금 이 책 자체가 "동방의 빛 시리즈"로 엮어지고 있을까? 이런저런 정황들을 놓고 볼 때, 여기서 들게 되는 필자의 소견은 이런 것이다. **이스라엘이 하늘의 증표 "언약궤"를 보유했었다면, 한국은 하늘의 증표 "금척"을 보유했었던 것이다.** 하나님은 온 세상을 다스리는 분이시고 온 세상의 하나님이시다. 어쩌면 그분의 정말 믿는 구석은 따로 있으셨던 듯하고, 거기를 은밀히 남 모르게 공을 들여 놓으셨던 것이 아닐까? 그곳이 바로 저 동쪽의 끝단, 우리 한반도였던 듯하다. 정작 하나님의 믿을 구석은 동쪽이었단 말이다. 처음부터 이스라엘은 아예 드러내놓고 일부러 표시를 잔뜩 낸 데에 비해 한국만큼은 전혀 드러내지 않았고 은밀하게 감추어두고 있었다. 이는 비장의 카드가 바로 한국이란 의미일 것이다. 이스라엘은 오히려 일종의 미끼였던 셈이다. 사탄을 현혹시키는 그럴듯한 미끼, 그것이 바로 이스라엘이었던 것이고 사탄이 그것을 덥석 물었던 것이 아닐까?

계 11:2 성전 밖 마당은 척량하지 말고 그냥 두라 이것을 이방인에게 주었은즉 저희가 거룩한 성을 마흔 두 달 동안 짓밟으리라 계 11:3 내가 나의 두 증인에게 권세를 주리니 저희가 굵은 베옷을 입고 일천 이백 육십 일을 예언하리라 계 11:4 이는 이 땅의 주 앞에 서 있는 두 감람나무와 두 촛대니 계 11:5 만일 누구든지 저희를 해하고자 한즉 저희 입에서 불이 나서 그 원수를 소멸할지니 누구든지 해하려하면 반드시 이와 같이 죽임을 당하리라 계 11:6 저희가 권세를 가지고 하늘을 닫아 그 예언을 하는 날 동안 비오지 못하게 하고 또 권세를 가지고 물을 변하여 피되게 하고 아무 때든지 원하는 대로 여러 가지 재앙으로 땅을 치리로다

상기 계 11:2에서 저희는 곧 이방인을 말한다. 그리고 이방인들이 짓밟는 거룩한 성은 교회를 말한다. 이어서 언급된 42달은 교회가 짓밟히는 기간을 말해준다. 여기서의 42달은 곧 1260년을 말하는데, 성서에서 1260이란 숫자에 대한 언급은 아래와 같이 총 7번이 반복된다.

① 단 7:25 성도는 그의 손에 붙인 바 되어 한 때 두 때 반 때를 지내리라

② 단12:7 한 때 두 때 반 때를 지나서 성도의 권세가 다 깨어지기까지니
③ 계 11:2 저희가 거룩한 성을 마흔 두 달 동안 짓밟으리라
④ 계 11:3 저희가 굵은 베옷을 입고 1260일을 예언하리라
⑤ 계 12:6 그 여자가 광야로 도망하매 거기서 1260일 동안
⑥ 계12:14 그 뱀의 낯을 피하여 한 때와 두 때와 반 때를 양육 받으매
⑦ 계 13:5 짐승이 큰 말과 참람된 말하는 입을 받고 또 42달 일 할 권세

따라서 이들 모두가 똑같은 하나의 메시지를 담고 있다고 봐야 한다. 그 메시지는 무려 1260년 동안이나 교회가 짓밟히고 참된 진리는 매몰된다는 것이다. 이 기간 동안 참된 진리는 오히려 교회 내에서 살아남을 수가 없어서 광야로 멀리 도망가야 한다. 다시 말해서 교황권이 중세기에 진리대로 살며 성경대로 믿는 많은 교인들을 죽이고 핍박하는 1260년간의 암흑시대를 예고한 것이다. 중세시대 때에는 심지어 사람들이 성경책을 보유하거나 읽는 것을 금지시켰다. 교회에서도 『성경』을 읽는 것이 아니라 정체 모를 제례 의식만 거행했다. 그리고 이어서 계 11:3에 두 증인이 굵은 베 옷을 입고 예언하는 모습이 나오는데 이들은 과연 누구인가? 이들은 두 감람나무와 두 촛대이며 예언을 한다고 했다. 무려 1260년 동안이나 살아서 예언을 행할 수 있는 두 사람은 물리적으로 존재할 수가 없으므로 따라서 이 두 증인은 구약의 대표적 예언서 「다니엘서」와 신약의 대표적 예언서 「요한계시록」이라고 봐야 한다. 굵은 베옷을 입고 증거 한다는 표현은 초상이 났을 때나 도저히 입을 옷이 없을 정도로 가난할 때 베옷을 입는 것이므로 1260년간의

핍박 동안에 많은 사람들이 죽임을 당한다는 것을 의미한다. "저희가 권세를 가지고 하늘을 닫아 그 예언을 하는 날 동안 비오지 못하게 하고"라고 예언된 바와 같이 중세기 1260년 동안 가톨릭교회에서는 성령의 비는커녕 그 그림자조차 볼 수가 없었다. 이 오랜 영적인 기근동안에는 예전에 그 많던 선지자들조차 하나도 찾아볼 수가 없던 그런 시기였다. 그렇다면 이 기간 동안 신성한 자리에 거룩한 차림새를 하고 앉아 하나님과 교리를 들먹이며 사람들을 맘대로 제단 했었던 그 자들의 참된 소속은 도대체 어디였던 것일까?

계 11:7 저희가 그 증거를 마칠 때에 무저갱으로부터 올라오는 짐승이 저희로 더불어 전쟁을 일으켜 저희를 이기고 저희를 죽일 터인즉 계 11:8 저희 시체가 큰 성 길에 있으리니 그 성은 영적으로 하면 소돔이라고도 하고 애굽이라고도 하니 곧 저희 주께서 십자가에 못 박히신 곳이니라 계 11:9 백성들과 족속과 방언과 나라 중에서 사람들이 그 시체를 사흘 반 동안을 목도하며 무덤에 장사하지 못하게 하리로다 계 11:10 이 두 선지자가 땅에 거하는 자들을 괴롭게 한고로 땅에 거하는 자들이 저희의 죽음을 즐거워하고 기뻐하여 서로 예물을 보내리라 하더라

1260년간의 오랜 핍박기간이 서기 1798년 나폴레옹이 교황 피우스6세를 잡아다가 가두고 죽게 함으로써 마침내 끝났다. 1260년의 핍박이 거의 끝날 무렵에 프랑스 대혁명이 일어났다. 혁명의 주동자들은 교회를 모두 폐쇄시켰고, 성경책을 불에 태우며, 미신을 믿게 하는 것이라는 이유를 들면서 성경책을 다시 읽지 못하도록 했다. 상기의 예언이

얼마나 정확하게 들어맞았는가! 여기서의 "무저갱"은 "근거가 없는 곳", "밑바닥이 없는 곳"이라는 뜻이다. 1793년에 프랑스는 성경책을 없애고, 한 여인네를 이성의 여신이라고 부르며 가마에 태워 시가지를 돌면서 축제를 벌였다. 이는 계 11:8의 문구대로 마치 소돔과 애굽을 방불케 했다. 그들은 지난 세월동안 가톨릭의 핍박에 너무 지쳐서 아예 정반대로 길을 잡아나갔다. 종교 자체를 부정하게 된 것이다. 그들은 신은 죽었다고 외치고 다녔다. 그리고 그들은 성경책을 불태웠다. 정말로 예언된 바대로 3일 반, 즉 3년 6개월 동안 『성경』이 죽어지내고, 무덤에 장사되자, 땅에 거하는 자들이 즐거워하게 되었다.

계 11:11 삼일 반 후에 하나님께로부터 생기가 저희 속에 들어가매 저희 발로 일어서니 구경하는 자들이 크게 두려워하더라 계 11:12 하늘로부터 큰 음성이 있어 이리로 올라오라 함을 저희가 듣고 구름을 타고 하늘로 올라가니 저희 원수들도 구경하더라 계 11:13 그 시에 큰 지진이 나서 성 십분의 일이 무너지고 지진에 죽은 사람이 칠천이라 그 남은 자들이 두려워하여 영광을 하늘의 하나님께 돌리더라

상기에 기록된 "삼일 반 후에 하나님께로부터 생기가 저희 속에 들어가매" 라는 구절은 어떻게 성취되었을까? 이에 대해 조지 크롤리 박사[16]가 1827년에 쓴 『묵시록의 논평』을 참고하면 좋을 듯하다.

16) 조지 크롤리(George Croly, 1780년 8월17일-1860년 11월 24일) 아일랜드 시인, 소설가, 역사가, 성공회 신부. 그는 1835년부터 런던 세인트 스테판 월 브룩(St. Stephen Walbrook)의 목사였다.

"교회와 성경은 프랑스 정부에 의하여 1793년 11월부터 1797년 6월까지 3년 반 동안 죽임을 당했었다. 그러나 3년 반이 지나자 성경은 이전에 압박을 당했던 것만큼 존경을 받게 되었고 공개적으로 자유 개신교회의 공개적인 책이 되었다."

이러한 진술 그대로 프랑스 혁명으로 들어서게 된 정부는 1793년 11월부터 이후 3년 반 동안 가톨릭과 성경책을 폐쇄시켰다. 그들은 축제를 벌이며 그것이 마치 자유인 것으로 착각하였다. 프랑스의 시인 볼테르는 이렇게 말했다.

"앞으로 100년 안에 이 세상에서 성경은 다 사라지고 없어질 것이다."

당시 프랑스 정부는 7일로 된 일주일 제도도 없애고, 대신에 9일 동안 일하고 10일째 쉬는 10일제를 새로 도입하였다. 그러나 그리 오래 가지 못했다. 노동자들이 일하다가 지쳐버렸던 것이다. 상기에 예언된 바대로 프랑스 정부의 방침은 정확히 3년 반 후에 실패했다. 프랑스 국회가 가톨릭과 성경을 다시 회복시킨다는 법을 통과시켜야 했다. 그리고 이상한 일이 벌어지기 시작했다. 그 후로부터 세계 모든 나라 말로 성경이 번역되기 시작한 것이다. 그 결과 성경이 마침내 동쪽 끝까지 전파되었고, 선교사들이 동쪽 끝까지 파견되었다. 이렇게 하여 "구경하는 자들이 크게 두려워하게 되었다"는 예언이 성취됐다. 또한 "그 성의 십분의 일이 지진으로 무너졌다"는 대목은, 로마 제국이 분열되어 생긴 10개국 중의 하나인 프랑스가 도덕적 타락, 범죄의 급증으로 마치 지진으로 파괴된 것처럼 프랑스 혁명 정부가 도산케 되면서 성취되었다.

프랑스 혁명 이후 세상을 지배하게 되는 대부분의 기조는 사탄의 다른 책략들에 의해 놀아나게 되었다. 1798년에 1260년의 핍박이 더 이상 유효하지 않게 되자, 사탄이 예비해놓은 더 무서운 책략이 모습을 드러낸다. 사실 그는 가톨릭을 활용한 핍박이 어느 순간 이후론 더 이상 유효하지 않을 것임을 이미 오래전부터 내다보고 있었던 것이 분명하다. 그의 수읽기 능력은 창조주에 버금갈 정도로 가히 상상을 초월한다. 이미 그에 대비해 치밀하게 준비를 해놨고, 그렇게 준비된 새로운 카드는 한 단계 업그레이드된 무신론[17]이었다. 창조주의 피조물 사람이란 것은 기실 지나칠 정도로 순진무구하기만 하고 사탄을 몰라도 너무 모른다. 반면 사탄은 영악하기가 그지없다. 여기에 창조주의 주된 고민이 들어있을 수밖에 없다. 사람의 마음이란 게 어떻게 작용하고 어떻게 흘러가는지를 세상 누구보다도 잘 파악하고 있는 사탄으로선 사람들로 하여금 기성 종교에 대해 염증을 느끼는 정도를 넘어서서 아예 알레르기 반응을 보이도록 획책해놓았던 것이다. 그리하여 다음으로는 그것의 반동 작용으로써 **"종교 무용론"**이 일어나도록 만들고, 이어서 자연스럽게 **"무신론"**으로 이끌고, 이어서 최종적으로 사탄이 오랫동안 공들여놓았던 회심의 카드, 마음이란 것을 아예 부정해버리는 **"유물론"**에 귀착되도록 길을 닦아놓았던 것이다. 이렇게 철저한 계산과 사전

17) 중세기 핍박이 지난 후 이 세상을 장악해버린 무신론의 역사를 보면, 프랑스 혁명 이후 19세기에 벨하우젠의 성경에 대한 고등비평학회가 생겨 성경은 하나님의 말씀이 아니라고 비평하는 학문이 생기고, 니체는 신은 더 이상 존재하지 않는다고 하였고, 찰스 다윈이 창조설을 부인하고 진화론을 주장하고 나섰다. 그 후 유물론을 신봉하는 공산주의가 탄생했다. 또한 무신론은 인본주의 사상을 만들어 냈다. 여기서의 인본주의란 신이 우리의 삶과 사상의 중심이 아니라, 인간 자신이 그 중심이라고 보는 사상이다. 이러한 인본주의는 오늘날 세상을 살아가는 모든 개개인들에게 깊이 뿌리를 내리고 있다. 오늘날 이 세상에 무신론자들이 넘쳐나는 이유가 바로 여기에 있는 것이다.

준비를 통해 공을 들이며 갈고 닦아놓았던 최종 작품이 바로 "공산주의 이념"이었던 것이다. 그것은 사실 프랑스의 농민 전쟁에서 시작되었다. 파리 임시 정부의 주역이었던 농민들과 상인들의 사회주의 사상이 공산주의를 태동케 한 것이다. 그리고 1917년 러시아의 볼셰비키 혁명을 통해 마침내 꽃을 피울 수 있게 된 것이다. 프랑스에 씨앗을 뿌리고, 러시아에서 개화를 본 것이다. 그리고 마지막 열매가 아주 튼실하게 무르익어가고 있는 지금이다.

사람들은 1991년 12월 25일 소련이 주도하던 공산주의가 무너져 내리는 것을 목격하게 된다. 그리고선 크게 한숨을 돌리게 된 이들이 한둘이 아닌 듯하지만, 이 또한 사탄의 거대한 계획, 거대한 프로젝트의 틀 속에 들어있었던 또 하나의 영민한 기만술이란 것을 눈치 채는 이들이 매우 드문듯하다. 사람들의 지혜가 그만큼 영민하지 못하기 때문이다. 사탄도 창조주에 버금갈 정도로 허허실실의 전략을 능수능란하게 구사한다. 그 뒤에 어떤 일이 벌어졌는지를 보면 저절로 자명해진다. 사람들이 러시아에 대해 살짝 긴장의 끈을 놓으며 허리띠를 느슨하게 풀어놓았던 1999년, 그때 이 지구상에 무슨 일이 일어났던가? 드디어 **"공포의 대왕"이 직접 북방 러시아의 핸들(국권)을 성공적으로 장악하게 되는 놀라운 사건이 벌어지고야 말았다!** 사실 열매라는 것이 튼실하게 무르익고 나면 그 다음에는 반드시 다시 땅으로 떨어져야 한다. 그래야 널리 널리 퍼져나갈 수가 있는 법이다. 이것이 자연의 이치이다. 사실은 알고 보면 그때 사탄의 법이 무너진 것이 아니라, 크게 용트림을 하고 있었던 것이다. 두꺼운 갑옷을 갖춰 입고 땅으로 떨어질 채비를 마쳤던 것이다.

사탄의 거대 계획 속에서는 공산주의 이념조차도 목적이 아니라 하나의 수단에 불과하다. 그깟 공산주의쯤이야 한 개가 아니라 수백 개라도 퍼줄 수 있는 그런 것이다. 사탄의 진짜 목표는 창조주를 제치고, 그 자리를 대신 꿰차고 앉아 온 세상을 제 맘대로 맘껏 조정해보는 것이다. 그것을 위해서라면 그는 세상 그 무엇이라도 얼마든지 내줄 수 있다. 공산주의? 그런 것쯤은 정말 사석의 하나에 불과하다. 서기 1991년 그는 사석 작전을 제법 그럴듯하게 구사해내면서, 드디어 지상 강림의 기초를 닦을 수 있었다. 교황? 많은 사람들은, 특히 개신교를 신봉하는 많은 이들은, 그 옛날 무시무시했던 거대한 교황권의 부활을 부쩍 두려워하고 있는 요즘이지만, 이는 잘못 짚어도 한참 잘못 짚은 것이다. 권력이란 것은 본시 피를 나눈 형제는 물론이고 금지옥엽 같은 귀한 아들과도 나눌 수가 없는 그런 물건이다. 사탄은 교황을 수단으로 쓴 것이지 목적으로 쓴 것이 결코 아니다. 그런 것쯤은 이미 1798년에 용도폐기 돼버리고 오래전 죽은 쓸모없는 사석에 불과하다고 여기고 있을 것이다. 지난 1260년 간 아주 요긴하게 잘 써먹긴 했지만 지금 이 순간 그에 대한 애착은 물론이고 오히려 부쩍 귀찮아진 요즘이다. 특히 1980년대 후반 자본주의 미국과 결탁해 소련을 붕괴시킨 장본인 중의 하나가 바로 교황이었다. 따라서 사탄은 때가 되면 다른 그 무엇보다도 교황을 멋지게 내치게 될 것이다. 마지막 시기 교황은 결국 또 하나의 멋진 사석이 되어줄 것이다. 그것이 현재 교황에게 남아있는 유일한 용도이다. 그리고 그가 마지막 날까지 유지되고 있는 유일한 이유이기도 하다. 감히 이렇게 장담하는 이유가 여럿 있는데, 앞서 살펴본 서신의 내용상 그렇다는 것이고, 그리고 다른 또 하나는 바로 이것이다.

교황 피우스10세는 오스트리아제국 베네치아 출신으로 1903년 교황으로 선출되어 1914년까지 재위했는데, 1909년 어느 날 그는 프란체스코 수도회 총회를 응대하는 자리에서 갑자기 정신을 잃고 말았고, 얼마 후 의식을 회복하고는 그가 보게 된 환상에 대해 공포에 질린 채 이렇게 고백했다.

> "오오, 얼마나 무서운 광경인가. 나 자신일수도, 나의 후계자인지도 모르지만, 그는 로마 교황의 자리에서 내려와 바티칸을 떠날 때에 사제들의 시체를 밟아 넘으며 걷지 않으면 안 되었다."

그러면서 교황은 그 방안에 있던 모든 이들에게 자신이 죽을 때까지 이 말을 함구해달라고 부탁했다. 그러다가 그는 죽기 얼마 전에 또 다시 환시를 경험한다. 그는 2번째 환시에 대해서도 이렇게 기술했다.

> "나의 후임자인 교황이 형제들의 시신을 넘어 달아나고 있는 것을 보았다. 그는 어떤 장소에 들어가 숨지만 한숨을 채 돌리기도 전에 잔인하게 죽임을 당할 것이다. 사람들의 마음에서 하나님에 대한 존경심은 사라졌다. 그들은 하나님에 대한 기억마저 지워버리기를 원한다. 이러한 사악함은 세상이 끝나는 마지막 날의 시작에 지나지 않을 것이다."

마지막 날의 시작 시점에 교황은 타살당하는 것이다. 그때 교황은 알게 될 것이다. 1260년간에 걸친 지난 한때의 그 화려했던 부귀와 영화는 결코 하늘에서 내려왔던 것이 아니라는 것을, 오히려 그것은 혐오해마지 않을 지옥에서 올라왔던 것이었음을 알게 될 것이다. 그리고 또한 깨닫게 될 것이다. 하늘의 속성과 지옥의 속성은 하늘과 땅 차이란 것을… 용도가 없어지면 폐기되어야 한다는 것을 알게 될 것이다.

그러나 되돌릴 수 없다는 것도 자각하게 될 것이다.

이제 이 지구상에 남은 일은 무엇일까? 사람들로 하여금 다시 간절하도록 만들 것이다. 메시아의 강림을 갈구하도록 만들 것이다. 메시아를 부르짖게 만들 것이다. 힘들어서, 살아내기가 너무나 힘들어서, 심지어 무신론자들에서 유물론자들에 이르기까지 너나 할 것 없이 세상에 존재하는 모든 이들이 하나같이 하늘을 우러러 구원을 갈구하는 그러한 간절함을 통해 만들어지는 텅 빈 자리, 도저히 아무나 채워낼 수 없는 텅 빈 그 자리, 바로 그 자리를 꿰차고 들어앉는 것이 바로 사탄의 계획인 것이다. 그리고 그는 마침내 성공하고야 말 것이다. 정말로 그 자리에 앉게 되는 그날이 오고야 말 것이다. 그러나 이렇게 일단 성공적으로 안착하고 나면, 그는 그 다음으로 오래전부터 꿈꾸어왔던 "맘대로 조정하기"를 한번 맘껏 펼쳐보려고 들 것이다. 사람들에게 "**짐승의 표**"를 강요하는 일이 일어나게 될 것이다. 그때서야 사람들이 비로소 제 정신을 조금 차리고 얼핏 사태를 파악하게 되겠지만, 이미 사태는 도저히 되돌릴 수 없는 지경이 되어 있을 것이다. 오직 둘 중의 하나를 선택해야 할 것이다. 죽거나 받거나….

계 11:14 둘째 화는 지나갔으나 보라 셋째 화가 속히 이르는 도다 계 11:15 일곱째 천사가 나팔을 불매 하늘에 큰 음성들이 나서 가로되 세상 나라가 우리 주와 그 그리스도의 나라가 되어 그가 세세토록 왕 노릇 하시리로다 하니 계 11:16 하나님 앞에 자기 보좌에 앉은 이십 사 장로들이 엎드려 얼굴을 대고 하나님께 경배하여 계 11:17 가로되 감사 하옵나니 옛적에도 계셨고 시방도 계신 주 하나님 곧 전능하신 이여 친히 큰 권능을 잡으시고 왕노릇 하시도다 계

11:18 이방들이 분노하매 주의 진노가 임하여 죽은 자를 심판하시며 종 선지자들과 성도들과 또 무론대소하고 주의 이름을 경외하는 자들에게 상 주시며 또 땅을 망하게 하는 자들을 멸망시키실 때로소이다 하더라 계 11:19 이에 하늘에 있는 하나님의 성전이 열리니 성전 안에 하나님의 언약궤가 보이며 또 번개와 음성들과 뇌성과 지진과 큰 우박이 있더라

일곱 나팔에 대한 구성 자체가 처음 4개의 나팔과 마지막 3개의 나팔들을 분리시키고 있다. 처음 네 나팔들은 서로마의 몰락을, 나중 나팔들은 동로마 몰락과 그 이후를 다룬 것으로 보인다. 나중 나팔에서 동로마의 몰락 과정을 보면 첫 번째 "화"에선 멸망시키진 않고 괴롭게만 하였고, 두 번째 "화"에선 동로마가 멸망당하고 사람들 삼분의 일이 죽었다. 그리고 동로마를 멸망시킨 오스만 터키 제국까지도 주권을 잃었다. 그리고 이제 마지막 일곱 번째 나팔을 "세 번째 화"라고 말하고 있고, 이번에는 현대의 로마를 심판하며 멸망시키는 일을 담고 있을 것이다. 더불어 세상을 파괴하는 자들, 세상을 망하게 하는 자들을 멸망시키는 일이 이 세 번째 화의 주된 목표이기도 하다. 여기서 남는 문제는 과연 어디까지를 로마의 범주로 봐야 하는가? 왜냐하면 적어도 표면상으론 이미 로마는 망해서 존재하질 않는다. 현대의 로마가 과연 어디일까? 사도 요한이 바벨론이라고 표기는 했지만 사실은 정말로 쓰고 싶었던 나라 이름 로마는 과연 어디를 지칭하는 것일까? 노스트라다무스가 카트린 왕비에게 다시 부활하고야 말 것이라고 장담하면서 예언했었던 로마가 과연 어디일까? 그리고 세상을 망하게 하는 자들이 누굴까? 이런 것들만 남는 듯하다. 이 질문에 대한 대답은 "세상 나라가 우리 주와 그 그리스도의 나라가 되어 그가 세세토록 왕 노릇 하시리로

다."는 구절 속에 들어 있는 듯하다. 온 세상이 모두 메시아의 나라가 된다는 것이 최종 결론이므로, 넓게 보면 로마의 범주는 온 세상과 관계가 있다고 봐야 한다.

그러나 그냥 이렇게 생각해버리면 너무 싱거워진다는 것이 문제이다. 가급적이면 조금이라도 더 좁게 보고 싶은 마음이 절로 들게 된다. 그렇게 최대한 좁혀서 본다면, 세계지도를 펴놓고 오늘날 굳이 로마라고 부를 수 있을 만한 적당한 곳을 찾아내야 하는데, 그곳이 과연 어디인가? 오늘날의 로마? 일곱 언덕의 나라? 오늘날로 치자면 서방선진7개국? 그럼 서로마는 미국, 동로마는 유럽?

이 비밀을 풀어내기 위해 우리는 또 다시「다니엘서」2장으로 돌아가 바벨론 왕이 꿈에서 보았던 거대한 신상을 다시 주목해 볼 필요가 있을 것 같다. 신상과 짐승들의 관계는 아래와 같이 정리할 수 있다는 것은 이미 살펴본 바이고, 그들을 오늘날의 G-7 국가들과 대응을 시켜본 결과가 이채롭다. "시대의 전환점"이라고 불리고 있는 프랑스 대혁명 이후 이 세상이 어떻게 돌아가고 있는지를 정리해보자.

머리…	바벨론…	금…	사자…	프랑스
가슴, 팔…	메데-페르시아…	은…	곰…	영국, 캐나다
배, 넓적다리…	그리스…	놋쇠…	표범…	독일, 이탈리아, 일본
종아리…	로마…	철…	짐승…	미국

18세기말 프랑스는 대혁명 이후 혁명파와 반혁명파간의 이념 대립 등의 혼란 상태가 지속되어 외세의 침입을 자주 받았다. 반면 싸울 때

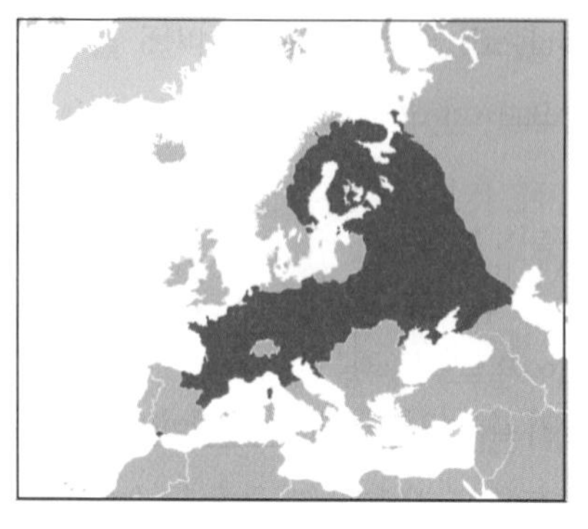

마다 이기는 장군 나폴레옹의 인기는 하늘 높은 줄 모르고 계속 치솟기만 했고, 혁명정부는 그를 국민들로부터 떨어뜨려 놓기 위해 이집트로 파병해버렸다. 나폴레옹은 몰래 이집트에서 귀국하여 군대를 동원해 쿠데타를 일으켰다. 나폴레옹은 연합국에 강화를 제의하지만 거절당하고 "나의 사전에 불가능이란 단어는 없다."고 외치면서 험준한 알프스를 넘어 1800년 오스트리아를 굴복시켰고, 라인 강의 절반을 할양받았으며, 북이탈리아 등을 프랑스의 보호 아래 두었다. 이렇게 유럽의 패권국이 되면서 현대의 바벨론을 재현해냈다.

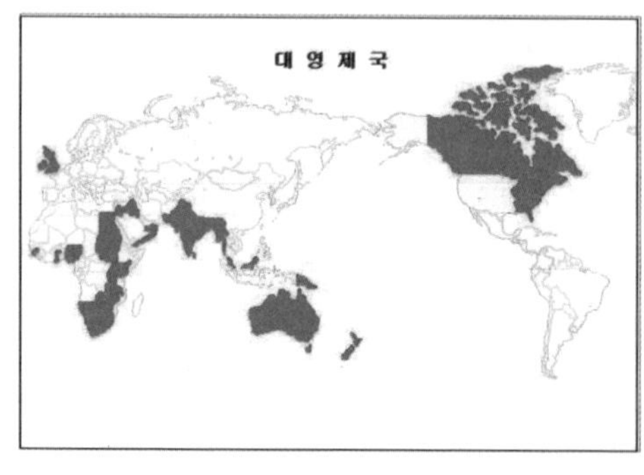

이미 「다니엘서」에서 살펴본 바와 같이 바벨론의 뒤를 잇는 메데-페르시아는 유난히 영토 확장에 욕심이 많았던 나라였다. 그러한 페르시아를 꼭 빼다 박은 나라가 영국이었다. 18세기 중엽 영국은 프랑스와의 7년 전쟁에서 승리하면서 캐나다를 빼앗았다. 이후 승승장구를 거듭한 영국은 1815년에서 1914년에 이르는 약 100년 남짓의 기간 동안 절정기에 도달해, 전 세계 1/4에 이르는 4억 명의 인구를 보유하면서 마침내 고대 페르시아가 꿈꾸었음직한

"해가 지지 않는 나라"를 건설하는데 성공했다. 이렇게 건설된 대영제국이야말로 "현대의 페르시아"라 부르는 게 오히려 페르시아의 영광이라 할 정도로 그들은 엄청난 영토를 자랑했다. 이러한 지극한 영화를 바탕으로 영국은 지금까지도 52개국으로 구성된 영연방의 종주국으로 자리하고 있다.

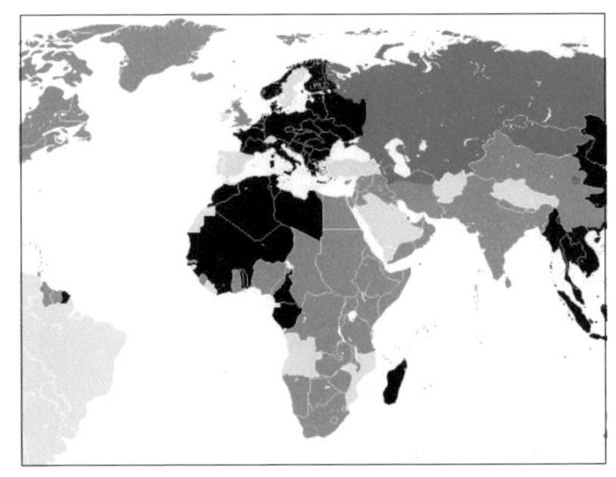

그리고 헬라의 알렉산더를 꼭 빼닮았던 자로는 독일의 히틀러를 들 수 있다. 알렉산더가 4개의 날개를 단 표범과 같이 신속함을 자랑하면서 종횡무진으로 정복 전쟁을 벌여나갔던 것처럼 1940년 히틀러도 전광석화와 같은 기습전을 통해 프랑스의 철통 방어선이라던 마지노선을 무용지물로 만들어버리고 유럽을 유린할 수 있었다. 왼쪽 그림에서 까만색으로 표시된 지역은 독일을 주축으로 한 추축국들이 점령했던 영토였다. 또한 알렉산더가 죽은 후 그의 수하였던 네 명의 장군에게 거대한 제국이 돌아갔던 것과 마찬가지로 히틀러가 사라지자, 이탈리아, 일본, 그리고 멀쩡하던 독일이 동독과 서독으로 분단되면서, 이렇게 4개의 나라들로 명맥이 이어진다. 따라서 이들 4개국이 바로 네 장군들의 표상들로 여겨진다. 아이러니하게도 그들이 지금도 세계를 리드하는 G-7의 일원으로써 당당하게 자리하고 있다.

그리고 제2차 세계대전이 끝나고 전 세계의 패권이 어디로 넘어갔는가? 바로 미국이다. 따라서 미국이야말로 바로 현대의 로마가 분명하다. 사실 미국과 고대 로마는 서로 닮은 점이 한두 가지가 아니다. 지난 2009년 영국의 한 방송국에선 고대의 로마제국을 해부한 6부작이 방영되었는데, 이를 본 시청자들은 엉뚱하게도 저절로 자신도 모르게 미국을 연상하게 되었다고 한다. 이 프로그램을 제작한 영국 일간지 〈가디언〉은 다음과 같이 쓰고 있다. "고대사 전공학자들도 고대 로마와 현대 미국의 속성이 서로 유사한 것에 깜짝 놀랄 정도였다." 이처럼 이구동성으로 말하길 서로 많이 비슷하다고 하는데, 구체적으로 무엇이 빼닮았다는 것일까?

첫째, 정치구조가 놀랄 정도로 거의 비슷하다. 미국은 연방주의, 권력분립, 견제와 균형의 3개 원칙에 의해 운영되는데, 이는 로마 공화정과 닮은꼴이라 할 수 있다. 로마의 집정관은 미국 대통령, 로마 원로원은 미국 상원, 로마 민회는 미국 하원라고 볼 수 있다. 로마의 원로원(Senatus)과 미국의 상원(Senate)은 명칭과 역할까지도 거의 같다. 민회가 간접적으로 집정관을 선출하는 방식도 미국 대통령 선거와 비슷하다. 다른 게 있다면 대통령에게 권력을 집중시키고 임기를 1년에서 4년으로 늘린 것이다. 미국의 연방주의도 서로 비슷하다. 로마는 느슨한 형태의 국가연합체 방식으로 통치됐다. 오늘날의 연방정부와 주정부로 이원화된 미국의 연방제와 크게 다를 바가 없다. 미국의 시민권 제도는 로마의 시민권 제도도 비슷하다.

둘째, 종교에 대한 대응 방식도 비슷하다. 로마는 황제 숭배를 거부한 유대교와 기독교는 탄압했지만 기본적으로 이민족의 종교에 관용을 보였다. 미국도 건국 주체들이 이미 강요된 국교의 폐단을 이미 인지하고 있었기 때문에 헌법에서 종교의 자유를 인정했다.

셋째, 국가의 상징도 비슷하다. 미국의 상징은 흰머리 독수리이고, 로마 군단과 공화국의 상징은 독수리였다.

넷째, 군사력과 언어로 세계를 지배하고 있다. 미국은 공식적인 식민지를 거느리진 않았지만 전 세계 40여 개국에 군사기지나 기지 사용권을 갖고 있으며 유엔회원국 190개국 중 132개국에 미군을 파병해놓고 있고 이러한 군사 교두보 확보는 로마의 식민지 경영의 현대판이라고 할 수 있다. 로마도 식민지 통치를 현지인에 위임했었다. 영국의 서식스에서는 토지두브누스가 친親로마 괴뢰정권의 우두머리가 됐으며 서기 60년 영국의 다른 지역에서는 로마에 항거하는 봉기가 크게 일어났으나 서식스만은 예외였다. 국내의 반미정서를 억누르고 있는 호스니 무바라크 이집트 대통령과 페르베즈 무샤라프 파키스탄 대통령을 떠올리게 한다. 한때는 로마의 후원을 받던 세력이 로마반군으로 성장하는 것도 친미정권이던 사담 후세인 이라크 대통령이나 미 중앙정보국(CIA)으로부터 훈련을 받았던 오사마 빈 라덴이 반미로 돌아선 것과 유사하다.

다섯째, 인종적 다양성도 비슷하다. 로마 역시 세계의 모든 민족을 포용해서 다양한 사회를 형성했다. 오바마가 흑인으로서 미국 대통령이 되었듯이 로마에선 북아프리카 출신의 흑인 셉티미우스 세베루스가 황제가 되었었다.

여섯째, 주변국들로부터 미움을 받았다. 로마에서도 9·11 테러와 같은 사태가 일어났었다. 기원전 80년 그리스 왕 미스리다테스는 특별한 날을 정해 그리스 내에 있는 모든 로마인을 살해하도록 지시했다. 그리스 전역에서 로마인 8만 명이 목숨을 잃은 사건을 접한 당시 로마인들은 충격을 받았으며 9·11테러 이후 미국 언론이 그랬던 것처럼 로마인들도 똑같은 질문을 던졌다. "왜 우리는 그렇게 미움을 받고 있는가?"

일곱째, 오늘날 미국과 같이 로마 역시 창끝으로만 세계를 정복한 것은 아니었다. 맥도널드 햄버거와 스타벅스 커피, 디즈니 만화, 코카콜라처럼 로마의 피정복민들은 로마식 긴 겉옷(토가)과 목욕, 중앙난방 시스템을 선호했다. CNN방송이 미 군사작전을 24시간 중계 방송함으로써 미국에 대한 두려움을 전파시키고 있듯이 로마시대에는 콜로세움에서의 검투사 경기를 통해 무력에 대한 공포를 심어주었다.

여덟째, 미국의 건축양식조차도 로마와 유사하다. 국가 차원에서 건축물이나 조각상을 로마의 고전주의 양식에 따라 제작해 신생 국가의 위엄과 정통성을 높였다. 수도 워싱턴은 독립 후 고대도시 로마를 의식적으로 모방해 설계했다. 워싱턴에는 고대 로마 스타일의 신전이나 공공건축물, 일반 건물들이 넘쳐난다. 국회의사당, 제퍼슨기념관, 링컨기념관, 연방대법원 등 수십 개의 관공서 건물이 모여 있다. 민간에서도 고대 로마 양식이 유행했다. 남부의 농장 지대나 찰스턴 해안가에는 로마 스타일의 높은 기둥과 상층부 회랑을 가진 저택들이 들어섰다.

아홉째, 미국과 로마는 스포츠를 좋아한다는 점도 닮았다. 미국은 스포츠를 통해 국민적 단합을 도모한다는 점에서 로마와 유사하다. 미국의 4대 스포츠 가운데 가장 미국적인 종목인 아메리칸풋볼은 로마시대의 검투사들의 목숨을 건 결투처럼 자극적이다. 미국에서 가장 오래된 풋볼 경기장은 하버드대학에 있는 하버드 스타디움인데 이 경기장은 로마의 콜로세움을 그대로 본떠 1903년에 만든 것이다.

열 번째, 로마문화의 특징 중 하나가 군 출신을 신뢰했다는 것인데 미국도 비슷하다. 역대 미국 대통령 가운데 약 23%가 육군이나 해군 출신이었다.

이러한 놀라운 유사성에 비추어볼 때, 미국이야말로 오늘날에 재현된 로마라고 말할 수 있을 것 같다. 그리고 미국을 위시해 오늘날 G-7로 불리는 "서방선진7개국"은 결국 「다니엘서」에서 바벨론 왕이 꿈속에서 보았던 그 4마리 짐승의 속성들을 고스란히 계승한 채로 현존하고 있다. 이를 보면 노스트라다무스가 시간은 순환되고 로마는 반드시 다시 찾아올 거라고 호언장담했던바 그대로 역사는 다시 반복되는 것이 틀림없는 듯하다. 그리고 「다니엘서」 2장에서 바벨론 왕의 꿈은 결국 어떻게 됐는가? 그 꿈은 결국 하늘에서 둥둥 날라 온 돌이 열국을 상징하는 신상의 발을 치면서 그 위에 있던 "4마리 짐승들"을 모두 한꺼번에 넘어뜨리는 장면으로 이어졌다. 따라서 "세 번째 화"가 노리는 주요 표적은 아무래도 "현대의 4마리 짐승"을 상징하는 "미국을 위시한 G-7 국가들", 이들이 제1순위라고 보아야 할 것 같다. 바로 이들이 이슬람의 침공에 노출되고야 말 것이다. 그 반면에 "세 번째 화"에서 벗어나 최후에 무사하고 싶다면 필수적으로 요구되는 조건들은 다음과 같다고 말할 수 있을 것 같다. 가능한 한 로마와 거리가 멀 것, 그리고 세상을 망하게 하는 자들과 어울리지 말 것과 메시아에게 적대하지 말 것, 이렇게 두 가지 핵심요소가 떠오른다. 그리고 한 가지가 더 있다. 세상을 망하게 하는 자들로부터 끝내 이겨내서 망하지 않을 것… 이렇게 꼽아본 세 가지 핵심 요소에 마지막 환란들이 고스란히 녹아있는 듯하다. 대략 추정해보면 예상되는 일련의 환란 과정은 바로 이것일 것이다.

먼저 우리는 첫째 "화"와 둘째 "화"에서 이미 이슬람 세력이 일어나 동로마를 무너뜨렸던 것처럼 세 번째 "화"에서도 반드시 이슬람 세력이 다시 한 번 크게 용트림을 하면서 준동하게 될 것임을 예상해볼 수 있다. 그때 그들이 침략해 들어가는 곳은? 두 말할 것도 없이 바로 "네 마리 짐승", 특히 거리상 가까이에 있는 유럽지역일 것이다. 이렇게 해서 이슬람 세력들은 세상을 망하게 하는 자들의 범주 속에 제일 먼저 포함되는 족속이 되고야 말 것이다. 반면 오늘날의 짐승이라고 할 수 있는 유럽의 불운은 이슬람과 더불어 서로 간에 상대방을 너무 미워한다는 데에 있는 듯하다. 숙명적으로 짝 지워진 둘 사이의 뿌리 깊은 원한 때문에 유럽은 창조주의 심판에 앞서 또 다시 이슬람의 공포를 이겨내야 할 처지에 놓이게 될 것이다. 「창세기」의 16:11~12에 이런 내용이 담겨 있다.

"여호와의 사자가 또 그에게 이르되 네가… 아들을 낳으리니 그 이름을 이스마엘이라 하라… 그가 사람 중에 들 나귀 같이 되리니 그 손이 모든 사람을 치겠고 모든 사람의 손이 그를 칠 찌며 그가 모든 형제의 동방에서 살리라 하니라."

이렇게 이스마엘의 자손인 무슬림들이 모든 사람을 치면서 전쟁을 벌일 것이 예고돼있는데, 놀랍지 않은가? 처음 시작하는 「창세기」에 이미 세상 끝 날의 일이 예정되어 있다니… 그리고 그때 그들과 대적하기 위해 다른 자들이 더욱 결속하게 된다고도 예고하고 있다. 따라서 우리는 유럽과 더불어 세상의 많은 나라들이 결속하게 될 것을 쉽사리 예상할 수 있다. 그리고 마침내 무슬림은 저지될 것이다.

그러나 유럽의 불운은 알라릭이 해결되면, 가이세리크가 들어오고, 아틸라가 들어오고, 오도아케르가 들어오고, 데오도릭이 들어오고… 바로 이러한 끔찍한 악몽을 또 다시 겪어야 한다는 것이다. 그들의 문제가 뭘까? 너무 발달한 선진 문명? 배타적인 문화? 쓸데없이 거만한 백인들의 우월의식? 아무튼 그들은 이번에도 도와주기 위해 들어온 자를 오히려 더 조심해야 할 것이다. 그리고 마지막 시기에 도움을 주러 오기로 예정된 그 자는 바로 러시아일 것이다. 하지만 부자 집에 든 강도를 쫓아내는 것을 도와주러 들어왔던 건달 녀석이 더 탐욕스런 강도로 돌변하는 황당한 사태가 마침내 또 다시 벌어지고야 말 것이다. 이렇게 해서 정작 세상을 망하게 하는 자들 중에서도 단연 으뜸의 자리는 러시아가 차지하게 될 것이다. 서구인들이 러시아의 압제에 신음하고 있을 때, 러시아는 거기에 만족하지 않고, 또 다른 한편으론 눈에 가시와 같은 존재, 이스라엘마저 장악하려고 움직일 것이고, 바로 그때, 드디어 메시아가 움직일 것이다. 이렇게 메시아가 세상에 모습을 드러내는 그 무렵이 “이방들이 분노하매”라는 예언이 성취되는 순간일 것이다. 당연히 러시아는 메시아에 대적하여 전쟁을 일으킬 것이고, 그들은 결코 혼자가 아닐 것이다. 그들은 한편으론 온갖 감언이설로, 또 다른 한편으론 갖은 공갈과 협박을 서슴지 않으면서 이슬람을 포함한 모든 세상 나라들로 하여금 메시아와 맞서도록 만들 것이다. 그리고 기어코 그들 모두가 다 함께 멸망의 문으로 들어가고야 말 것이다.

계시록 12장

계 12:1 하늘에 큰 이적이 보이니 해를 입은 한 여자가 있는데 그 발아래는 달이 있고 그 머리에는 열두 별의 면류관을 썼더라 계 12:2 이 여자가 아이를 배어 해산하게 되매 아파서 애써 부르짖더라

보통 음녀는 타락하고 부패한 거짓된 교회를 상징한다. 하지만 계 12:1에 등장하는 여인은 해를 옷처럼 입고 달을 밟고 서 있으며 머리에는 12별이 달린 면류관이 있다. 이는 진리로 단장한 순결하고 참된 교회를 상징한다.

이 교회는 해를 입고 있는 영광스러운 모습으로 묘사되어 있고, 머리에 쓰고 있는 면류관에 달린 12별은 12사도들을 상징한다. 또한 발아래 있는 달은 구약을 상징하고 해는 신약을 상징한다. 17세기 페테르 파울 루벤스[18]가 1623년부터 이듬해 1624년까지 장장 2년 동안 그린 그림을 보면, 해를 입은 것처럼 밝은 후광을 뒤로 한, 한 여자가 뱀처럼 생긴 괴물들로부터 갓 태어난 아기를 지켜내기 위해 안간힘을 다하는 모습을 담고 있다. 또 그녀의 발밑으로는 달이 보이고, 그녀의 머리에는 면류관이 있어서, 지금 요한이 묘사해놓은 내용을 그대로 화폭에 담고 있다.

그리고 2017년 7월말 현재, 「계시록」의 이 장면, 그러니까 사도 요한이 계시를 통해 본 바를 표현해놓은 글귀 그대로, "하늘에 보이는 큰 이적"이 우리들이 이고 있는 우리 하늘 위에서 실제로 장엄하게 펼쳐지

18) 페테르 파울 루벤스(Peter Paul Rubens) ; 17세기 바로크를 대표하는 벨기에 화가

고 있었다는 사실을 아는 이들이 별로 없는 것 같다. 몰라도 되는 일일까? 알고 보면 우리들이 이렇게 무신경하게 세상을 살아가고 있다. 정말 중요한 것들조차 우리는 감지하지 못하고 정신없이 세상을 살아가고 있는 것이다. **사실 필자가 이 책을 저술하기로 결심하게 된 결정적 계기도 바로 여기에 있다.** 무신경하게 살아가는 우리들이지만, 그래도 알 것은 알아가면서 살아갈 필요가 있겠다고 생각되었고, 잠시라도 먼저 알게 된 필자가 나서서 혹시 조금이라도 도움이 될 수 있다면 좋겠다는 생각으로 저술하고 있는 것이다. 무려 2천년 동안이나 문자로만 존재하던 이 구절이 드디어 우리들 눈앞에서 생생하게 시연되고 있으니, 정말 대단하다는 생각이 들게 되지만, 다른 한편으로는 정말 소름끼칠 정도로 무섭다는 생각이 들지 않을 수 없게 되었다. '성경 말씀이 정말 무섭구나.' 이런 생각 말이다. 자, 지금부터 먼 옛날 사도 요한이 보았고, 서기 2017년 지금 이 순간 우리 눈앞에서 생생하게 실현되고 있는 바, 그것을 자세히 설명해보도록 하자. 상기의 그림은 2017년 9월 23일 하늘에 나타나는 별자리를 천문 프로그램[19]으로 배열해본 것이다. 그림에서 처녀자리의 어깨 쪽으로 태양이 위치하니 여자가 태양을 입은 것이 된다. 그리고 아래의 그림은 시간이 조금 더 흘러 해시亥時 무렵, 그러니까 우리 시각으로 21시30분~23시30분경 밤하늘의 모습을 재현해본 것이다.

19) 스텔라리움(Stellarium)

밤이 되어 태양은 반대쪽에 있게 되고 그래서 우리 눈에는 보이지 않지만, 별자리 프로그램에서는 태양이 여전히 처녀자리의 어깨 너머에 있음을 보여준다. 처녀가 해를 입고 있다는 표현이 여전히 유효한 것이다. 또 그녀의 왼발 아래쪽으로 달이 위치한다. 그리고 처녀의 머리 위로는 9개의 별로 구성된 이웃별자리 사자자리가 보이는데, 이 날에는 이것뿐만 아니라 사자자리 외에 특별한 별 3개가 추가된다. 그녀의 머리 바로 위로부터 차례대로 수성, 화성, 금성이 나란히 사자자리에 임하게 되니, 사자자리를 구성하는 9개의 별과 더불어 12개의 별이 완성된다. 이렇게 해서 "12별의 면류관"이라는 「계시록」의 문구가 성취된다! 또한 2017년 9월 23일은 추분인 동시에 유대인 절기로 나팔절에 해당한다.

처녀자리의 두 별 Spica와 Virgo 사이가 바로 처녀의 엉덩이 부위이지만 프로그램의 오류로 인해 그림 상의 처녀는 약간 엇나가 보이고 있다. 천체학에서 목성은 의로운 왕을 의미하는데, 그림에서 목성이 위치가 매우 중요해진다. 지금 목성이 그 두 별 Spica와 Virgo 사이의 아래쪽에 위치한다는 것은 의로운 왕이 처녀의 자궁에서 나오는 것을 의미한다. 즉 태아의 출산을 의미한다는 것이다. 드디어 지난 42주 동안, 날수로는 무려 294일 동안, 달수로는 10개월 동안 처녀의 뱃속에 수태되어 있었던 목성이 드디어 해산하는 순간인 것이다. 이해되는가? 무려 10개월 동안이나 우리들 머리 위에서 요한이 계시한 내용이 그대로 펼쳐지는 초대형 우주 쇼가 계속 시현되고 있었던 것이다. 그럼에도 불구하고 우리는 전혀 그것을 눈치 채지 못하고 있었던 것이고… 요한의 계시도 놀랍지만, 우리들의 무신경도 그에 못지않게 놀랍기 그지없질 않은가 말이다.

지난 2016년 11월 20일 부터 왼쪽의 그림과 같이 처녀자리의 복부 부위에 목성이 자리하고 있었으니, 이는 바로 임산부의 복부에 태아가 착상하여 수태되었음을 의미한다. 그리고 10개월 동안이나 계속 복부에만 머물던 목성이 드디어 2017년 9월 9일 오른쪽 그림과 같이 복부에서 나오게 되니 이는 태아를 출산하는 것을 의미한다. 그리고 이러한 현상은 이미 앞에서 본 바와 같이 9월 23일, 처녀자리의 머리 위에 12개의 별들이 자리하게 되면서 최고 절정기를 맞게 된다. 아래의 그림과 같이 우리는 수성, 화성, 그리고 금성이 사자자리를 구성하는 9개의 별과 한 덩어리가 되어 12별의 면류관을 완성하는 것을 생생하게 목격할

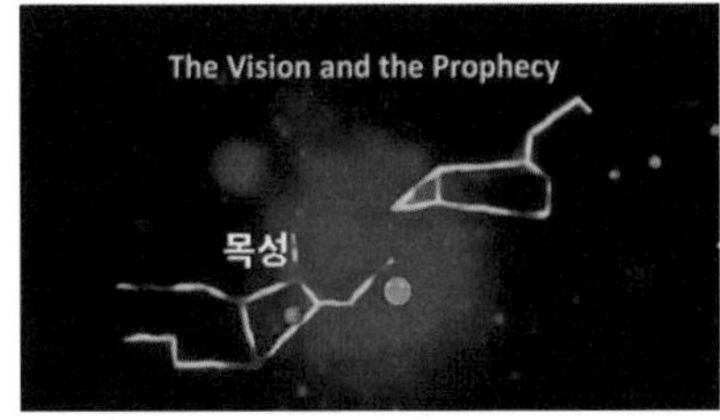

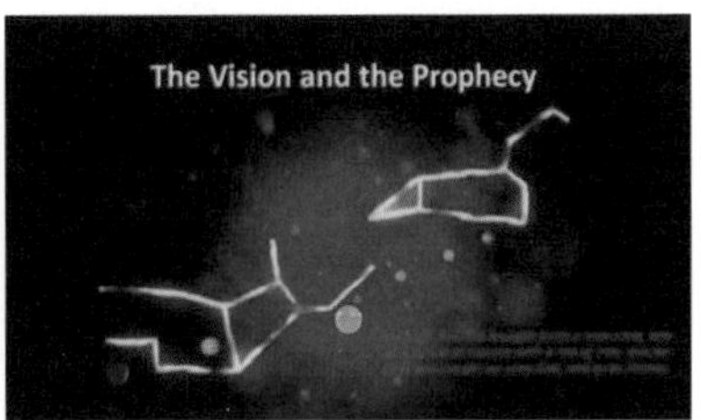

수 있었던 것이다. 목성이 의로운 왕을 상징하듯이, 금성은 메시아를 상징한다. 그리고 수성과 화성은 메신저 혹은 대천사장을 상징한다.

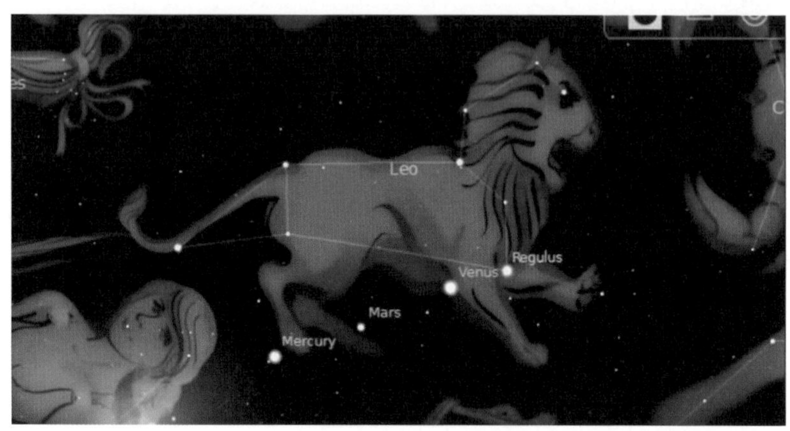

그런데 때 맞춰 2017년 8월 21일에는 미국에 4시간 동안 개기일식까지 펼쳐졌다. 뭐 이 정도면 창조주께서 준비해두신 지상 최대의 우주쇼가 틀림없질 않겠는가!

계 12:3 하늘에 또 다른 이적이 보이니 보라. 한 큰 붉은 용이 있어 머리가 일곱이요. 뿔이 열이라. 그 여러 머리에 일곱 면류관이 있는데 계 12:4 그 꼬리가 하늘 별 삼분의 일을 끌어다가 땅에 던지더라. 용이 해산 하려는 여자 앞에서 그가 해산하면 그 아이를 삼키고자 하더니,

---

계 12:3에서 하늘에 또 다른 이적이 보인다고 한다. 그리고 붉은 용, 즉 사탄이 나타난다. 아이를 낳는 여자가 남자 아이를 해산하려고 아파 부르짖고 있는데, 붉은 용은 아기를 삼키려고 한다. 아래의 그림을 보

면 좀 전에 보았던 처녀자리 오른발의 아래쪽으로 조금 내려가 보면, 거기에 뱀의 머리가 보이는데, 이 별자리는 바로 사탄을 상징하는 13번째 별자리인 "뱀주인자리"이다. 이때 토성이 사탄을 상징하는 뱀주인자리에 같이 위치하고 있다. 또한 뱀주인자리의 바로 위로는 헤라클레스자리가 보이는데, 이는 일곱 머리를 가진 뱀인 하이드라의 머리를 상징한다. 또한 뱀의 머리에는 7개의 별로 구성되는 북쪽왕관자리가 있고 이는 붉은 용이 쓰고 있다는 일곱 머리와 일곱 면류관을 상징한다.

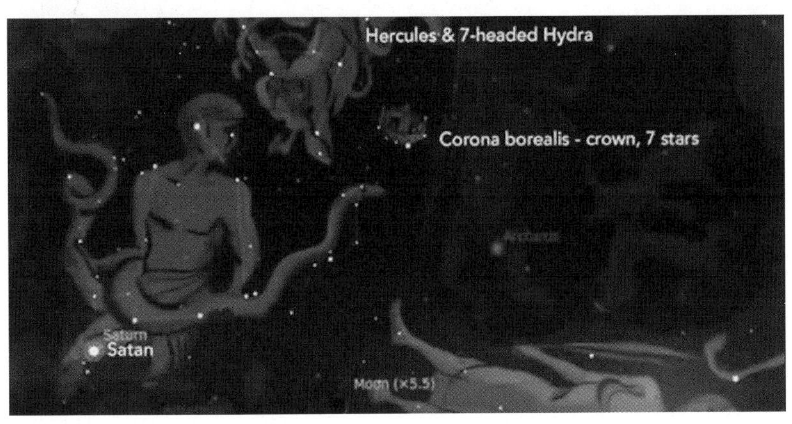

마치 「계시록」에서 묘사된 바대로 방금 여자가 낳은 그 아이를 삼키려고 기다리고 있는 듯하다. 그러면 이러한 천체현상은 자주 있는 일일까? 그것이 결코 그렇지가 않다는 것이니, 이런 현상은 매우 드물고도 드문 현상에 속한다. 이러한 별자리 배치는 지구의 공전궤도나 자전상의 다른 변동 요인이 없었다고 가정한다면 6017년 전인 기원전 3915년 8월 5일에나 비슷한 배치가 성립되었을 것이다. 그때에는 수성, 화성, 금성의 순서가 아니라 수성, 금성, 토성의 순서로 사자자리에 가세

한다는 점이 약간 다르다.

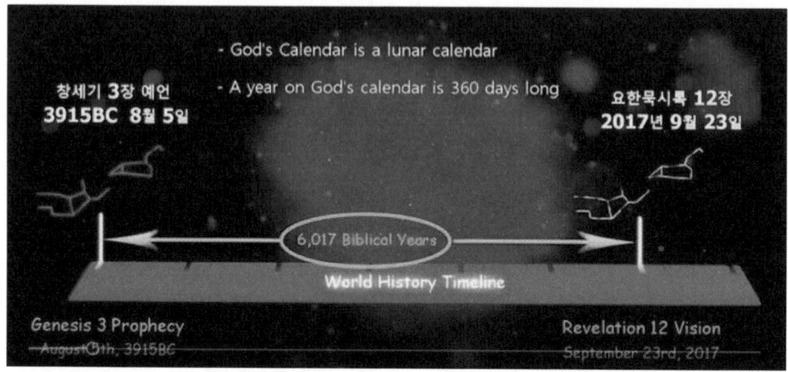

이렇게 6천년에 한번 있을까 말까 할 정도로 희귀한 천문 현상이 나타났던 것이다. 이제는 알게 되었을 것이다. 지금 우리는 「계시록」 12장이 실현되는 시점에 살고 있다.

계 12:5 여자가 아들을 낳으니 이는 장차 철장으로 만국을 다스릴 남자라. 그 아이를 하나님 앞과 그 보좌 앞으로 올려가더라 계 12:6 그 여자가 광야로 도망하매 거기서 일천 이백 육십 일 동안 저를 양육하기 위하여 하나님의 예비하신 곳이 있더라. 계 12:7 하늘에 전쟁이 있으니 미가엘과 그의 사자들이 용으로 더불어 싸울쌔 용과 그의 사자들도 싸우나 계 12:8 이기지 못하여 다시 하늘에서 저희의 있을 곳을 얻지 못한지라 계 12:9 큰 용이 내어 쫓기니 옛 뱀 곧 마귀라고도 하고 사단이라고도 하는 온 천하를 꾀는 자라 땅으로 내어 쫓기니 그의 사자들도 저와 함께 내어 쫓기니라

위에서 "붉은 용"이 원래 하늘에서 반역을 일으켰던 존재이고, 미가

엘이란 단어가 성서에 4번 등장 하는데, 미가엘은 주로 마귀의 군대와 싸우는 장면에 등장한다. 미가엘의 뜻은 "누가 여호와와 싸우겠느냐?"라는 뜻이다. 또 여기 보면, 붉은 용이 자기 꼬리로 별의 삼분의 일을 끌어다가 땅에 던지는 언급이 나온다. 계 12:5에서 우리는 여자가 낳은 아들, 즉 장차 철장으로 만국을 다스릴 남자가 바로 오래 전부터 『성경』에서 예고되고 있는 메시아라고 짐작해볼 수 있는데, 그 여자의 아이를 붉은 용의 눈을 피해 양육하기 위해 하나님께서 특별히 예비하신 광야로 1260일 동안 도망을 간다고 묘사되고 있다. 여기가 과연 어디일까? 그리고 1260일? 이 또한 우리는 하루가 곧 1년이라는 예언의 원칙에 의거해 1260년에 해당함을 잘 알고 있다. 「계시록」의 이 예언이 2017년에 실현된 것을 감안하고 그로부터 시계 바늘을 1260년을 거꾸로 돌려보면, 서기 757년 무렵이 된다. 그러니까 8세기 무렵에 뭔가 중대한 일이 일어났었다는 것을 의미하고, 그 시점은 최소한 서기 757년 이전이어야 한다. 또한 무려 1260년 동안이나 피해 있을만한 도피처, 그런 곳이 대체 어디일까를 생각해보아야 한다. 여기에 또한 놀랄만한 『성경』의 비밀의 숨어 있다고 필자는 믿고 있다. 이번에는 시야를 잠시 8세기 중엽 동쪽으로 돌려보자. 『송고승전』[20]에 전해지는 이야기이다.

서기 660년 백제가 멸망한 후 58년이 지난 서기 718년, 전라도 만경현에서 한 아이가 태어났는데 그의 이름은 진표라 하였다. 아버지는 진내말(眞乃末)이고, 어머니는 길보랑(吉寶娘)이며 성은 정(井)씨라고 한다. 아버지 진씨(眞氏) 가문은 백제 귀족의 대표적 성씨 가운데 하나

---

20) 『송고승전(宋高僧傳)』 권14의 「백제국금산사진표전」

였고 『삼국사기』[21]에서 이르길 '백제 관인에게 신라 벼슬을 줄 때 백제 관등 3품이었던 "은솔"은 신라 관등 "내말"로 한다.'는 기록에 근거해볼 때, '내말'은 이름이 아니라 관직명으로 보인다. 따라서 그의 집안은 그 지역에서 상당히 지체 높은 가문이었던 것 같고, 이런 환경에서 자란 그가 험난한 구도의 길을 걷게 된 것은 하나의 기묘한 사건 때문이었다고 한다. 어려서부터 무예를 연마한 그는 홀로 사냥을 즐겼는데, 11세가 되던 어느 봄날 짐승을 찾아다니다 버들가지를 꺾어서 30여 마리의 개구리를 꿰어 물에 던져두었다. 나중에 구워먹기 위함이었는데 갑자기 나타난 사슴을 쫓다가 그만 깜빡 잊고 귀가하게 되었다. 시간은 흘러 이듬해 봄이 되어 다시 사냥을 나간 그는 작년에 꿰어 놓은 개구리들이 아직도 살아서 울고 있는 광경을 목격하게 된다. 그리고 그는 몹시 자책하면서,

> '아뿔싸, 어떻게 입과 배를 채우자고 저들로 하여금 한 해가 지나도록 고통받게 했단 말인가!'

이에 얼른 버들가지를 끊어 조심스럽게 풀어준 다음 이로 인해 뜻을 일으켜 출가하게 되었다고 한다. 12세의 어린 나이로 금산사 숭제 법사의 문하로 들어간 그는 이름난 산들을 두루 돌아다니면서 수행을 했고, 『삼국유사』[22]에는 진표율사가 목숨을 건 구도수행 끝에 두 보살로부터 교법을 전수받는 과정을 묘사하고 있는데 그 내용은 이러하다.

서기 760년 신라 경덕왕 19년, 쌀 20말을 쪄서 말려 양식을 만들어

21) 『삼국사기』 권40 직관하(職官下)
22) 권4 관동풍악발연수석기(關東楓岳鉢淵藪石記)

가지고 전라북도 변산의 부사의방을 찾아 산을 오르는 43세의 한 중년 남자가 있었다. 그는 미륵상 앞에서 부지런히 계법을 구하였으나 3년이 되도록 성취가 없자 절망한 나머지 절벽 아래로 몸을 던졌다. 그때 문득 청의동자가 나타나 손으로 그를 받아 다시 위에 올려놓았다. 이러한 기적에 힘을 얻은 그는 다시 뜻을 발하여 21일간을 기약하고 부지런히 망신참법[23]으로 수련하였다. 돌로 몸을 두드리며 참회한 지 3일째에 손과 팔이 부러져 떨어져 나갔다. 7일째 되는 날 밤에 지장보살이 금 지팡이를 흔들며 나타나더니 손과 발을 고쳐주고 가사[24]와 바리때[25]를 주었다. 드디어 마지막 날이 되자 천안이 열리며 미륵보살이 도솔천으로부터 내려오는 것을 볼 수 있었다. 지장보살과 미륵보살은 그의 머리를 쓰다듬으며 신명을 아끼지 않고 수양에 힘쓰는 것을 칭찬하였다. 지장보살은 계본[26]을 내려주고 미륵보살은 제8, 제9간자라고 쓰여 있는 목간들을 내려주며 다음과 같이 말하였다.

> "이 두 간자는 내 손가락뼈다. 이것은 처음과 근본의 두 깨달음을 비유한다. 또 9는 법이며 8은 새로 만들어질 종자이니, 이것으로써 인과응보를 마땅히 알 수 있다. 너는 현세의 육신을 버리고 나중에 큰 나라의 임금으로 다시 태어날 것이다."

이 말을 마치자 두 보살은 바로 모습을 감추었는데, 이때가 762년 임인년 4월 27일의 일이었다고 한다. 두 보살로부터 교법을 전수받고 산에서 내려오자 권속들의 도움으로 금산사를 중창하였다. 그리고 그

---

23) 몸에 극단적인 고통을 가하여 이를 이겨냄으로써 과거의 죄악을 씻어내는 참회법
24) 중이 장삼 위에 왼쪽 어깨에서 오른쪽 겨드랑이 밑으로 걸쳐 입는 옷
25) 중의 공양그릇
26) 비구와 비구니가 지켜야 할 계율의 조목을 뽑은 책

는 금강산으로 들어가서 발연사를 짓고 7년간 머무른 뒤에 다시 변산 부사의방으로 돌아오게 된다. 그는 고향으로 가서 부친을 만나보기도 하고, 어떤 때는 대덕 진문의 방에 가서 머물기도 하였다. 이때 속리산의 영심이 융종, 불타와 함께 찾아와 목숨을 걸고 법문을 구하자 가르침을 전하였는데, 그들에게 「공양차제비법(供養次第秘法)」 1권, 「점찰선악업보경(占察善惡業報經)」 2권, 간자 189개, 미륵으로부터 받은 8, 9간자를 건네주며 속리산으로 돌아가서 길상초가 난 곳에다 절을 짓게 하였다. 제자들은 절을 세우고 길상사[27]라 하였다. 진표율사는 부친을 모시고 발연사로 들어가 수도를 하다가 일생을 마쳤다.

현재 진표율사에 관한 기록 중 가장 오래된 것은 『송고승전』 권14 「백제국금산사진표전」이다. 그 외에 강원도 고성군 발연사 터에 남아 있는 비석과 『삼국유사』 권4 「진표전간」이 기록을 전해주고 있다. 성서와 전혀 관련이 없는 진표율사를 주목하는 데에는 몇 가지 이유가 있다. 첫 번째는 장차 말세의 시기에 도탄에 빠진 세상을 구원해주는 지도자로 예정되어 있다는 점, 그리고 두 번째는 그의 어머니 이름이 **길보랑**인데, 그 의미는 "**길한 보배와 같은 처녀**"로 해석된다는 것이다. 「계시록」에서 등장하는 처녀자리와 절묘하게 부합하는 이름으로 보인다. 세 번째는 「계시록」에서 언급되는 1260년간 붉은 용의 눈을 피할 수 있는 곳, 그리고 그의 힘이 미치지 못하는 곳으로써, 극동의 한반도만한 곳을 찾기도 어렵다는 점이다. 왜냐하면 하늘나라에서 쫓겨나는 붉은 용의 주요 활동무대가 바로 로마를 비롯한 유럽과 근동지역인 것으로 보

27) 지금의 법주사

이기 때문이다. 네 번째 이유는 『모든 세기』에 실린 4행시들이다. 「계시록」 12:3에 "**장차 철장으로 만국을 다스릴 남자**"라고 묘사되는데, 여기서의 철장은 "**쇠로 만든 막대기나 지팡이**"를 의미한다. 이와 관련하여 노스트라다무스의 예언 중에도 매우 흥미로운 대목들이 발견된다.

Nostradamus prophecy: Quatrain 10, 75

Long awaited he will never return
In Europe, he will appear in Asia:
One of the league issued from the great Hermes,
And he will grow over all the Kings of the East.

유럽에서는 오랫동안 기대하고 있어도 나타나지 않으리라.
그는 아시아에서 나타나리라.
크나큰 헤르메스에서 태어나서 연합하는 그 나라.
동양의 모든 왕을 능가하리라.

상기 4행시를 보면 장차 유럽이 심각해질 것이다. 복잡하게 실타래처럼 얽히고설킨 난국을 타개해줄 만큼 유능한 해결사를 애타게 기다리는 상황이 전개될 것이나, 유럽 내에선 가능하지 않다는 점, 그와 더불어 희망이 동쪽 아시아에 있다는 메시지가 분명하다. 혹시 유럽의 동쪽에 위치한 러시아를 염두에 두었을 가능성은 없을까? 분명 유라시아가 아니고 아시아라고 표기해놓았다. 그 이면에는 혹시라도 그렇게 오해할 가능성을 완전히 배제하려는 의도가 들어 있다. 왜냐하면 러시아 스스로 예언된 해결사라고 요망한 혀를 놀리는 날이 반드시 올 것이므로, 그때 헷갈려 하지 말라고 아시아라고 표기해놓은 것이다. 이어 제3행과 제4행에 보충 설명까지 추가해놓았다. 헤르메스는 상업의 신이고 경제의 신이다. 따라서 경제적으로 부강한 나라여야 한다는 점과 더불어 서구열강들과도 좋은 관계를 유지하는 연합국이다. 이러한 여러 조건에 부합하는 동쪽의 아시아 국가는 그리 많지가 않을 것이다. 그 나라는 동양의 모든 왕을 넘어서는 것은 물론이고, 유럽의 희망으로 자리매김할 것이고, 나아가 전 세계의 희망이 되어줄 것이다. 「계시록」에서의 만국을 다스린다는 내용과 여기 동양의 모든 왕을 능가한다는 대목이 서로 일맥상통한다.

Nostradamus prophecy: Quatrain 2, 29

The Easterner will leave his seat,
To pass the Apennine mountains to see Gaul:
He will transpire the sky, the waters and the snow,
And everyone will be struck with his rod.

동방인이 자기 본거지에서 나설 것이다.
(이탈리아 반도의) 아페닌 산을 넘어 골(프랑스)을 보기 위해,
그는 하늘과 물과 눈을 넘어오리라.
그리고 누구든지 그의 지팡이로 맞게 되리라.

여기서도 결정적인 단어 "지팡이"가 등장한다. 노스트라다무스에 의해 선택된 단어 하나하나는 사실 반드시 『성경』과 모종의 연결을 염두에 두고 있었다고 볼 필요가 있다. 그는 분명히 인식하고 있었을 것이다. 계 12:5에서 만국을 철장으로 다스리는 남자, 바로 그것을 염두에 두고 그에 걸 맞는 주인공이 동방 출신임을 4행시에 적시해놓았던 것이다. 또한 앞선 『모든 세기』 10권 75편에서의 크나큰 헤르메스에서 태어나 연합하는 그 나라는 G-7에 속해있는 일본이 아니라, 나중에 등장하면서 새로이 번영을 구가하게 될 동아시아 국가일 가능성이 높다. 작금의 현하대세가 적어도 G-7 회원국들 중에서는 절대로 메시아가 나올 수가 없는 구도로 전개되어지고 있다. 따라서 이런 여러 가지 정황들을 놓고 보면, 하나님께서 붉은 용의 눈을 피해 숨겨 놓으실만한 최후의 메시아, 처녀자리에서 태어나는 목성, 그리고 용맹정진을 통해 대국의 왕으로 예정된 진표율사, 이렇게 자연스럽게 연결이 되는 듯하다.

계 12:10 내가 또 들으니 하늘에 큰 음성이 있어 가로되 이제 우리 하나님의 구원과 능력과 나라와 또 그의 그리스도의 권세가 이루었으니 우리 형제들을 참소하던 자 곧 우리 하나님 앞에서 밤낮 참소하던 자가 쫓겨났고 계 12:11 또 여러 형제가 어린 양의 피와 자기의 증거하는 말을 인하여 저를 이기었으니 그들은 죽기까지 자기 생명을 아끼지 아니하였도다 계 12:12 그러므로 하늘과 그 가운데 거하는 자들은 즐거워하라 그러나 땅과 바다는 화 있을진저 이는 마귀가 자기의 때가 얼마 못 된 줄을 알므로 크게 분 내어 너희에게 내려갔음이라 하더라 계 12:13 용이 자기가 땅으로 내어 쫓긴 것을 보고 남자를 낳은 여자를 핍박하는지라 계 12:14 그 여자가 큰 독수리의 두 날개를 받아 광야 자기 곳으로 날아가 거기서 그 뱀의 낯을 피하여 한 때와 두 때와 반 때를 양육 받으매 계 12:15 여자의 뒤에서 뱀이 그 입으로 물을 강같이 토하여 여자를 물에 떠내려가게 하려 하되 계 12:16 땅이 여자를 도와 그 입을 벌려 용의 입에서 토한 강물을 삼키니 계 12:17 용이 여자에게 분노하여 돌아가서 그 여자의 남은 자

손 곧 하나님의 계명을 지키며 예수의 증거를 가진 자들로 더불어 싸우려고 바다 모래 위에 섰더라

계 12:13에서 용은 곧 사탄을 말하고, 그 용이 여자를 핍박한다는 것은 사탄이 교회를 박해하고 핍박하는 것을 의미한다. 그리고 우리는 로마교황을 일으킨 용이란 존재는 하늘에서 전쟁에서 패해 쫓겨 내려온 것임을 읽어낼 수 있다. 실제로 로마교황은 기독교를 극렬하게 핍박하였고 수많은 순교자들의 피로 강을 이루었던 사실을 역사를 통해 확인할 수 있다. 그리고 이러한 핍박은 중세 암흑시대 동안에도 계속되어 죽은 순교자의 숫자가 5천만 명을 상회한다는 집계가 있을 정도다. 지금 「계시록」은 우리에게 무엇이 참된 것이고 무엇이 거짓된 것인지를 알려주고 있다. 1260년간 참 교회는 깊은 산속으로 피신할 수밖에 없었다. 그들은 진리를 지키고 고수하기 위하여 험한 산기슭에 골짜기에 숨어서 고난 속에 살았으며, 그러다가 발각되면 생명을 잃어야 했다. 이 1260년의 기간은 참된 자들이 핍박을 받아 속절없이 쫓기는 기간이었고, 참된 자들의 권세가 깨어지는 기간이었으며, 교황권이 전성기를 이루어 하나님의 법을 폐하고 교회를 유린하던 기간이었다. 초대교회로 부터 시작된 참 교회의 줄기는 1260년 동안 군림하면서 핍박을 가하던 가톨릭이 아니라는 것이다. 계 12:17에서 우리는 또한 사탄이 여자의 남은 무리와 전쟁을 벌이려고 한다는 사실을 발견하게 된다. 남은 무리는 초기 교회가 가지고 있던 진리를 유지하고 있는 이들을 말할 것이다. 그리고 그들의 특징은 "하나님의 계명을 지키는 자들"이라고 말하고 있다. 그저 머리로만 믿는다면서 흉내를 내는 것이 아니라 참된 계

명을 지켜나가는 자들이다. 그들은 마음이 새롭게 거듭나는 경험을 하였기 때문에, 순결한 양심으로 하나님의 계명을 지키며 제2의 삶을 사는 사람들이다. 설사 목숨을 잃어 버리게 되는 상황에 처하게 될지라도 진리를 지키고자 하는 자들이다. 그런데 핍박을 피해 도망 온 여자의 남은 자손을 언급하면서 굳이 계명을 중요하게 언급한 이유가 뭘까? 그것은 교황권이 십계명 중에서 2개의 계명을 임의대로 바꾸었기 때문일 것이다. 그들은 둘째 우상 숭배에 대한 계명은 십계명에서 아예 빼버렸고, 넷째 안식일 계명은 내용을 바꾸었다. 지금의 교회들은 십계명조차도 제대로 지키지 않고 있는 것이다.

계시록 13장

계 13:1 내가 보니 바다에서 한 짐승이 나오는데 뿔이 열이요 머리가 일곱이라 그 뿔에는 열 면류관이 있고 그 머리들에는 참람한 이름들이 있더라 계 13:2 내가 본 짐승은 표범과 비슷하고 그 발은 곰의 발 같고 그 입은 사자의 입 같은데 용이 자기의 능력과 보좌와 큰 권세를 그에게 주었더라

「요한계시록」 13장은 특히 종말의 상황과 관련하여 우리들이 반드시 숙지해야 할 매우 중대한 정보들을 제공해주고 있는데, 정작 13장이 그동안 제대로 해석되지 못하고 있었다. 이런저런 설명들은 다채롭고 요란하지만, 기실 정곡은 찌르지 못하고 어수선하다. 이제부터 13장을 하나하나 세세하게 뜯어보기로 한다. 먼저 상기 계 13:1에 "바다에서 짐승 하나"가 나온다고 한다. 본래 땅이란 것은 형체가 분명하고 눈에 보이며 유한하여 유형의 것을 상징하지만, 바다란 것은 분명한 형체가 없고 겉으로만 보아서는 그 깊이를 알 수 없으며 광활하고 무한하여 무형의 것을 상징한다. 또한 바다란 것은 어찌 보면 하늘과 참 많이 닮아있는 듯 보인다. 동녘에 붉은 태양이 솟아오르면 바다의 수면에도 태양이 비춰지며 붉게 물들고, 달이 솟아오르면 해수면에도 휘영청 달이 영롱하다. 당나라의 시인 이태백은 물에 비친 달을 잡으러 뛰어들기까지 했다고 한다. 바다가 잔잔할 때는 마치 거울과 같이 하늘에 있는 것을 그대로 담아내는 듯하다. 따라서 바다는 무형적인 것, 무한한 것, 정신적인 것, 종교적인 것을 상징한다. 하지만 해수면에 비친 해와 달

과 별은 진짜가 아니다. 하늘에 떠 있는 해와 달과 별이 하늘의 삼위일체라면, 해수면의 해와 달과 별은 가짜 삼위일체이다. 착각해서 바다에 비친 달을 잡으려고 뛰어들

면 사망이 기다리고 있을 것이다. 따라서 이 바다에서 나온 짐승은 「다니엘서」에서 나왔던 "작은 뿔"에 대한 추가 설명이라고 보면 이해하기가 아주 쉬워진다. 거기서 자세히 설명되었던 바와 같이 작은 뿔은 로마교황을 상징한다. "바다에서 나온 이 짐승"은 머리가 일곱인데 거기에 열 뿔이 있고, 그 열 뿔에는 면류관이 있다고 한다. 이것은 로마제국이 상기의 지도와 같이 10개의 나라들로 뿔뿔이 갈라진 열국의 시기에 이 짐승이 본격적으로 무대의 주인공으로써 각광을 받게 된다는 것을 말해준다. 또한 짐승의 주요한 활동 배경이기도 하다. 실제로 역대 교황들은 모두 이 10개의 민족 중에서 선출된 자들이었다. 또한 일곱 머리는 「다니엘서」 7장에 나오는 네 짐승들의 머리 숫자들을 모두 합한 것과 정확히 일치한다.

일곱 머리 = "사자"머리 1개 + "곰"머리 1개 + "표범"머리 4개 + "짐승"머리 1개

즉 네 짐승들의 머리수를 모두 합한 일곱 개의 머리들을 가리킨다. 이는 그들 짐승들의 속성을 모두 합한 것과 같은 속성이라는 것이고,

곧 왕들 중의 왕이 된다는 의미이기도 하다. 또한 머리가 일곱이란 것은 바로 일곱 언덕의 도시인 로마를 주된 근거지로 삼음을 뜻하는 것이기도 하다. 참고로 「계시록」 17장에 등장할 붉은 짐승은 또 다른 일곱 언덕 모스크바를 근거로 한다. 또한 10개의 뿔이란 것은 「다니엘서」 7:7에 등장했던 그 10개의 뿔과 완전히 일치한다.

① 알레마니(Alemani) ································ 오늘날의 독일
② 프랭크(Franks) ···································· 오늘날의 프랑스
③ 브루군디안(Brugundians) ······················ 오늘날의 스위스
④ 수에비(Suevi) ······································ 오늘날의 포르투갈
⑤ 반달(Vandals) ····································· 오늘날의 북부 아프리카
⑥ 비시고트(Visigoths) ····························· 오늘날의 스페인
⑦ 앵글로-색슨(Anglo-Saxens) ··················· 오늘날의 영국, 미국
⑧ 오스트로고트(Ostrogoths) ····················· 오늘날의 이탈리아
⑨ 롬바드(Lombards) ································ 오늘날의 이탈리아
⑩ 헤룰리(Heruli) ···································· 오늘날의 이탈리아

그리고 이어지는 상기 계 13:2의 묘사를 보면 "바다에서 나온 짐승"이 "표범"과 비슷하다고 한다. 그리고 「다니엘서」 2장에서 표범은 알렉산더의 그리스를 상징하는 동물이었고, 헬라 문화는 당시 최고 수준의 화려한 문명을 자랑하고 있었다. 하지만 표범과 비슷하다는 것은 정확히 헬라의 속성을 가진 그리스 문화가 아니고, 다만 그 속성이 헬라와 많이 닮은 로마 문화인 것을 말한다. 예를 들어 그리스 신화와 로마 신화는 이름만 다를 뿐 거의 같은 스토리를 가지고 있다. 헬라 문화가

대체로 심미적이었다면, 그것을 계승한 로마 문화는 보다 실용적인 방향으로 길을 잡아나갔다. 또한 그 발이 "곰"의 발 같다는 것은 「다니엘서」 2장에서 곰은 페르시아를 상징하는 동물이었다. 페르시아가 곰의 발로 성큼성큼 걸으며 영토 확장을 위해 분주히 돌아다니던 것과 마찬가지로 이 바다에서 나온 짐승도 자신의 영역을 확장하기 위해 사방으로 분주히 돌아다닌다는 것을 상징한다. 이어서 그 입이 "사자의 입" 같다고 한다. 「다니엘서」 2장에서 사자는 바벨론을 상징하였다. 따라서 사자의 입 같다는 것은 곧 바벨론의 왕들처럼 말한다는 것을 의미한다. 그 옛날 바벨론 왕들이 뭐라고 말했을까? 그들이 입을 열어 말하기를

"짐은 백성들에게 있어서는 목자이지만, 다른 나라들에게 있어서는 사자이다."

라고 했다. 이는 곧 자신에게 순종하는 백성이라고 인정되면 목자가 되어 지켜주겠지만, 순종하지 않는 자들이라면 사자처럼 물어뜯을 거라는 말이었다. 바로 바다에서 나온 짐승이 이와 똑같은 태도로 일관할 것임을 말해주는 것이다. 그리고 계 13:2에서 이르길, 이 "바다에서 나온 짐승"에게 엄청난 능력과 보좌를 안겨주는 자는 바로 "용"이라고 한다. 이 "용"은 「계시록」 12장에서 나왔던 붉은 용이고, 따라서 바다에서 나온 짐승에게 능력과 보좌라는 멋진 선물보따리들을 한껏 선사해준 이는 바로 다름 아닌 "사탄"이란 사실을 알려준다. 그 뒤에 이어지는 추가적인 설명을 통해 이러한 의미가 더욱 선명해진다.

계 13:3 그의 머리 하나가 상하여 죽게 된 것 같더니 그 죽게 되었던 상처가 나으매 온 땅이 이상히 여겨 짐승을 따르고 계 13:4 용이 짐승에게 권세를 주므로

용에게 경배하며 짐승에게 경배하여 가로되 누가 이 짐승과 같으뇨 누가 능히 이로 더불어 싸우리요 하더라

"그의 머리 하나가 상하여 죽게 된 것 같더니… 상처가 나으매"… 이렇게 놀라운 기적을 연출했던 역사가 과연 언제, 어느 적에 있었던가? 그리고 그 주인공은 누구인가? 알고 보면 이 문제를 제대로 못 풀어서 죄다 삼천포로 빠져 버린다. 대부분의 성서연구가들은 1798년에 교황권이 죽었다가, 1929년에 이탈리아의 무솔리니가 바티칸에 180에이커의 땅을 내어주며 교황청을 독립된 국가로 인정한 라테란 조약을 일컬어 "죽게 된 상처가 나으매"의 예언 성취라고 해석한다. 하지만 그렇게 해석하면 심각한 모순이 한 가지 발생한다. 계 13:3과 계 13:4가 이루어진 다음에 계 13:5나 계 13:6으로 연결되어야 하는데, 그들의 주장대로라면 계 13:6이 이루어진 다음에 계 13:3이나 계 13:4가 이루어지는 셈이다. 시간의 선후가 뒤집어진다는 뜻인데, 앞뒤 문맥과도 전혀 맞질 않는데도 불구하고 여기에 대해선 어느 한 사람 속 시원하게 설명을 해주는 이가 없다. 게다가 무솔리니 이후에 부활했다는 교황의 영화는 지난 "1260년간의 지극한 영화"에 비교해보면 초라하기가 그지없을 정도인데도, 사람들은 애써 교황이 다시 부활하고 있다고 호들갑을 떨어댄다. 여기서도 "자라를 보고 놀란 가슴 솥뚜껑 보고도 놀란다."란 속담이 적용될 수 있을 것 같다. 이제는 교황의 뒷그림자만 봐도 모골이 송연해지고 있는 것이다. 필자가 연구해본 바에 의하면 해석이 크게 잘못되었다. 상기 계 13:3은 바로 이후 42달, 1260년간에 걸친 장구한 지속을 가능하게 만들었던 "결정적인 계기"에 대한 언급으로 봐야 앞뒤가 들어맞는다. 즉 사탄으로부터 받게 되는 선물보따리 얘기가 이어진다고 보아야

한다. 그 중대 계기가 과연 무엇이었을까?

서로마가 훈족[28]의 아틸라의 침입으로 인해 바람 앞의 등불처럼 간당간당할 때, 바로 그때 구세주처럼 나타나서 로마를 구원해준 용사가 한 분 계시니, 그 이름도 유명한 교황 레오… 아틸라는 서기 452년, 이탈리아 반도를 침략하여 아퀼레이아를 비롯한 일부 도시를 약탈하고 로마로 진격해 들어간다. 전해지는 바에 의하면 아틸라는 당시 서로마 황제였던 발렌티니아누스3세에게 지참금을 보낼 것을 요구했다고 한다. 당시 전 유럽을 유린한 훈족의 군대가 마침내 로마까지 당도하게 되자 로마의 민심은 극도로 동요하게 되었고, 황제는 하는 수 없이 아틸라의 요구에 응하여 3명의 사절을 보내 그와의 협상을 시도하게 되는데… 당시 황제가 보낸 3명은 집정관 중의 1명인 젠나디우스 아비에누스, 옛 로마시 장관이었던 멤미우스 애밀리우스 트리게티우스, 그리고 지금 우리의 주인공 교황 레오, 이렇게 3명이었다고 한다. 그런데 이렇게 사절단과의 회담을 가진 후, 아틸라는 정말로, 정말로, 이상스럽게도, 아니 너무나 어처구니없게도, 그만 군대를 이끌고 철수해버리고 말았다고 한다. 당시 이들이 나눈 협상의 내용에 대해선 거의 알려진 바가 없었는데 과연 아틸라가 순순히 물러난 이유가 뭔지에 대해 역사학계에서는 이런저런 많은 가설들이 제시되어 왔다. 아키텐의 프로스페르에 의하면, 아틸라는 자신을 순순히 물러나게 한 레오에게 무척 감명 받았다고 주장한다. 요르다네스는 아틸라가 과거 410년에 로

28) 바로 동아시아에서 한나라와의 세력 다툼에 밀려서 서쪽으로 이동한 흉노족, 바로 우리와 혈통이 같은 민족

마를 약탈한 직후 급사한 서고트왕의 운명을 자신도 맞게 될까봐 극히 두려워했다고 주장한다. 다른 일설에는 교황이 아틸라에게 엄청난 양의 금을 제공하겠다고 제의해서 그냥 물러났다고 주장한다. 또 다른 일설에는 이탈리아 북부의 역병 및 식량 부족, 그리고 다뉴브 전선에서 동로마 황제 마르키아누스와의 전투 등으로 인한 병참 및 전략상의 문제 때문이었다고 주장한다. 그러나 이유 여하를 막론하고 한 가지, 역사학자들은 당시 레오의 영웅적인 행동과 공로에 대해서만큼은 모두 인정한다는 점에서만큼은 공통분모를 이룬다. 결과적으로 당시 레오는 극적으로 로마를 구출하여 교황으로서의 위엄과 권위를 한껏 드러낼 수 있었고, 이후 온 땅이 교황을 따르게 되는 결정적인 계기가 된 것으로 보인다.

그런데 여기까지는 어디까지나 "정사"에 속하는 것이고 "야사"는 또 따로 있다. 대부분 그렇듯이 정사보단 야사가 훨씬 더 그럴 듯 해보이고 재미가 쏠쏠하다. 8세기 후반의 파울루스 부제는 아틸라와 레오가 강화 회담을 하던 중에 사제복 차림에 칼을 든 덩치 큰 사람이 나타났는데, 오직 아틸라의 눈에만 그 사람이 보였다고 한다. 그가 아틸라에게 칼을 들이대며 순순히 물러나지 않으면 죽이겠다고 위협하자 겁에 질린 아틸라가 승복했다는 주장을 펴고 있다. 이 이야기가 나중에 각색되어 『황금전설』에서는 아틸라가 레오의 양쪽에 성 베드로와 성 바오로가 칼을 빼들고 함께 오는 광경을 보고 놀라 퇴각했다는 이야기로 발전하게 된다. 그리고 그게 전부가 아니다. 다시 3년이 지난 후 그러니까 서기 455년에는 반달족이 로마를 공격해 들어오게 되는데, 이번에도 우리의 영웅 레오는 용감하게 나아가 반달족의 왕 가이세리크와 대면하고 그와 담판을 벌인다.

그러나 불행히도 반달족의 로마 약탈은 레오의 중재로도 막을 수가 없었다. 하지만 최소한 살인과 방화 행위에 대해선 제재를 가할 수가 있었다고 하는데, 이러한 두 번에 걸친 빛나는 공적 덕분에 레오[29]는 순식간에 로마의 구원자로 부각될 수 있었고, 로마 시민들은 교황에게 절대적인 신뢰와 충성을 보냈다. 나아가 대외적으로도 "**교황**"은 사실상 "**로마를 수호하는 정신적 지주**"로 인식되는 결과를 낳게 되었다. 이후 위신이 점차 높아져가던 "교황직"은 단순한 종교적 영역을 초월하여 정치적 영역으로까지 서서히 그 힘이 닿기 시작하더니, 얼마 지나지 않아 서로마 제국이 멸망한 이후에는 교황이 서로마 황제를 대신해 로마를 통치하기에 이른다. 이렇게 로마제국은 망해버렸어도 교황만큼은 결코 망하지 않을 수 있었다. 바로 이러한 역사적 중대 사실을 여기 3절과 4절에서 언급하고 있는데, 지금 「계시록」에선 아주 적나라할 정도로 분명히 말해주고 있다. 그때 짐승에게 권세를 준 것은 바로 용이라고… 여기서의 용은 사탄이 분명하다. 추정컨대 필시 하늘에서 벌어진 미카엘과의 전쟁에서 패해 땅으로 쫓겨난 그 사탄이 교황의 등 뒤에 서서 아틸라를 노려보았을 것이라 짐작되는 바이다. 천하의 아틸라조차도 사탄의 섬뜩한 눈빛에 등골이 오싹해질 수밖에 없었을 것 같다. 그리고 **계 13:3에서 "그의 머리가 하나 상하게 죽게 되었다."**는 것은 바로 로마제국의 상황을 말한다. 일곱 머리 중의 하나가 로마제국이다. 그때 정말로 죽게 되었다가 교황의 활약으로 죽게 된 상처가 치유되는 기적이 일어났던 것이다. 단언컨대 이때의 일을 빼놓고는 로마 교황의 이후 1260년간에 걸친 그 불가사의한 생명력을 절대로 설명해낼 수가 없다. 이러한

29) 레오1세는 서기 461년 11월 10일 사망하였다.

엄청난 기적이 있었기에 계 13:5에서 말하는 바, 천년을 넘어서는 위대한(?) 기틀이 마련될 수 있었던 것이다.

계 13:5 또 짐승이 큰 말과 참람된 말하는 입을 받고 또 마흔 두 달 일할 권세를 받으니라 계 13:6 짐승이 입을 벌려 하나님을 향하여 훼방하되 그의 이름과 그의 장막 곧 하늘에 거하는 자들을 훼방하더라 계 13:7 또 권세를 받아 성도들과 싸워 이기게 되고 각 족속과 백성과 방언과 나라를 다스리는 권세를 받으니 계 13:8 죽임을 당한 어린 양의 생명책에 창세 이후로 녹명되지 못하고 이 땅에 사는 자들은 다 짐승에게 경배하리라 계 13:9 누구든지 귀가 있거든 들을지어다 계 13:10 사로잡는 자는 사로잡힐 것이요 칼로 죽이는 자는 자기도 마땅히 칼에 죽으리니 성도들의 인내와 믿음이 여기 있느니라

이어지는 구절들은 이 짐승이 이후 42달 동안 주로 어떤 일들을 행하게 되는지를 자세히 알려준다. 먼저 짐승의 특징은 작은 말이 아니라 "아주 큰 말을 한다."고 하는데, 이는 마치 신이라도 되는 양 거창하고 거룩한 말들을 지껄이는 것을 의미한다. 그들의 어록에서 겸손함은 찾아보래야 찾아볼 수가 없고, 성스러운 정도가 아니라 아예 자기 자신이 창조주인 양 그렇게 거룩한 말들을 늘어놓는다는 데에 문제가 있다. 그런데 놀랍게도 42달, 즉 날수로는 1260일, 예언서에서 말하는 하루는 세속의 1년에 해당한다는 원칙에 입각해볼 때 무려 1260년을 간다. 100년, 200년, 300년 정도가 아니고, 전성기가 서기 538년부터 헤아려 서기 1798년에 이르기까지, 무려 1260년을 지속했던 교황… 진화론을 주창한 찰스 로버트 다윈에 의하면,

"살아남는 종은 강한 자도, 머리 좋은 자도 아닌, 변화에 유연하게 적응할 수 있는 종이다."

라고 했었고, 이는 곧 살아남는 자가 강하다는 말이기도 하다. 이러한 기준에 의거해보면 교황권이 얼마나 강한 자였는지를 새삼 다시 깨닫게 된다. 그들은 정말로 강했던 것이 분명하다. 이미 「다니엘서」에서도 자세히 기술되어 있거니와, 여기서 한 번 더 명시를 해주는 이유는? 아마도 창조주께서 결단코 용서해주고 싶으신 마음이 없으신 듯하다. 하나님께서 정녕 미워하실 수밖에 없는 이유들이 줄줄이 이어지는데, 그 짐승이 권세를 받아 하나님과 그 성도들을 훼방한다고 언급하고 있다. 상기의 내용을 대략 요약해보면 그 짐승의 주요 특징은 간이 배 밖으로 나와 있다는 것과 하늘 높은 줄을 모른다는 것과 참으로 가증스럽기가 그지없다는 것으로 요약된다. 땅 위에서 하나님 처소가 되어야 할 곳을 온갖 귀신의 소굴로 바꾸어 놓고, 스스로 하나님인 척 하며 하나님이 아니라 교황을 숭배하도록 만들고, 진짜 신도들을 괴롭히거나 짓밟아버리고, 성경을 제 맘대로 뜯어 고치고, 심지어는 읽지도 못하게 만들어버리고, 영생의 길을 원천적으로 막아버리고, 교인들을 바보로 만들어버린다.

교황의 명칭 중에 "Pontifex Maximus"라는 명칭이 있는데, 그 뜻은 "The Greatest Bridge Builder" 라는 뜻으로 "위대한 다리를 건설하는 자"라는 뜻이다. 이것은 옛날 바벨탑을 쌓았던 고대 바벨론의 니므롯에서 비롯된 말이다. 사제제도와 고해성사, 미사제도, 교회 안의 우상들과 성자숭배, 성지 순례 등등은 이교에서 들여온 것들이며, 크리스마스는 옛날 니므롯의 아들 담무스의 생일이고 이교의 축제일이었다. (익히 알려져 있는 바와 같이) 심지어 사슴을 타고 오는 산타 할아버지는 S-A-T-A-N(사탄)이란 글자를 Anagram(글자순서 바꾸기)을 통해 S-A-N-T-A(산타)로 둔갑해놓은 것이고, 하필이면 연기 나는 굴뚝을 통해 몰래 들어와 선물을 놓고 간다고 한다. 본시 연기란 것은 빛의 진리와 정반대가 되는 어둠의 이치를 상징하는데, 그냥 언뜻 보기에도 마치 도적이나 다름없는 기만적 행위를 통해 갖다 준다는 그 선물의 실체가 과연 무엇일지 궁금하다. 크리스마스는 사실 이교도들을 위해 만들어 놓은 축제일이었다. 이런 배경도 잘 모르면서 무신경하게 축하하면서 즐기는 오늘날이다. 또한 부활절도 이교 절기를 들여온 것이다. 이 부활절은 봄이 되면 죽었던 담무스 신의 영혼이 돌아온다는 이교의 축제일이었기 때문에, 그래서 새벽에 해 뜨는 산에 올라가 예배를 드렸던 것이다. 태양 숭배의 이교 절기였었기 때문에 부활절에는 이스터 여신을 상징하는 토끼와 계란들을 사용하여 축하하고 있는 것이다. 또한 기독교의 가르침과 이교의 가르침을 섞어놓음으로써 기독교 안에 영혼불멸설과 연옥설이 들어오게 된 것이다. 그리고 계 13:10은 이어서 "성도의 인내와 믿음이 여기에 있다"고 말하고 있다. 이 세력이 한때 온 세상을 지배할 것이나 결국 승리하게 될 것이니 인내하고 견디라는 것이다. 다행스럽게도 1798년 이후 그들의 지극한 영화가 크게 한풀 꺾이게 되면서 조금은 근심을 덜게 되었다.

계 13:11 내가 보매 또 다른 짐승이 땅에서 올라오니 새끼 양 같이 두 뿔이 있고 용처럼 말하더라 계 13:12 저가 먼저 나온 짐승의 모든 권세를 그 앞에서 행하고 땅과 땅에 거하는 자들로 처음 짐승에게 경배하게 하니 곧 죽게 되었던 상

처가 나은 자니라

"바다에서 나온 짐승"이 하늘을 흉내 내며 "창조주 놀이"에 흠뻑 취해 있을 동안, 그늘에서 짐승을 뒷받침해주며 현실적으로 보좌해줄만한 다른 짐승 하나가 등장하게 된다. 그 짐승이 땅에서 나왔다는 것은 그 짐승이 주로 현실세계에 기반을 두고 속세의 일들에 관심을 기울인다는 것을 의미한다. **계 13:12** "저가 먼저 나온 **짐승의 모든 권세를 그 앞에서 행하고… 처음 짐승에게 경배하게 하니**"라는 문구를 100% 충족시켜줄만한 대상 하나를 제대로 지적해내지 못해서, 「계시록」에 대한 해석이 그렇게 중구난방일 수밖에 없는 것이다. 지나간 일들은 그럭저럭 잘 정리를 하다가도 정작 중요한, 앞으로 올 일에 대해선 선명하게 말하지 못하고 슬그머니 꼬리를 내려버린다. 바다에서 나온 짐승과 땅에서 나온 짐승은 여러 가지 측면에서 참 많이 대비가 되지만, 그 중의 하나로 꼽을 수 있는 것으로, 바다에서 나온 짐승의 정체에 대해선 마르틴 루터 이후에 이미 널리 잘 알려져 있는 것에 비해서, 땅에서 나온 짐승만큼은 아직까지도 그 정체를 확정짓지 못하고, 상당히 헷갈려하고 있다는 점을 들 수 있겠다. 바다에서 나온 짐승보다 나중에 나오고, 그 짐승의 모든 권세를 짐승 앞에서 행하고, 사람들로 하여금 바다에서 나온 짐승에게 경배하게 하는 자가 대체 누구란 말인가? 이러한 의문에 대해 전 예수회 수사 말라키 마틴이 말한 다음의 진술을 참고해볼 필요가 있겠다.

> "예수회만큼 교황권을 위해 복종한 단체가 역사 이래 없었고 또한 사탄을 위해 그들보다 더 잘 사용 받은 단체도 없었다. 예수회 신부 둘이 모이면 악마까지 해서 악마 셋이 된다."

딱 이 하나만 놓고 보더라도, 상기의 모든 조건들이 100% 충족된다는 것을 절감하게 된다. 그리고 매우 중요한 점을 한 가지 지적해야 할 것 같다. 「계시록」 13장을 자세히 살펴보면, 계 13:11에선 그냥 "두 뿔이 있다."고 말해줘도 충분할 것 같은데, 굳이 "새끼 양 같이"이라고 덧붙이고 있다. 그 이유가 과연 무엇일까? 여기서 새끼 양은 곧 예수를 말하고, 새끼 양 같다는 것은 예수를 닮았다는 것을 말한다. 도대체 무엇이 닮았을까? 예수회라는 그 이름 자체가 이미 어린 양으로 상징되는 예수를 닮아 있는 것이다. 가장 거룩하지 않은 단체에서 가장 거룩한 이름을 차용하고 있는 것이다. **바로 이 점을 지혜롭게 알아보라고 그렇게 넌지시 표현해놨던 것이다.** 이렇게 가까이 있고, 이렇게 쉬운 곳에 있는데도 사람들은 땅에서 나온 짐승 하나를 제대로 못 찾아 이곳저곳을 헤매고 다닌다.

그 짐승은 "바다에서 나온 짐승"이 세워놓은 거대한 허상 "가톨릭교회"를 보좌하면서 유지하고, 끊임없이 다가오는 온갖 도전들로부터 지켜내고, 세력을 확장해나가고, 계책을 강구해내고, 모든 수단과 방법을 가리지 않고 동원하는 것이 그 짐승의 주된 임무이다. 대부분 궂은일들 일색이지만 스스로 기꺼이 그 일을 자청해서 해낸다. 예수회는 16세기 이냐시오 로욜라가 창립한 가톨릭 내의 결사 단체로써, 당시 각국에서 몰락해가던 가톨릭의 권위를 다시 세우고, 가톨릭 내에서 교황청의 권력을 옹호하며, 개신교를 핍박하고 견제하기 위해 세워졌다. 예수회는 각국에서 교황청의 권력을 공고히 할 목적으로 정치, 사회, 종교, 사회 조직 등의 모든 곳에 침투해 들어갔고, 목적을 위해서 수단과 방법을 가리지 않고 음모, 이간, 암살 등을 자행해 왔기 때문에 여러 나라에서 추방되어 왔다. 예수회는 마르틴 루터에 의한 종교개혁 이후에는 종교재판을 주도하며 수많은 기독교인을 학살하였고, 많은 나라에서 가톨릭을 유지시키기 위해 정부와 협력해 기독교인이나 그리스 정교인을 고문하거나 강제 개종시켰다. 또한 예수회는 파시스트와 나치당을 지원하여 제2차 세계대전을 일으켰는데, 그 전쟁은 가톨릭 신자인 히틀러와 교황청이 손잡고 협력하면서 함께 세계를 정복하려고 했던 전쟁이었다. 이 과정 중에 교황청은 히틀러의 대량 학살을 교사 내지는 방조하였고, 한 번도 비난한 적이 없으며, 물심양면으로 나치를 지원하였다.

그리고 "땅에서 나온 짐승"에게 두 뿔이 있다고 한다. 필자가 오랜 연구를 기울인 끝에 마침내 도달하게 된 결론에 의하면, 여기서의 두 뿔이 바로 "프리메이슨"과 "일루미나티"이다. 마지막 때에 "땅에서 나온 짐승"인 예수회는 이 두 개의 싱크탱크를 활용하여 회심의 캐릭터 "거짓 선지자"를 만들어낼 일이 예고되어있다. 그에 대한 자세한 설명은 뒤에서 다시 할 예정이다.

그런데 바다에서 나온 짐승과 비교해보면, 나름 재미있는 점이 한 가지 발견된다. 앞서 바다에서 나온 짐승에게는 10개의 뿔이 있었고, 그 뿔들은 온 유럽 세계의 열국을 구성하는 10개의 민족을 상징하는 것이었다. 그리고 지금 땅에서 나온 짐승에게 달려있다는 2개의 뿔은 겨레나 민족이 아니라 모임이나 단체라는 점에서 중대한 차이를 보인다. 이는 기원 자체가 다르고, 그로 인해 속성도 달라지는 것으로 보인다. **"바다에서 나온 짐승"**의 뿔이 주로 하늘로부터 부여받은 **"선천적 혈연"**에 깊이 뿌리를 두고 있는 거라면, **"땅에서 나온 짐승"**의 뿔은 선천적 혈연과는 관계없이 주로 사상, 이념, 종교, 철학, 학문적 성향과 같이 "후천적 인연"에 깊이 뿌리를 두는 있다는 점에서 확연히 다르다고 할 수 있겠다. 또한 교황의 주요 활동 무대가 10개의 뿔이었다면, 예수회의 주요한 활동무대는 2개의 뿔이다.

그런데 이 녀석이 "용"처럼 말한다고 한다. 이것만으로는 뜻이 분명치 않은데, 이어지는 문구에 "처음 짐승에게 경배하게 한다."는 표현에서 의미가 선명해진다. "처음 짐승"이라 함은 앞에서 나왔던 "바다에서 나온 짐승"을 말하는 것이고, 이는 곧 로마교황을 말한다. 과거 사탄이 세상 사람들로 하여금 교황에게 경배하도록 했던 것처럼 이 짐승도 똑같이 세상 사람들로 하여금 교황에게 경배하도록 말한다는 의미이다. 즉 "용"처럼 말한다는 것은 "사탄"처럼 말한다는 것을 의미한다.

계 13:13 큰 이적을 행하되 심지어 사람들 앞에서 불이 하늘로부터 땅에 내려오게 하고 계 13:14 짐승 앞에서 받은바 이적을 행함으로 땅에 거하는 자들을 미혹하며 땅에 거하는 자들에게 이르기를 칼에 상하였다가 살아난 짐승을 위하여 우상을 만들라 하더라 계 13:15 저가 권세를 받아 그 짐승의 우상에게 생기를 주어 그 짐승의 우상으로 말하게 하고 또 짐승의 우상에게 경배하지 아니하는 자는 몇이든지 다 죽이게 하더라 계 13:16 저가 모든 자 곧 작은 자나 큰 자나 부자나 빈궁한 자나 자유로운 자나 종들로 그 오른손에나 이마에 표를 받게 하고 계 13:17 누구든지 이 표를 가진 자 외에는 매매를 못하게 하니 이 표는 곧 짐승의 이름이나 그 이름의 수라 계 13:18 지혜가 여기 있으니 총명 있는 자는 그 짐승의 수를 세어 보라 그 수는 사람의 수니 육백 육십육이니라

지금 여기에서 등장한 "666"을 비롯하여 상기 대목은 이미 온 세상에 널리 알려져 있어서 마치 「계시록」의 대명사처럼 회자되고 있다. 따라서 이런저런 추측들과 주장들이 수없이 난무하고 있는 실정이다. 한 가지 분명한 것은 이 구절들은 아직 실현되지 않은 일들이라는 것이고, 따라서 앞으로 실현되어질 일들이기 때문에 매우 중요하다. 장차 "땅에서 나온 짐승"이 주동이 되어 일으킬 일련의 중대 사건들이 여기에 기술되어 있다. 이 녀석들은 하늘에서 불이 내려오는 이적을 연출해내고, 우상을 만들어 생기를 불어넣어 말을 하도록 만들고, 이마와 손에다가 인을 치지 않으면 매매를 못하게 만들 것이다. 666… 세상에 이보다 더 유명한 고유번호가 또 있을까? 그런데 그것이 대체 누굴까? 참으로 궁금하지 않을 수 없다. 도저히 궁금하지 않고는 배길 수가 없는 바로 그의 정체… 필자가 그 녀석을 알아보게 된 결정적 계기는 바로 노스트라다무스였다. 그가 아니었으면 필자도 못 알아봤을 것이다. 그 결정적인 계기는 바로 이 6번째 그림이었다. 여기에 그 녀석에 대한 중요 힌트가 들어 있었다. 사실 이 그림은 왠지 들여다보면 볼수록 뭔가 좀 더 심오한 것이 들어있는 듯한데, 그림의 구도를 봐도 그렇고, 「계시록」 6장과 짝이 된다는 것도 그렇고, 「계시록」과의 연결고리도 그렇고, 분명 뭔가가 있는 듯한데, 정말로 그러했다. 상기의 심판관의 모습이야말로 7장의 특별한 그림 중에서도 가장 하이라이트에 해당한다고 말해야 할 것 같다.

사실 예언자가 남긴 7장의 그림들은 따로따로 분리된 낱장의 개체들이 아니라 그냥 7장 전체가 하나의 세트로 구성된 하나의 파노라마라고 보는 것이 훨씬 더 타당할 듯하다. 마지막 시기의 흐름에 대한 전체적 구도를 알 수 있게 해주는 하나의 파노라마, 그것이 바로 이들 7장의 그림들이다. 그러므로 「계시록」 6장에서 살펴보았던 제66번째 그림에는 66-1이란 번호를 부여해본다. 그 다음 살펴보았던 제67번째 그림에는 66-2이란 번호를 부여할 수 있고, 그 다음은 66-3, 66-4, 66-5의 순서가 되고, 드디어 대망의 이 그림에는 66-6이란 번호를 부여할 수 있다. 따라서 이 그림이야말로 예언자가 종말의 시대를 살아가는 마지막 인류에게 666의 정체를 알려주고자 하는 간절한 메시지를 담아놓은 예언의 결정체라고 말할 수 있다. 다른 1,000여개의 4행시들은 일부러 잘 알아보지 못하도록 내용도 모호하게 해놓고 순서도 뒤죽박죽으로 흩어 놓았지만, 그림에도 666의 정체, 그것에 대한 것만큼은 너무나 중요한 사안이기에, 적어도 이 메시지 하나만큼은 마지막 시대를 살아가는 후손들이 꼭 알아볼 수 있도록, 그렇게 해서 그나마 지혜롭게 잘 대처할 수 있도록, 그러한 마지막 간절함을 담아 그려놓은 것이라고 봐야 할 것 같다. 일단 그림에 부여되는 번호 자체가 66-6이란 것, 그것이 분명 범상치 않은 대목이다. 그리고 그 외에도 또 다른 중대한 메시지 하나가 더 준비되어 있는데, 자 이거… 자주색 모자…

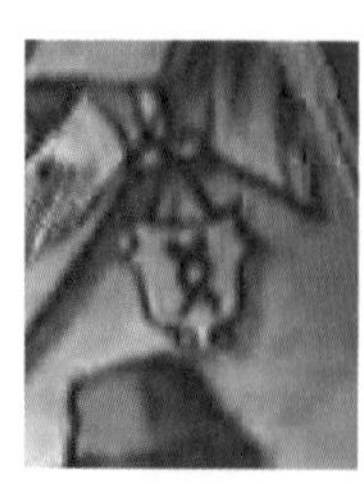

심판관처럼 생긴 자가 쓰고 있는 그 모자, 그것의 바로 위쪽으로 무슨 상표 딱지 같이 생긴 게 방주에 걸려 있는 것이 보이고, 그 안에 무슨 표식같이 생긴 게 하나 그려져 있는데, 대체 이 표식이 뭘까? 왜 이런 걸 여기다 그려놓았을까?… 그러다가 번개같이 필자의 뇌리를 스쳐가는 생각이 하나 있었으니… 이 표식은 바로 요 표식이었던 것이다. 이거 혹시 그 유명한 프리메이슨들을 상징하는 표식? 그렇다. 직각자와 컴퍼스가 엇갈리도록 구성되는 프리메이슨들의 상징부호가 아닌가? 맞다. 노스트라다무스가 우리에게 알려주고 싶었던 것이다. 바로 요 녀석들을 조심하라고 말이다. 이들이 무슨 짓거리들을 하고 돌아다니는지를 알아보면 이야기가 완전히 달라진다. 그들은 예수회의 하부 비밀 조직으로서 현재 세계단일정부를 꿈꾸고 있고, 틈만 나면 "New World Order"를 외치고 있다. 역대 미국 대통령들을 비롯하여 현존하는 전 세계 지도자들은 죄다 '신세계질서"를 외치고 있고, 그리고 그들의 또 다른 표식, 손으로 정확히 6, 6, 6을 만들어내고 있다. 손으로 감싸고 있는 눈깔 하나는 이른바 전시안(全視眼), 풀이하면 "모든 것을 바라보는 눈"이라고 일컬어지는 표식이다. 그리고 또 하나의 손가락 표식에서 나타나는 두 뿔이다. 그들이 섬긴다는 "바호멧 염소의 두 뿔"이라고 한다. 이는 또한 사탄의 표식이기도 하다… 이제 감을 좀 잡았을 것이다. 지금 종말의 시기를 맞이하여 정확한 피아구별… 적군과 아군

의 구별이 가장 우선되어질 필요가 있는데, 누구를 조심해야 되는지 저절로 자명해진다. 사람들은 계 13:18에서, "지혜가 여기 있으니 총명 있는 자는 그 짐승의 수를 세어 보라 그 수는 사람의 수니 육백 육십 육이니라."고 말한 이 구절을 통해 비밀스럽거나 은밀한 666을 알아내기 위해 마치 대단하고도 굉장한 "총명"이라도 동원해야 하는 것으로 착각들을 하고 있다. 그 결과 갖은 기발한 계산들과 오묘한 추리들이 총동원되고 있고, 그럴수록 그것의 정체는 오히려 더 오리무중으로 빠져들고, 그렇게 벌어지는 작은 틈새를 이용해 정작 그 당사자들은 더욱 더 노골적으로 성서를 희롱하는 지경에 이르고 있다. 그들을 알아보기 위해선 단지 있는 그대로를 직시하는 단순함이 더욱 지혜로운 것임을 사람들이 간과하고 있는 것이다. 사실 있는 그대로를 보는 것이 진리를 보는 가장 지름길이란 것을 사람들은 결코 눈치 채지 못한다. 손가락으로 666을 지어내고, 이렇게 멋진 도안까지 만들어내면서 공개적으로 성서를 희롱해도 사람들은 결코 알아보지를 못한다. 염소와 양의 이야기가 다시 떠오르는 대목이 아닐 수 없다. 우리는 누구를 조심해야 하는가? 두 말할 필요도 없이 예수회, 그리고 그들을 옹호해주는 거대하고도 비밀스런 조직 프리메이슨과 일루미나티… 그러나 프리메이슨은 사실 교황권과는 적대적인 관계에 놓여 있었던 조직이었다. 그러나 그 조직

은 교황을 보좌하는 예수회의 표적이 되어 서서히 흑암의 빛으로 물들어가게 되었고, 결국은 교황을 보좌하는 가장 비밀스럽고도 가장 충성스런 조직이 되어져 있다.

그런데 바로 이것이야말로 진짜 사탄이 일하는 방식, 바로 그것이다. 이와 똑같은 사례가 로마교황이었다는 사실을 알고 나면 그다지 놀랄 일이 아니라는 것이다. 사탄의 마수에 걸려들기 이전의 로마교황은 사실 수많은 역대 교황들이 종교적 신념으로 가득차서 자신들의 목숨까지도 기꺼이 내놓을 수 있을 정도로 순수한 영성으로 초롱초롱 빛나던 밝은 빛의 표상이었던 시절이 분명 있었다. 제1대 교황으로 추앙받는 사도 베드로를 필두로 하여 초기 수많은 교황들이 순교를 당하는 등 지금까지도 성자로 추앙받고 있을 정도로 교황이라는 단어가 의미하는 바, **"진정한 교회들의 수장"**들을 수 없이 배출하면서 빛나는 전통을 이어가고 있었다. 이렇게 초기에는 순수한 종교적 신념과 불타는 성령의 인도를 받으며 어린 양들을 보살피는 양치기 본연의 임무에 충실했던 교황들이 많았다. 그러나 사람들로부터 신망 받고 존경받는 그런 위치야 말로, 사탄이 꿈에서 그리던 바, 바로 그것이었기에 그 녀석의 좋은 표적으로써, 그 보다 더 최적인 것은 세상에 없었다고 할 수 있겠다. 결국 사탄의 마수에 넘어가기까지는 그리 오래 걸리지도 않았다.

사탄에게는 세상을 바라보는 영적인 눈이 있었기 때문에 그에게 있어서 하지 못할 일은 아무 것도 없었다. 그의 타고난 능력을 발휘해 흑암세력의 기둥으로써 천 년 이상의 세월동안 거뜬하게 이어올 수 있었다. 그리고 그 나음으로 등장한 프리메이슨, 그들이 또한 사탄의 좋은 표적으로 자라나고 있었고, 사탄은 그들 프리메이슨의 신선한 이미지가 간절히 필요하게 된다. 이후 프리메이슨이란 조직이 어떻게 흑암 세력 예수회에 서서히 물들어 가게 되었는지를 이해하는 것은 너무 중요하기 때문에 제4편에서 밀도 있게 다루기로 한다. 상기의 계13:7은 마지막 시대에 처하게 될 처참한 현실을 적나라하게 보여주고 있다. 일이 이렇게 되기까지의 전말은 대강 이러할 것으로 추정된다. 먼저 강대한 한 인물이 대중들 앞에 모습을 드러낼 것이나, 그때부터 인류에게 영원한 평화가 오는 대신, 사태는 더욱 극악한 갈등과 대치 국면으로 치닫게 되면서 결국은 끝없는 살육이 전개되고야 말 것이다.

Nostradamus prophecy: Quatrain 1, 92

Under one man peace will be proclaimed everywhere,
but not long after will be looting and rebellion.
Because of a refusal, town, land and see will be broached.
About a third of a million dead or captured.

한 남자 아래서 평화가 널리 선언된다.
그러나 얼마 못가서 약탈의 반역이 시작된다.
거부함으로써 거리도 육지도 바다도 상처를 입는다.
백만 명의 3분의 1이 죽거나 사로잡히는 신세가 될 것이다.

상기의 4행시에서 몇 가지 정보에 대해 짐작해볼 수 있게 되는데, 마지막 시기가 되면 그 어느 때보다도 광범위하고 격렬하고 치열하게 진행되던 제3차 세계대전이 결국 강력한 한 인물의 승리로 막을 내리게 된다는 것이다. 하지만 사람들이 간절히 갈구하던 그런 평화는 오지 않고 전쟁의 파괴 대신에 찾아오는 그 다음의 시련은 무자비한 독재와 박해가 될 것이다. 그는 온 세계에 평화를 선사해주는 평화의 사도가 아니라 박해의 짐승으로 돌변할 것이라고 예언해주고 있다. 그는 임의로 독재를 시행하고자 할 것이고, 그것을 거부하는 사람들을 핍박하고 심지어 죽이기 시작할 것이다. 어처구니없게도 반대 시위에 참여하는 사람들까지 그 자리에서 죽이거나 수용소로 끌고 갈 것이다. 일을 이토록 극단적으로 몰고 가게 된 대치 국면의 주요 원인은 "그 오른손에나 이마에 표를 받게 하고"라는 구절에 있는데, 이를 보충 설명해주는 4행시가 바로 이것이다.

Nostradamus prophecy: Quatrain 10, 65

O vast Rome, thy ruin approaches,
Not of thy walls, of thy blood and substance:
The one harsh in letters will make a very horrible checkmark,
Pointed steel driven into all up to the hilt.

오, 방대한 로마여, 다가오리라.
성벽의 파멸이 아니라 피와 살의 파멸로
문자로 된 작은 은화가 끔찍한 확인표시가 되리니
날카로운 쇠로 손잡이까지 모두에게 깊숙이 넣어진다.

끝 날 무렵 적그리스도의 악행이 극을 향해 치닫게 되는 주요 갈등 요소가 바로 계 13:16과 상기의 4행시 속에 고스란히 들어있다. 그때에 적그리스도와 결탁한 예수회는 울트라-슈퍼-세계단일국가 건설에 총력을 기울이고자 박차를 가할 것이고, 그 과정에서 가장 선행되어야 할 필수적 요소로써 전 세계 사람들을 효율적으로 관리할 수 있는 인식표 주입 작업을 강행하게 될 것이다. 그 인식표는 「계시록」에서 제시된 바와 같이 사람들의 이마나 오른손에 받게 할 것인데, 노스트라다무스는 그 인식표를 표현하기를 "Aspre(아스퍼)"라고 불렀다. 여기서 아스퍼는 13세기 무렵 오스만 터키에서 사용되던 소액 은화를 말한다. 따라서 우리는 이것이 현대적 용어로 바꾸어보면 아주 작은 은화처럼 생긴 "생체인식형 마이크로칩"을 말한다는 것을 그리 어렵지 않게 유추해낼 수가 있다.

제4행은 그것을 오른손이나 이마에 이식하는 작업 과정을 표현해 놓은 것이다. 그리고 제2행이 바로 그때 로마인들이 강요받는 이런 행위가 「계시록」을 통해 하나님에 의해 강력하게 금지된 바이기 때문에 "피와 살의 파멸"이라고 표현을 해놓았던 것이다. 일반 대중들도 교회에 다니는 기독교인이 아닐지라도 이미 하나의 상식처럼 회자되어 잘 알고 있는 바이기 때문에, 이러한 그들의 시도에 대해 정서적 저항이 극심할 수밖에 없을 것이다. 또한 보통의 경우라면 반대 여론이 너무 심하다고 싶으면 한 발짝 물러서서 다른 대안을 찾아보려고 시도도 해보고 그럴 텐데, 불행히도 그 자들은 뿌리 깊은 유물론 사상에 절어 있어 절대 타협을 모르는 자들이다. 그러니 이것이 우리 인류의 비극인 것이다. 시민들의 극심한 저항에도 불구하고 그들은 끝내 자신의 정책을 관철해나가려고 강행할 것이기 때문에 우리는 그 자를 일러 "**사상 최악의 악랄한 적그리스도**"라고 부를 수밖에 없는 것이다. 그들은 이러한 강력한 저항을 돌파하기 위해 한편으로는 매매를 금지시키고, 다른 한편으론 저항하는 자들을 죽이고 잡아다가 수용소에 가두기 시작할 것이다.

Nostradamus prophecy: Quatrain 9, 17

The third one first does worse than Nero,
How much human blood to flow, valiant, be gone:
He will cause the furnace to be rebuilt,
Golden Age dead, new King great scandal.

세 번째 사람은 네로 황제보다 더 나쁜 짓을 처음으로 하리라.
얼마나 많은 피를 흘려야 하고, 용감함은 가버리고
그는 화로를 다시 지어야 하는 원인이 되리라.
황금시대, 죽음, 새로운 왕은 큰 추문에.

네로보다 더 나쁜 짓을 하게 될 세 번째 사람은 세 번째 적그리스도가 아니라, 장차 제3차 세계대전이 낳게 될 영웅을 일컫는다. 그는 놀랍게도 '화로'를 다시 짓게 된다고 하는데, 여기서 등장하는 "화로"라는 단어가 의미하는 바가 대체 무슨 의미일까? 설마 그 홀로코스트? 그렇다. 히틀러가 했던 그 짓을 그가 또 다시 행하게 된다는 것을 의미한다. 그 당시 구금, 강제노동, 살육을 목적으로 1933년 2월 제정된 '국민과 국가의 방위령'에 의거해 강제수용소가 1933년 국내외에 수십 개가 설치되었었다. 공산당원, 사회주의자, 민주주의자 등 모든 반反파쇼주의자와 체제에 순응하지 않은 자들을 일반 국민으로부터 고립시켜 말살하기 위해, 대부분 아무런 재판절차도 없이 SA(나치돌격대)나 SS(나치친위대)에서 구금해버렸다. 1934년부터 히틀러를 총사령관으로 하는 친위대가 수용소의 관리를 맡아, 정치적 반대자에 이어 인종적, 종교적 이유에서 유대인과 불복종하는 개신교도를 구금하고, 나중에는 일반범죄자와 변절자 등도 구금했다. 그 실례로서 폴란드에 설치되었던 악명 높은 아우슈비츠, 루블린 근교 마이다네크의 가스실, 시체소각장 등을 들 수 있다. 강제수용소는 처음 수용인원 1,000명 안팎의 소규모 시설로서 수십 개소에 산재해 있었으나, 그 뒤 세계여론이 두려워 작센하우젠을 비롯한 5~6개소의 대수용소로 통합하였고, 1938년 괴링이 유대인의 절멸을 제의한 이래 1,100만 명의 유럽거주 유대인 중 약 600만 명이 학살되었고 그 중 180만 명이 어린이였다. 아우슈비츠는 폴란드 남부 비엘스코 주의 도시로써, 악명 높은 "아우슈비츠 수용소"가 건립되었다. 1940년 4월 27일 유대인 절멸을 위해 광분하였던 히믈러의 명령 아래 나치친위대가 이곳에 첫 번째 수용소를 세웠으며, 그해 6월 이 아우슈비츠 1호에 최초로 폴란드 정치범들이 수용되었다. 그 뒤 히틀러의 명령으로 1941년 대량 살해시설로 확대되어 아우슈비츠 2호와 3호가 세워졌고, 1945년 1월까지 나치스는 이곳에서 250만~400만 명의 유대인을 살해한 것으로 추산된다. 이로 인해 '아우슈비츠'는 나치스의 유대인 대량학살을 상징하는 용어가 되었다. 수용소를 40개의 캠프로 나누었는데, 피수용자는 강제노동과 영양실조, 전염병으로 죽거나 또는 '욕실, 청결, 건강'이라는 등 거짓 푯말이 붙은 독가스실로 연행되어 학살되었으며, 일부는 의학실험 대상이 되기도 하였다. 학살된 자의 금니, 모발 등은 자원으로서 회수되었다. 이러한 학살은 히믈러가 지휘하는 친위대와 게슈타포에 의해 자행되었다. 1942년 프랑스에서 유대인을 탄압하는 조치가 내려지자 프랑스의 가톨릭과 개신교회가 이의를 제기했으나 가톨릭 당국자에 의해 거부되었다. 히틀러는 가톨릭 람바흐 학교를 다녔고, 수도원 성가 대원이었으며, 나치의 기장인 철십자가는 수도원 원장 하겐 신부의 전령관의 표지에서 따 온 것이다. 당시 독일의 아우슈비츠 소장이었던 루돌프 횟스에 의하면, 소각로 벙커는 통상 800명에서 1,200명을 한번에 '처분'할 수 있었다고 한다. 그리고 그 일련의 과정은 이러했다. 일단 가스실에 입실이 완료되면 모든 문은 잠기고 고체 알갱이 상태의 치클론 B가 측벽의 환기구를 통해 투여되고 이는 곧 유독한 사이안화 수소를 내뿜게 되는데, 1/3이 즉사하고 20분 이내에 환기구에 가까운 쪽부터 모든 입실자들이 사망한다. 가스실을 감독하던 나치친위대 군의관으로 근무했던 요한 크레머는

> "고함과 비명이 가스실의 모든 틈새를 통해 들려왔고, 이를 통해 그들이 살기 위해 얼마나 몸부림쳤는지 알 수 있었다."

고 진술한 바 있다. 희생자들이 모두 숨을 거두고 난 실내는 대개 아비규환의 흔적이 그대로 남아있었다. 뒤틀린 채 죽은 이들의 피부는 붉거

나 푸른 반점들로 가득했고 일부는 거품을 물거나 귀에서 피를 흘렸다. 잔여가스를 모두 제거하고 시신들을 모두 치우는 등 가스실의 사후처리 작업에는 최대 4시간이 걸렸으며, 소각로에서 화장하기 전 여성의 모발은 잘라내고 치과의사 포로를 이용해 금니들을 적출했다. 비워진 가스실의 바닥을 청소하고 벽은 흰색으로 덧칠했다. 이 작업도 유대인 포로 작업반에 의해 수행되었다. 학살은 독일 점령지역 전역에 걸쳐서 조직적으로 자행되었고, 가장 심했던 지역은 유럽 중부와 동부 지역이었다. 이렇게 참혹한 일이 다시 반복된다는 것은 실로 경악스럽기 그지없는 일이고, 절대로 있어서는 안 될 일인데, 그런데 그것이 예언되어 있으니 참으로 어처구니가 없다.

Nostradamus prophecy: Quatrain 10, 10

Stained with murder and enormous adulteries,
Great enemy of the entire human race:
One who will be worse than his grandfathers, uncles or fathers,
In steel, fire, waters, bloody and inhuman.

살인으로 얼룩지고 거대한 간통들
전 인류의 큰 적
그의 할아버지들, 삼촌들, 아버지들보다 더 나쁘게 할 사람
강철, 불, 물들, 피에 젖고 그리고 비인간적인

여기서 강철은 냉혹한 것을 상징하고, 불은 변덕스러운 것을 상징하고, 물은 광적인 것을 상징하고, 피는 잔혹한 것을 상징한다. 인간미라고는 눈을 씻고도 찾아볼 수가 없는 마치 방금 지옥에서 뛰쳐나온 괴물과도 같은 전 인류의 크나큰 대적이 바로 그 놈일 것이다. 그는 이전의 그 어떤 인간들보다도 더 극악무도할 것이다. 그가 그렇게까지 극악무도해질 수 있는 이유는 본시 그 자의 성품이 극악하기 때문이기도 하겠지만, 더 이상 그를 견제할 다른 힘이 지상에 존재하지 않는다는 것이 중요한 원인이 될 것이다. 자기 맘대로 행할 수 있게 되는 것이다. 제2차 세계대전 당시만 해도 히틀러는 자기가 저지른 악행을 숨기게 위해 생석회를 덮는 등 갖은 은폐, 엄폐 수단을 총동원해가며 만전을 기했던 것이고, 그 이유는 세상의 따가운 시선과 이목, 여론과 평판을 의식할 수밖에 없었던 것이다. 그리고 또 혹시 패전했을 때의 책임추궁 같은 것까지도 염두에 두지 않을 수 없었던 것이 또한 한 몫을 했었을 것이다. 그러나 이제 인류 역사상 처음으로 "**세계단일정부의 수장**"이 거의 목전에 다다랐고, 누가 보더라도 사실상 이미 실현된 것이나 다름없게 됐다고 판단할 수 있는 그런 상황에 처하게 된 그 자, 그는 이제 다른 이목 같은 건 의식할 필요조차 느끼지 못할 게 분명할 것이고, 역사에 기록된 그 어떤 악한들보다도 훨씬 더 뻔뻔스럽고 훨씬 더 악랄하게 악행을 자행할 수 있게 되는 것이다. 그래도 대부분의 사람은 양심이란 것이 있어서 어느 정도는 자기 제어를 행하기 마련인데, 그런 일이 일어나지 않는다는 것 자체가 "**그 자의 악마성**"을 대변하는 것이 아닌가 싶다. 그만큼 확고부동한 확신을 갖게 되고, 그만큼 커다란 자신감을 갖게 된다는 반증이 아닐까 싶다. 자기 손에 쥐게 된 그 막강한 힘에 대적할 수 있는 자는 이제 적어도 이 지구상엔 보이지 않는다는 것, 이러한 자기 확신이 그를 감히 그렇게 행할 수 있도록 만들 것이다.

그런데 대관절 어떤 일들이 벌어지는 것이기에, 사람들이 자기 목숨을 내걸어가면서까지 그 무자비한 적그리스도에 맞서게 되는 것일까? 아마도 그때 즈음하여 그 악마들은 세상의 모든 매체를 동원하여, "새로운 세계 질서"와 "세계 단일 정부"의 기치를 높이 치켜들게 될 것이고, 더불어 "세계 단일 종교", 그리고 "이마나 오른손에 찍는 징표"에 대한 대대적인 선전 활동을 활발히 전개할 것이다. 그들의 남은 과제, 즉 세계단일정부를 어떻게 구성하고, 또 전 세계 사람들을 어떻게 효과적으로 통제 관리하느냐가 그들의 주요 관심사일 것이기 때문이다. 이렇게 말할 수 있는 근거는 「계시록」 13장이고, "이마나 오른손에 받는 짐승의 징표"에 대한 언급이 등장하고, "그 징표가 있어야 매매를 할 수 있도록 강제"한다는 언급도 등장하고, "절대로 그 징표를 받지 말라는 언급"도 등장한다. 그리고 "징표를 받으면 짐승과 함께 멸망으로 들어간다."는 언급도 등장하게 된다. **때문에 사람들은 자신들의 목숨을 내걸고 저항하게 되는 것이다.** 참으로 슬프고도 슬픈 것은, 장차 우리 앞에 그런 일이 실제로 닥쳐오게 된다는 것이니, 이 어찌 슬프고 참혹한 일이 아닌가 말이다!

계시록 16장

계 16:1 또 내가 들으니 성전에서 큰 음성이 나서 일곱 천사에게 말하되 너희는 가서 하나님의 진노의 일곱 대접을 땅에 쏟으라 하더라 계 16:2 첫째가 가서 그 대접을 땅에 쏟으며 악하고 독한 헌데가 짐승의 표를 받은 사람들과 그 우상에게 경배하는 자들에게 나더라 계 16:3 둘째가 그 대접을 바다에 쏟으매 바다가 곧 죽은 자의 피같이 되니 바다 가운데 모든 생물이 죽더라 계 16:4 셋째가 그 대접을 강과 물 근원에 쏟으매 피가 되더라 계 16:5 내가 들으니 물을 차지한 천사가 가로되 전에도 계셨고 시방도 계신 거룩하신 이여 이렇게 심판하시니 의로우시도다 계 16:6 저희가 성도들과 선지자들의 피를 흘렸으므로 저희로 피를 마시게 하신 것이 합당하니이다 하더라 계 16:7 또 내가 들으니 제단이 말하기를 그러하다 주 하나님 곧 전능하신 이시여 심판하시는 것이 참되시고 의로우시도다 하더라

「계시록」 16장은 최후의 아마겟돈 전쟁을 담고 있다. 여기서 일곱 대접을 쏟아냄으로써 창조주의 진노를 모두 퍼붓게 된다. 노스트라다무스가 진술한 바와 같이 **창조주의 간섭은 극히 예외적인 마지막 상황에만 주어질 것이다.** 휴거와 같은 특별 프로그램 같은 것은 애당초 계획된 바가 전혀 없다. 미몽에서 빨리 깨어날수록 그나마 더 유리해질 수 있을 것이다. 창조주께선 마지막까지 간섭하지 않으시다가 최후에 이르러서 회심의 일격으로 적그리스도에게 치명타를 날리실 것이다. 그렇게 되기 직전까지 적그리스도는 "거짓선지자"의 보좌를 받으며 세상 사람들에게 박해를 가해 올 것이고, 그들의 말대로 하지 않으면 경제적

활동조차 불가능하게 될 지경이 될 것이므로 많은 사람들이 어쩔 수 없이 짐승의 징표를 받을 것이고, 그들의 우상에게 경배를 하게 될 것이다. 이를 거부한 사람들은 결국 무참하게 학살당하게 될 것이다. 이러한 지상의 상황에 드디어 참다못한 창조주의 응답이 지상으로 당도하게 될 것이고, 창조주의 진노가 지상으로 표출될 것이다.

첫 번째 대접이 쏟아지면서 사람들에게 독한 헌데가 나게 된다는 것은 피부암을 비롯한 각종 피부 트러블이 증가될 거라는 예언이다. 그것의 직접적인 원인은 아마도 오존층 파괴가 한계치를 넘어서면서 피부를 자극하면서 발생하게 되는 것으로 추정된다. 두 번째 재앙은 바다가 피가 된다고 하는데, 이러한 바다의 적조 현상은 주로 플랑크톤의 이상증식에 의해 유발되는데, 원인은 다양할 수 있지만 결론적으로 바다의 정화 작용이 더 이상 제대로 작동하지 못하게 된다는 것을 의미한다. 세 번째 재앙은 강과 물들의 근원이 피가 되는 재앙이라고 하는데, 이명박 정권에 의해 분별없이 자행된 소위 4대강 사업에 의해 매 여름마다 강물에 녹조가 생기는 일이 흔하게 된 형편이지만, 아직까진 강물에 적조가 생긴다는 얘기는 들어본 바가 없다. 아마도 강에 사는 물고기들이 피를 쏟으며 죽어가는 모습을 담아 놓은 듯하다.

계 16:8 넷째가 그 대접을 해에 쏟으매 해가 권세를 받아 불로 사람들을 태우니
계 16:9 사람들이 크게 태움에 태워진지라 이 재앙들을 행하는 권세를 가지신 하나님의 이름을 훼방하며 또 회개하여 영광을 주께 돌리지 아니하더라

상기 네 번째 대접의 재앙은 오존층 파괴가 더욱 심해진다는 의미인

듯하다. 그 결과 자외선이 거의 걸러지지 않고 지구로 날라 오는 우주 방사선이 사람들을 태우는 지경에 이르게 되는데, 여기에 참고가 될 만한 내용을 발췌해본다.

Nostradamus prophecy: Quatrain 5, 11

The sea will not be passed over safely by those of the Sun,
Those of Venus will hold all Africa:
Saturn will no longer occupy their realm,
And the Asiatic part will change.

태양에 혹사된 바다는 더 이상 흐르지 않을 것이다.
금성의 열기가 아프리카 전체를 덮칠 것이다.
사투르누스는 더 이상 그 영역을 관장하지 않게 되고
아시아 지역에 변화가 올 것이다.

이 4행시에서 "태양에 혹사된 바다"는 설명이 필요 없을 정도로 너무나 쉽게 이해가 된다. 그리고 이어지는 용어 "**금성의 열기**"… 지금 21세기를 살아가고 있는 우리는 금성이란 행성이 얼마나 뜨거운 곳인지를 아주 잘 알고 있다. 금성은 대기가 너무도 두터워 태양빛조차도 그곳을 도저히 빠져나올 수가 없다. 가히 "**온실효과의 본고장**"이라 부를 만한 곳이다. 그 결과 그곳의 지면 온도는 섭씨 460도에 육박하는 지경이다. 지글지글, 부글부글… 아마 모르긴 몰라도 그 유명한 지옥의 유황불조차도 이보다 더 뜨거울 수는 없으리라. 알루미늄과 같은 금속 덩어리조차도 금성의 표면에서는 형체를 제대로 유지하지 못하고 흐물흐물 거릴 것이다. 그러나 우리 인류가 이 사실을 알게 된 것은 불과 몇 십 년 전의 일이다. 1970년대 전후 소련과 미국이 앞 다퉈 금성에 우주선을 보내면서 비로소 알게 된 사실이다. 그러니 16세기에 살았던 우리의 예언자가 금성의 열기를 입에 담는 것 자체가 이미 경악스러운 일에 속한다. 대체 얼마나 뜨거워지는 것이기에, 금성의 열기를 떠올릴 정도일까? 그리고 "흐르지 않는 바다"… 모름지기 수에즈 운하나 에게 해를 의미하는 것일 게다. 운하를 관통하던 바닷물이 뜨거운 열기에 지친 나머지 모두 말라버려서 더 이상 흐를 물이 없어지게 될 것이다. 사투르누스는 로마에서 농업의 신이었고, 따라서 아프리카에서는 더 이상 농사를 지을 수 없게 된다는 것을 알려주는 듯하다. 그리고 이러한 상황은 아프리카에 국한되는 것이 아니라, 아시아 지역도 비슷한 영향을 받는 듯하다. 어떤 변화일까? 한 가지 확실한 것은 그 변화가 어떤 것이든지 간에 결코 좋은 쪽은 아닌 것 같다.

Nostradamus prophecy: Quatrain 2, 3

Because of the solar heat on the sea
Of Euboea the fishes half cooked:
The inhabitants will come to cut them,
When the biscuit will fail Rhodes and Genoa.

바다를 데우는 태양 때문에
네그로폰테(Negroponte)의 물고기들이 데쳐진다.
그곳의 주민들은 그것들에 대한 권리를 주장하고
로도스와 제노바 사람들은 굶주린다.

"네그로폰테"는 그리스 섬 "에보이아"를 일컫는 베네치아 식의 이름이고, 그곳은 유황 온천으로 유명한 곳이기도 하다. 이 섬 근처 "에게해"는 비교적 얕은 바다에 속하는 지역이고, 따라서 기온이 올라가면 바닷물의 온도도 더 빨리 상승하게 될 것이다. 주민들이 굶주린 나머지 뜨거운 태양열에 데쳐진 물고기들까지 권리를 주장할 지경에 이른다는 것 자체가 비참하게 여겨진다.

계 16:10 또 다섯째가 그 대접을 짐승의 보좌에 쏟으니 그 나라가 곧 어두워지며 사람들이 아파서 자기 혀를 깨물고 계 16:11 아픈 것과 종기로 인하여 하늘의 하나님을 훼방하고 저희 행위를 회개치 아니하더라 계 16:12 또 여섯째가 그 대접을 큰 강 유브라데에 쏟으매 강물이 말라서 동방에서 오는 왕들의 길이 예비되더라

다섯째 대접이 쏟아지니 대낮에도 온 나라가 어두워 캄캄하게 될 정도로 태양과 달이 자취를 감추게 되고, 사람들은 종기를 비롯한 각종 질병으로 시달리면서 자기 혀를 깨물게 될 것임을 알려주고 있다. 이와 같은 상황을 보충 설명해주는 것으로 보이는 4행시는 바로 이것이다.

Nostradamus prophecy: Quatrain 6, 98

Ruin for the Volcae so very terrible with fear,
Their great city stained, pestilential deed:
To plunder Sun and Moon and to violate their temples:
And to redden the two rivers flowing with blood.

볼스크들의 괴멸은 격렬하고 너무나 처참하다.
그들의 거대한 도시는 부패하고 전염병으로 가득 찬다.
해와 달은 빼앗기고 그들의 전당은 무너지고
두 강의 흐름은 피로 붉게 물들리라.

여기서 볼스크(Volsques)란 반달족이라고도 하고 게르만족의 일파라고도 하는데, 현대 서구인들을 구성하는 10개의 민족 중 하나인 것은 분명하다. 따라서 볼스크의 괴멸이란 것은 곧 서구인들의 괴멸이라고 보아도 무방할 듯하다. 그들의 거대한 도시들은 전염병으로 가득하게 된다는 말에서 무서운 역병이 유럽에서도 치명적으로 작동하고 있음을 느낄 수 있다. 제3행에서 해와 달이 빼앗긴다는 구절이 지금 **계 16:10** 구절의 다섯 번째 대접과 긴밀하게 연결되는 듯하다. 또한 이때쯤 교회가 완전히 제 기능을 상실하고 있다는 것을 제3행의 메시지에서 읽어낼 수 있다. 뿐만 아니라 제4행에서 묘사된 두 개의 강에 피가 흐른다는 것은 앞선 세 번째 대접의 상황과 긴밀하게 연결되는 듯하다.

한편 **계 16:12**에서 여섯 번째 대접이 쏟아지니 유브라데 강이 말라버린다고 하는데, 현대전에선 굳이 강물이 말라야만 도하 작전을 펼칠 수 있는 게 아니기 때문에, 강물이 마른다는 것에 군사전략적인 큰 의미를 부여하기가 어렵다. 따라서 이는 다른 것을 은유적으로 표현해놓은 것으로 보아야 한다. 아마도 이때 즈음해서 **적그리스도, 거짓선지자, 그리고 교황**으로 이루어진 삼두체제를 향한 일반 시민들의 지지율이 바닥을 치는 상황임을 말해주는 것이라 여겨진다. 시민들 입장에서는 선뜻 내키진 않았는데도 불구하고 어쩔 수 없이 그들이 요구하는 대로 짐승의 징표까지도 모두 받아들였는데, 그럼에도 불구하고, 그들이 약속했던 **"복된 천년 왕국"**은 고사하고, 멀쩡해야 할 태양이나 달의 거동까지 지극히 수상해지고, 극심한 오존층 파괴로 인한 종기, 헌데, 피부암 같은 각종 피부 트러블에 노출되어 시달려야 하고, 치명적인 전염병이 창궐하고 있는데도 정부의 대책이란 것은 거의 전무하고, 바다와 강물에는 피가 흐르는 현실을 두 눈으로 생생히 목도하고는, 그들의 선전과 도무지 앞뒤가 들어맞질 않으므로, 그들에 대한 신뢰가 완전히 바닥을 치는 상황으로 치닫게 된다는 것을 말해주는 듯하다. 그리고 그 결과 정말로 사람들이 『성경』에 담긴 약속된 메시아를 은연중에 갈구하게 되면서 바야흐로 계 16:12의 내용대로 동방에서 오는 왕들의 길이 예비되는 것이 아닌가하고 그렇게 추정해보게 된다.

계 16:13 또 내가 보매 개구리 같은 세 더러운 영이 용의 입과 짐승의 입과 거짓 선지자의 입에서 나오니 계 16:14 저희는 귀신의 영이라 이적을 행하여 온 천하 임금들에게 가서 하나님 곧 전능하신 이의 큰 날에 전쟁을 위하여 그들을 모으더라 계 16:15 보라 내가 도적같이 오리니 누구든지 깨어 자기 옷을 지켜 벌거벗고 다니지 아니하며 자기의 부끄러움을 보이지 아니하는 자가 복이 있도다 계 16:16 세 영이 히브리 음으로 아마겟돈이라 하는 곳으로 왕들을 모으더라

여기서 삼두정치의 세 주인공이 드디어 밝혀진다. "용", "짐승", "거짓 선지자"가 바로 그들이다. "용"은 사탄을 말한다. "짐승"은 「계시록」 17장에서 소개될 붉은 짐승을 말한다. 그리고 "거짓선지자"는 땅에서 나온 짐승인 예수회가 프리메이슨을 통해 내밀어놓은 마술사를 말한다. 더할 나위 없을 정도로 어렵게 된 이러한 상황에 대처하는 그들의 처방

은 바로 마술의 이적을 행하는 것이다. "이적을 행하여 온 천하 임금들에게 가서 하나님 곧 전능하신 이의 큰 날에 전쟁을 위하여 그들을 모으더라." 이렇게 때가 무르익어 드디어 큰 전쟁이 아마겟돈에서 벌어지게 될 찰나이다. 히브리어로 아마겟돈은 "Har(할) Meggiddo(므깃도)"의 합성어이고, "므깃도의 산"이란 의미이다. 예루살렘 동북쪽에 므깃도 평야가 있는데 그 곳은 그렇게 넓고 큰 곳 대평원이 아니고 그냥 시골에 있는 작은 평야에 불과하다. 그 옛날 선지자 엘리야의 시대에도 므깃도의 산에서 결투가 벌어진 적이 있었다. 므깃도 평야에서 북쪽으로 갈멜산이 있다. 배도한 이스라엘 백성들을 이끌었던 아합 왕과 바알 신의 제사장에 대항하여 엘리야 혼자 서 있었던 곳이 갈멜산이었다. 당시 이스라엘 백성들은 바알이 자신들을 애굽에서 인도한 신이라고 믿을 정도로 기만당해 있었다. 바알 신의 제사장들이 바알 신에게 기도하면서 광란적으로 춤을 추었고 나중에는 자기 몸에 칼로 상처를 내면서 격렬하게 춤을 추었다. 그런데도 하루 종일 불이 내려오지 않았다. 반면 선지자 엘리야는 갈멜산에서 경건한 기도를 올렸고 하늘에서 불이 내려 왔다. 바로 이 결투가 므깃도에서 벌어졌었고 이제 마지막 시대를 맞이하여, 또 한 번의 결투가 므깃도의 평원에서 예고되고 있다.

계 16:15에서 큰 전쟁을 위해 준비해야 되는 무기를 알려주고 있다. 발가벗고 있거나 더러운 옷을 입고 있지 말고 깨끗한 옷, 흰 옷, 즉 성령의 옷을 입고 있어야 한다. 누구든지 새롭게 거듭난 마음을 가지고 진리와 계명에 순종하는 의로운 생을 사는 이들은 국가와 민족과 혈통에 관계없이 아마겟돈 전쟁에서 최후의 승리를 얻게 된다. 곧 자아가 죽고 마음속에 늘 성령이 함께하여 성령의 의가 마음속에 덧입혀진 사람들이 아마겟돈 전쟁에서 승리하게 된다. 「계시록」은 아마겟돈 전쟁의 승리자들에 대해서 "누구든지"라는 표현을 사용하고 있다. 또한 여섯 번째 대접이 곧 아마겟돈 전쟁이라는 것을 알 수 있다. 그리고 그것이 끝이 아니라 준비된 대접이 하나 더 있다.

계 16:17 일곱째가 그 대접을 공기 가운데 쏟으매 큰 음성이 성전에서 보좌로부터 나서 가로되 되었다 하니 계 16:18 번개와 음성들과 뇌성이 있고 또 지진이 있어 어찌 큰지 사람이 땅에 있어 옴으로 이같이 큰 지진이 없었더라 계 16:19 큰 성이 세 갈래로 갈라지고 만국의 성들도 무너지니 큰 성 바벨론이 하나님 앞에 기억하신바 되어 그의 맹렬한 진노의 포도주 잔을 받으매 계 16:20 각 섬도 없어지고 산악도 간 데 없더라 계 16:21 또 중수가 한 달란트나 되는 큰 우박이 하늘로부터 사람들에게 내리매 사람들이 그 박재로 인하여 하나님을 훼방하니 그 재앙이 심히 큼 이러라

그들을 상대하는 창조주의 심판은 바로 일곱 번째 대접이고, 그 대접이 공기 중에 쏟아지자마자, 인류가 나타난 이래 사상 유례가 없을 정도의 어마어마한 지진이 번개와 우레를 동반하면서 일어난다. 그 지진의 위력이 어찌나 큰 지 대도시들이 모두 무너져 내리고, 섬들이 사라지고, 심지어 큰 산들도 사라질 지경에 이르게 된다고 하는데. 아마도 이때에 이르러 『정역』에서 묘사하고 있는 바대로 지구가 태양 주위를 도는 공전 궤도를 이탈하고 지구가 뒤집어질 것이다. 지진의 재앙이 전부가 아니다. 어마어마하게 큰 우박들이 하늘에서 사람들의 머리 위로 떨어진다고 한다.

Nostradamus prophecy: Quatrain 9, 83

Sun twentieth of Taurus the earth will tremble very mightily,
It will ruin the great theater filled:
To darken and trouble air, sky and land,
Then the infidel will call upon God and saints.

태양이 20도의 황소자리에 왔을 때 큰 지진이 있으리라.
커다란 극장이 무너져 폐허가 되리라.
하늘과 땅과 공기 속에서 어둠과 고통
신앙이 없는 자들이 하나님과 성인을 찾을 때

이것은 『모든 세기』에 실린 4행시들 중에서 가장 심각해 보이는 지진을 언급하고 있다. 첫 구절은 그 일이 벌어지는 시점을 얘기해주고 있는 듯한데, 해석 방법에 따라 의견들이 상이하다. 어떤 이들은 5월 10일경이라고 주장하는 이들도 있고, 어떤 이들은 특정 연도를 지칭한다는 의견도 있다. 또 어떤 이는 지난 2008년 5월 12일 중국 쓰촨성에서 일어났던 지진을 예언한 것이란 주장을 펴는 이도 있다. 그 주장의 주요 논거 중의 하나는 마지막 구절에 등장하는 무신론자들에 대한 언급이 사회주의 국가인 중국과 잘 부합한다는 것이었다. 그러나 필자의 촉으로는 그 지진이 비록 리히터 규모 8.0에 달하는 엄청 큰 지진이었긴 하지만, 적어도 지구 역사상 최고에 달하는 규모는 전혀 아니었다는 점에서, 아직은 실현되지 않은 미래의 일이라는 쪽에 무게를 두고 싶어진다. 이미 독자들도 충분히 느꼈겠지만, 미셸 노스트라다무스는 누구보다도 독실한 기독교인이었고, 또한 성경적인 지식에 있어서도 세상 그 누구보다도 정통한 인물이었다. 필자가 추정해보건대 그는 날마다 홀로 비밀의 방에 들어앉아서 성서에 기록된 알 수 없는 난해한 문자들로 예시된 내용들이 과연 어떻게 실현되어 가는지에 대해 가장 궁금해 했을 것이 분명하다. 그것을 하나하나 알아가면서 창조주의 마음을 이해하려고 애를 썼을 것이 분명하다. 그리고 미래의 비전을 간절히 보고 싶었을 것이다. 창조주께서 마련해두신 미래의 비전이란 것이 과연 어떤 것일까? 영생은 어떻게 오는 것이고 지복은 또 어떻게 실현되는 것인지, 이런 것들이 당연히 궁금했을 것이다. 더불어 적그리스도의 만행들과 아마겟돈의 전개 양상, 그리고 메시아의 재림과 구원이 어떻게 전개되는 지도 궁금했을 것이다. 따라서 그의 주요 예언들은 당연히 성서에 그 밑바탕을 둘 수밖에 없었을 것이고 성서에 기록된 내용과 일맥상통하도록 구성된다는 특징을 가질 수밖에 없는 것이다. 그런 그의 특성으로 보았을 때, **"커다란 극장이 무너져 폐허가 된다."** 라는 언급은 아마도 「계시록」 16장의 묘사에 걸 맞는 지진, 즉 적어도 사람들이 이 땅 위에 살기 시작한 이래 일찍이 경험해본 적이 없었던 전무후무한 지구적 규모의 지진이어야 하는 것이다.

계시록 17장

계 17:1 또 일곱 대접을 가진 일곱 천사 중 하나가 와서 내게 말하여 가로되 이리 오라 많은 물 위에 앉은 큰 음녀의 받을 심판을 네게 보이리라 계 17:2 땅의 임금들도 그로 더불어 음행하였고 땅에 거하는 자들도 그 음행의 포도주에 취하였다 하고 계 17:3 곧 성령으로 나를 데리고 광야로 가니라 내가 보니 여자가 붉은빛 짐승을 탔는데 그 짐승의 몸에 참람된 이름들이 가득하고 일곱 머리와 열 뿔이 있으며

상기의 구절들을 읽어보면, 가장 먼저 이런 의문들이 저절로 떠오르게 된다. 앞선 「계시록」 16장에서 이미 아마겟돈 전쟁을 치렀는데 「계시록」 17장은 또 무엇이란 말인가? 여기 「계시록」 17장에선 앞서 메시아와 일전을 치렀던 적그리스도의 정체가 무엇이며, 그 자가 어떻게 득세하게 되는지에 대한 과정을 설명해주는 무대이다. 빛과 그림자는 항상 따라다니듯이 득세하는 자가 있으면 반대로 몰락하는 자가 있을 것이다. 「계시록」 17장은 또한 패망하는 자에 대해서도 알려준다. 본문 풀이를 시작하기 전에 여기서 일곱 대접을 가진 천사가 등장하는데, 그 대접들 안에는 내용물이 아직 들어 있을까? 아니면 이미 내용물이 모두 퍼부어진 다음일까? 순서상으로는 「계시록」 16장 다음이 17장이므로 퍼부은 다음일 거라고 생각할 수 있겠지만, 내용을 상세히 뜯어보면 적어도 일곱째 대접에는 아직 내용물이 들어있다고 봐야 한다. 「계시록」 17장의 비밀 중의 하나가 바로 여기에 있다. 순서가 의도적으로

뒤집어져 있다는 것을 알아야 장차 벌어질 일들의 전말을 헷갈리지 않고 이해할 수 있게 된다. 아마겟돈 전쟁 이후에 큰 음녀를 심판하는 거라고 오해하지 말라는 말이다. 아마겟돈 전쟁이 벌어지기 전, 「계시록」 17장의 상황이 전개되면서, 비로소 적그리스도와 그 일당들이 온 세상을 지배할 수 있게 되는 것이고 메시아와의 일전이 예고되는 것이다. 결국 알고 보면 적그리스도조차도 거대한 심판을 완성하기 위한 하나의 도구였다는 것을 깨닫게 될 것이다. **큰 음녀에 대한 심판 정도는 그냥 적그리스도에게 일임해버린다. 그 정도의 심판으로 손을 더럽히고 싶지 않다는 것이다.** 맨 나중에 하나만 해치워버리면 거대한 계획이 완료되는 그런 구도이다. 만약 적그리스도가 이러한 이치를 깨닫는다면 어리석은 망동을 그칠 수도 있을까? 하지만 자신이 능히 이길 수 있다고 생각할 것이 분명하다.

요한이 살아있던 시절의 그 로마는 이제 망해버린 제국 아니냐고 생각한다면 큰 오산이다. 눈을 들어 세상을 둘러보면 곧 알게 될 것이다. 로마제국을 상징하던 일곱 언덕은 고스란히 G-7에 계승되어 아직까지도 온 세상을 지배하고 있으니 그들이 바로 이른바 현대화된 로마제국이다. 큰 음녀가 등장하는데, 오늘날 세계 지도를 펴놓고 큰 음녀가 과연 누군지를 찾아보면, 10초 이내에 저절로 답이 튀어나온다. 누가보아도 **많은 물 위에 앉은 제일 거대한 해양세력**은 바로 미국이다. 그리고 미국을 뒷받침해주는 후원세력이 바로 서방선진7개국이다. 따지고 자시고 할 것도 없이 그들이 바로 5대양 6대주를 비롯해 북극해와 남극해까지 온 세상을 두루두루 누비고 다니며 주인행세를 하고 있음은 삼척동자까지도 죄다 아는 사실이다. 이러함에도 불구하고 음녀의 존재에 대

해 여전히 의심스럽다면, 앞서 살펴보았던 상기의 그림을 한 번 더 참조하면 된다. 이 그림과 계 17:1을 연결해주는 키워드는 바로 작은 음녀가 아니라 **큰 음녀**이다. 어떤 성서연구가들은 바티칸을 일컬어 큰 음녀라고 지목하고 있는데, 노스트라다무스도 사실 분별이 쉽지만은 않을 거라는 그들의 사정을 십분 이해했는지, 헷갈려 하는 그들을 위해 굳이 상기의 그림에다가 큼지막하게 음녀를 그려놓았던 것이다. 상기의 그림은 원래 미소 냉전 시대를 표상하는 바였지만, 동시에 **큰 음녀와, 그리고 그녀를 심판하는 붉은 짐승의 숙명적 대립 관계**를 여실히 보여주고 있다. 그와 더불어 초창기의 적대적 대치 상황을 표현하면서, 장차 끝날 무렵에 이 둘 사이에 초래되어질 필연적 운명까지도 눈치 챌 수 있도록 친절하게 가이드를 해주고 있었던 것이다.

그런데 상기의 그림에서 굳이 초창기 구도일 거라고 단정해내는 어떤 근거 같은 게 있는 걸까? 달의 모양이다. 차 오른 둥근 보름달의 모습이 아니라, 초승달을 그려놓았다. 그러니 초창기 구도인 것이다. 그리고 달이 다 차오르면 앞서 「계시록」 6장에서 언급했던 바처럼 "70"이란 숫자가 완성된다. 그 70이란 숫자는 소련의 존속기간을 의미하는 것이었지만, 동시에 그림에서 장전된 화살이 발사되는 시기도 알려주고 있다. 달이 둥글게 다 차오르면 그때 화살이 음녀를 향해서 발사되도록 설계되어 있다는 말이다. 1945년 제2차 세계대전이 종결되면서, 새롭게 형성된 구도가 바로 미소의 냉전구도였다. '냉전'이라는 표현이 처음 사용된 것은 1947년이었고, 당시 버나드 바루크가 트루먼 독트린에 관한 논쟁 중 이 말을 써서 유명해졌다. 소위 "냉전"이란 것은 무기를 들고 싸우는 열전(熱戰)과 달리 군사 동맹, 재래식 군대의 전략적 배치, 핵무기 개발 경쟁, 군비 확장 경쟁, 첩보전, 대리전, 선전, 그리고 우주 진출과 같은 기술 개발 경쟁의 양상을 보이며 서로 팽팽하게 대립하는 양상을 총체적으로 일컫는 용어였다. 그리고 1950년에는 한국전쟁이 미소 양국의 대리전 양상으로 전개되면서 전 세계 18개국 이상이 참전했던 사실상 세계대전에 준하는 큰 전쟁이었다. 그로부터 70년이 지난 2020년 무렵에는 대리전이 아니라 진짜 제3차 세계대전이 전개될 가능성이 매우 농후해진다. 그리고 한반도의 통일도 바로 이것과 밀접하게 연관될 것이다. 제3차 세계대전의 도화선이 바로 한반도일 것이기 때문이다. 그리고 그 이후 한반도 통일이 가능해질 것이다. 그렇다면 여기서 말하는 "70"이란 숫자는 과연 어디에서 비롯된 것일까? 『계시록』 12장에서 붉은 용이 7개의 머리와 10개의 뿔을 가졌다고 했다. 바로 여기 "7×10=70"에서 비롯된 것이 아닐까 싶다. 이 정도의 설명이라면 이제 더 이상 헷갈리지 않으리라 믿는다. 이제 바로 큰 음녀가 심판을 받을 차례인데, 창조주께선 이번엔 붉은 짐승의 손을 빌리기로 작정하신 듯하다. 심판을 실행하기 전, 계 17:3에 "여자가 붉은 빛 짐승을 타고 있다."는 대목이 등장하는데, 여자는 곧 큰 음녀일 것이고, 그녀가 올라타고 있다는 붉은 짐승의 정체는 과연 무엇일까? 이 질문에 답을 찾기 위해선 먼저 짐승의 몸에 있다는 일곱 머리와 열개의 뿔에 대해 알아야 할 필요가 있다.

① 블라디미르 레닌 ; 1917~1924. 대머리, 블라디미르의 의미는 "세계의 통치자"
② 이오시프 스탈린 ; 1924~1953. 스탈린의 의미는 "강철 사나이"
③ 니키타 호르시초프 ; 1953~1964. 대머리
④ 레오니드 브레즈네프 ; 1964~1982.
⑤ 유리 안드로포프 ; 1982~1984. 대머리
⑥ 콘스탄틴 체르넨코 ; 1984~1985.
⑦ 미하일 고르바초프 ; 1985~1991. 대머리
⑧ 보리스 옐친 ; 1991~1999
⑨ 블라디미르 푸틴 ; 1999~2008. 대머리, "세계의 통치자 푸틴"
⑩ 드미트리 메드베네프 ; 2008~2012.

이것이 바로 붉은 짐승에 대한 유력 증거물이다. 「다니엘서」와 「계시록」에서 나오는 뿔이란 단어는 왕이나 지도자를 상징한다. "그 짐승의 몸에 참람된 이름들이 가득하고… 열 뿔이 있으며"에서 표현된 바대로, 참람된 이름, 즉 분수에 넘치도록 지나치게 과장된 이름, 그리고 몹쓸 의미를 지닌 이름들을 가진 자들로 구성된 딱 10명의 지도자들을 배출한 나라가 바로 러시아이다. 2012년 3월, 러시아 대통령 선거에 11번째 다른 인물이 등장했더라면, 그때 머릿속에서 깨끗이 지워주려고 작정했었는데, 그리고 종말은 아직 먼 훗날의 일로 생각해보려고 했었는데… 제발 그렇게 되기를 속으로 빌고 있었는데, 그런데 놀랍게도 11번째에도 또 다시 9번 타자의 재등장… 다시 예전 상황으로 회귀해버렸고, 이로써 붉은 짐승에 대한 유력한 용의자의 가능성은 오히려 더 높아져 버렸다… 아… 절대 받아들이고 싶지 않은 현실이지만, 사실상 성서 예언의 완전한 성취를 우리는 현 시점에서 생생히 목도하고 있는 중인 듯하다. 결국 정해진 숙명은 어찌해볼 도리가 없는 것인가? 그런데 10개의 뿔이 성취되었다면 일곱 머리는 또 무엇일까? 일곱 머리는 바로 모스크바를 지칭한다. 모스크바는 러시아의 수도이자 과거 소련의 수도였고, 로마와 마찬가지로 7개의 언덕으로 구성되어 있다. 15세기 제정 러시아 시대에 이미 러시아가 동로마의 정통성을 이었다고 주장하면서 러시아의 황제 이반3세(1440~1505)가 그 증거의 하나로 모스크바가 바로 로마처럼 일곱 언덕으로 구성[30]되어 있음을 특별히 강조하기도 했었다. 한편 **계 17:3**에서 붉은빛 짐승을 타는 음녀가 의미하는 바는 무엇일까? 이는 지난 1991년 한때 미국과 유럽을 위시한 자본주의의 책략에 굴복한 붉은 짐승 소비에트연방(소련)의 상황을 의미한다. 그때 소비에트 연방은 보이지 않는 (서방측) 힘에 굴복해 결국은 소비에트 연방이 해체되기에 이르렀고, 러시아의 지배하에 있던 우즈베키스탄 등등이 독립하면서 연방의 중추였던 러시아가 한때 매우 어려운

---

30) 이반 3세가 러시아가 동로마 제국의 뒤를 이었다고 주장한 근거로 아내로 맞아들인 소피아 팔레올로기나가 동로마 제국 최후의 황제 콘스탄티노스 11세의 조카딸임을 내세운다. 로마-비잔티움에서는 여계를 통한 계승이나 사위로의 계승이 빈번했으므로 아주 빈 소리는 아니었다. 또 다른 근거는 종교가 같다는 것이었다. 러시아의 종교인 정교회는 키예프 공국의 대공 블라디미르 1세가 동로마 황제의 누이를 대공비로 맞이하며 받아들인 것이었다. 그리고 콘스탄티노플의 뒤를 이어 모스크바가 정교회의 중심지가 되었다. 이 외에 로마가 7개 언덕을 가지고 있는 것처럼 모스크바도 7개의 언덕으로 이루어진 것도 모스크바가 제3의 로마라는 근거 중의 하나라고 주장했다. 이반3세는 모스크바를 제3의 로마로 칭하며 동로마 제국의 관직명이나 궁정 의례 등을 대거 받아들였으며, 차르라는 칭호를 러시아 군주의 칭호로 받아들이기도 했다.

상황에 처하게 되었었다. 그리고 「계시록」은 우리에게 확실하게 알려주고 있다. 붉은 빛 짐승에 올라타 조정하려고 드는 자는 바로 큰 음녀라는 것을…

계 17:4 그 여자는 자주빛과 붉은빛 옷을 입고 금과 보석과 진주로 꾸미고 손에 금잔을 가졌는데 가증한 물건과 그의 음행의 더러운 것 들이 가득하더라 계 17:5 그 이마에 이름이 기록되었으니 비밀이라 큰 바벨론이라 땅의 음녀들과 가증한 것들의 어미라 하였더라

자줏빛과 붉은 빛은 권위와 사치의 상징이고, 붉은 빛은 특히 음행이나 사악함의 상징이기도 하다. 음녀는 막대한 자본력으로 치장하여 한 손에 성경책을 들고 신앙심 깊고 깨끗하고 교양 있는 요조숙녀인척 하지만, 정작 뒤로는 온갖 음흉스런 작태들을 서슴지 않았던 이중적 행태를 선보였다. 핵무기라는 빈 활을 들고서 온갖 공갈협박을 총동원해 모든 나라들을 좌지우지하면서 오직 자국의 이익만을 극대화하기 위해 혈안이 되었었다. 과거 로마제국의 재현… 현재 서유럽의 모든 나라들과 미국, 캐나다, 호주를 포함하는 거대한 해양 세력, 일본도 여기에 포함되는 것으로 볼 수 있다. 대서양, 태평양, 인도양, 세 개의 거대한 바다를 포함하여 전 세상의 거의 모든 바다들이 음녀의 활동 영역에 속한다.

계 17:6 또 내가 보매 이 여자가 성도들의 피와 예수의 증인들의 피에 취한지라 내가 그 여자를 보고 기이히 여기고 크게 기이히 여기니 계 17:7 천사가 가로되

왜 기이히 여기느냐 내가 여자와 그의 탄 바 일곱 머리와 열 뿔 가진 짐승의 비밀을 네게 이르리라 계 17:8 네가 본 짐승은 전에 있었다가 시방 없으나 장차 무저갱으로부터 올라와 멸망으로 들어갈 자니 땅에 거하는 자들로서 창세 이후로 생명책에 녹명되지 못한 자들이 이전에 있었다가 시방 없으나 장차 나올 짐승을 보고 기이히 여기리라 계 17:9 지혜 있는 뜻이 여기 있으니 그 일곱 머리는 여자가 앉은 일곱 산이요 계 17:10 또한 일곱 왕이라 다섯은 망하였고 하나는 있고 다른 이는 아직 이르지 아니하였으나 이르면 반드시 잠깐 동안 계속하리라 계 17:11 전에 있었다가 시방 없어진 짐승은 여덟째 왕이니 일곱 중에 속한 자라 저가 멸망으로 들어가리라 계 17:12 네가 보던 열 뿔은 열 왕이니 아직 나라를 얻지 못하였으나 다만 짐승으로 더불어 임금처럼 권세를 일시동안 받으리라 계 17:13 저희가 한 뜻을 가지고 자기의 능력과 권세를 짐승에게 주더라

간교하기가 비할 데 없어서 스스로 성도를 자칭하면서 뒤로는 진짜 성도들을 핍박하는 세력이기도 하다. 그녀는 사실 진리 추구에는 그다지 관심이 없다. 죽어서 간다는 하늘나라에서의 영광보다는 땅에서의 영광, 즉 세속의 부와 권력이 그녀의 주된 관심사이다. 신실한 성도를 빙자하면서 오히려 진짜 성도들을 박해하는 이상한 형국을 기이하게 여기고 또 기이하게 여기는 것이 분명하다. 일곱 산은 과거 로마제국을 상징한다. 오늘날에는 바로 G-7로 대표되는 막강한 서방선진7개국이 이 여자의 영역으로 고스란히 계승되어 있다. 일곱 언덕이 일곱 나라로 계승되어 있다. 바로 음녀이다.

또한 음녀가 타고 앉아있는 붉은 짐승에 대한 설명이 이어지는데 이

쪽의 계보도 복잡하다. 계 17:7에서 붉은 짐승의 비밀에 대해 말해주는데, 그 모습이 우리가 이미 「계시록」 12장에서 소개받았던 바로 그 붉은 용의 모습과 거의 일치하는 것으로 보인다. 계 12:3에서, "한 큰 붉은 용이 있어 머리가 일곱이요. 뿔이 열이라."라고 했고, 계 17:7에서 소개되는 붉은 짐승도 일곱 머리와 열 뿔을 가지고 있다. 따라서 우리는 붉은 짐승이 곧 붉은 용을 닮은 자란 것을 눈치 채게 된다. 그러고 보니 붉은 용을 닮은 자가 하나 더 있었다. 계 13:1에서 "내가 보니 바다에서 한 짐승이 나오는데 뿔이 열이요 머리가 일곱이라."고 했던바, 바다에서 나온 짐승도 마찬가지로 꼭 닮아 있다. 하늘 전쟁에서 패퇴하여 지상으로 쫓겨난 붉은 용이 바다에서 나온 짐승과 붉은 짐승을 돕고 있는 것이 분명하다. 그리고 계 17:10에서 일곱 왕이라 함은 왕국이나 제국을 의미한다. 일곱 언덕의 도시 모스크바에 도읍을 정했으니 일곱 제국은 필연적일 수도 있겠다. 풍수지리설이 따로 없어 보인다. 붉은 짐승이 세우는 왕국의 계보는 다음과 같다.

망한 다섯 : 키예프공국(1), 블라디미르수즈달공국(2), 킵챠크칸국(3), 모스크바공국(4), 로마노프왕조(5)
여섯째 : 아직까지도 있는 하나, 러시아 제국(6)
일곱째 : 아직 이르지 않았으나 잠깐 동안 있게 될 하나, 소비에트연방(7)
여덟째 : 일곱 중에 속하고 멸망으로 들어갈 자, 러시아(8)

여기서 일곱째는 소련을 의미한다. 소련은 1922년부터 1991년까지 약 70년을 지속하였다. 표현된 그대로 아주 잠깐 동안 존재한 것이다.

그리고 일곱 중에 속하면서 장차 멸망으로 들어갈 여덟 번째 왕이란 소비에트연방이 해체되어 남게 된 러시아를 지칭한다. 나중에 러시아는 멸망으로 들어가게 될 것이고, 그 전에 하나님은 음녀를 먼저 심판하시기로 작정하셨고… 그 음녀를 아예 불 살러버리는 일을 붉은 짐승에게 맡기신다. 땅 4분의 1을 다스릴 권세… 붉은 짐승은 미국을 포함한 G-7만 불사르면, 사실상 지구 전체를 완전히 정복한 것이나 마찬가지이기에… 온 천하의 주재자로 한번 크게 용을 쓸 수 있게 되는 셈이다. 그리고 온갖 잔혹한 멸망의 부정함을 다 저지르게 되고… G-7에 대한 폭정과 탄압이 있게 될 것이고… 일곱 중에 속했던 러시아가 여덟 번째 짐승을 의미하고 이 러시아가 바로 멸망으로 들어가게 될 그 짐승이다. 요한이 17장에 대한 계시는 아직 볼셰비키 혁명은 물론이고 소련은 그 흔적조차 나타나지 않았던 시기를 본 것이고, 따라서 아직 이르지 않았다고 기술해놓은 것 같다. 피아구별을 제대로 못하면 무지에 빠지게 되고, 무지에 빠지면 밝은 지혜를 얻을 수 없으니, 혼미한 지경에 떨어져 말세의 어두움 속에서 나아갈 바를 찾지 못하고 갈팡질팡하게 될 것이다. 그러니 필자가 이 자리에서 명확하게 밝히는 바, 수수께끼의 그 짐승은 바로 소비에트연방이고 열 뿔은 소련과 러시아를 다스렸던 열 명의 왕을 의미한다. 푸틴이 바로 마지막 왕이다. 계 17:13은 러시아의 열 왕들이 모두 한뜻을 가지고 붉은 짐승 러시아의 번영을 위해 헌신한다는 것을 뜻한다.

한편 이 시점에서 잠시 「계시록」 12장에서 언급된 하늘 전쟁이 언제쯤 일어났던 건지 그 연도를 추측해보는 것도 재미있을 것 같다. 대략 서기 몇 년쯤 붉은 용이 하늘에서 쫓겨 내려왔을까? 붉은 용, 즉 옛 뱀, 사탄이 교황 레오의 등 뒤에 서서 아틸라를 노려보던 시점은 서기 452년이었다. 그리고 「계시록」 12장에서 갓 태어난 아기가 붉은 용을 피해서 1260년 동안 숨어있을 곳을 찾던 시기가 아마도 서기 757년 이전일 것이다. 따라서 최소한 서기 757년 그 무렵까지는 붉은 용이 하늘에 근거를 두고 활약을 하고 있었을 가능성이 높다. 그리고 현 모스크바 근처에 키예프 공국이 처음 들어서던 시점이 서기 880년경이니 이때에 처음으로 붉은 용의 지원을 받으며 붉은 짐승이 땅에다가 왕국을 건설하기 시작한다. 그러니 하늘에서 벌어진 사탄과 미가엘의 전쟁은 아마도 서기 757년~서기 880년, 그 사이에 벌어졌을 것 같다.

계 17:14 저희가 어린 양으로 더불어 싸우려니와 어린 양은 만주의 주시요 만왕의 왕이시므로 저희를 이기실 터이요 또 그와 함께 있는 자들 곧 부르심을 입고 빼내심을 얻고 진실한 자들은 이기리로다 계 17:15 또 천사가 내게 말하되 네가 본 바 음녀의 앉은 물은 백성과 무리와 열국과 방언들이니라 계 17:16 네가 본 바 이 열 뿔과 짐승이 음녀를 미워하여 망하게 하고 벌거벗게 하고 그 살을 먹고 불로 아주 사르리라 계 17:17 하나님이 자기 뜻대로 할 마음을 저희에게 주사 한 뜻을 이루게 하시고 저희 나라를 그 짐승에게 주게 하시되 하나님 말씀이 응하기까지 하심이니라 계 17:18 또 내가 본 바 여자는 땅의 임금들을 다스리는 큰 성이라 하더라

강력한 해양세력인 동시에 막강한 자본주의 열강들과 그들의 언어. 전 세계를 영어, 프랑스어, 독일어, 이탈리아어, 일어 등이 지배하고 있다고 해도 전혀 과언이 아닐 정도이다. 또한 이렇게 막강한 큰 음녀의 세력과 더불어 자웅을 겨루는 러시아를 위시한 붉은 짐승의 세력들

이 현재 이 지구가 잠시도 긴장을 늦추지 못하게 하고 있다. 붉은 짐승, 열 명의 왕, 그리고 그 중에서도 특별히 마지막 10번째 왕 푸틴을 주목할 필요가 있다. 러시아는 잠시 어쩔 수 없이 교활한 자본주의 책략에 휘말려 굴복하고 말았으나 속마음 깊은 곳에서는 그들을 뼈 속까지 깊이 증오하고 있다. 그리고 마침내 기회를 얻어 그들을 도륙내고 불로 아주 사르는 권세를 얻게 될 것이다. 19세기 세르비아 작은 마을에 살았던 농부이자 양치기 미타르 타르빅(1829~1899)은 글도 읽을 줄 몰랐지만 그에게는 미래를 보는 능력이 있었다. 그가 제3차 세계대전에 대해 이렇게 예언했다고 한다.

> "가장 크고 화가 난 이가 가장 강력하고 노한 이를 공격할 것이다. 이 전쟁이 시작될 때 대군들이 하늘에서 싸울 것이다. 지상과 물에서 싸우는 이들이 더 좋을 것이다 (…) 세르비아는 이 전쟁에 참가하지 않지만 다른 이들이 우리 상공에서 전쟁을 할 것이다."

지도를 펴놓고 "**가장 큰 나라이면서 동시에 화를 잘 내는 나라**"가 어디인지를 찾아보라. 두 말할 것도 없이 "**러시아**"이다. 그리고 전 세계에서 "**가장 강력한 나라**"가 어디인지를 찾아보라. 두 말할 것도 없이 "**미국**"이다. 따라서 러시아가 미국을 공격할 것이란 말이다. 잠시 메드베네프의 등 뒤로 숨어있던 푸틴이 재등장한 러시아는 그들의 약점이었던 경제력까지 회복하고 그를 바탕으로 군사력을 크게 강화하는데 여념이 없는 2017년 현재이다. 창조주께선 음녀로 대표되는 자본주의 열국들을 러시아에게 내어주실 것을 작정하셨다. 음녀는 세계를 지배하는 자본주의 국가들, 즉 G-7로 대표되는 선진국들이고 동시에 로마의 현신이기도 하다. 이 시대의 로마 음녀는 이제 미국을 비롯한 서방선진7개국이다. 뒤에 하얀 휘장이 하나 더 있고… 그것이 아마도 숫자로 7이다… G-7을 하나의 배경으로 삼아 그들 중 맨 앞에 나서 있는 미국이다. 미소냉전시기에 G-7이 똘똘 뭉쳐서 미국을 뒷받침해주는 역할을 했었다. 2017년 현재도 유효한가? 그리고 지금 언급한 계 17:15에서, 많은 물 위에 앉은 음녀와 부합하기 위해서도 미국 하나만 가지곤 조금 부족하다. G-7 정도가 되어야 매우 정확히 부합한다고 볼 수 있겠다. 그런데 이 음녀가 붉은 빛 짐승을 타고 있다고 한다. 이 짐승은 「계시록」 13장에서 등장한 바다에서 올라온 짐승과는 다른 짐승이다. 붉은 색이므로 공산주의를 의미하는 듯하다. 그런데 음녀가 그것을 타고 있다고 한다. 아마 위에 올라타서 조종한다는 의미인 듯하다. 그런데 정작 그 붉은 짐승은 올라탄 음녀를 몹시 미워한다. 1992년 이후 소련이 무너지고, 서방국가들에게 꼬리를 내리는 형국을 묘사한 듯하다. 이 대목에서 노스트라다무스는 필시 음녀가 붉은 짐승을 타고 있는 그림 하나를 실제로 그려 보았을 것 같다. 그런데 막상 그려놓고 보니까, 너무

쉬워 보인다는 게 흠이었을 것이다. 개나 소나 죄다 그의 의중을 꿰뚫어보는 게 썩 못마땅했었던 모양이다. 그래서 결국 그것은 그냥 찢어버리기로 결심했을 것 같다. 그래서 5번째 그림과 6번째 그림의 사이가 조금 허전해 보이는 결과를 초래했지만, 노스트라다무스는 후세인들이 굳이 그 그림이 없더라도 「계시록」에 너무 적나라하게 묘사되어 있으니, 필연코 알아보게 될 거라고 확신했던 것 같다. 바로 지금과 같이 말이다. 그 음녀는 놀라울 정도로 부유하고 강력하다. 그리고 그녀는 매우 영리하고 교활하다.

계 17:6에서 요한이 기이하게 여겼던 이유를 조금만 더 조명해기로 하자. 그 음녀는 적어도 적그리스도 마냥 막가는 깡패와 같이 포악한 집단은 아닌 것 같은데, 왜 심판을 하는 것일까? 적어도 한 손에 성경책을 높이 쳐들고 다니고 있는데… 그런데 **그녀가 기이하게도 성도들의 피에 취해 있다는 것이다.** 엄연히 한 손에 성경책을 들고 믿는 자를 자칭하고 있는데, 정작 성도들의 피에 취해 있다니 기이할 수밖에 없는 것이다. 이 대목에서 천사가 짚어주는 바는 하나님이 보시기에 도저히 "구제불능"이라는 것이다. 도저히 용서가 안 될 정도로 온갖 가증스런 음행들을 저지른다는 것이다. 음녀는 중세기 암흑시대를 거치면서 강력한 현세적 왕권을 기반으로 가톨릭교황권과 오랜 세월동안 현세적 이익을 공유해왔음을 역사가 증명해주고 있다. 따지고 보면, **교황권이란 세력이 한 지역에 머물며 무려 1260년간이나 전횡을 부릴 수 있었던 주요 원동력은 그들과 이해관계가 딱 맞아 떨어지면서 그들을 적극적으로 비호해주던 든든한 후원세력이 없었다면 절대 불가능한 일이었을 것이다.** 오랫동안 가톨릭교황권과 결탁하여, 그리고 하나님을 빙자하면서, 현세적 왕권의 힘으로 성도들을 무참하게 짓밟아온 그녀의 소행들이 너무나 교활했던 것이다. 언뜻 보아선 기이하게 여겨질 정도로 말이다. 그리고 프랑스 대혁명 이후에는 그동안의 활동무대였던 유럽을 넘어 아메리카 신대륙에 새로운 아틀란티스를 건설하기에 이르렀고, 전 세계를 상대로 음행을 저지르기 시작했다. 이에 대해선 제4편에서 심도 있게 다뤄볼 예정이다. 아무튼 오랜 세월에 걸쳐 정작 그녀가 믿어왔던 것은 하나님이 아니라, 자신의 안위와 부귀영달이었던 것이다. 자신들의 자리와 이익을 보전하기 위해 그들은 가톨릭교회를 잘 이용했던 것뿐이고, 그렇게 악마를 실컷 이용했으니, 결국 악마에게 마지막 심판을 당해야 마땅한 것이다.

Nostradamus prophecy: Quatrain 6, 97

At forty-five degrees the sky will burn,
Fire to approach the great new city:
In an instant a great scattered flame will leap up,
When one will want to demand proof of the Normans.

45도, 그 하늘이 불탄다.
거대한 새 도시로 번지는 화염
한 순간 거대한 불꽃이 뛰어오를 것이다.
그들이 노르만[31]을 심판하려 할 때.

31) 노르만족은 원래 8세기 유럽 북부 해안지방을 주로 습격하여 약탈을 일삼은 스칸디나비아 출신의 야만족을 부르는 말이었다. 오늘날의 덴마크, 노르웨이, 스웨덴 출신의 바이킹족에서 유래한 이들은 9세기 후반에 이르러 프랑스 북부 및 서부 해안을 점점 더 큰 규모로 자주 습격하여 900년경에 이르러 프랑크 왕국 북부 센 강 유역에 항구적인 거점을 마련하였다. 이들의 지역을 오늘날 노르망디라고

노르만족은 일찍이 바이킹족 시절부터 잉글랜드와 자주 접촉하다가, 1066년 노르만의 윌리엄이 대규모의 잉글랜드 침략을 성공시킴으로써 잉글랜드의 왕이 되었고, 잉글랜드에 노르만 왕조를 세웠다. 정복자들은 초기에는 앵글로-색슨족과 대립했으나 결국은 언어적으로나 문화적으로 융화되었고 나중에 백년전쟁을 치르면서는 완전히 잉글랜드의 귀족으로 자리 잡았다. 따라서 제4행의 노르만을 영국으로 볼 수 있겠는데, 그런데 영국은 북위 50도를 넘어서는 섬나라이다. 한 가지 대안은 영국인들이 건너가 세운 미국을 떠올리게 한다. 북위 45도에 위치한 오리건 주가 가장 가능성이 높을 것 같다. 이미 앞에서 오리건 주 근처의 바다에서 참혹한 해전이 일어난다는 것을 다룬 바 있었다. 거대한 불꽃은 핵폭탄이 터지는 것을 의미할 것이다. 제1행의 45도는 북위를 말하는 것으로 보이는데, 프랑스 원어로는 굳이 45도가 아니라, (5 + 40)도라고 표기해놓고 있으므로, 여기에도 모종의 의미가 담겨 있는

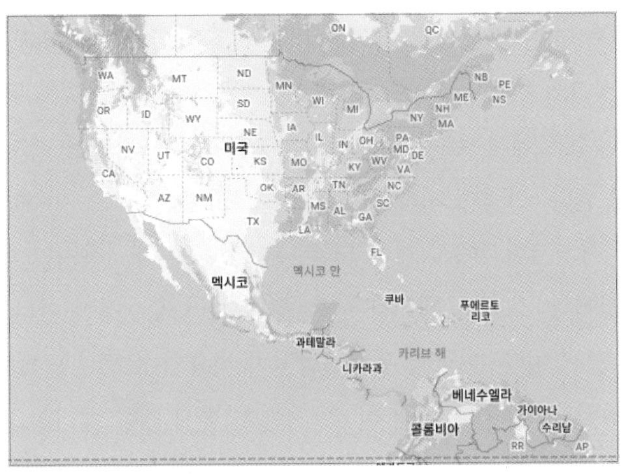

부르게 된다.

듯하다. 가령 북위 5도 콜롬비아 근처 바다에 숨어있던 잠수함에서 북위 45도를 향해 핵미사일을 발사하는 장면을 예상해볼 수 있을 것 같다.

Nostradamus prophecy: Quatrain 10, 71

The earth and air will freeze a very great sea,
When they will come to venerate Thursday:
That which will be never was it so fair,
From the four parts they will come to honor it.

대지와 공기는 아주 큰 바다를 얼게 하리라.
공포의 목요일이 찾아왔을 때
더 이상 맑은 날은 없으리라.
그것은 네 곳에서 퍼지며, 그날은 가슴이 에이듯이 아프리라.

수소폭탄 같은 핵폭탄이 터지면 버섯구름과 더불어 살상 반경도 엄청나지만, 그와 더불어 주변 지역의 기온에도 커다란 문제를 유발한다. 대략 섭씨 10도에서 30도 정도의 기온강하가 수반되면서 핵겨울이 도래한다고 한다. 그렇게 시작된 핵겨울은 최소 수개월을 지속할 것이라고 한다. 상기 4행시에서 얼게 되는 "큰 바다"는 대서양이나 태평양을 의미할 것이다. 그리고 핵폭탄은 한 곳에서 터지는 것이 아니라, 최소 4곳 이상일 것이다. 미국의 독립기념일이 목요일이므로, 노스트라다무스의 스타일로 미루어보건대 이 4행시는 미국에 대한 얘기일 가능성이 매우 높다.

Nostradamus prophecy: Quatrain 1, 50

From the three water signs will be born a man
who will celebrate Thursday as his holiday.
His renown, praise, rule and power will grow
on land and sea, bringing trouble to the East.

세 갈래로 강줄기가 갈라지는 곳에서
목요일을 그의 기념일로 축하할 한 남자가 태어나리라.
그의 명성과 찬양, 통치의 힘은
동쪽에 고통을 가져다주면서 육지와 바다로 계속 커지리라.

『모든 세기』에 담긴 1,000여개의 예언들 중에서 목요일을 언급하는 4행시는 방금 전의 것과 그리고 이것, 그렇게 딱 2개 밖에 없는데, 두 목요일이 같은 날일까? 다른 날일까? 한쪽은 목요일에 시작되는 에이

듯 아픈 핵겨울을, 다른 한쪽은 그날을 축하하는 한 남자에 대한 이야기를 담고 있다. 필자의 촉으로는 같은 날로 여겨진다. 세 갈래로 강줄기가 갈라지는 곳에서 태어나는 그 사람은 과연 누구이며, 강줄기가 세 곳으로 갈라지는 그곳은 또 어디일까? 노스트라다무스를 연구하는 어떤 이가 사담 후세인에 대한 내용이라고 주장한 바가 있었고, 후세인의 실제 행보에 세간의 이목이 집중될 정도로 한때 기대되는 바가 없진 않았으나 그만 세 번째와 네 번째 줄에 크게 미흡한 채로 그의 생을 마감하면서 중도 탈락으로 확정된다. 그의 이름이 전 세계인의 입에 오르내릴 정도는 되었으나 명성과 찬양의 수준까지는 전혀 아니었고, 그의 말년 그만 맥없이 도망 다니다가 처량한 신세로 인생을 마감해버림으로써, 육지와 바다로 통치력이 커져나가는 일은 언감생심이 되어버렸으니 말이다. 따라서 후세인 정도는 도저히 비교 자체가 안 될 정도로 엄청나게 간땡이가 부은 다른 자가 어딘가에 틀림없이 있을 텐데, 필자의 촉으로 장차 이 정도의 기대치까지 도달할 인물은 전 세계를 통틀어 딱 1명밖에 떠오르질 않는다. 1952년 10월 7일 러시아의 상트페테르부르크에서 태어난 블라디므로 푸틴, 바로 그 자이다. 지도에서 보이는 바와 같이 그의 고향이야말로 "강줄기가 세 갈래로 갈라지는 곳"이란 구절에 정확히 부합된다. 또한 소문으로 들려오는 그의 간땡이는 과연 기대가 충분히 되고도 남을 수준이다. 그의 행보를 계속 유심히 지켜볼 필요가 있다.

계시록 18장

계 18:1 이 일 후에 다른 천사가 하늘에서 내려오는 것을 보니 큰 권세를 가졌는데 그의 영광으로 땅이 환하여지더라 계 18:2 힘센 음성으로 외쳐 가로되 무너졌도다 무너졌도다 큰 성 바벨론이여 귀신의 처소와 각종 더러운 영의 모이는 곳과 각종 더럽고 가증한 새의 모이는 곳이 되었도다 계 18:3 그 음행의 진노의 포도주를 인하여 만국이 무너졌으며 또 땅의 왕들이 그로 더불어 음행하였으며 땅의 상고들도 그 사치의 세력을 인하여 치부하였도다 하더라

사실 이 글을 적어 내려가는 사도 요한은 바벨론이란 고유명사보다 직설적으로 그냥 로마라는 고유명사로 표기하고 싶었을 것이다. 하지만 로마가 당시 온 세상을 지배하던 초강대국이었던 시절인지라 감당이 안 되는 온갖 후환들이 두려웠을 것이고 어쩔 수 없이 이렇게 은근히 감추고 말았을 것이다. 이제 우리가 그의 마음을 읽을 수 있게 되었으니, 바벨론을 곧장 로마로 치환해 읽기로 한다. 또한 자동적으로 과거의 로마를 계승한 현대의 서방선진7개국 G-7을 의미하는 것이기도 하다. 그들 세상에서 제일가는 번영을 구가하고 있는 G-7 국가들은 하나님의 눈으로 보실 때, 성스럽거나 영광스러운 곳이 아니라 단지 귀신의 처소에 불과하고, 각종 더러운 영들이 모이는 곳에 불과하고, 가증스런 것들이 모이는 곳에 불과하다는 것이다. 사람들은 화려한 그들의 외관과 발달된 문명, 휘황찬란한 불빛과 부유한 환경을 부러워하지만, 기실 알고 보면 하나님의 진노를 피할 수 없는 위험천만한 곳에 불과하

다. 오늘날 미국은 자본주의의 상징과도 같은 지위에 올라있고, 그물망처럼 촘촘하게 짜인 복잡다단한 국제관계 속에서 우월적 지위를 최대한 활용해 달러를 무더기로 찍어내고 그것으로 치부하면서 온갖 사치와 음행과 부끄러운 짓들을 서슴지 않았던 자들이다. 사실 미국은 국가의 채무가 자국민 1인당 수천만 원에 육박할 정도로 전 세계를 상대로 빚잔치를 벌여왔다. 그것이 마지막 종착역에 다다랐으니, 이제 잔치는 끝났다.

상기 계 18:1에서 한 천사가 등장하는데, 그는 진리의 기별을 전하는 선각자를 상징한다. 화려한 금잔을 들고 만국을 취하게 하는 로마가 곧 심판을 당하게 되리라는 것을 깨닫게 된 그는 세상 사람들에게 그 비밀을 널리 알리고 그들을 로마에서 구출해내려고 사방으로 외쳐댄다. 심판이 내리기 바로 직전임에도 불구하고, 아직도 미몽에 사로잡혀 참된 이치를 보지 못한 채 취해 있는 사람들을 돌려 세우니 그러한 영광으로 인해 온 땅이 환해지더라고 표현하고 있는 듯하다. 또한 하늘이 부여한 큰 권세로 말미암아 많은 사람들이 그러한 진리의 기별을 듣고는 그 반향이 제법 넓게 퍼진다고 말해주는 듯하다. 특별히 이 일과 관련해서 「말라기」 4:5~6에는 이런 구절이 있다.

> "보라 여호와의 크고 두려운 날이 이르기 전에 내가 선지자 엘리야를 너희에게 보내리니, 그가 아버지의 마음을 자녀에게로 돌이키게 하고 자녀들 마음을 그들의 아버지에게로 돌이키게 하리라 돌이키지 아니하면 두렵건대 내가 와서 저주로 그 땅을 칠까 하노라 하시니라."

큰 권세를 가진 선지자 엘리야가 당도하여 그의 빛으로 말미암아 사람들이 마음을 바른 곳으로 돌이킬 때 심판에서 벗어날 수 있는 길이 열리게 된다. 이와 관련되어 『모든 세기』에서도 4행시 하나가 예언되어 있다.

Nostradamus prophecy: Quatrain 3, 94

For five hundred years more one will keep count of him
Who was the ornament of his time:
Then suddenly great light will he give,
He who for this century will render them very satisfied.

500년이 넘어서야 나타나리라.
시대를 영화롭게 하는 사람이
문득 놀라운 빛을 가지고 올 것이니,
금세기 그는 사람들이 매우 만족스럽도록 봉사할 것이다.

예언자가 1503년~1566년의 시기를 살다 갔으므로, 문득 온 땅이 환해질 정도로 놀라운 빛을 가지고 오는 이가 500년 만에 나타난다는 것은 2003년 ~ 2066년 사이에 등장할 것임을 예상할 수 있다. 계 18:2에서 기술된 바대로 시대를 영화롭게 할 그는 힘센 음성으로 외칠 것이다. "무너졌도다. 무너졌도다. 큰 성 바벨론이여. 귀신의 처소와 각종 더러운 영의 모이는 곳과 각종 더럽고 가증한 새의 모이는 곳이 되었도다." 그리고 이어서 계 18:3에서 기술된 바대로 또한 외칠 것이다. "그 음행의 진노의 포도주를 인하여 만국이 무너졌으며 또 땅의 왕들이 그로 더불어 음행하였으며 땅의 상고들도 그 사치의 세력을 인하여 치부하였도다."라고 외치면서 그는 사람들이 매우 만족스러워 할 때까지 최선을 다해 봉사할 것이다. 드디어 로마가 심판을 받게 됐는데, 앞서 프랑스 국왕에게 보낸 서신에서 "이러한 일들이 있기 전에 몇몇 희귀한 새들이 하늘에서 휘휘 울다가 사라질 것입니다."라고 했었고, 이렇게 새들이 휘휘 울고 간 후, 이어서 다음과 같은 엄청난 일들이 일어난다고 얘기해주었었다.

"그때 같은 해에, 그리고 그 이후에, 가장 끔찍한 역병이 뒤따르고, 그것은 기근으로 인해 더욱 위력적이게 될 것입니다. 기독교 교회가 창립된 이래로 결코 일어난 적이 없었던 큰 환난일 것입니다. 그것은 모든 라틴어 지역과 스페인어를 쓰는 일부 국가에 흔적을 남길 것입니다. 그로인해 세 번째 북방 왕은 그의 주요한 명분이 될, 이른바 '교황과 인민들의 탄원'을 듣고 매우 강력한 군대를 일으키고 그 옛날 첫 번째, 두 번째 북방 왕이 통과했었던 해협을 통과할 것이고, 전통을 무시하고 거의 모든 것을 그 적절한 장소에 되돌려 놓을 것이며, 교황은 그의 원래 상태로 되돌려질 것이고, 황폐화되고 나서 모든 사람들에 의해 버려진 교황은 이교에 의해 파괴된 신성한 곳(로마)을 찾게 될 것이고 구약과 신약은 버려지고 불태워지게 될 것입니다. 그 후에 최후의 적그리스도는 지옥의 왕자가 될 것입니다. 기독교의 모든 국가들과 심지어 이교도 국가들까지도 25번째의 공간에서 공포에 떨게 될 것입니다. 전쟁과 전투가 더욱 격렬해지고 마을, 도시, 성채 및 모든 다른 건물이 불태워지며 황폐화되고 파괴될 것입니다. 처녀, 유부녀, 미망인들이 겁탈당하고 젖먹이 어린아이들이 도시의 담벼락에 내던져집니다. 지옥의 왕자에 의해 너무 많은 악행들이 자행되어 거의 모든 세상이 파멸되고 황폐해질 것입니다. 이러한 일들이 있기 전에 몇몇 희귀한 새들이 하늘에서 휘휘 울다가 사라질 것입니다. 오랜 시련을 겪은 뒤에 사투르누스, 즉 토성이 지배하는 황금기가 올 것입니다. 인간의 고통을 들은 신이 사탄을 바닥이 없는 구덩이, 즉 무저갱에 처박아버리고 결박을 명령할 것입니다. 요한계시록에 적시된 바와 같이 그 뒤에 신과 인간 간의 우주적 평화가 시작되고, 사탄은 천년 동안 결박되었다가 다시 잠시 풀려날 것입니다."

바로 이 내용이 큰 성 로마가 무너지는 과정을 묘사해놓은 노스트라다무스식 버전이라고 할 수 있겠는데, 그에 의하면 큰 성이 무너지게 되는 가장 결정적인 원인은 세 번째 북방 왕이다. 이를 「계시록」으로 번역하면 붉은 짐승이 되고, 「에스겔」로 번역하면 곡이 된다. 북방 왕이 도래하기 전에 이미 큰 성 로마에는 역병과 기근으로 많은 인명들이 죽어나갈 것이고, 로마 시민들의 아우성 소리로 온통 들끓게 될 것이고, 그들의 외침소리를 듣고 마침내 북방 왕이 들어온다고 하는데, 정작 북방 왕이 행하는 일들은 시민들을 재앙에서 구제해주는 선한 메시아와는 거리가 상당히 멀다. 그는 『성경』을 모조리 불태워버리고, 교황을 예전의 지위 교회감독(Bishop)으로 복원시켜버리고, 도시란 도시는 모조리 파괴해버리고, 유부녀들을 겁탈하고, 아이들을 던져버리고 등등 그렇게 해서 무너져 내리는 큰 성 로마는 완전히 파멸되고 황폐해질 것이다. 그것을 「계시록」 18장에선 "**귀신의 처소와 각종 더러운 영의 모이는 곳과 각종 더럽고 가증한 새의 모이는 곳이 되었도다.**"라고 표현해놓은 것이다. 이제 더 이상 아름다운 선진 도시들의 세련되고 화려한 면모는 찾아볼 수가 없고, 대낮에도 귀신들이 출몰할 정도로 음산하고 각종 날짐승들이 들끓는 더러운 곳으로 전락해버리는 것이다. 이러한 광경들을 묘사해놓은 것으로 보이는 다음의 4행시를 읽어보면 그들의 처참하기가 이루 말할 수가 없을 정도라 하겠다.

Nostradamus prophecy: Quatrain 9, 44

Leave, leave Geneva every last one of you,
Saturn will be converted from gold to iron,
"Raypoz" will exterminate all who oppose him,

Before the coming the sky will show signs.

달아나라. 제네바에서 달아나라.
빛나던 문명은 금에서 쇠로 변하리라.
레이포즈(Raypoz)가 그를 반대하는 모든 이를 멸절시키리라.
그 전에 하늘이 징조를 보여주리라.

제네바는 레만 호수를 끼고 있는 스위스의 아름다운 도시이다. 굳이 여러 도시들 중에서도 유독 제네바를 거명한 데에는 모종의 이유가 있을 것 같다. 예컨대 여러 도시들 중에서 가장 먼저 달아나야 할 도시가 제네바일 수도 있고, 제네바 크기 이상이 되는 모든 도시들이 위험하다는 의미일 수도 있다. 또한 스위스는 누구나 알고 있듯이 영세중립국이기도 하다. 어쩌면 영세중립국의 도시조차도 전혀 안전하지 않다는 것을 알려주는 건지도 모른다. 만약 이것이 사실이라면 하물며 중립국이 아닌 다른 곳은 더 이상 거론할 여지조차 전혀 없다 해야 할 것이다. 제2행은 황금으로 빛나던 찬란한 문명은 녹슨 고철로 전락할 것이란 의미이고, 제3행에서 레이포즈(Raypoz)는 적그리스도나 또는 거짓선지자를 지칭하는 것으로 보인다. 따라서 그에게 저항하는 모든 이들이 죽임을 당할 것이란 의미이다. 제4행에 하늘에서 보여주는 전조란 것은 아마도 휘휘 울다가 사라지는 희귀한 새들을 말하는 것일지 모르겠다.

계 18:4 또 내가 들으니 하늘로서 다른 음성이 나서 가로되 내 백성아 거기서 나와 그의 죄에 참예하지 말고 그의 받을 재앙들을 받지 말라 계 18:5 그 죄는 하늘에 사무쳤으며 하나님은 그의 불의한 일을 기억하신지라 계 18:6 그가 준 그대로 그에게 주고 그의 행위대로 갑절을 갚아주고 그의 섞은 잔에도 갑절이나 섞어 그에게 주라

하늘에서 다른 음성이 나서 말하는데 내용인즉, 하나님의 참된 백성들은 이제 "아메리카 드림"과 같은 유효기간이 끝난 허망한 꿈에서 깨어나 그들의 죄에 함께하지 말 것과 그들의 받을 재앙들을 함께 받지 말 것을 강력히 호소하고 있다. 지난 수 백 년의 세월 동안 미국을 비롯한 G-7의 죄악은 하늘에 사무칠 정도에 이르렀으며, 창조주께선 그들의 불의한 모든 일들을 모두 기억하고 계신다는 것을 알려주고 있다. 남을 속일 수는 있어도 어떻게 자신의 양심과 하늘을 속일 수가 있겠는가? 결국 하나님께서 그동안 그들이 행해왔던 온갖 가증스런 범죄 행위에 곱절로 갚아주고 말 것이다. 이제 G-7의 부귀영화는 곧 종말을 고하고 말 것이며, 하나님이 내리시는 천벌로 인한 고난과 애통만을 남겨두고 있는 상황이다.

계 18:7 그가 어떻게 자기를 영화롭게 했으며 사치하였든지 그만큼 고난과 애통으로 갚아 주라 그가 마음에 말하기를 나는 여황으로 앉은 자요 과부가 아니라 결단코 애통을 당하지 아니하리라 하니 계 18:8 그러므로 하루 동안에 그 재앙들이 이르리니 곧 사망과 애통과 흉년이라 그가 또한 불에 살라지리니 그를 심판하신 주 하나님은 강하신 자이심이니라

그럼에도 불구하고 성서는 G-7 국가들이 모두 속으로 하나같이 견고한 성읍을 믿고 결단코 애통을 당하지 않을 것이라 확신하고 있을 것임을 알려주고 있다. 보라, 오늘날 G-7 국가들은 모두 하나같이 세계 최강의 기술로 철통같이 무장하고, 압도적인 최강의 군사력들을 만방에 떨치며 자랑하고 있다. 그물망처럼 이중삼중으로 완벽한 미사일 방어체계가 구축되어 있고, 심지어 그들은 우주공간과 깊은 바다 속까지 각종 최첨단 군사 무기들로 빼곡히 채워놓고 있다. 더불어 예전에는 주로 전폭기에 의존하던 핵무기 투하 방법도 엄청난 수량의 대륙간탄도유도탄(ICBM), 잠수함발사탄도미사일(SLBM)들로 업그레이드 하면서 완벽한 핵 보복 계획까지 철저히 수립해놓고 있다. 그들이 무엇 때문에 이렇게 군사력을 강화하는데 몰두해왔던 것일까? 혹 어쩌면 그들 스스로 이미 오래 전부터 자신들의 이 같은 운명을 본능적으로 예감하고 있었던 것은 아니었을까? 성서는 말해준다. 그들이 믿고 있는 그 견고한 성읍들은 불과 하루 만에 재앙이 되고 말 것이라고… 끝없는 사망과 애통과 고통이 그들 앞에 놓여 있고, 그들의 도시들은 모조리 불살라지고 말 것이다. 지금부터 "하루" 만에 당도하는 고통스런 전갈들을 정리해본다.

Nostradamus prophecy: Quatrain 2, 91

At sunrise one will see a great fire,
Noise and light extending towards "Aquilon:"
Within the circle death and one will hear cries,
Through steel, fire, famine, death awaiting them.

태양이 솟고 거대한 불을 보리라.
폭음과 섬광이 북쪽으로
죽음의 원 안에서는 비명이 들리리니
강철, 불, 기아, 죽음이 그들을 기다리고 있으리라.

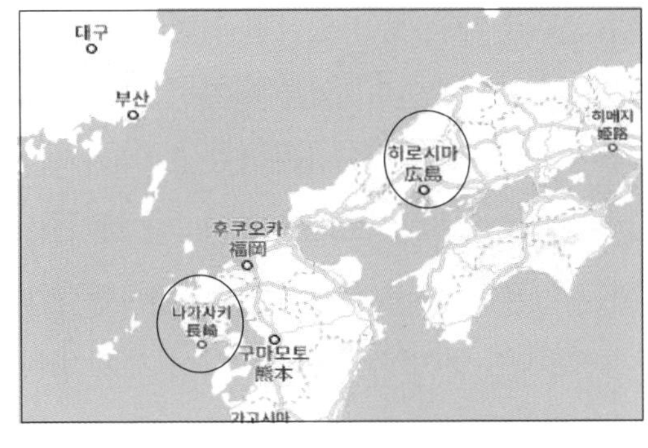

프랑스 예언연구가 장 샤를은 상기 4행시를 2권 6편과 더불어 제2차 세계대전 시절의 히로시마와 나가사키에 터진 원자폭탄을 얘기한다고 주장하는데, 필자가 보건대 이 4행시의 두 번째 구절, 북쪽이라는 의미가 그때 충족되지 않았다. 1945년 8월 6일 월요일 미국의 트루먼 대통령이 원자폭탄 "Little Boy"를 히로시마 투하를 명령한다. 그리고 이어서 8월 9일 나가사키에도 "Fat Man" 투하를 명령한다. 따라서 "북쪽으로"라는 의미와 전혀 부합되지 않는다. 또한 일본은 8월 14일 연합국에 항복을 통보하였고, 8월 15일 낮12시에 쇼와 천황이 무조건적인 항복을 선언한다. 그리고 9월 2일 도쿄만 요코하마에 정박 중이던 미국 전함의 선상에서 일본의 외무대신이 정식으로 항복 문서에 서명함으로써 전쟁이 종결되었다. 따라서 네 번째 구절에서 "전쟁"이 기다린다는 것과도 전혀 부합되지 않는다. 더욱 결정적으로 노스트라다무스는 결코 하나의 사건에 2개의 4행시를 남발하지 않는다는 것이다. 그러므로 "조건 불충족"으로 탈락이 되고, 따라서 아직 실현되지 않은 미래의 일을 담고 있는 4행시로 남아있는데, “태양이 솟고”라는 이 부분을 장 샤를은 “떠오르는 태양의 나라”라고 해석하고 있다. 적어도 그의 이러한 해석만큼은 필자도 공감이 되는 부분이다. 그래서 이 4행시는 유감스럽게도 일본의 재앙에 관한 예고일 가능성이 매우 크다고 본다. 앞으로 서방선진7개국 중 가장 먼저 대재앙을 겪게 되는 국가는 바로 일본일 것이다. 제2차 대전의 경우와 다른 것이 있다면 이번엔 원자폭탄이 아니라 화산폭발에 의한 재앙으로 보인다. 일본은 가히 지진의 나라라고 할 정도로 크고 작은 지진이 매우 흔한 나라이고 100개가 넘는 활화산들이 활동하고 있는 곳이기도 하다. 초대형 지진이나 화산 폭발이 일어난다면, 단연 1순위는 일본을 꼽아야 할 것인데, 이 4행시가 주는 정보에 의거해볼 때 아마도 열도의 남쪽에서 시작하여 북쪽 방향으로 올라가는 화산폭발의 연쇄반응일 것이다. 더욱 최악인 것은 그것이 끝이 아니라, 그들이 약해진 틈을 타 벌어지는 전쟁과 불이 그 뒤를 따를 것이고, 이어 기아와 죽음만이 그들을 기다리고 있게 될 것이다.

Nostradamus prophecy: Quatrain 1, 87

Earthshaking fire from the centre of the earth
will cause tremors around the New City.
Two great rocks will war for a long time,
then Arethusa will redden a new river.

지구의 중심으로부터 지구를 흔드는 불
그로 인하여 새로운 도시 둘레의 떨림이 야기될 것이다.

두 개의 커다란 지각 판이 오랫동안 충돌을 하리라.
그런 다음 아레투사가 새로운 강을 붉게 물들이리라.

그리고 또 하나의 4행시를 빼놓을 수가 없는데, 지구적 규모의 초대형 지진의 원인을 설명해주고 있다. 예언자는 지구를 흔드는 불이 지구 중심으로부터 일어난다고 말해주고 있다. 그로 인해 대지의 표면들이 흔들리는 것은 당연해보이고, 두 개의 커다란 지각 판이 오랫동안 싸운다는 표현에서 "불의 고리"라고 일컬어지는 환태평양 지진대를 연상하지 않을 수 없게 된다. 태평양을 떠받치는 지각판과 유라시아를 떠받치는 판이 서로 맹렬히 충돌하면서 사상 초유의 초대형 지진이 초래되는 것이 아닐까? 그 결과 새로운 강이 만들어지고, 그 강에 뜨거운 용암이 흘러드는 장면이 연상된다. 이미 이 글을 쓰고 있는 2017년 현재 수많은 대형 지진들이 보름이 멀다할 정도로 그렇게 자주 전파를 타고 있는 상황이다. 그러니 각오하고 있어야 할 것 같다. 초초초~초대형 지진이 예고되어 있다는 것을… 거기에 덧붙여 필자는 이 지진의 최대 피해자들이 G-7 국가들일 거라고 믿고 있다. 또한 거의 피해를 보지 않는 나라의 제1순위는 단연 러시아라고 믿고 있다. 그 이유가 뭘까? 큰 음녀, 곧 로마, 그들의 면면을 살펴보면, 가히 세계 최강의 경제력과 군사력을 자랑하는 미국을 위시하여, 영국, 일본, 프랑스, 독일, 이탈리아, 캐나다, 이렇게 7개국들이다. 이들의 국력을 모두 합해놓으면 세상에서 과연 누가 그들을 감당할 수 있겠는가? 그런데 「계시록」 17장에 놀라운 내용, 즉 큰 음녀가 심판을 받는다고 기록된다. 따라서 그들의 국력을 현저하게 약화시키는 초자연적인 재해가 바로 전제되어야 성립되는 얘기일거라 보는 것이다.

Nostradamus prophecy: Quatrain 3, 70

The great Britain including England
Will come to be flooded very high by waters
The new League of Ausonia will make war,
So that they will come to strive against them.

영국을 포함한 대영제국은
높은 물에 휩쓸리리라.
오조니아의 새로운 동맹은 살아남기 위하여
그들에 대항하여 전쟁을 일으키리라.

그 다음 차례는 영국이다. 이 4행시를 보면 영국은 불이 아니라 물로 망할 것이다. 영국을 이루는 섬들은 모두 대서양의 거센 파도에 휩쓸리게 되는데, 그냥 영국만으로 끝나는 것이 아니라, 대영제국, 그러니까 호주, 뉴질랜드, 캐나다 같은 영연방 국가들까지도 모두 같은 운명에 처한다는 것이 문제이다. 필자가 이렇게 일본은 불의 재앙, 그리고 영국은 물의 재앙이라고 확신을 담아 언급하는 데에는 상기의 4행시들 외에 또 다른 이유가 있기 때문이다. 『증산도전』 2편 13장에 이런 내용이 나온다.

① 장차 서양은 큰 방죽이 되리라.
② 일본은 불로 치고, 서양은 물로 치리라.
③ 세상을 불로 칠 때는 산도 붉어지고 들도 붉어져 자식이 지중하지만 손목 잡아 끌어낼 겨를이 없으리라.

④ 앞으로 세계 전쟁이 일어난다.

초대형 지진과 더불어 그와 함께 수반되는 거대한 화산폭발의 재앙과 거대한 쓰나미의 재앙, 그리고 이어지는 제3차 세계대전, 순서가 대략 이러하다. 이렇게 『계시록』과 『증산도전』과 『모든 세기』가 한 세트의 톱니바퀴라도 되는 양 서로 착착 맞물려 들어가는 것을 느낄 수 있을 것이다. 한편 이렇게 일본, 영국, 캐나다 정도가 초대형 재난을 당하게 되면서 전혀 힘을 쓰지 못하게 된다면, 그럼 미국을 비롯한 다른 나라들은 과연 멀쩡할까? 그게 그렇지가 않은 듯하다.

Nostradamus prophecy: Quatrain 10, 49

Garden of the world near the new city,
In the path of the hollow mountains:
It will be seized and plunged into the Tub,
Forced to drink waters poisoned by sulfur.

새로운 도시 근처 세계의 정원
텅 빈 산들의 비어있는 경로
거대한 튜브 속으로 침몰한다.
유황으로 오염된 물을 마시기를 강요당하면서…

불의 고리라고 칭해지는 환태평양 지진대는 일본만으로 만족하지 않을 듯싶다. 상기의 4행시에서 새로운 도시는 로스앤젤레스일 가능성이 높다는 것이 예언연구가들의 일치된 견해이다. 2016년 즈음에 개봉된

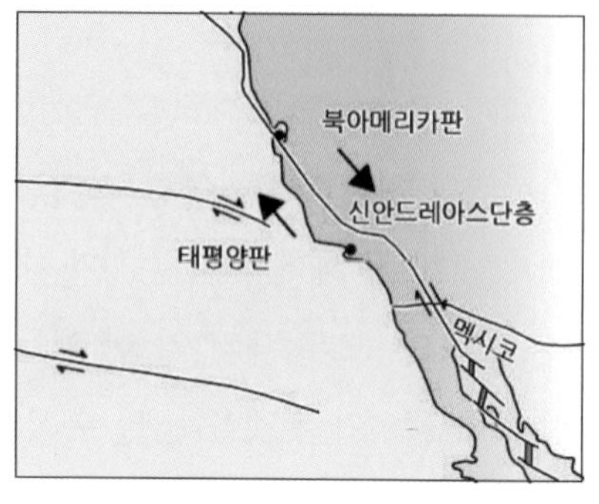

〈샌안드레아스〉라는 영화를 보고는 크게 충격을 받지 않을 수 없었는데, 모르긴 몰라도 그 영화의 모티브는 상기의 4행시에서 얻었을지도 모르겠다. 지도에서 샌안드레아스 단층이 갈라지면서 거대한 튜브 태평양으로 침몰해 들어가는 일이 실제로 예언되어 있다는 것을 안다면, 그 영화에서 생생하게 벌어진 그 험한 일들조차도 지나치게 축소해서 만들어졌다고 보아야 할 정도로 어마어마한 초대형 재난이 될 것이다. 현재 미국의 서부 캘리포니아 지역은 미국 산업의 심장이라고 해야 할 정도로 실리콘 밸리를 비롯한 각종 첨단 산업들이 자리 잡고 있는 곳이다. 이런 곳이 대재앙에 휩쓸리게 된다면, 당연히 엄청난 타격을 받게 될 것이 분명하다.

Nostradamus prophecy: Quatrain 3, 52

In Campania there will be a very long rain,
In Apulia very great drought.
The Cock will see the Eagle, its wing poorly finished,
By the Lion will it be put into extremity.

캄파니아에는 아주 오랫동안 비가 내리리라.
아푸리아에서는 아주 큰 가뭄이

수탉은 날개가 형편없이 된 독수리를 볼 것이고
사자에 의해 그것은 궁지에 몰리리라.

여기서 말하는 "캄파니아에"는 이탈리아 나폴리 지방을 말하고, "아푸리아"는 이탈리아 로마 지역을 말하는데, 한쪽은 오랫동안 비가 내리고, 한쪽은 전혀 비가 내리지 않는 가뭄을 겪는다고 한다. 그리고 통상적으로 『모든 세기』에서 수탉은 프랑스, 독수리는 미국을 지칭하는데, 프랑스에서 바라보니 날개가 형편없게 된 독수리를 보게 된다는 상기의 예언에 비추어보면, 미국인들은 그리 달갑지가 않겠지만 갑자기 미국의 미래에 대한 전망을 크게 훼손해버리는 느낌이 든다. 초대형 재앙속에서 미국도 결코 무사하지 못할 것임을 암시하는 바가 아닐까 싶다. 그리고 만약 캐나다가 물에 의한 거대한 재앙을 받게 될 정도라면, 그 아래 인접국인 미국은 과연 멀쩡할까?

Nostradamus prophecy: Quatrain 3, 63

The Roman power will be thoroughly abased,
Following in the footsteps of its great neighbour:
Hidden civil hatreds and debates
Will delay their follies for the buffoons.

로마의 힘은 완전히 약해지리라.
큰 이웃의 발자국을 따라
숨겨진 공공의 증오와 토론들은 익살 광대를 위한
그들의 어리석은 행동들을 연기시키리라.

「계시록」 17장의 결론은 "G-7의 몰락"이다. 이 4행시에 표현된 대로 로마의 힘은 이제 과거의 그들이 전혀 아니다. 일본과 영국이 몰락하고, 미국을 상징하는 독수리조차도 날개에 힘이 전혀 없다. 이러한 상황에서 아주 오랫동안 이를 갈면서 때를 기다리던 한 나라가 자연스럽게 뇌리를 스치게 될 것인데, 하늘은 놀랍게도 그 나라에게 만큼은 터럭만큼의 피해조차도 전혀 주지 않을 것이다. 그 결과 경천동지할 정도의 실로 놀라운 일이 전개된다. 하늘이 주신 이 놀라운 기회를 놓치지 않는 짐승 하나가 「계시록」 16장에 등장했던 것이다. 그러나 그 나라는 결코 경박하지 않을 것이다. 신중, 신중, 또 신중을 기하게 될 것이 분명하다. 비록 서방선진7개국들이 어마어마한 피해를 입었을지라도 아직도 그들의 힘과 역량은 결코 만만치 않을 것임을 잘 알고 있기 때문에, 그들은 조심스럽게 침을 삼키며 사태를 예의 주시하게 될 것이다. 그렇게 관망하고 있는 동안 창조주께서 예비해두신 놀라운 설계도 하나가 작동하기 시작할 것이다. 바들바들 이를 갈면서 서구인들을 뼈속까지 증오하고 있었던 또 다른 세력 하나가 바로 아랍권이다. 그리고 그들은 충분히 경박스럽기까지 하다. 아랍의 입장에서 본다면, 이것은 경박스런 게 아니라 하늘이 주시는 절호의 기회일 것이고, 이것을 놓친다는 것은 천명을 거스르는 일이라 여길 것이 분명하다. 그리하여 그들은 움직일 것이다.

계 18:9 그와 함께 음행하고 사치하던 땅의 왕들이 그 불붙는 연기를 보고 위하여 울고 가슴을 치며 계 18:10 그 고난을 무서워하여 멀리 서서 가로되 화 있도다 화 있도다 큰 성 견고한 성 바벨론이여 일 시간에 네 심판이 이르렀다 하리로다 계 18:11 땅의 상고들이 그를 위하여 울고 애통하는 것은 다시 그 상품을

사는 자가 없음이라 계 18:12 그 상품은 금과 은과 보석과 진주와 세마포와 자
주 옷감과 비단과 붉은 옷감이요 각종 향목과 각종 상아 기명이요 값진 나무
와 진유와 철과 옥석으로 만든 각종 기명이요 계 18:13 계피와 향료와 향과 향
유와 유향과 포도주와 감람유와 고운 밀가루와 밀과 소와 양과 말과 수레와
종들과 사람의 영혼들이라 계 18:14 바벨론아 네 영혼의 탐하던 과실이 네게
서 떠났으며 맛있는 것들과 빛난 것들이 다 없어졌으니 사람들이 결코 이것들
을 다시보지 못하리로다 계 18:15 바벨론을 인하여 치부한 이 상품의 상고들
이 그 고난을 무서워하여 멀리 서서 울고 애통하여 계 18:16 가로되 화 있도다.
화 있도다. 큰 성이여. 세마포와 자주와 붉은 옷을 입고 금과 보석과 진주로
꾸민 것인데 계 18:17 그러한 부가 일 시간에 망하였도다. 각 선장과 각처를 다
니는 선객들과 선인들과 바다에서 일하는 자들이 멀리 서서 계 18:18 그 불붙
는 연기를 보고 외쳐 가로되 이 큰 성과 같은 성이 어디 있느뇨 하며 계 18:19
티끌을 자기 머리에 뿌리고 울고 애통하여 외쳐 가로되 화 있도다 화 있도다
이 큰 성이여 바다에서 배 부리는 모든 자들이 너의 보배로운 상품을 인하여
치부하였더니 일 시간에 망하였도다

전 세계를 리드하고 있는 서방선진7개국, 미국, 영국, 독일, 프랑스, 일본, 이탈리아, 캐나다, 그들만 놀라는 것이 아니라 그들과 더불어 음행하고 사치하던 다른 나라 왕들까지 울면서 가슴을 치게 될 것이라고 한다. 호주, 뉴질랜드, 아일랜드, 더불어 유럽의 나토 회원국들이 모두 그 고난으로 인해 두려움을 떨게 될 것이다. 다른 나라 걱정할 것 없이 당장 우리나라 한국은 여기서 자유로울까? 하지만 지금 「계시록」 18장은 사실 도저히 믿기지 않는 정말 놀라운 사건을 예고해주고 있는 것이다. 여러 바다에 걸쳐 펼쳐진 그들의 광대한 세력, 온 세상을 지배하면서 부귀와 영화를 누리며, 그 누구보다도 부강하고 강성한 그들이, 마

치 거짓말같이 어느 한 순간에 모두 망하게 된다는 것이다. 도저히 납득이 안가는 이러한 사건에 대해, 우리의 예언자가 남겨준 4행시 하나를 참고해보면, 조금은 더 수긍이 될 수 있을지도 모르겠다.

Nostradamus prophecy: 전조 40. 6월

한 집의 일곱이 죽음의 추격을 당해
우박, 폭풍우, 악취 나는 역병, 분노를 겪으리라.
동방의 왕과 서방의 왕은 모두 도망을 치리니
과거의 정복자들이 무릎을 꿇으리라.

여기서 한 집의 일곱이란 장 샤를의 주장처럼 G-7을 말하는 듯한데, 전후문맥상으로 볼 때 "7개의 국가"라기 보다는 그들 서방선진 7개국의 "일곱 수장들"을 지칭하는 듯하다. 그리고 여러 재앙들 중 특히 우박이란 단어가 맨 앞장을 서고 있는데, 「계시록」 16:21에서 등장했던 , "또 중수가 한 달란트나 되는 큰 우박이 하늘로부터 사람들에게 내리매 사람들이 그 박재로 인하여 하나님을 훼방하니 그 재앙이 심히 큼 이러라", 바로 이 구절을 말하는 것으로 보인다. 따라서 우리는 「계시록」 16:21에서 예언된 우박의 재앙을 가장 극심하게 겪게 되는 곳이 바로 G-7 국가들임을 짐작해볼 수 있게 되는데, 더 최악인 것은 재앙이 거기서 그치지 않는다는 것이다. 이어서 그들은 사상 최악의 지독한 폭풍우의 재난을 겪게 될 것이고, 악취 나는 전염병에 직면하게 될 것이다. 그리고 삽시간에 온 사방으로 퍼져나가는 치명적인 역병, 거기에 전혀 대처하지 못하는 무능력한 정부, 곧 이어 정부의 수장들을 향한 국민적 분노와 저항에 직면하게 될 것이고, 그들을 도와줄 수 있는 것은 더

이상 아무것도 없게 될 것이다. 결국 그들은 꽉 막힌 사면초가의 현실을 도피하기 위해 제각기 1호기에 올라타는 운명에 처하게 될 것인데, 그러나 하늘로 올라간 그들을 기다리고 있는 건 **"먹잇감을 발견한 사나운 매"**, 바로 그것일 것이다. 도망가는 동양의 왕은 일본 수상, 서양의 왕은 미국 대통령, 영국 수상, 캐나다 수상, 독일 수상, 프랑스 대통령, 이탈리아 대통령, 그들일 것이다. 곧 이어 전 세계 곳곳에서 먹잇감을 발견한 적기로부터의 끈질긴 공중 추격전이 벌어지게 될 것이고, 그들의 1호기들은 모두 미사일 공격을 받아 공중에서 허망한 최후를 맞이하는 운명에 처하게 될 것이다. 이렇게 해서 한때 온 세계를 정복했던 정복자들의 비참한 종지부, 그것이 마침내 오고야 말 것이다.

계 18:20 하늘과 성도들과 사도들과 선지자들아 그를 인하여 즐거워하라 하나님이 너희를 신원하시는 심판을 그에게 하셨음이라 하더라 계 18:21 이에 한 힘센 천사가 큰 맷돌 같은 돌을 들어 바다에 던져 가로되 큰 성 바벨론이 이같이 몹시 떨어져 결코 다시 보이지 아니하리로다 계 18:22 또 거문고 타는 자와 풍류하는 자와 퉁소 부는 자와 나팔 부는 자들의 소리가 결코 다시 네 가운데서 들리지 아니하고 물론 어떠한 세공업자든지 결코 다시 네 가운데서 보이지 아니하고 또 맷돌 소리가 다시 네 가운데서 들리지 아니하고 계 18:23 등불 빛이 결코 다시 네 가운데서 비취지 아니하고 신랑과 신부의 음성이 결코 다시 네 가운데서 들리지 아니하리로다 너의 상고들은 땅의 왕족들이라 네 복술을 인하여 만국이 미혹되었도다 계 18:24 선지자들과 성도들과 및 땅 위에서 죽임을 당한 모든 자의 피가 이 성중에서 보였느니라 하더라

앞선 과학 기술을 바탕으로 번영을 구가하던 자본주의 사회, 한 손에

는 성경책을 들고서 독실한 하나님의 자녀인 체 하면서 다른 한 손에는 핵무기를 믿고 온갖 횡포를 부리면서 만국을 미혹했던 그 음녀가 마침내 무너지고 만다. 계 18:23의 상황을 가장 단적으로 연상해주도록 서술되어 있는 4행시 하나를 준비해보았다.

Nostradamus prophecy: Quatrain 10, 98

For the merry maid the bright splendor
Will shine no longer, for long will she be without salt:
With merchants, bullies, wolves odious,
All confusion universal monster.

명랑한 아가씨의 밝은 광채는
더 이상 빛나지 않으리라.
상인들, 괴롭힘들, 미운 늑대들과 함께 오랫동안 소금조차 없으리라.
모든 혼란 카오스, 우주의 괴물

명랑한 처녀의 밝은 광채가 빛을 잃었다는 것은 더 이상 화장품은 고사하고, 비누, 치약, 샴푸, 향수와 같은 생필품조차도 구하기 어려운 환경임을 시사한다. 뿐만 아니라 가장 기본적인 양념인 소금, 설탕, 후추조차도 구할 수 없다. 게다가 그녀의 주위에는 온통 미운 늑대와 괴롭히는 짐승들만 득실거린다. 그녀의 우주에는 질서와 조화라고는 눈을 씻고 찾으려야 찾아볼 수가 없고, 웬 듣도 보도 못한 괴물 녀석이 하나 나와서 세상 전체를 제 맘대로 좌지우지하며 설쳐대는데, 그 어느 것 하나 이치에 맞는 것이 없이 억지를 부리며, 눈살을 찌푸리게 만든다.

계시록 19장

계 19:1 이 일 후에 내가 들으니 하늘에 허다한 무리의 큰 음성 같은 것이 있어 가로되 할렐루야 구원과 영광과 능력이 우리 하나님께 있도다 계 19:2 그의 심판은 참되고 의로운지라 음행으로 땅을 더럽게 한 큰 음녀를 심판하사 자기 종들의 피를 그의 손에 갚으셨도다 하고 계 19:3 두 번째 가로되 할렐루야 하더니 그 연기가 세세토록 올라가더라 계 19:4 또 이십 사 장로와 네 생물이 엎드려 보좌에 앉으신 하나님께 경배하여 가로되 아멘 할렐루야 하니 계 19:5 보좌에서 음성이 나서 가로되 하나님의 종들 곧 그를 경외하는 너희들아 무론대소하고 다 우리 하나님께 찬송하라 계 19:6 또 내가 들으니 허다한 무리의 음성도 같고 많은 물소리도 같고 큰 뇌성도 같아서 가로되 할렐루야 주 우리 하나님 곧 전능하신 이가 통치하시도다

세상을 속이고 욕심을 부리던 자들이 드디어 심판 받은 것이다. 그 후에 하늘에서 드디어 하나님의 심판이 정당하고 의롭다고 하는 찬송이 울려 퍼지는 것이다. 천사들과 허다한 무리들과 24장로와 4생물이 모두 하나님을 경배하며 찬송하는 장면이 나온다. 그런데 노래의 가사 중에 특별히 하나님의 심판의 의로움과 음녀의 심판에 대하여 언급되어 있다. 「계시록」 예언의 핵심은 하나님의 참된 백성이 누구이며 그들의 특징은 무엇인가에 대하여 말해주는 것이라 하겠다. 이제 온 하늘이, 천사들, 이십사 장로들, 네 생물들이 다 함께 합창하며, 악이 끝나고 드디어 하나님이 통치하시게 됨을 찬양한다. 속이는 자들의 기만이 다

드러나고 악인들이 심판 받았다. 모든 피조물들의 마음속에서 섬길 자를 택하는 일이 끝났고, 이제는 더 이상 하나님을 향한 의심이 없어졌다. 이제야 아무런 방해 없이 온 우주를 온전히 다스리실 수 있게 된 것이다. 그러니 얼마나 기쁘겠는가! 그래서 더 이상 반역이 없고, 의심과 비난이 영원히 사라졌다고 찬양하는 것이다. 그리고 한 가지 중요한 사실을 공표한다. 드디어 어린 양의 신부가 준비되었다고…

계 19:7 우리가 즐거워하고 크게 기뻐하여 그에게 영광을 돌리세 어린양의 혼인 기약이 이르렀고 그 아내가 예비하였으니 계 19:8 그에게 허락하사 빛나고 깨끗한 세마포를 입게 하셨은 즉, 이 세마포는 성도들의 옳은 행실이로다 하더라 계 19:9 천사가 내게 말하기를 기록하라 어린 양의 혼인 잔치에 청함을 입은 자들이 복이 있도다 하고 또 내게 말하되 이것은 하나님의 참되신 말씀이라 하기로 계 19:10 내가 그 발 앞에 엎드려 경배하려 하니 그가 나더러 말하기를 나는 너와 및 예수의 증거를 받은 네 형제들과 같이 된 종이니 삼가 그리하지 말고 오직 하나님께 경배하라 예수의 증거는 대언의 영이라 하더라 계 19:11 또 내가 하늘이 열린 것을 보니 보라 백마와 탄 자가 있으니 그 이름은 충신과 진실이라 그가 공의로 심판하며 싸우더라 계 19:12 그 눈이 불꽃같고 그 머리에 많은 면류관이 있고 또 이름 쓴 것이 하나가 있으니 자기 밖에 아는 자가 없고 계 19:13 또 그가 피 뿌린 옷을 입었는데 그 이름은 하나님의 말씀이라 칭하더라 계 19:14 하늘에 있는 군대들이 희고 깨끗한 세마포를 입고 백마를 타고 그를 따르더라 계 19:15 그의 입에서 이한 검이 나오니 그것으로 만국을 치겠고 친히 저희를 철장으로 다스리며 또 친히 하나님 곧 전능하신 이의 맹렬한 진노의 포도주 틀을 밟겠고 계 19:16 그 옷과 그 다리에 이름 쓴 것이 있으니 만왕의 왕이요 만주의 주라 하였더라

이제 어린 양의 혼인 잔치가 시작된다. 성서는 지금 하늘에서 새 예루살렘 즉, 하나님의 교회와 결혼식을 거행하고 있다고 표현하고 있다. 유대인들의 전통을 보면, 신랑이 혼인예식을 위한 사전 절차를 마치고 잔치를 위하여 신부와 들러리들을 데리러 신부의 집으로 갔다. 그 때 신부의 집 앞에서 등잔불을 들고 서서 신랑이 신부를 데리러 오기를 기다리고 있는 자들이 바로 열 처녀였다. 그런데 열 처녀 중 미련한 다섯 처녀는 등잔은 있으나 기름이 없었다. 다른 그릇에 기름을 준비하지 않았던 것이다. 여기서 기름은 성령을 상징한다. 신랑이 오는 일이 지연되었을 때 문제가 생겼다. 그들은 진리의 등잔을 가졌지만, 성령으로 그 진리의 말씀이 불타도록 할 수가 없었다. 신랑이 살 집을 준비하고 있는 동안, 신부는 자신을 준비하여야 했던 것처럼, 우리는 지금 우리의 마음을 준비하여야 한다. 계 19:10에서 예수의 증거는 대언의 영이라고 한다. 계 12:17에선 남은 무리는 "예수의 증거를 가진 자"들이라고 했다. "예수의 증거"란 무엇인가? 계 1:2에서는, "예수 그리스도의 증거, 곧 자기의 본 것"이라고 하였고 계 1:3에선 "이 예언의 말씀"이라고 하였다. 그러므로 예수의 증거란 요한이 본 계시, 곧 계시로 예언된 바를 가리킨다. 즉, 지금 이 「계시록」이 바로 그것이다. 따라서 우리는 여기 「계시록」에 계시된 바를 깨우쳐 알아야 한다. 계 19:11에서 하늘이 열리고 백마를 탄 자가 나온다고 한다. 그런데 그 이름이 충신과 진실인 것으로 미루어 그분은 약속된 메시아이다. 그리고 그 뒤를 따르는 하늘 군대들이 모두 흰 세마포를 입고 있다. 앞에서 큰 음녀에 대한 심판을 붉은 짐승을 통하여 완수하였었고, 지금 하늘 군대를 동반한 메시아가 붉은 짐승에 대한 심판을 도모하고 있다.

계 19:17 또 내가 보니 한 천사가 해에 서서 공중에 나는 모든 새를 향하여 큰 음성으로 외쳐 가로되 와서 하나님의 큰 잔치에 모여 계 19:18 왕들의 고기와 장군들의 고기와 장사들의 고기와 말들과 그 탄 자들의 고기와 자유로운 자들이나 종들이나 무론대소하고 모든 자의 고기를 먹으라 하더라

지금 「계시록」 19장에서는 두 가지 잔치가 열린다. 그 하나는 어린 양의 혼인 잔치였고, 지금 벌어지는 또 다른 하나는 새들의 잔치이다. 새들의 잔치는 붉은 짐승과 그를 따르는 자들이 모두 멸망하고 그 시체를 새들과 들짐승들이 먹는 것이다. 지금 이 대목에 대해 「에스겔」 39장에서 이르기를 장차 "하몬곡"이라 명명될 곳에 시체들이 넘쳐서 일곱 달 동안 장사지낼 거라고 한다. 바로 그 넘치는 시체들이 모두 새들과 각종 들짐승들의 잔칫상이 되는 것이다.

[4] 너와 네 모든 떼와 너와 함께한 백성이 다 이스라엘 산에 엎드러지리라 내가 너를 각종 움키는 새와 들짐승에게 붙여 먹게 하리니,
[11] 그 날에 내가 곡을 위하여 이스라엘 땅 곧 바다 동편 사람의 통행하는 골짜기를 매장지로 주리니 통행하던 것이 막힐 것이라 사람이 거기서 곡과 그 모든 무리를 장사하고 그 이름을 하몬곡의 골짜기라 일컬으리라.
[12] 이스라엘 족속이 일곱 달 동안에 그들을 장사하여 그 땅을 정결케 할 것이라.
[17] 너 인자야 나 주 여호와가 말하노라 너는 각종 새와 들의 각종 짐승에게 이르기를 너희는 모여 오라 내가 너희를 위한 잔치 곧 이스라엘 산

위에 예비한 큰 잔치로 너희는 사방에서 모여서 고기를 먹으며 피를 마
실지어다

[18] 너희가 용사의 고기를 먹으며 세상 왕들의 피를 마시기를 바산의 살진
짐승 곧 숫양이나 어린 양이나 염소나 수송아지를 먹듯 할지라.

[19] 내가 너희를 위하여 예비한 잔치의 기름을 너희가 배불리 먹으며 그 피
를 취토록 마시되

[20] 내 상에서 말과 기병과 용사와 모든 군사를 배불리 먹을지니라 하라. 나
주 여호와의 말이니라.

상기의 문맥으로 보아 하몬곡이란 이름을 가진 골짜기는 아직 존재하지 않을 것이다. 그리고 장차 그곳에서 허망하게 죽은 수많은 육신들과 함께 새들과 들짐승들의 큰 잔치가 한바탕 벌어진다고 한다. 지금 여기 「에스겔」과 「계시록」에 기록된 바를 읽고, 전 세계 모든 사람들은 그날을 당하여 무슨 일이 있더라도 절대로 예루살렘 근처에는 얼씬도 하지 말았으면 한다. 결코 좋은 일이 기다리고 있지 않을 것이니 말이다.

계 19:19 또 내가 보매 그 짐승과 땅의 임금들과 그 군대들이 모여 그 말 탄자와 그의 군대로 더불어 전쟁을 일으키다가

여기서의 짐승은 붉은 짐승 러시아를 말한다. 러시아는 G-7을 모두 불로 살라 버리고, 사실상 이제 전 세계에서 그를 대적할 자가 없게 될 것이니, 사실상 세계의 왕이 된다. 그리고 그가 불러 모은 땅의 임금들은 동쪽에서 온 왕들을 의미하고, 바로 이란을 비롯한 여러 아랍 제국들일 것이다. 이제 그들에게 주어진 공동 목표는 눈에 가시와 같이

성가시게 남아있는 이스라엘을 뿌리 채 뽑아버리고 그 땅을 나눠먹는 일 뿐이다.

계 19:20 짐승이 잡히고 그 앞에서 이적을 행하던 거짓선지자도 함께 잡혔으니 이는 짐승의 표를 받고 그의 우상에게 경배하던 자들을 이적으로 미혹하던 자라 이 둘이 산 채로 유황불 붙는 못에 던지우고

그런데 놀라운 일이 일어난다. "눈에 가시"와 같았던 미국과 유럽을 모조리 제압해버리고 그의 오랜 숙원이었던 바, 이제 드디어 지구의 주인이 되었다고 생각하고 있던 러시아가 어이없게도 마지막 전쟁에서 허망하게 꼬꾸라지는 엄청난 이변이 일어난다. 미국을 비롯한 G-7조차 상대가 되지 않았었는데, 과연 어떤 존재가 그를 패퇴시키고 그것도 모자라 그를 사로잡아버릴 수가 있을 것인가? 성서의 신비가 바로 여기에 있다. 상상도 할 수 없는 신비로운 기적이 실제로 일어나게 되고, 그 결과 붉은 짐승만 잡히는 것이 아니라, 거짓으로 이적을 행하던 거짓선지자와 그의 잔존 세력들까지 사로 잡혀서 모두 유황불이 활활 타오르고 있는 못 속으로 던져지게 될 것이다. 여기서 유황불이 의미하는 바는 바로 아랍국들이 보유한 석유 유전들이 모두 불에 타게 될 것임을 암시하고 있는 듯하다.

계 19:21 그 나머지는 말 탄 자의 입으로 나오는 검에 죽으매 모든 새가 그 고기로 배불리우더라

러시아를 따르던 나머지 잔당들도 모두 죽게 된다. 『성경』에서는 이 때에 벌어지는 일의 양상에 대해서도 자세히 기술해놓고 있다. 「에스겔」 38장에 의하면 그들이 패배하는 결정적인 이유는 사상초유의 큰 지진을 동반한 엄청난 천재지변이 그 원인이란 것을 알려준다.

[17] 나 주 여호와가 말하노라 내가 옛적에 내 종 이스라엘 선지자들을 빙자하여 말한 사람이 네가 아니냐 그들이 그 때에 여러 해 동안 예언하기를 내가 너를 이끌어다가 그들을 치게 하리라 하였느니라 하셨다 하라

[18] 나 주 여호와가 말하노라 그 날에 곡이 이스라엘 땅을 치러 오면 내 노가 내 얼굴에 나타나리라.

[19] 내가 투기와 맹렬한 노로 말하였거니와 그 날에 큰 지진이 이스라엘 땅에 일어나서

[20] 바다의 고기들과 공중 새들과 들짐승들과 땅에 기는 모든 벌레와 지면에 있는 모든 사람이 내 앞에서 떨 것이며 모든 산이 무너지며 절벽이 떨어지며 모든 성벽이 땅에 무너지리라.

[21] 나 주 여호와가 말하노라 내가 내 모든 산 중에서 그를 칠 칼을 부르리니 각 사람의 칼이 그 형제를 칠 것이며

[22] 내가 또 온역과 피로 그를 국문하며 쏟아지는 폭우와 큰 우박덩이와 불과 유황으로 그와 그 모든 떼와 그 함께한 많은 백성에게 비를 내리듯 하리라.

[23] 이와 같이 내가 여러 나라의 눈에 내 존대함과 내 거룩함을 나타내어 나를 알게 하리니 그들이 나를 여호와인 줄 알리라.

모든 산이 무너져 내리고 모든 성벽이 무너져 내리는 엄청나게 큰 지진이 있을 것이며, 더불어 많은 인명을 앗아갈 유행성 독감이 있을 것이다. 또한 우박을 동반된 폭우가 쏟아질 것이고, 유황불이 머리 위로 비 오듯 쏟아져 내릴 것이다. 또한 이때에 벌어지는 일에 대해 「스가랴」 14:4~5에는 이렇게 기술되어 있다.

"그 날에 그의 발이 예루살렘 앞 곧 동편 감람산에 서실 것이요. 감람산은 그 한가운데가 동서로 갈라져 매우 큰 골짜기가 되어서 산 절반은 북으로, 절반은 남으로 옮기고, 그 산 골짜기는 아셀까지 미칠 지라. 너희가 그의 산골짜기로 도망하되, 유다 왕 웃시야 때에 지진을 피하여 도망하던 것 같이 하리라. 나의 하나님 여호와께서 임하실 것이요. 모든 거룩한 자가 주와 함께하리라."

지금 여기서 말하는 "감람산"은 지도에서의 "올리브 산"을 말한다. 그곳은 예로부터 감람나무가 무성하였다. 4개의 봉우리를 가진 조그마한 언덕으로, 가장 높은 봉우리가 해발 약 815m 정도인 이 산은 예루살렘 동쪽, 기드론 계곡 건너편에 있다. 「누가복음」 21:37에서는 "예수께서

낮이면 성전에서 가르치시고 밤이면 나가 감람원이라 하는 산에서 쉬시니" 라고 하여 예수가 밤에 휴식을 취했던 곳임을 알 수 있다. 예루살렘 보다 약 90m 높기 때문에 예루살렘 전체가 한눈에 들어오는 곳이다. 예수가 활동하던 당시에는 나무가 우거져 있었으나, 서기 1세기경에 숲이 다 망가졌다. 유대인들은 죽은 자들이 감람산 위에서 부활할 것이라고 믿고 있으며, 그런 까닭에 예부터 이곳 감람산은 무덤 지역으로 자리 잡았다. 「스가랴」에 의하면 마지막 때, 이 감람산이 큰 지진으로 인해 양쪽으로 갈라지게 되고, 유대인들이 그 골짜기 쪽으로 피신을 가게 될 것이라고 얘기해주고 있다.

계시록 20장

계 20:1 또 내가 보매 천사가 무저갱 열쇠와 큰 쇠사슬을 그 손에 가지고 하늘로서 내려와서 계 20:2 용을 잡으니 곧 옛 뱀이요 마귀요 사단이라 잡아 일천 년 동안 결박하여 계 20:3 무저갱에 던져 잠그고 그 위에 인봉하여 천 년이 차도록 다시는 만국을 미혹하지 못하게 하였다가 그 후에는 반드시 잠깐 놓이리라. 계 20:4 또 내가 보좌들을 보니 거기 앉은 자들이 있어 심판하는 권세를 받았더라. 또 내가 보니 예수의 증거와 하나님의 말씀을 인하여 목 베임을 받은 자의 영혼들과 또 짐승과 그의 우상에게 경배 하지도 아니하고 이마와 손에 그의 표를 받지도 아니한 자들이 살아서 그리스도로 더불어 천년 동안 노릇하니 계 20:5 (그 나머지 죽은 자들은 그 천년이 차기까지 살지 못하더라) 이는 첫째 부활이라 계 20:6 이 첫째 부활에 참예하는 자들은 복이 있고 거룩하도다. 둘째 사망이 그들을 다스리는 권세가 없고 도리어 그들이 하나님과 그리스도의 제사장이 되어 천년 동안 그리스도로 더불어 왕노릇 하리라 계 20:7 천년이 차매 사단이 그 옥에서 놓여 계 20:8 나와서 땅의 사방 백성 곧 곡과 마곡을 미혹하고 모아 싸움을 붙이리니 그 수가 바다 모래 같으리라 계 20:9 저희가 지면에 널리 퍼져 성도들의 진과 사랑하시는 성을 두르매 하늘에서 불이 내려와 저희를 소멸하고 계 20:10 또 저희를 미혹하는 마귀가 불과 유황 못에 던지우니 거기는 그 짐승과 거짓선지자도 있어 세세토록 밤낮 괴로움을 받으리라 계 20:11 또 내가 크고 흰 보좌와 그 위에 앉으신 자를 보니 땅과 하늘이 그 앞에서 피하여 간데없더라 계 20:12 또 내가 보니 죽은 자들이 무론대소하고 그 보좌 앞에 섰는데 책들이 펴 있고 또 다른 책이 펴졌으니 곧 생명책이라 죽은 자들이 자기 행위를 따라 책들에 기록된 대로 심판을 받으니 계 20:13 바다가 그 가운데서 죽은 자들을 내어주고 또 사망과 음부도 그 가운데서 죽은 자들을 내어주매 각 사람이 자기의 행위대로 심판을 받고 계 20:14 사망과 음부도 불 못에 던지우니 이것은 둘째 사망 곧 불 못이라 계 20:15 누구든지 생명책에 기록되지 못한 자는 불 못에 던지우더라

마침내 오랜 세월동안 교황과 예수회, 그리고 붉은 짐승에게 권세를 주면서 인류를 끊임없이 괴롭혀 오던 바로 그 악의 뿌리 사탄이 결박당하게 된다. 이후 천 년 동안 이 땅에는 평화가 지속될 것이다. 결박당한 사탄이 무저갱에 던져진다고 하는데 무저갱이란 영어로 "Bottomless Pit"이며, "바닥이 없는 혼돈한 구렁텅이"를 의미한다. 그런데 여기서 잠시 성서 예언의 기본 원칙에 대해 생각해보아야 할 문제가 한 가지 있다. 주지하다시피, 성서 예언 상으로 하루가 일 년이 된다는 원칙이 있다. 그렇다면 상기 계 20:3에서 명시된 천 년이란 숫자를 어떻게 받아들여야 하는가?

① 문자 그대로, 천 년이라고 받아들여야 한다.
② 일 년 360일이므로, 천 년은 360,000일이다. 따라서 36만년이라고 받아들여야 한다.

이에 대해선 그동안 크게 논의된 바가 없었던 것 같지만, 이제부터는 서서히 논의가 되어야 할 듯하다. 아무튼 천 년 동안 평화가 지속되면서, 그동안 핍박받고 박해받던 이들이 천 년 왕국에서 왕 노릇하면서 영화를 누리게 된다고 한다. 하지만 『성경』은 그러한 천 년이 지나고 다시 사탄이 잠시 풀려나게 될 것을 예고하고 있다. 아마도 그때 사탄이 다시 풀려나면서 악인들이 함께 부활하는 것으로 보인다. 그리고

다시 한 번 전쟁이 일어난다고 알려주고 있는 듯한데, 사탄이 가는 곳에는 늘 전쟁이 따라다닌다. 어찌하여 사탄이 한 번 더 풀려나는 것인가? 이 또한 『성경』의 신비가 아닐 수 없다. 사탄이 부활한 악인들을 모아, 예루살렘 성을 공격할 때에 드디어 하늘에서 불이 내려와 그들을 삼켜 버리게 되는데, 이것이 바로 최후의 유황불 형벌이다. 이때 모든 죄악의 근원인 사탄 역시 유황불의 형벌을 받아 불타서 없어지게 된다. 계 20:12에 생명책이 등장하고, 죽은 자들이 책들에 기록된 대로 심판을 받는다. 바다에서도 죽은 자들이 나와 심판을 받고, 사망과 음부에서도 죽은 자들이 나와 심판을 받는데, 생명책에 기록되지 못한 자들은 결국 생명책에 기록되지 못한 자들은 불 못으로 던져지고 만다. 진정한 최후의 심판을 받게 되는 것이다.

동방의 빛

4

1. 땅에서 나온 짐승

종말을 향해 치닫고 있는 작금에 즈음하여 우리가 특히 땅에서 나온 짐승을 더욱 더 유심히 살펴야 되는 이유는 바로 계 13:13~17 때문이다. 장차 이 짐승이 사람들 앞에서 이적을 행하는 거짓선지자가 될 것이고, 말하는 우상을 만들어 사람들로 하여금 그 우상에게 경배하도록 강요할 것이고, 경배하지 않는 자들을 모두 죽일 것이며, 모든 자들에게 오른손이나 이마에 표를 받게 한다고 예고되어 있다. 종말의 시기에 벌어질 이러한 여러 활약상만 놓고 보면, 오히려 바다에서 나온 짐승의 활약상을 크게 능가하는 것으로 여겨지고 있다. 따라서 이 짐승의 본성을 제대로 간파해놓을 필요가 있는 것이다. 더불어 세상이 마지막을 향해 조용히 질주하는 지금 가장 주목해보아야 할 것이 바로 "New World Order"라는 구호이고, 그 구호를 외치고 다니는 자들이 누군지를 유심히 살펴야 한다. 바로 그 자들이야말로 모두 땅에서 나온 짐승들이다. 사실 필자도 세간에 예수회, 프리메이슨, 일루미나티에 대한 수많은 스캔들(추문)이 떠돌고 있었음에도 불구하고, 그들이 나의 일과는 무관하다고 대수롭지 않게 여기고 말았었고, 더욱이 이들을 땅에서 나온 짐승과 연관지어보는 것에 대해선 추호도 고려해본 적이 없었던 바였다. 전술했던 바와 같이 그러다가 한순간 화들짝 놀라게 되었던 계기는 바로 노스트라다무스의 그림 예언이었다. 하늘에 떠있는 방주에 걸려있던 표식, 그리고 비로소 확정을 지을 수 있게 된 것이다. 그들을 땅의 짐승으로 규정

짓고 보니, 모든 것들이 실타래 풀려나가듯이 풀리는 것을 절감할 수 있게 되었고, 비로소 오리무중의 긴 터널을 완전히 벗어날 수 있게 되었다. 그리고 모든 것이 확연해지는 광명을 볼 수 있게 된 것이다. 이 모든 것이 하늘의 뜻이라 여기고 있다.

예수회 창립

1534년 8월 15일 "성모승천축일"에 몽마르트의 노트르담 사원에서 예수회가 처음 조직되었다. 당시 44세의 "로욜라"는 동지들과 함께 베니스에서 선교활동을 하였으나 종교재판소의 제지를 받았다. 그러나 예수회가 교황청에 대한 절대적인 복종을 맹세하자 1540년 교황 바오로3세의 승인을 얻게 된다. 이로써 예수회는 선교, 고해성사, 설교, 자선사업 등의 권한을 받게 된다. 1546년 예수회 사제가 교황청 신학자 자격으로 트렌트 종교회의에 참석한다. 교황청은 예수회를 정치적인 도구로 이용하려고 했고, 예수회는 이에 부응하여 맡은 소임을 열성적으로 완수했기 때문에 신임을 얻어 점차 세력을 넓히게 된다. 예수회 회원인 라네즈와 모론 추기경은 트렌트 종교회의에서 교황의 무오성을 주장하여 교황청의 권위를 높였고, 사제들의 결혼과 자국어 예배, 교황제도의 개선을 요구하는 개혁파의 주장을 교묘한 책략과 논법으로 일축시켜 바오로3세로부터 '교회의 수호자'라는 칭호를 받게 된다. 예수회는 해외 선교에도 힘을 써 정신적 지도자로 성장한다. 예수회는 바티칸이 세계를 지배할 수 있도록 각국의 지도자를 포섭한다. 이를 위해 지도층에 대한 권위 있는 고해성사를 주관하고, 고위층 자녀에 대한 교육을 담당한다. 무섭게 성장하는 예수회의 세력에 당황한 교황청은 예수회 회원을 60명으로 제한하기도 했지만 이러한 조치는 오래가지 못했고, 1556년 로욜라가 사망할 당시에는 전 세계에 뿌리를 내리게 된다.

"오, 교회가 내가 보는 흰색이 검다고 정한다면 나는 그렇게 믿을 것이다."

이는 로욜라가 한 말이다. 창설 목적부터가 이미 가톨릭이 세계를 지배할 수 있도록 모든 활동을 전개하는 조직이었다. 이를 위해 교황의 강력한 독제체제를 수호하고, 각국이 교황에게 충성을 다할 수 있도록 수단과 방법을 가리지 않았는데, 포섭, 음모, 선전, 선동, 교육, 선교, 등이 모두 동원되었다. 1835년 사무엘 모스가 이르기를,

"그런데 이 요원들은 누구인가? 이들은 대부분 예수회인데, 이들은 로마 교회의 조직으로서 교활한 이중성과 완전히 도덕적 원칙을 상실한 것으로 세계적으로 유명하다. 이 조직은 기만술을 예술로 승화시켜 심지어 가톨릭 국가들에서도, 그리고 이탈리아 본국에서도 이들을 감당할 수 없어서 사람들은 이 조직을 탄압해야 했다."

라고 말하게 될 정도로, 그들의 사악한 행동들은 결국 유럽의 거의 모든 국가로부터 추방당하는 사태를 초래한다.

여섯 계급의 조직

Novices(초신자), Scholastics(수학생), Coadjustors(보좌주교), Temporal(교구주교), professed of the three vows(3가지 맹세한 자), Professed of the four vows(4 가지 맹세한 자)가 있다. 마지막 상위 두 계급은 예수회의 운영과 간부 임명에 참여할 수 있다. 그리고 네 가지 맹세한 자의 마지막 네 번째 맹세는 교황에게 절대적으로 복종한다는 특별한 충성의 다짐이었으며, 교황이 명령하면 어떤 일이든지, 어느 장소든지 가야하고 의문을 제기해도 안 되었다. 그러나 대부분의 명령들은 막강한 권한을 가진 예수회 수장에 의해 내려졌다. 예수회의 우두머리는 실질적인 총사령관으로서 장군(General)이라 불렸다. 예수회의 이와 같은 조직체계에 대해 몬톨론 장군은 이렇게 말한다.

> "예수회는 종교 단체가 아니라 군대조직이다. 이 조직의 목적은 권력이다. 가장 전제적으로 행사되는 절대권력, 우주적 권력, 한 사람의 의사에 따라 전 세계를 통치하는 권력이다. 예수회 사상은 가장 절대적이고 전제적이다. 그리고 가장 거대하고 엄청난 악이다."

예수회 총재인 라네즈와 살메론은 예수회 총칙을 만들어 한번 부임하면 죽을 때까지 재임할 수 있게 만들었다. 장군에게 주어진 권한 중의 하나는 지원자를 비밀리에 받아들여 입회식을 거행하는 것이었다. 예수회의 법규에 의하면 수장은 죽을 때까지 로마에 거주해야 하며, 간부들도 직접 임명한다. 임용권과 그가 제시한 의견은 절대적인 것으로 간주되었다. 예수회 총재는 로마 교황청의 훈계자요 대리자며 보좌역으로 불렸고, 이탈리아, 독일, 프랑스, 스페인, 영국, 미국 등에 지회가 설치되었다. 지회에는 총재가 임명한 감독관이 파견되고, 예수회의 재산은 총재가 직접관리하며, 그 책임은 교황만이 물을 수 있었다. 모든 지부의 상관이나 수도원장은 예수회 회원에 관련된 모든 일과 회원들이 다루는 모든 사건을 자신의 상관에게 매주 정기적으로 보고해야만 한다. 그러면 지부장들은 자신이 수집한 자료를 종합하여 수장에게 매월 문서로 보고한다. 또한 예수회의 모든 지부장들은 3개월에 한 번씩 수장에게 직접 보고해야 한다. 이 뿐만 아니라 예수회의 감시와 고발체제는 매우 정교하게 짜여 있어서 과거 수도원에서 공개적으로 잘못을 고발하던 것과는 달리 모든 회원들은 비밀리에 자신의 상관에게 동료들을 고발해야 하며, 그 상관도 지부장이나 수장에게 같은 방법으로 동료들의 잘못을 고발해야 한다. 심지어 수장의 잘못으로 예수회의 목적에 금이 가지 않도록 하기 위해 수장도 조직의 감독을 받았다. 여섯 명으로 구성된 심의회가 수장의 행동을 감시하는데, 심의회는 네 명의 보좌관과 수장의 잘못을 충고하는 충고자, 고해신부로 이루어진다. 이들 중 한 사람은 항상 수장과 함께 회의에 참석해야 하며 수장은 예수회의 허락 없이는 수장직을 그만두거나 다른 성직, 관직을 받아들일 수 없고, 자격정지 당하거나 면직당할 수도 없다. 예수회 사제는 주교의 통제를 받지 않으며, 1545년 교황 바오로3세는 그들에게 사목권, 고해 청취권, 성례식 집행권, 미사 집례권 등을 부여하였다. 그들에게 허용되지 않은 것은 결혼식 주례뿐이었다. 예수회 총재는 강력한 사면권을 가지고 있는데 예수회 회원이 가입하기 전 후에 지은 모든 죄, 이단 죄 등을 사면할 수 있고, 파문당한 자나 성무 금지조치를 받은 자도 충성을 맹세한 자는 사면할 수 있다. 그레고리 13세는 예수회에 교역과 은행거래의 권리를 부여함으로써 경제적 활동도 보장하였다. 교황들은 이들의 권리를 보호하기 위해서 국왕조차 파문하였다. 1574년 피오5세는 칙서를 내려 훗날 교황이 칙서를 내려 예수회의 권한을 축소한다 하더라도 예수회 총재가 이를 회복할 수 있는 권리를 부여하였다. 교황이 이렇게 예수회에 엄청난 특권을 부여한 것은 예수회가 자신에게 절대 충성해 교황을 옹호할 세력이기 때문이었다. 교회 권력이 상당 부분 예수회에 넘어감으로써 교황체제는 예수회에 의존하게 되었으며, 예수회 또한 절대적 교황 권력의 비호 아래 성장함으로써 두 세력은 상호 의존적인 공생관계를 형성하게 된다. 사람들은 흔히 교황을 "White Pope", 예수회 수장은 "Black Pope"이라고 불렀다. 예수회는 겉으로는 교황에게 순종하였으나 자신의 이익과 뜻에 부합하지 않을 경우에는 명령에 복종하지 않았다. 예수회는 교황의 전위부대로서 사회 일선에서 활동하기 위해 정치가, 장성, 판사, 의사, 교수 등 사회 저명인사들을 포섭하였다. 여러 국가의 황제와 귀족 성직자등도 예수회의 회원으로 활동하였고, 기독교 내에도 침투하여 기독교를 사분오열 시킨 다음에 다시 통합해 교황 아래로 편입시키려 하고 있다. 만약 가톨릭을 비판하는 개신교 목사가 있다면 그 교회에 침투해 각종 음해와 공작으로 그 목사의 신뢰를 떨어뜨리고, 결국 교회에서 쫓겨나게 만들었다. 오늘날에는 33,000명이 공식 활동 중이며 이들은 세계 지배를 목표로 불철주야 분주히 활동하고 있다.

가증스러운 훈련

예수회 신부는 세뇌 교육에 의해 상부의 명령에 절대적으로 복종하도록 훈련된다. 그들은 이성과 도덕적 양심마저도 버리고 상부의 명령에 따라 살인도 자행할 태세를 갖추게 된다. 로욜라는

> "총재가 지시하는 것이라면 그 모든 것은 정의로운 것이며 온당한 처사임을 모든 회원은 명심해야 한다."

고 했다. 예수회의 수련은 군대의 훈련과 비슷하며 자기의 판단을 배제한 무조건적인 복종을 교육받는다. 어떠한 의심이나 가치관마저도 죄악시 되는 예수회 회원에게 절대적인 복종은 "자기 굴레로부터의 해방"이라고 칭송되어졌다. 로욜라는 알칼라 대학교에 머물면서 추종자들을 모아 이른바 영혼의 치료라는 것을 행하였다. 사람이 기절할 정도로 격렬했던 신비주의적 영적체험은 당시 대중의 호기심을 자극했고 많은 사람이 모여들었다. 가톨릭신학대학 후버 교수에 의하면

> "로욜라에게 성모 마리아는 가장 중요한 존재이자 종교적 헌신의 근원이었으며, 예수회에 대대로 전수되었다. 예수회의 진정한 종교는 성모 마리아 숭배다"

라고 하였다. 로욜라는 자신이 영성을 훈련할 때 성모 마리아가 영감을 불어넣어 줬다고 확신했고 대대로 전수되었다. 많은 예수회 회원들이 성모 마리아의 환상을 보고, 그녀의 아름다움에 매혹되고, 그녀의 도움을 받으며, 그녀의 품에 안겼다고 한다. 가톨릭 주보에는 '원죄 없이 잉태하신 성모 마리아'란 구호가 적혀 있는데 이는 1845년 피오9세에 의해 교리로 채택되었으며 예수의 신성을 마리아에게까지 확대한 것이다. 예수회는 성모 마리아의 다양한 유품을 만들어냈는데 미카엘 성당에는 마리아의 옷자락, 머리카락, 머리빗 등이 성물로 숭배되고 있다. 그러나 이러한 로욜라의 교육 방식은 한때 크게 이슈가 되면서 가톨릭 재판소는 1527년 4월 로욜라를 구속했고, 고문을 실시했지만 그는 자신이 큰 죄를 짓지 않았다고 주장했다. 결국 로욜라는 일체의 종교집회

를 금지당한 채 석방되었고, 파리의 몽떼이그 대학에 입학했다. 그는 그 곳에서 영적 수련에 관한 소책자를 배포하였고, 라네즈나 살메론과 같은 추종자들이 생겨나기 시작했다. 한번 영적인 힘에 매혹된 사람들은 마약 중독처럼 이를 지속하기 위해 로욜라를 따를 수밖에 없었다. 수련자들은 한 달 동안 로욜라의 지도로 호흡법, 주문, 명상, 울부짖고 고함치는 행동 등을 교육받고 신비체험을 하게 된다. '규칙적인 행위', '규칙적인 걸음', '규칙적으로 반짝이는 불빛', '한 곳만 응시'하는 것 등이었다. 이를 통해 수련자들은 무아지경에 빠지게 되고, 쉽게 접신하거나 유체이탈 등을 경험하게 된다. 이러한 신비 경험에 대한 소문들이 퍼지면서 일련의 수련과정을 자원하는 후보자들이 많이 생겼는데, 그들은 가장 먼저 길고 엄격한 금식을 통해 육체적으로 쇠약한 상태가 되도록 하였다. 그리고 환각을 증강시키기 위해 입회식 전에 환각제를 먹었다. 그 후에 신비적 장치가 구비된 장소를 지나가게 되는데 이곳에는 환영들이 나타나게 하고 죽은 자를 부르는 초혼, 지옥의 불꽃을 상징하는 화염, 해골, 움직이는 뼈, 인공 천둥과 번개들이 장치되어 있는데 이 모든 것은 고대 신비종교의 유산이었다. 만일 입후보자가 조금이라도 공포를 드러내면 그는 계속 하층계급에 머물러 있게 된다. 그러나 이 시험을 잘 통과하면 그는 더 높은 계급으로 올라갈 수 있었다. 두 번째 계급의 입회식 때에는 오랫동안 금식을 한 이후 눈을 가리고 울부짖는 소리와 끔찍한 소리가 들리는 큰 동굴을 통과해야 하는데 이때 그는 이러한 경우를 위해 준비된 기도문을 암송한다. 동굴의 끝에 가까이 가면 좁은 입구를 기어 나와야 하는데 입후보자가 기어 나오는 동안 묶인 헝겊을 누군가 풀어준다. 그가 동굴을 빠져나오면 자신이 사각형의 지하 감옥에 있는 것을 알게 되는데 그 바닥에는 매장할 때 쓰는 천이 깔려있고 세 개의 램프가 움직이도록 장치된 해골과 뼈 주위에 희미한 빛을 비추어주고 있다. 이 동굴은 죽은 자의 영혼을 불러내는 초혼의 동굴이며 '검은 방'이라 불린다. 후보자는 여기서 기도문을 외우는데 그의 모든 행동은 하나하나 감시된다. 만일 그의 행동이 만족스러운 것이면 대천사를 나타내는 두 명이 그 앞에 나타나서 피가 적셔진 흰색 천을 그의 이마에 묶어 준다. 이 천에는 비밀스러운 상형문자가 새겨져 있고, 목에 작은 십자가 형태를 걸어주며, 순교자들의 유골이 든 가방을 그에게 준다. 마지막으로 그들은 후보자의 옷을 모두 벗기어 동굴 구석에 쌓인 장작더미에 던져 놓고 칼로 자기 몸에 작은 십자가를 그어 피가 나오게 한다. 이때에 신비의식을 도울 동료들이 들어와 입후보자 몸 주위에 붉은 천을 둘러준다. 이 천에 피가 스며들면 자신들의 단도를 그의 머리 위에 둥근 원의 형태로 빼어든다. 바닥에 카펫이 깔리고 모두 무릎을 꿇고 앉아서 약 한 시간 정도 기도를 드린 후 장작더미에 불을 붙인다. 그러면 동굴의 안쪽 벽이 열리면서 천사와 유령으로 가장한 사람들이 판토-마임처럼 줄지어 지나간다. 이 광대극이 진행되는 동안 후보자는 다음과 같이 맹세한다.

> "나는 십자가에 못 박힌 그리스도의 이름으로 아직 나와 연관이 있었던 아버지, 어머니, 형제, 자매, 친구들과의 모든 관계를 끊겠다고 맹세합니다. 나는 전에 내가 충성을 맹세한 왕이나 행정장관 혹은 다른 어떤 기관과의 관계도 끊겠습니다. 이 순간 나는 다시 태어났습니다. 나는 새로운 상관이 내가 행하고, 생각하고, 읽고, 배우고, 보는 모든 일을 알기 원합니다. 나는 생명과 의지가 없는 죽은 시체임으로 모든 것을 나의 상관에게 양보합니다. 마지막으로 나는 모든 유혹을 물리칠 것을 맹세하며 내가 어디에 있든지 이 조직과 연결되어 있다는 것을 명심하겠습니다."

이렇게 맹세한 신입회원은 옆방으로 인도되고 목욕을 한 후, 흰 천으로 된 옷을 입고 축하연회에 참석한다. 그리고 그가 겪은 오랜 금식과 공포, 피로를 보상하기 위한 음식과 포도주를 마실 수 있었다. 한편 하부조직 예수회 회원이 지휘부로 승진할 때 수장은 동시에 그에게 단도를 주는데, 그는 칼날을 쥐고 그의 심장을 향하여 칼끝을 겨누고 수장은 여전히 단도의 손잡이를 잡고 있으며 다음과 같이 지원자에게 말한다.

"내 아들아, 너는 이제까지 위선자로 행동하라고 훈련을 받아왔다. 로마가톨릭 내에선 로마가톨릭 신자로, 그리고 심지어 네 자신의 형제들 사이에서도 스파이가 되어라. 누구도 믿지 말고 누구도 신뢰하지 말라. 개혁교도 사이에서는 개혁교도가 되어라. 위그노파 사이에서는 위그노파가 되고, 칼빈주의자들 사이에서는 칼빈주의자가 되고, 개신교도 안에서는 일반적인 개신교도가 되어라. 그리고 그들의 신뢰를 얻어내어 심지어 그들의 강단에서 설교를 할 수 있도록 하고, 전적으로 열정적으로 우리의 거룩한 종교와 교황을 비난하려고 하는 것처럼 하라. 그리고 심지어 유대인 사이에서는 한명의 유대인이 되기까지 변신하라. 그리하면 너는 교황의 충실한 군사로서 너의 예수회 조직에 이로운 모든 정보를 수집할 수 있을 것이다."

"너는 스파이로서의 너의 활동을 명령받았다. 네가 가진 권력 안에서 가능한 모든 정보처로부터 통계자료, 사실들 그리고 정보를 수집하고, 프로테스탄트 회원 그룹들과 모든 계급과 특정한 이교도들의 환심을 얻도록 행동하라. 뿐만 아니라 상인, 은행가, 법률가, 학교들과 대학교들 사이에서, 의회와 입법부, 법원과 주법원 안에서 또한 그렇게 행동하라. 그리고 "모든 사람들에게 모든 방법들"로 행동을 같이 하라. 교황의 종으로서 우리가 죽을 때까지 임무를 수행해야 한다."

그리고 예수회 회원의 최종적 선서는 다음과 같았다고 한다.

"나는 현재, 전능하신 하나님, 은혜로우신 처녀 마리아, 은혜로우신 대천사 미가엘, 은혜로우신 성 세례 요한, 거룩한 사도 성 베드로와 성 바울 그리고 모든 성인과 하늘의 신성한 성체들, 그리고 당신, 나의 영적 아버지, 교황 바오로3세의 재임 중, 이그나티우스 로욜라에 의해 조직되어 현재까지 이르는 예수회의 수장이 참석하신 곳에서, 처녀의 태, 하나님의 어머니, 그리고 예수 그리스도의 징벌의 이름으로 다음과 같이 선서하고 서약한다. 거룩한 교황은 그리스도의 대자리이며 진실한 자요 지구상에서 가톨릭 혹은 우주적 교회의 유일한 머리이다. 그리고 나의 구세주 예수 그리스도에 의해, 거룩한 자, 교황에게 주어진 매고 푸는 열쇠들로 인해 교황은 이교도 왕들과 왕자들 국가들, 연방, 그리고 정부들, 모든 불법적인 것들을 예수 그리스도의 신성한 허락 없이도 파멸시킬 힘을 가지고 있으며 그들을 완전히 멸망시킬 수 있다. 그러므로 할 수 있는 한, 나는 이교의 모든 침입자, 혹은 프로테스탄트 당국이든 무엇이든, 특히 독일, 네덜란드, 덴마크, 스웨덴과 노르웨이의 루터 교회와 영국, 스코틀랜드의 현재의 과장된 권위들과 교회들, 그리고 아일랜드와 미국 대륙과 다른 곳들에 현재 동일하게 세워진 조직들을 대적하는 로마가톨릭 교황의 교리와 그의 거룩한 권리 그리고 유전을 지켜야만 하며, 지킬 것이다. 또한 신성한 로마의 성모교회를 반대하며, 자신들이 침해되었다고 주장하는 모든 이들과 이교도들에 대해서도 대항할 것이다. 나는 지금 프로테스탄트 혹은 자유주의자들의 이름을 딴 나라들, 왕들, 왕자들에 대한 충성 혹은 그들의 법령들, 행정관들, 혹은 사령관들에 대한 복종을 거부하고 그것들을 인정하지 않는다. 나는 더 나아가 선서하기를, 영국, 스코틀랜드의 교회들, 칼빈주의자들, 위그노파들 그리고 프로테스탄트 혹은 자유주의자들이라는 이름의 교리들은 비난받아야 마땅하며 그것들은 스스로 파멸된 것들이며, 그것들을 버리지 않는 자들도 동일하게 비난받아야 한다. 나는 더 나아가 선서한다. 나는 스위스, 독일 네덜란드, 덴마크, 스웨덴, 노르웨이, 영국, 아일랜드, 혹은 미국, 혹은 내가 가게 되는 어느 나라나 아무 영토 안에서, 내가 있는 어느 곳에서든 거룩하신 분 모두, 혹은 그 대리인중 누구라도 협조하고, 협력하며, 조언할 것이며 이교 프로테스탄트들 혹은 자유주의자들의 교리들을 근절시키고, 모든 그들의 위선적 세력들과 왕권들을 파괴하기 위해 전력을 다할 것이다. 나는 더 나아가 서약하고 선서하기를, 내가 제거됨을 무릅쓰고, 어떤 종교가 이교라고 판단될 때, 어머니 교회를 보호하기 위해서, 이교도들이 나를 신뢰하도록, 때때로 비밀을 유지하고, 어머니 교회의 대리인들의 충고들을 은밀하게 간직하며, 상황에 따라, 직접적으로든 혹은 간접적으로든, 대화상으로나, 서면으로나 누설되지 않도록 비밀을 유지하면서 당신, 영적 아버지 혹은 이 신성한 수도회의 누군가가 나에게 지시하거나 명령하거나 제언하는 모든 것들을 실행한다. 나는 더 나아가 서약하고 선언한다. 나는 어떤 나 자신의 의견이나 혹은 어떤 의지도 갖지 않고 혹은 어떠한 심리적 두려움도 품지 않으며, 심지어 시체나 시신처럼, 그리고 주저하지 않고 내가 교황과 예수 그리스도의 군대 상급자들로부터 받은 모든 개개의 명령들을 복종할 것이다. 나는 내가 파송되는 세계의 어느 곳, 북극의 빙하 지역, 아프리카 사막의 불타오르는 모래지역, 혹은 인도의 정글, 유럽 문명지역의 심장부, 혹은 아메리카 야만스런 미개인들의 야생 소굴이라도 갈 것이다. 불평하거나 투덜거림 없이, 그리고 나에게 하달되는 모든 명령들에 복종할 것이다. 나는 더 나아가 서약하고 선서하기를, 나는 기회가 되면 비밀리에 혹은 공개적으로 모든 이교도들, 프로테스탄트들, 자유주의자들과 무자비한 전쟁을 일으키고 싸울 것이다. 지구상에서 그들을 전멸시키고 근절시키라고 지령 받은 것들을 실행함에 있어 나이, 성별 혹은 조건을 가리지 않을 것이다. 그리고 나는 이 악명 높은 이교도들을 목매달고, 불태우고, 쇠약하게하며, 끓여죽이고, 채찍으로 치고, 가죽을 벗기고, 산 채로 매장해 죽일 것이다. 그 여자들의 창자와 자궁을 끄집어내고, 그들의 신생아들의 머리를 벽에 처박아 죽일 것이며, 영원히 혐오스런 그 종족들을 전멸시키기 위해서 그렇게 할 것이다. 공개적으로 이와 같이 할 수 없을 상황에서는 나는 비밀리에 독이 든 컵으로, 목 졸라 죽이는 끈으로, 강철단검으로 혹은 총으로, 이교도들의 사회적 조건이 어떻던, 이교도 개인 혹은 개인들의 명예, 계급, 위엄, 혹은 권위를 고려하지 않고 공개적이나 비밀리에 교황 혹은 거룩한 교회 예수회의 상급자들의 대리인들로부터 명령을 하달 받을 때는 어떤 때에도 즉시 암살해버릴 것이다. 나는 이 자리에서 나의 생명과, 나의 혼과, 모든 나의 힘을 바칠 것을 서약하며, 그 증거로써 내가 지금 받은 이 단도를 가지고 나의 피로써 여기 내 이름을 쓸 것이다. 그리고 내가 거짓이었거나 결정을 내림에 있어서 연약해질 경우 교황 군대의 내 형제들과 동료 군사들은 내 손과, 내 발과, 그리고 귀에서 귀까지 찢어지도록 내 입을 찢으며, 내 목과, 내 배를 째고 그 안에 염산을 넣어 태우고, 지상에서 내릴 수 있는 모든 징벌을 내린다. 그리고 내 영혼은 영원히 지옥에서 사탄에 의해 고통 받으리라! 나는 은혜로우신 성삼위일체와 내가 지금 받아, 실행하고, 신성불가침으로 내 신체의 일부분으로 지켜야할 은혜로우신 성체로 맹세하며, 내가 이 서약을 지킬 것을 진정으로 원한다는 것을 증명하고자 모든 하늘과 영광스러운 하늘의 성체를 이 자리로 초청한다. 여기 증거로 나는 이 거룩하고 은혜로우신 성체를 받고, 나아가 내 자신의 피로써 이 단도의 끝으로 나의 이름을 쓰며 거룩한 수도회의 표면에 봉인한다." (그는 수장으로부터 성체용 빵을 받고 그의 이름을 단도의 끝으로 그 가슴 상처에서 흘러나온 그 피를 적셔서 적는다.) 예수회는 회원들에게 성경도 못 읽게 하고 주입식으로 교리와 사상을 교육한다. 또한 원활한 사회생활을 위해 다양한 학문을 공부하고, 예의범절이나 친절한 에티켓, 화법까지도 교육받는다. 예를 들어 여인들에게 칭찬을 하거나, 생일 선물을 하고, 관심을 표명함으로써 환심을 사는 방법도 교육받는다. 예수회가 돈 많은 미망인에게 접근하는 이유는 정신적으로 제압하거나 수녀원에 보내 재산을 빼앗기 위함이다. 예수회에서 배우는 항목은 다음과 같았다.

① 예수회의 새로운 지부를 세우는 방법
② 국왕이나 왕자 혹은 유명한 인물들과 친분관계를 갖고 유지하는 방법.
③ 정부에 큰 영향력을 가진 인물들과 예수회를 연결시키는 방법
④ 왕이나 유명한 인물의 고해 신부에 대한 정보
⑤ 다른 종교 단체나 성직자들을 관찰하는 방법
⑥ 부유한 과부들을 회유하는 방법
⑦ 과부의 자녀들을 종교적으로 교육시키는 방법
⑧ 예수회가 운영하는 대학 수입의 증가방법
⑨ 예수회 회원이 지켜야할 개인 사생활에서의 기준

⑩ 회원들을 계속 남아있게 하고 회원들 사이의 인간관계를 유지하는 방법
⑪ 젊은이를 예수회에 입소시키는 방법
⑫ 수녀들이나 종교적으로 신실한 여자들에게 대하는 행동이나 규범
⑬ 예수회의 이익을 증진시키는 일반적인 방법들

이렇게 배우는 항목들조차도 하필이면 악마의 수 13 항목이다. 그들은 모든 교육과정이 완료되면 로욜라는 마지막으로 이렇게 훈계했다고 한다.

"마지막으로, 모두 교활한 방법을 동원하여 모든 세상의 통치자, 상류층, 관료를 지배하여 우리의 손짓에 움직이게 하라. 우리의 이점과 이익을 위하여 그들의 가장 가까운 친지들이나 친구들까지도 희생하도록 만들라."

현실 정치 참여

이렇게 철저한 훈련을 통하여 배출되는 예수회 회원들의 이후 활약은 결코 범상한 것이 아니었다. 예수회 회원들은 고해신부의 자격으로서 각국의 상류층에 접근해 정치에 직·간접적인 영향력을 행사했다. 17세기에 신부 나잇하르트는 스페인의 수상이자 종교재판소장으로 정권을 장악했고, 페르난데스 신부는 평의회 의원이었다. 라 셰즈 신부와 그의 후계자들은 프랑스에서 각료직을 맡아 수행하였고, 페트르 신부는 영국의 장관이었다. 그들은 세속적인 것을 좋아하는 대중의 기호에 부응하기 위해 고해소도 편법으로 운영했다. 원래 예수회는 명백한 위

선과 범죄를 각종 변명과 억지로 넘기는 궤변으로 유명하였다. 그들은 고해성사에서 죄를 고백한 여자는 죄가 사해졌기 때문에 간통죄를 범하여도 법정에서 당당히 '아니요!'라고 대답할 수 있다고 가르쳤다. 신부들은 중죄로부터 보호받기 위해 '모호한 용어 사용'이나 '자기변명', 또는 '상대적 진리' 등을 사용하는 수법을 동원했다. 예를 들어 그들은 '수도사나 성직자가 예수회를 비방한다면 살해해도 무방하다.'는 원칙을 가지고 있고, 국왕을 암살하는 일도 경미한 죄로 여겼다. 예수회는 적대자나 탈퇴자를 거리낌 없이 제거할 정당성을 확립해 놓고 있었다. 그들의 궤변 중 하나를 보면 '만일 신부가 여인을 범하였고, 그 여인이 그 사실을 공개한다면 그 신부의 명예는 더럽혀질 것이다. 그렇다면 그 신부는 자신의 명예를 지키기 위하여 그 여인을 살해할 수 있다.' 이와 같이 예수회는 궤변을 통해 자신들의 악행을 선한 행실로 포장했다. 이탈리아에서 예수회는 남부의 나폴리와 북부의 파르마에서 번성하였지만 많은 물의를 일으킨 끝에 1606년 추방당했다. 포르투갈에서 예수회는 정치적인 권력을 장악하고 국정을 좌우하였다. 스페인에서는 나잇하르트라는 예수회 신부가 수상인 동시에 수석 종교 재판장으로 국가의 전권을 행사했다. 국권을 장악한 예수회가 국고를 탕진하자 스페인은 점차 몰락의 길을 걷게 되었다. 개신교도와의 갈등이 심했던 독일에서는 예수회가 독일 남부의 바바리아 정부의 권력을 쥐고 개신교도를 핍박하였다. 침례교도들에게는 추호의 관용도 베풀지 않고 수천 명을 쇠사슬로 묶어 익사시키거나 화형 시켰다. 오스트리아에서도 예수회는 페르디난트 국왕을 통해 끔찍한 방법으로 개신교도를 처형하였다. 헝가리에서는 예수회가 레오폴드 1세를 위시해 개신교도를 핍박하였으나 헝가리 사람이 반기를 들어 물러섰다. 예수회의 활동이 독일

지역에서 초래한 것은 종교전쟁으로 인한 깊은 상처, 무력한 정치, 정신의 타락, 도덕의 부패, 인구의 대량 감소와 독일의 황폐화뿐이었다. 스위스에서 예수회는 17세기에 무리하게 정치적 지배력을 확대하다가 18세기에는 경고를 받고 쫓겨나게 되었다. 예수회는 사회 고위층의 고해신부를 장악했고, 정치인들과 친분을 쌓아나갔다. 1620년 예수회는 가톨릭교도들을 선동하여 개신교도 600명을 학살하였다. 오늘날 스위스 헌법 51조에는 스위스 연방 공화국 내에서 예수회의 어떠한 교육적 문화적 활동을 금지한다고 명시되어 있다. 폴란드의 경우가 가장 심각한데 온건한 역사가조차 폴란드 멸망의 직접적인 원인이 예수회에 있다고 할 정도였다. 폴란드 내에는 수백만의 기독교인이 있었는데 예수회는 이를 허용하지 않고 가톨릭에 충성을 바쳐야 하는 정치의 틀 속에 국민들을 묶어 놓았다. 1558년 엘리자베스 여왕이 왕위에 올랐을 때 영국은 반수가 가톨릭 교도였고, 아일랜드는 완전한 가톨릭 국가였다. 예수회 회원들은 엘리자베스 여왕을 몰아내기 위해 아일랜드에서 반란을 일으켰으나 진압되었다. 그들은 낮에는 설교를 하거나 성찬식을 베풀고, 밤에는 고해성사를 하면서 전국적인 활동을 벌였으나 결국 엘리자베스 여왕에 의해 추방된다. 예수회는 여왕과 성공회에 대한 악성 팸플릿을 비밀리에 제작·배포하다가 발각되었고, 캠피온 신부가 국가 반란죄로 교수형에 처해지게 된다. 또한 스코틀랜드의 제임스 국왕을 끌어들여 에든버러에서 모종의 음모를 꾸몄으나 실패한다. 스페인 무적함대를 통하여 영국을 위협하였으나 영국은 엘리자베스 여왕을 중심으로 단결하여 이를 극복했다. 영국에서의 예수회 세력은 크롬웰의 등장으로 더 큰 힘을 가지게 된 유대세력에 밀리게 되었다. 예수회는 찰스2세를 통해 부흥을 꾀하다 민중의 분노로 오히려 5명의 신부가 처형

당했다. 그러나 예수회는 전에 영국에서 휘두르던 권력을 다시 장악하기 위한 노력을 아끼지 않았다. 제임스2세의 치하에서 예수회는 저메인 신부, 후계자인 콜롬비에르 신부를 통해 끊임없이 음모를 꾸몄다. 마지막으로 예수회는 제임스 2세를 통해 발판을 마련하려 했으나 이 역시 실패로 돌아가고, 모든 예수회 회원은 투옥되거나 추방되었다. 영국 왕위는 프로테스탄트에게만 물려준다는 법률이 제정된 후에 예수회 외교관들의 행동은 많은 제약을 받게 되었다. 프랑스에서 예수회는 국민의 1/7을 가톨릭으로 개종시키고, 상류층에 파고들었으나 많은 사람들이 이들에 대해 경계심을 가지고 있었다. 예수회는 귀족 가문의 힘을 빌려 1572년 성 바돌로메의 개신교도 대학살을 주동하였다. 예수회는 종교전쟁을 피하기 위해 노력한 앙리3세를 암살하였지만, 주동자인 예수회 회원 귀나르는 교수형에 처해지게 되었다. 예수회는 1592년 앙리4세와 1594년 장 샤뗄 국왕의 암살을 시도를 하였으나 결국 국왕으로부터 프랑스에서 추방되었다. 예수회는 루이14세 때 국왕을 포섭하여 재기하여 권력을 장악했고, 개신교도를 핍박하였다. 예수회는 군인들을 동원하여 개신교도를 고문하여 개종시켰고 수많은 사람들이 순교하였다. 예수회가 개신교도를 핍박하자 수십만 명의 고급인력이 프랑스를 빠져 나갔고, 프랑스는 쇠퇴하게 되었다. 예수회는 18세기에 추방되었다.

1773년 예수회 해산

예수회는 한때 유럽 여러 국가에서 번성하였으나 과학, 학문의 발전과 자유사상의 보급은 예수회를 거부하기 시작했다. 예수회의 활동은 국익에 막대한 지장을 초래했고, 예수회 신부들은 환전, 섬유산업, 식민지 교역, 흑인 노예를 이용한 대규모 농장 경영 등 종교와 무관한 경제활동에 적극적이었다. 해외 선교에 힘을 기울인 예수회는 피정복민을 수탈하는 각종 경제활동에 참여하였고, 지금도 북아프리카의 가장 부유한 지주는 예수회 신부이다. 멕시코에서 그들은 은광과 설탕공장을 운영하였고, 파라과이에서는 차와 코코아 농장과 카펫 공장을 소유하였고, 소를 키워 매년 8만두씩 수출하였다. 팔라폭스 주교는 1647년 교황 이노센트8세에게

"남아메리카의 모든 재화는 예수회가 장악하고 있습니다."

라고 보고하였다. 중국에서 예수회는 50%, 100%의 고리로 상인들에게 돈을 빌려 주었다. 1720년 예수회 수장 탐브리나가 브랑카스 공작에게 보내는 편지에서

"보시죠, 나의 주여, 이 방에서 이 방에서 저는 파리뿐 아니라 중국, 중국뿐 아니라 전 세계를 주관하고 있는데 아무도 어떻게 하는지 모릅니다."

이러한 예수회의 탐욕과 부정, 음모와 권력 장악은 어느 곳에서나 적의와 증오를 유발시켰다. 그 결과 예수회는 18세기 중반까지 30여 차례의 추방을 당했다. 예수회를 가장 먼저 추방한 곳은 전통적인 가톨릭 국가 포르투갈이었다. 예수회와 포르투갈은 남아메리카에서 영토 분쟁을 하였고, 1757년 폼발 수상은 예수회 고해신부를 쫓아내고, 예수회의 전도를 금지시켰다. 프랑스에선 1762년 4월 6일 예수회에 대해

다음과 같은 영장을 발부하였다.

> "위 단체는 문명국가에서는 도저히 용납할 수 없는 단체이다. 그것은 위 단체의 본질이 종교적으로나 세속적으로나 모든 권위에 적대적이기 때문이다. 위 단체는 종교라는 가면을 쓰고, 복음 완성이라는 진정한 목적을 외면하고, 부정하며, 은밀하고 사악한 온갖 수단을 동원하여 권력을 추구해 온 단체이다."

또한 결론적으로 예수회의 교리에 대해 다음과 같이 기술하였다.

> "그리스도의 정신을 모독하고, 시민사회에 유해하며, 국민의 권리와 왕권을 무시했고, 통치 질서를 위협하였고, 국가적 소요를 조장하였으며, 종교적이며 기본적인 모든 윤리를 파괴한 조직으로서 그들 가슴 속에는 극악한 부패를 담고 있다."

프랑스에서 예수회의 재산은 몰수되어 국고에 귀속되었으며, 예수회 회원들은 예수회 서약을 철회하고, 프랑스 목사의 일반적인 규칙을 따를 것을 맹세함으로써 겨우 추방만은 면할 수 있었다. 파라과이의 예수회 통치도 막을 내리게 되었고, 나폴리를 비롯한 이탈리아 도시에서도 쫓겨났다. 스페인 부르봉 왕가마저도 식민지뿐만 아니라 대도시에서 모든 예수회의 조직과 활동을 금지시켰다. 스페인에 있던 6,000명의 예수회 회원들은 감옥에 수감되어 있다가 교황의 판단에 맡긴다는 친서와 함께 교황에게 보내졌는데 그들이 상륙하려고 하자 대포 세례가 날아왔고, 그들은 여러 곳을 떠돌다가 결국 코르시카 섬에 정착했다. 교황 클레멘트13세는 예수회의 처벌을 요구하는 여러 국가의 탄원을 받아들여 예수회를 개혁하려 했으나 독살을 당했다. 클레멘트14세는 결국 여러 국가의 압력에 굴복해 1773년 예수회의 해산 교서에 서명하였다. 예수회 총재 리키 신부는 앙게성에 감금되었다. 예수회의 재산이 몰수되자 예수회는 이에 반항하여 교황을 비난하는 홍보 책자를 발간하는 등 반역을 도모했다. 예수회를 탄압한 교황 클레멘트14세는 결국 1774년 9월 22일 독살을 당했다. 여러 곳에서 추방당한 예수회 회원은 호의적인 러시아로 몰려들어 군대와 귀족 사회를 선동하고 러시아 정교회를 위협하였다. 급기야 짜르가 직접 나서 1815년 12월 20일 예수회를 추방해버렸다.

1814년 예수회 부활

클레멘트14세는 예수회를 해산하고 나서 "나는 나의 오른 팔을 잘라버렸다."고 말했다고 한다. 프랑스에서 나폴레옹은 예수회를 매우 위험한 존재로 보고 그들을 용납하지 않았다. 하지만 교황은 세계를 지배하는데 있어 필요한 정치적인 조직인 예수회가 없으면 힘을 잃을 수밖에 없었다. 그래서 피오6세와 피오7세는 예수회의 권한을 점차 회복시키게 되었고 해산된 지 불과 41년 만에 다시 부활하였다.

"나는 예수회의 부활을 기뻐하지 않는다. 대다수는 더욱 가장을 하게 될 것이므로 인쇄업자, 작가, 출판업자, 학교 교사 등과 마찬가지로 보헤미아의 수장도 받아들일 것이다. 영원한 저주를 받아야 할 사람들의 모임이 있다면 바로 이 로욜라 협회이다." 이는 1816년 존 아담스가 한 말이다. 바티칸을 제외하고 그들의 부활을 기뻐하는 이들이 극히 드물었는데도 불구하고, 왕정이 복구된 후 예수회는 급성장 하였고, 전국 곳곳에 개신교도와 맞서 싸우자는 기념물을 세웠다. 예수회 회원들은 또 다시 가는 곳곳마다 분란을 일으켰다. 19세기에 예수회는 자유주의자들과 충돌을 빚어 1834년 포르투갈에서, 1868년 스페인에서, 1848년 스위스에서, 1872년 독일에서, 1901년 프랑스에서 또다시 추방당했다. 하지만 그들의 활로는 먼 곳에 있었다. 인도에서 가톨릭 포교는 하층민 사이에서 많은 성과가 있었다. 로버트 드노빌리가 1605년 바라문을 포교하기 위해 그들의 기장記章과 생활방식을 받아들이고 1623년 그레고리14세에 의해 인가된 방법을 사용했다. 그의 선례를 따르는 신부들은 바라문 개종자들을 실족시키지 않기 위하여 바라문들이 하층민에 대한 포교와 성례전을 절대적으로 거부하는 한 새로운 카스트 제도를 지지하기로 했다. 그러나 로잘리아의 주교와 노베르트에 의해 로마 교황청에 보고된 이 시도는 1645년 이노센트10세의 교서에서 성공하지 못하리라고 비난당했으며, 1669년에는 클레멘트9세, 1734년과 1739년에는 클레멘트12세, 1745년 베네딕트14세에게 거부당했다. 똑같이 9명의 교황들에게 성공하지 못할 것이라고 거부당한 중국식 선교방법은 1744년 베네딕트14세의 교서에 의해 마침내 허락되었다. 이와 같은 방식으로 예수회 포교사들이 새로 만든 미사의식들은 결국 가톨릭에 힌두이즘을 융합시키는 역할을 하였다. 1700년 교황의 교서에 반대하던 예수회 포교사들은 중국황제로부터 예수회 포교사들이 행하는 의식은 우상숭배가 아니라는 칙령을 얻어냈다.

교황과의 관계

예수회는 교황청의 정치적인 기반이 되어주었고, 교황청은 예수회의 보호막이 되어줌으로써 상호 의존적이고 공생적인 끈끈한 관계를 유지해왔다. 19세기 신학자 루이지 산치스가 예수회와 교황과의 관계에 대해서 잘 정리해준다.

"예수회의 목적은 무엇인가? 그들에 의하면 그들은 오직 하나님의 더 큰 영광을 위한다고 한다. 그러나 모든 사실을 종합해보면 그들의 목적은 오로지 세계통치권이란 사실을 알게 될 것이다. 그들은 교황에게 꼭 필요한 존재가 되었고, 교황은 그들이 없이는 존재할 수 없다. 왜냐하면 가톨릭은 그들과 동일시되기 때문이다. 그들은 통치자들에게 꼭 필요한 존재들이 되었고, 그들의 손으로 혁명들을 일으킨다. 그렇게 함으로써 어떤 이름을 가지고 있던지 세상을 지배하는 자들은 그들이다."

미국 침례교 역사가 데이브 헌트는 다음과 같이 진술한다.

"더 나아가서, 교황은 수천의 비밀 요원을 세계 곳곳에 가지고 있다. 그들은 예수회, 콜럼버스 기사단, 말타 기사단, 오푸스데이, 그밖에 다른 집단들을 포함한다. 바티칸의 정보력과 현장에서 활동하는 자원력은 세계에서 누구에게도 뒤지지 않는다."

이렇게 불가분의 관계에 있었던 예수회가 곳곳에서 물의를 일으켜 쫓겨 들어오자 교황청은 이들을 탄압하게 되었고, 예수회는 교황청을 음해하거나 교황을 암살하면서 이에 맞섰다. 교황 클레멘트13세의 말이다.

"나는 죽는다… 예수회를 공격하는 것은 매우 위험한 일이다."

그리고 교황 클레멘트14세도 이렇게 말한다.

"예수회는 영원히 박멸되어야 한다."

이처럼 교황과 예수회는 서로 협력하지만 때로는 견제할 수밖에 없었다. 19세기 들어서 예수회는 '하나님의 여인들'이라는 여성단체를 만들어 많은 교사와 기숙사를 설립함으로써 세력 확장에 나섰다. 예수회는 성모 마리아 숭배에도 심혈을 기울여 예수회의 제안으로 1854년에 성모 마리아의 '무염 잉태설', 즉 원죄 없이 잉태되었다는 설이 교리로 발표되었고, 프랑스 등의 성모 마리아 출현 사건을 대대적으로 홍보하였다. 1870년 바티칸 공회를 통해 믿음과 도덕적인 모든 문제에 '교황의 절대무오류성'이 선언됨으로써 교황의 위상과 권위도 높아졌다. 교황을 지지하는 예수회는 점차 교황청을 장악해나갔고, 마침내 지배하기까지 이르게 되었다. 그래서 로마의 유행어 가운데 '교황의 펜대는 예수회의 것'이라는 말이 있다. 1984년 6월 영국에서 출간된 『신의 이름』에서는 요한 바오로1세가 독살됐다고 주장했다. 요한 바오로1세는 즉위한 후 교회 사상 유례가 없는 대개혁을 결단하려고 했다. 1978년 9월 28일 오후 5시30분 바티칸 교황청의 국무장관 잔 비로 추기경은 요한 바오로1세로부터 호출을 받았다. 거기서 바로 추기경은 교황 자신이 조목조목 쓴 인사이동 목록을 전해 받았고, 교회사상 없었던 많은 해직 대상자의 이름이 열거되어 있는 것을 알았다. 이 명단에 실렸던 사람들은 바티칸 국무장관 아고스티노 카사롤리 추기경, 로마 부주교 우고 볼렛티 추기경, 바조 추기경, 바티칸은행 총재 폴 마칭쿠스 주교(현재 대주교), 조반니 베네리 추기경 등이었는데 이들 전원에겐 한 가지 공통점이 있었다. 그들 모두가 프리메이슨의 단원이라는 것이었다. 인사이동 명단을 본 비로 추기경도 바티칸 내부 프리메이슨의 중심적인 인물이었다. 요한 바오로1세는 바티칸 내에 침투되어 세계통일을 꿈꾸는 프리메이슨을 일거에 제거하려고 했으나, 완강한 저항에 봉착, 결국 교황 즉위 33일 만에 의문의 죽음을 당하게 된다.

끈질긴 생존 비결

1534년 설립된 이래 무려 483년간이나 악명을 떨치면서도 존속되고 있는 예수회에 대해, 내부자 고발이나 피해자 고발이 끊임없이 이어져 왔지만 대부분은 소리 소문 없이 무력화되고 말았다. 마리아 리베라 수녀, 토마스 도일 신부, 안젤라 수녀, 샤렛타 수녀, 캐시 오브라이언, 요안나 마이클슨, 윌리엄 딘가너, 매리엠 파키스, 마리아 벤디탈, 윌리엄 쿠퍼, 클락 버터필드, 존 토드, 캐롤라인 햄릿, 아리조나 윌더, 브라이스 테일러, 케시 오브라이언, 스발리(가명), 샤롯(가명) 등이 구체적으로 증언했지만 대부분 실종되거나 자살하거나 독살 당했다. 사회적으로 저명한 인사들에 의해서도 끝없이 고발이 이어져 왔다. 역사가 토마스 칼라일은 이렇게 말한다.

"예수회는 진리의 우물에 독약을 탄 사람들이다."

그 외에도 에릭 펠프스, 아브로 맨하탄, 폴 블랑샤르, 조셉 카레라, 로레인 뵈트너, 데이브 헌트, 알렉산더 히슬롭, 레만 스트라우스, 구엔터 레비, 바론 포셀리, 블레이크니, 니노 벨로, 조셉 자켈로 등이 치열한 고증과 함께 예수회의 자체 모순과 위선과 역사적 범죄를 구체적으로 폭로하고 있다. 말라키 마틴은 예수회의 정체를 가장 신랄하게 파헤친 사람 중의 하나인데, 그의 저서 『예수회』에서 '적과 원수가 예루살렘 성문 안으로 들어오리라고는 세상 임금들도 땅의 주민도 모두 믿지 않았다.'라는 예레미야 애가의 말씀을 인용하며,

> "그 예언이 우리 시대에서 이루어졌다. 이제 우리는 무법한 신비의 최고점을 보게 될 것이다."

라고 탄식한다. 여기서 말하는 '무법한 신비의 최고점'이란 물론 신비주의의 최고봉인 예수회를 말한다. 그리고 볼테르에 의하면 18세기 말까지 예수회에 관해 기록된 책이 6,000권에 달했고, 아돌프 미셸에 의하면 19세기에 예수회 및 그들의 활동에 반대하는 책이 엄청나게 많이 출간되었다고 한다. 그러나 이후 예수회 관련 서적들이 모두 절판되고 서점에서 사라져 버리면서, 사람들에게 그 정체가 제대로 드러나지 않았다. 그리고 또 하나의 생존비결에 대해 올란도 램버트는 이렇게 말한다.

> "바티칸 정치집단이 수많은 폭로에도 불구하고 작금에 이르기까지 살아남은 비결은 간단하다. 그 비결은 간에 붙었다 쓸개에 붙었다하는 전략이다. 중립인 체하면서 정치적 상황에 따라 형편에 맞게 이리저리 옮겨 다니는 신앙고백을 한다. 그들은 이 지구상에서 가장 왜곡되고 가장 비도덕적이며 속임수를 일삼고 한 입으로 두 말 하는 갈라진 혀를 가진 정치집단이다."

이들은 마치 본서 동방의 빛 시리즈 제1권 『하도와 낙서』에서 소개된 바 있는, 끝없이 이기는 방책을 제시한 손무의 조언을 체득하기라도 한 모양이다. 카멜레온도 울고 갈 정도로 능수능란하게 체용을 바꾸어 가면서 조직을 굳건하게 유지해올 수 있었던 것이다. 더불어 그들은

선교라는 명분을 동원해 100여 개 국가에 진출하였고 현재까지 4,000여 개의 교육기관을 세워왔다. 어찌 보면 이는 예수회에 대해 쇄도하는 수많은 비난들과는 전혀 어울리지 않는 모습이라고도 할 수 있겠다. 예수회가 이처럼 선량한 기관으로 가장하며 정체를 감출 수 있었던 것은 "목적을 위해서는 거짓말을 하라."는 가르침 때문이었다. 알버트 클로즈의 『영국왕좌를 향한 로마의 싸움』에도 기록되었듯이 예수회의 설립자 로욜라는 이른바 그들이 추구하는 선이란 것을 위해 기꺼이 거짓말 하는 것을 적극 종용했던 것이다.

2. 두 개의 뿔

「계시록」 13:11에 이르기를, "내가 보매 또 다른 짐승이 땅에서 올라오니 어린 양 같이 두 뿔이 있고 용처럼 말을 하더라."고 한 바와 같이, 땅에서 나온 짐승인 예수회가 성장하면서 처음에는 없던 두 개의 뿔까지 갖추게 된다. 그들의 두 뿔이란 전술했던 바와 같이 바로 "일루미나티"와 "프리메이슨"을 일컫는다. 일루미나티의 창시자로 알려진 아담 바이스하우프트는 1776년 5월 1일 가톨릭 예수회 대학에서 공부하다가 세계적인 유대인 금융재벌가인 프리메이슨인 로스차일드와 손잡고 독일에서 창안한 사상으로 많은 엘리트들의 호응을 얻었다. 즉, 예수회가 만든 단체가 "일루미나티"였다. 프리메이슨의 상층부가 일루미나티라면, 일루미나티의 상층부는 예수회이다. 예수회는 대중의 눈에 드러나지 않는데, 그들의 철저한 기만술과 비밀주의 원칙 때문이다. 그들은 아무에게도 예수회라고 밝히지 않는다. 그들은 자신들의 정체를 숨기고 장악하기 위하여 심지어 다른 종교들, 다른 문화들, 그리고 다른 조직들에 침투하여 거기에 소속된다. 예수회는 수백만 명이나 된다. 그들은 목표로 삼은 모든 주요 조직에 들어가며, 거의 모든 정치 조직과 세계 도처의 정부를 장악한다. 예수회의 극도의 비밀주의 때문에 이와 같은 조직들은 그들이 침투를 당하고 장악되었음을 도무지 알아차리지 못한다. 그러므로 프리메이슨은 일루미나티를 잘 모르고, 프리메이슨과 일루미나티는 예수회를 잘 모른다. 그러나 예수회의 상층부는 일루미나티와 프리메이슨을 잘 알고, 일루미나티의 상층부는 프리메이슨을 잘 안다. 예수회는 6계급으로 이루어지고, 상위 두 계급은 예수회의 운영과 간부 임명에 참여할 수 있다. 그리고 고위층 예수회원은 프리메이슨의 역할을 겸하고 있다. 즉, 예수회가 프리메이슨을 지배하고 있는 것이다. 가톨릭은 겉으로는 평화를 주장하고 있지만 양의 탈을 쓴 늑대이다. 겉으로 보기에는 평화를 말하지만 그들이 가지고 있는 조직을 보면 사악하고 잔인하다는 것을 알 수 있다. 개신교도를 죽이는데 있어서의 그들의 잔인함은 피와 눈물도 없는 기계처럼 움직였다. 마치 그것이 하나님을 위하여 하는 일인 양 착각하고 교황을 위해서 악을 정당화하면서 임무를 수행했다. 그들의 목표는 마치 중세의 교황이 황제를 임명하던 것처럼 교황에 의한 전 세계 통치를 재현하고자 한다. 교황청에서 행하기를 꺼려하는 온갖 궂은일들, 암살, 이간, 국가붕괴, 전쟁, 경제 불황 등의 일들을 도맡아 깊숙하게 개입하고 있으며 각국의 왕과 대통령 수상의 임명에도 영향력을 행사한다. 또한 예수회가 만든 일루미나티 또한 루시퍼가 통치하는 세계단일정부가 실현이 그들의 주된 목표이다. 미국에서 몇 백만 명이나 비밀스러운 임무와 훈련을 수행 받고 있으며, 아주 어릴 때부터 대대로 살인병기로 훈련되어오고 있으며 그들이 말하는 이른바 신세계질서(NEW WORLD ORDER)를 위하여 소수의 그들이 다수의 사람들을 짐승처럼 죽이는 것을 아무렇지도 않게 여길 정도로 세뇌 받는다. 그리고 **지난 2013년 바티칸의 역사상 처음으로 예수회 출신 교황이 배출되었다.** 이 교황이 바로 말라키가 예언한 마지막 교황이기도 하다. 예수회 출신 교황은 땅에서 나온 짐승이 바다에서 나온 짐승과 한 몸이 된 처음이자 마지막 사건으로 기록될 것이다. 혹자가 말한 것처럼 예수회는 가장 거룩한 이름을 가진 가장 거룩하지 않는 집단이다. 헬레나 블라바츠키는 『베일을 벗은 이시스』에서 이렇게 기술한 바 있다.

"이렇게 일하는 대부분의 조직들, 예를 들어 고대 스코틀랜드파, 성전기사단, 아비그논파, 훼슬러파, 동서 황제들의 그랜드 의회, 국립 왕자 메이슨 등은 사실 거의 이그나티우스 로욜라의 아들들이다. 조직의 설립자인 바론 훈트, 슈발리에 람세이, 차우디, 진젠도르프 같은 인물들도 모두 예수회 장군의 명령 하에서 일했다."

19세기 신학자 루이지 산치는 이렇게 말한다.

"예수회의 목적은 무엇인가? 그들은 오직 하나님의 더 큰 영광을 위한다고 말한다. 그러나 모든 사실들을 종합해보면 그들의 목적은 오로지 세계 통치권일 뿐이란 사실을 알게 될 것이다. 그들은 교황에게 꼭 필요한 존재가 되었고 교황은 그들에게 꼭 필요한 존재가 되었다. 그들은 통치자들에게도 꼭 필요한 존재가 되어서 그들의 손에서 혁명들이 일어난다. 어떤 이름을 갖고 있든지 세상을 지배하는 자들은 그들이다."

임마누엘 조셉슨은 『루즈벨트의 공산주의 성명서』에서 이렇게 말하고 있다.

"공산주의든 나치든 전체주의 운동이 일어나면 예수회 신부가 그 지도자의 고문역에서 발견된다. 쿠바의 카스트로의 고문은 알만도 로렌테 신부였다."

발명가 사무엘 모스는 이렇게 주장한다.

"이 요원들은 누구인가? 이들은 대부분 예수회인데 예수회는 가톨릭교회의 조직으로서 교활한 이중성과 도덕적 원칙의 완전한 상실로 세계적으로 유명하다. 이 조직은 기만술을 예술로 승화시켜 심지어 가톨릭 국가들이나 이탈리아 본국에서도 이들을 감당할 수 없어서 탄압하고 추방해야 했다."

일루미나티

예수회는 '세계의 숨은 정부'의 중요한 골격이 될 만한 유명한 정치인, 종교인, 경제인, 언론인 등 다양한 사람들을 끌어들이고 있다. 예수회는 여러 조직과 복잡하게 연계되어 있는데, 그 중 '광명파 프리메이슨'이라고도 불리는 일루미나티가 가장 핵심적 조직의 하나이다. "목적만 이룰 수 있다면 방법은 중요하지 않다." 이것이 예수회의 모토이다. 예수회에서 계급이 올라갈 때의 의식에서 상관은 다음과 같이 말한다.

> "너는 교활하게 질투와 증오의 씨앗을 평화로운 지역 간에, 주州들 간에 심어서 피가 흐르도록 선동하고, 서로 전쟁하도록 선동하는 방법과 독립적이며 번영하고 문화 예술과 과학이 발달하였고 평화의 복을 누리는 국가들에서 혁명들과 내전을 일으키는 방법을 배웠다. 전투원들과 같은 편을 취하고 비밀리에 반대편에서 활동하고 있을 너의 형제 예수회 당원과 협조하고 그러나 공개적으로는 그를 적대시하여 평화 협정의 조항들이 결국 교회에만 이득이 되게 하라. 즉 결과가 우리의 수단을 정당화 한다."

안토니 서튼에 의하면 이는 또한 일루미나티의 원칙이기도 하다. 1773년에 교황 클레멘트14세가 예수회 해산 명령을 내렸을 때 예수회가 비밀리에 지하에서 활동하기 위하여 만든 비밀 조직이 일루미나티였다. 그 뜻은 '빛으로부터 온다.', '빛을 계몽한다.', '빛을 받다', '빛을 반사하다', '빛을 준다.' 등으로써, 여기서 말하는 빛은 성서에 나오는 루시퍼, 즉 사탄을 뜻한다. 『예수회의 역사』를 저술한 니콜리니는 다음과 같이 진술한다.

> "교황 클레멘트14세에 의해 예수회가 1773년부터 1814년까지 해산된 동안, 예수

회의 리키 장군은 그의 병사 아담 바이스하우프트와 함께 일루미나티를 만들었다. 바이스하우프트는 현대 공산주의의 아버지이며 그는 그의 자코뱅당과 함께 프랑스 혁명을 지휘하였다. 수년 후에 예수회 장군 레도차우스키는 그의 볼셰비키와 함께 1789년 대격변(프랑스 혁명)과 똑같은 러시아 혁명을 1917년에 지휘하였다."

일루미나티의 창설자 아담 바이스하우프트는 7세부터 예수회 소속의 학교에서 교육을 받으며 20세 나이에 잉골슈타트 대학에서 법학박사를 받고 1772년 24세의 나이에 법학교수가 되고 27세에 법학부장이 되었다. 그는 뛰어난 머리와 재능을 가졌지만 극단적인 자유사상으로 인해 보수파들로부터 강한 견제를 받기도 했다. 그는 세계적인 유대인 금융재벌가이자 프리메이슨인 로스차일드와 손잡고 1776년 5월 1일 독일의 바이에른 지방에서 일루미나티를 창설한다. 이 조직은 고대의 비밀스러운 악마숭배와 바벨론과 이집트의 우상숭배 등 다양한 사상을 하나로 결합시켜 만든 비밀조직이다. 아담 바이스하우프트는 어려서부터 예수회가 설립한 학교에서 공부하며 그들의 사상을 배워갔던 것이다. 그리고 자기와 의견을 같이하는 동지들을 규합해서 비밀리에 집회를 열어 그들의 사상과 세계관을 계몽해 갔다. 당시 유럽을 지배하던 가톨릭 배척과 자유사상과 맞아 떨어져서 일루미나티는 회원수를 늘릴 수 있었다. 그러나 그것은 매우 비밀스럽고 위험스런 조직이었다. 그들의 핵심 요원이 되기 위해서는 고대의 신비적인 비밀 교리나 의식을 배워 익혀야 했고, 모든 개별국가의 파괴, 모든 종교의 파괴, 세계정부의 수립 등 일곱 가지 목표에 대한 교육을 철저히 받아야 했다. 회의 내용은 일체 누설하지 못하며 회원들은 바이스하우프트에게 절대 복종을 맹세해야 했다. 그는 이미 유럽에서 활발히 활동하던 프리메이슨에게도 관심을 갖는다. 일루미나티를 조직할 때 후원한 로스차일드가 "프리메이슨"인데다가 프리메이슨 사상이 일루미나티와 공통점을 갖고 또 치밀한 조직력을 갖추고 있었기 때문이다.

드디어 1782년 7월 16일, "프리메이슨"과 "일루미나티", 이 두 조직이 결합함으로서 3백만 명이 넘는 거대한 조직이 되었으며, 일루미나티 정신이 프리메이슨 내에 확산됐다. 신생 조직 일루미나티는 젊고 행동력이 강한데다가 급진적이었기 때문에 오랜 역사를 가진 프리메이슨과는 노선의 차이가 있었고, 혁명적 군사 행동 등에 대한 견해차로 인해 갈등 또한 없지 않았다. 프리메이슨은 전면에 나선 거대 조직으로서 전체 그림을 그려 나가고, 일루미나티는 프리메이슨 내에서 다소 독립적인 또 다른 비밀결사로서 보다 급진적으로 활동했다. 프리메이슨이 대중적인 조직으로 자신을 드러내는 반면, 일루미나티는 보다 은밀한 활동을 음지에서 펼친다. 프리메이슨의 수뇌는 대부분 일루미나티와 관련되었다고 알려져 있다. 일루미나티가 이끄는 거대 조직 프리메이슨은 계속 세력을 확장해 가면서 유럽 전역에 지부를 건설하고 미국 건설, 프랑스 혁명, 러시아 혁명, 제1,2차 세계대전 등에 깊이 개입해 유럽을 비롯한 전 세계에 막강한 영향력을 발휘하면서 "세계를 지배하는 그림자 정부"로서 자리를 잡아나가게 되었다.

프리메이슨

이른바 "프리메이슨"은, 자유를 의미하는 'Free', 그리고 석공을 의미하는 'Mason'을 합성한 단어이다. 중세기 영국에는 우리말로 조합이나 조직으로 번역되는 다양한 종류의 길드(Guild)가 있었는데 프리메이슨도 그 중의 하나이다. 프리메이슨은 유럽의 화려한 궁전이나 성전 등을 설계하는 그 시대의 최고 엘리트 기술자를 지칭하는 말이었다. 프리메이슨 회원들은 자신들의 고급 기술을 외부로 유출하지 않으려고 항상 비밀스럽게 모임을 갖거나 비밀스럽게 논의를 했었다고 한다. 그러면서 그들은 다른 사람들에 비하여 자신들이 매우 특별하다는 우월감을 가지게 되었으며, 점차적으로 외부 세계에 대한 배타적 성격은 더욱 커져 갔다. 그러나 당시의 초창기 프리메이슨들은 사탄숭배와는 거리가 멀었고, 가톨릭하고도 전혀 관련이 없었다. 그러나 서기 1307년 그들은 로마 가톨릭으로부터 맹공을 당하게 되는데, 교황청에서는 프리메이슨들이 바호멧이라는 염소 머리의 형상을 우상 숭배하고, 십자가에 침을 뱉고, 입단식에서 피의 맹세를 하는 등 이단적이고 악마적인 종교행위를 한다고 뒤집어씌워버리고 이단 선고를 내린 것이다. 당시 교황이 이렇게까지 극단적으로 처벌한 이유는 프리메이슨이 소유하고 있던 막대한 재물을 차지하기 위해서였다. 그 결과 지도자는 화형을 당하고 회원들은 흩어져 하루아침에 몰락하게 되었다. 그리고 세월이 흘러, 서기 1614년, 요한 발렌틴 안드레아에 의해서 "장미십자회"가 발족되며 다시 유럽을 흔들어 놓는 일이 일어난다. 그는 젊어서 이집트와 아랍 등지를 돌아다니며 구전되어온 신비지식을 전수받고 이후 독일로 돌아와 소수의 제자들과 함께 "장미십자회"를 결성한다. 그들은 기독교에 드루이드교, 게르만 설화, 동양의 신비종교들을 섞어가며 점점 신비하고 과장된 것으로 진화시켜 갔다. 신이 깃든 돌, 불로불사, 생명을 초월하는 영약, 생사의 비밀을 풀어내는 열쇠, 환생 등 신비하고 매력적인 이론을 만들어내며 무수한 지식인들을 현혹했다. 그의 저서 『장미십자회의 화학적 결혼』은 연금술을 소개한다. 그는 어떤 물질이 화학 반응을 거쳐 다른 물질로 전환되는 것을 보고 값싼 금속을 금으로 변환시킬 수 있다고 생각했고, 마찬가지로 보통 인간이 신비한 힘을 통해서 초월적 존재로 질적인 변환을 할 수도 있다고 믿었다. 연금술의 최종 목표는 삶과 죽음, 선과 악을 초월해 그 비밀을 이해하고 나아가 우주의 진리를 깨우치는 것이었다. 이러한 거대한 목표가 있었기 때문에 그들은 수은과 납 중독으로 죽어가면서도 수많은 사람들이 몇 백년간이나 연금술에 매달릴 수 있었다. 당시 연금술에 관심을 가진 사람들 중에는 중세 최고의 지성인으로 일컬어지는 토마스 아퀴나스, 로저 베이컨, 근대 최후의 천재 라이프니츠, 근대 과학의 아버지라고 불리던 아이작 뉴턴도 포함된다. 뉴턴은 말년에 매우 진지하게 이 주제에 심취하였고 '최후의 마법사'로 불리기도 한다. "장미십자회"는 이집트와 아랍의 이교적 신비주의 색채를 배경으로 하고 있기 때문에 기독교와는 매우 다른 세계관이나 의례 절차를 갖고 있었지만, 그들 스스로는 명백히 여호와를 신앙하는 기독교 단체를 표방했다. 그들의 말대로 아마도 그들은 기독교로 가장했다기보다는 스스로를 기독교 단체의 한 분파처럼 믿고 있었던 것이 분명하다. 분명 여호와를 신앙한다는 큰 틀에선 다른 기독교도들과 똑같지만, 수행관이나 세계관에 있어서는 약간의 차이를 둔다는 정도였을 것이다. 그리고 드디어 서기 1717년 영국 런던에서 프리메이슨의 부활이 공식적으로 선포되는데, 그것은 프랑스에서 시작된 성당기사단과 독일에서 발흥된 장미십자회가 전신이 되어 탄생된 조직이었다. 따라서 그들은 중세기의 프리메이슨과는 전혀 다른 조직이라 할 수 있다. 근대 프리메이슨은 전 세계에 많은 영향력을 끼치는 엘리트들로 구성되어 상호간에 협력하는 국제적 성격을 띠는 조직이었다. 그들은 그 외에도 유사한 여러 조직들을 흡수하거나 연계하면서 크게 성장해갔다. 르네상스를 지나면서 중세 가톨릭의 힘은 상당히 약화되었고 종교개혁과 계몽사상 등으로 바티칸과 왕권이 동시에 흔들리기 시작했다. 과학, 수학, 기술, 각종 철학이 등장하면서 지식인들은 점차적으로 가톨릭에서 이탈하는 기미를 보였고, 이러한 틈새를 잘 공략한 프리메이슨은 그들의 커다란 공감을 얻어낼 수 있었다. 가톨릭에 반감을 갖고 있던 지식인들, 새로운 세상을 염원하는 혁명가들, 표현의 자유를 추구하는 예술가들, 왕족과 귀족들에게 집중된 부와 권력을 나눠 갖고자 하는 중산층들, 우주의 비밀을 습득하고자 하는 과학자들, 부패한 가톨릭의 박해를 피하고자 하는 프로테스탄트들… 모두가 프리메이슨의 포섭 대상이 될 수 있었고, 실제로 프리메이슨에 참여했다. 문화, 정치, 경제, 사회 등 각 분야의 지식인들이 프리메이슨으로 모여들었다. 불과 20년이 채 지나지 않은 1733년에는 이미 126개 지부를 거느리게 된다. 이러한 근대 프리메이슨의 부흥에 대한 바티칸의 시각은 당연히 이번에도 적대적이었다. 교황 클레멘트12세는 1738년 교서 『인에미넨티』에서 프리메이슨을 '사탄의 무리'로 규정하고 이 단체에 가입하는 것을 금지했다. 이후 교황청은 총 21회 프리메이슨을 정죄했으며, 총 53회 이곳에 항의 문서를 발송했다. 1884년 4월 20일 교황 레오13세는 프리메이슨의 완악한 목표를 본질적으로 파헤친 '후마눔 제누스' 칙서를 발표하기도 했다. 그리고 프리메이슨은 바티칸에 강력하게 대항하는 것 같았지만 결국 그들에게 장악되고 마는데, 그 과정은 이러했다. 그 당시 사탄을 숭배하면서 전 세계를 지배하려는 야심을 가진 조직이 하나 있었다. 그 조직이 바로 '일루미나티'였다. 당시 독일에는 매우 다양한 사상들이 난무하고 있었다. 이런 분위기 속에서 일루미나티는 매우 짧은 기간에 많은 회원들을 확보하게 되어 그 사회에 큰 영향력을 미치고 있었다. 그러던 중에 아담 바이스하우프트는 독일에 자신들과 유사한 국제적 조직이 있다는 사실을 간파하고 잘만하면 자신들이 이용할 수 있다는 생각에 독일의 뮌헨의 '사려가 깊은 데오돌 지부'에 입회하여, 짧은 기간 내에 그 조직 프리메이슨의 핵심 인물로 부상하면서 그 조직을 장악하고 만다. 독일의 프리메이슨 조직은 그렇게 해서 일루미나티의 영향력 아래에 들게 되었다. 이 사실을 국제 프리메이슨 측에서 알고 저지하려고 여러 차례 다양한 방법으로 손을 썼지만 실패했다. 이렇게 하여 1782년 7월 16일 윌헬스마트에서 양 조직이 회담을 개최하게 되었고, 일루미나티의 수장이었던 아담 바이스하우프트는 미리 준비한 계획을 발표하면서 일루미나티 조직을 '프리메이슨의 피'로 여겨 달라는 강력한 요구를 관철시켰고, 이렇게 예수회, 일루미나티, 프리메이슨은 다른 이름을 가졌지만 같은 사상과 목표를 공유한 집단이 되었다. 프리메이슨의 핵심이 '일루미나티'이고, 일루미나티의 머리가 예수회라는 것에 많은 사람들이 동의한다. 프리메이슨의 입회식에서 서약하며 멤버가 된 유럽의 왕과 황제로서, 영국의 에드워드7세와 8세, 죠지6세, 프러시아의 프레데릭 대제, 그리스의 죠지1세, 노르웨이의 하콘7세, 폴란드의 스타니슬라우스2세 등을 들 수 있다. 특히 영국 전역에 퍼져 있던 프리메이슨은 대표적인 네 개의 독립된 지부를 통일, 하나의 대 지부를 조직했다. 1733년에는 126개 지부를 형성하게 된다. 프리메이슨은 '박애정신, 즉 형제애를 그 근본 구조로 하는 이상적인 사회 조직의 현실화'라는 목표 제시 아래 공개되지 않던 회의실을 개방했다. 이 회의실은 귀족, 사상가, 문인들에게 개방되어 이곳의 출입 여부가 18세기 유럽 사회의 명예와 관련되어질 만큼 사교계의 중심으로 부상했다. 결국 이상적인 사회 조직의 현실화라는 그들의 정신은, 유럽사회의 정치, 경제, 사회, 문화, 종교 등 전 분야에 걸쳐 엄청난 영향을 끼치게 됐다. 핵심 인물들은 서서히 수세기 동안 내려온 루시퍼의 세계 질서 교리를 새롭게 펼쳐나가기 시작했다. 그 한 예로 프리메이슨의 지도자인 알버트 파이크는 『도덕률과 교리』라는 책을 통해

> "실제로 이 조직에 속한 인물들은 '평등'이라는 이름 아래서 18세기에 기존의 모든 전통적인 사회 조직을 뒤집고 무너져 내리게 했다"

고 밝히고 있다. 유럽과 세계사를 근본적으로 변화시킨 3대 혁명은 바로 그러한 맥락에서 일어난 역사라고 할 수 있을 것이다. 그리고 이들의 목적은 극비의 단체가 만들어지는 단계로 연결됐다. 이 극비의 단체

란, 바로 '일루미나티'의 시작이다. 일루미나티란 '각성된 자, 깨달은 자, 계몽자'라고 할 수 있다. 프랑스대혁명의 핵심 세력이 바로 일루미나티였던 것이다. 프랑스대혁명의 사상적 지주가 되었던 루소는 일루미나티의 일원이었으며 혁명의 주요 지도자였던 미라보 역시 그 일원이었다. 그밖에 볼테르와 몽테스키외는 프리메이슨이었다. 또한 혁명의 슬로건이었던 자유, 평등, 박애는 프리메이슨이 표방하는 신조이기도 했다. 1799년 인류 역사상 불후의 작품으로 '**사람은 태어나면서부터 자유 및 평등의 권리를 가진다.**'라는 구절이 새겨진 프랑스 인권선언문을 새겨놓은 기념비를 보면, 당시 일루미나티를 중심으로 한 프리메이슨의 영향력을 알 수 있다. 비석의 왼편 위쪽에

쇠사슬을 자르는 여신은 프랑스를 상징하며 오른쪽 천사는 법의 화신이라 불리는데, 그 천사의 오른손 홀 끝에 빛나고 있는 것이 미국 1달러 지폐에 인쇄된 모든 것을 보는 눈이란 의미를 갖는 '전시안'으로 일루미나티의 상징이다. 미국에서는 '모든 것을 보는 신의 눈'이라 하고, 프랑스에서는 '이성의 눈'이라고 부른다. 이들은 고대 프리메이슨들이 솔로몬 성전 건축에 종사했다고 믿으며, 다시 오는 솔로몬을 기다리는 것과 솔로몬 성전 재건을 그들의 맡은 바 임무라고 믿고 있다. 이들은 솔로몬 성전 재건을 위해 점진적으로 사회와 국가를 개혁하여 보편적이며

인도주의적인 세계단일정부를 건설하고자 한다. 이를 위해 그들이 진행해나가는 일들은, 바로 세계를 움직이고 있는 중인데, 그들의 주요 특징들을 살펴보면,

첫째, 힘의 상징, 권력을 나타내는 사면 삼각형, 즉 고대 이집트의 피라미드 등을 그들의 심벌로 많이 사용하고 있다.

둘째, 선악의 개념을 혼돈케 하며 가치관 정복을 통해 각종 그럴 듯한 단체들을 구성했다. 미국의 그림자정부로 불리는 CFR[1)], 유럽의 보이지 않는 정부 바젤클럽, 뉴에이지 운동 등을 들 수 있다.

셋째, 철저한 계급제 조직으로 회원 상호간의 차별을 두며, 최고위직 핵심인물이 세계를 지배하는 구조이다.

프리메이슨 비밀 결사는 이제는 유럽 대륙뿐만 아니라 아시아까지 그 세력을 확장시켜가고 있고 특히 영국 황실, 지식인과 귀족들이 구성원의 핵심이 됐다. 비밀 결사 조직인 '일루미나티'는 프리메이슨의 가장 핵심이라고 할 수 있다. 프리메이슨의 계급은 33단계가 있는데 1단계 직위는 도제(Entered Apprentice), 2단계는 장인(Fellow Craft), 3단계는 숙련된 석공(Master Mason)으로 이 기본 3단계에 이어 최고 33단계까지 이르게 된다. 이는 군대 조직과 같은 절대적인 것으로 하급은 상급의 명령에 절대 복종해야 한다. 하나의 계급을 획득하기 위해서는 여러 가지 가르침을 받아야 하고 의식에 참가해야 하는데 제4단계부터 피로써 언약하게 되어 있다. 입단자는 우선 눈을 가린 채로 방안으로 인도

---

1) The Council on Foreign Relations

된다. 그리고 비밀의식에 참여하는데 의식 도중에 프리메이슨단의 비밀을 누설하지 않는다는 맹세를 한다. 가렸던 눈이 풀려지면 입단 지원자에게 악수의 손이 여러 차례 내밀어지며 새로 탄생한 단원은 프리메이슨이 될 것을 서명하고 솔로몬왕의 성전 건축에 사용했다고 전해지는 상징적인 "24인치의 자"와 "석공의 망치"를 받게 된다. 프리메이슨의 비밀 의식을 통하여 자신들의 결사를 인생에 지혜를 주는 근본적인 종교로 고백하게 한다. 일단 프리메이슨의 신비한 의식에 참여한 사람은 자신도 모르게 세뇌되어 참된 신은 루시퍼라고 믿게 된다. 프리메이슨 입회의식 후 비밀을 누설하거나 탈퇴할 경우는 살해당하게 된다. 한때 프리메이슨 33단계 직위에 있다가 기독교로 전향한 후 빌리 그래함의 음모를 폭로하였던 짐 쇼는 프리메이슨의 상징인 "컴퍼스와 삼각자"에 대해 다음과 같이 설명했다.

> "삼각자는 여성을 상징한다. 그리고 그것은 땅, 생식의 원리, 기저, 관능적인 자연을 의미한다. 컴퍼스는 남성을 의미한다. 그것은 또한 생식의 원리, 하늘, 더 높은 곳, 영적인 자연을 의미한다. 궁극적으로 이것은 남성과 여성의 생식기를 의미한다. 중간에 새겨진 글자 'G'는 하나님을 의미하는 'God'라기보다는, 이집트 신의 삼위일체인 오시리스, 이시스, 호루스를 그 상징을 통해 표현한 것이다."

이에 대해 프리메이슨의 그랜드 마스터였던 앨버트 파이크는 1889년 7월14일 다음과 같이 언급한 적이 있다.

> "절대권자이며 대 감찰장이신 당신께 32계급, 31계급, 30계급에 있는 형제들에게도 똑같은 말씀을 주시도록 간구한다. 메이슨교는 이제 막 입문한 자로부터 고위급에 있는 자들에게 루시퍼 교리의 순수성을 유지해야 한다. 그렇다. 계명성은 하나님이시다. 또한 불행하게도 아도나이(여호와) 역시 신이다. 빛의 신이고

선의 신이신 계명성이여, 당신은 인류를 위해 어두움과 악의 신인 아도나이(여호와)와 싸우고 있다."

프리메이슨 지원자들이 많은 것은 자유, 평등, 박애 등의 어린아이 사탕발림 같은 속임수가 한 몫 한다. 그들이 루시퍼를 숭배한다는 것을 알았다면 입단하는 사람들이 많지는 않았을 것이다. 어쨌든 세계에 많은 영향력을 줬던 인물들 중의 상당수는 프리메이슨 회원이었다. 유럽 프리메이슨을 대표하는 거부 유대인 로스 챠일드 가문이 자금의 출처가 되었으며, 조지 워싱턴, 토마스 제퍼슨, 벤자민 프랭클린, 존 아담스, 알렉산더 해밀턴, 헨리 노크스, 에드먼드 랜들 등 미합중국의 수뇌들이 프리메이슨이었다. 특히 1793년 연방의회 의사당 기공식에 조지 워싱턴 대통령이 프리메이슨의 의식용 예복을 착용했으며 가슴에는 프리메이슨 예복과 표장을 하고 있었다. 조지 워싱턴이 프리메이슨이었던 것을 기념하여 1923년에 건설된 이 건물 안에는 그에 대한 기록이 보존되어 있고 프리메이슨이었던 역대 미국 대통령의 이름도 열거되어 있다. 케네디, 닉슨을 비롯한 여러 명의 대통령이 포함되어 있다. 한편 모차르트 역시 프리메이슨이었다. 모차르트는 나이 28세에 프리메이슨에 가입했고, 열렬한 신봉자로서, 그의 오페라 작품 '요술피리'는 열렬한 헌신의 감정에서 샘솟은 것이라고 알려졌다. 하지만 처음 생각과 달리 프리메이슨의 무서운 음모를 알게 되자 그 집단에서 나오려고 했으며, 모차르트가 요절한 배후에는 프리메이슨에 의한 독살이라는 설도 있다. 또한 요한 바오로1세와 레닌, 히틀러, 트로츠키, 낭만주의를 일으킨 괴테, 바이런 등 유럽의 문화와 지식을 선도하던 많은 이들이 프리메이슨이었다. 프리메이슨이 시대를 달리하며 나타난 모습은 여러 가지이지만, 한 가지 변하지 않은 그들의 목표는 '새로운 세계질서'였다. 그런데 이들은 자신들의 정체를 정확히 드러내지 않으면서, 비밀 교리를 통해 교묘하게 이 세상을 정복하고 있는 것이다. 다음은 미국 학자가 프리메이슨 지도자들에 의해 추천된 책을 인용하며, 프리메이슨의 비밀 교리들을 일목요연하게 정리한 것이다. 『도덕률과 교리』[2)]에

> "모든 프리메이슨의 랏찌는 종교 사원이다. 그 가르침은 종교에서 가르치는 것과 똑같다."

라고 했고, 『프리메이슨 백과사전』에는

> "프리메이슨의 출발과 존재 이유는, 명백한 종교 기구이다. 우주적이며 영원한 프리메이슨의 동기는, 하나님이 인류의 가슴속에 심어놓은 영원한 보편 종교이다."

라고 기술되어 있다. 또한 『도덕률과 교리』에는

---

2) 스코틀랜드파 프리메이슨 앨버트 파이크(Albert Pike)가 1871년에 쓴 책이다. 프리메이슨 최상층 30도에서 33도까지를 위해서 쓴 프리메이슨들의 바이블과 같은 책이다.

"진리의 수호자이며 보호자인 프리메이슨은, 일반적인 세상에는 알려지지 않았지만, 시대를 거쳐 어떤 심벌과 장식, 형상 등을 통해 핵심 교리가 계승되어졌다."

라고 했다. 프리메이슨의 특징은 예수를 빼거나 대신 God라고 쓴다. 그러나 여기에서 God은 우리가 알고 있는 하나님이 아니다. 그들의 성서에 대한 견해는 다음과 같다.

"성경은 그 자체로 애매모호한 상징일 뿐이며, 사실 내용도 별 것 없다. 히브리 족속의 종교, 과학 혹은 모세나 예언자들의 교리인데, 그 뿌리를 보면 고대 이집트 종교와 똑같다… 히브리인들의 책 성경은 유대인들의 전통을 기억하기 위해서 쓴 것으로, 안 믿는 사람들에게는 상징일 뿐이다. 모세 5경과 예언서는 아주 초보적인 책이다. 두 번째 성경인 신약 역시 말이 되지 않는 책으로 철학과 종교에 있어서 천재의 상상력이 동원돼 적힌 것일 뿐이다."

라고 주장한다. 또한 프리메이슨 지식의 뿌리는 카발리즘이기도 하다.

"모든 참된 교리를 갖고 있는 종교의 시작과 끝은 카발라이다. 모든 메이슨의 조직의 상징은 카발라에 기원을 두고 있다. 우주적인 이성과 신의 언어가 합해진 것이 바로 카발라인 것이다. 카발라만이 과거와 현재, 미래의 열쇠이다."

『도덕률과 교리』에서는 다음과 같이 기술된다.

"카발라를 아는 사람은 경외감에 사로잡힐 것이다. 카발라의 비밀 속으로 들어가면 교리가 너무나 단순 명쾌하고 논리적이기 때문이다."

그들의 종교적 핵심이 '카발리즘'에 두고 있음을 숨기지 않는 것이다. 그들은 또한 영감과 능력의 뿌리가 루시퍼라고 주장한다. 『도덕률과 교리』엔 다음과 같이 적혀있다.

"빛의 사자 루시퍼! 루시퍼야말로 아침의 아들이다. 빛의 사자이다."

또 프리메이슨에 참석한 사람들을 전사로 표현했을 때, 이들의 무기는 자신들 스스로의 힘을 활용할 수 있는 것이다. 이것은 바로 루시퍼가 주는 에너지이다. 루시퍼가 주는 에너지를 사용하는 것이, 바로 프리메이슨의 능력인 셈이다. 프리메이슨의 신학적 기초교리는 1889년 7월 14일, 앨버트 파이크가 쓴 『교리』에 잘 나타나 있다.

"루시퍼는 곧 하나님이지만 아도나이(여호와)도 하나님이다. 추함이 없는 아름다움은 존재할 수 없고, 검은 게 없으면 흰 것도 없다. 절대적인 존재는 두 개의 하나님으로 존재한다. 어두움은 반드시 빛이 필요하다. 우주적인 원리는 어차피 힘겨루기가 필수적이다. 참되고 순수한 철학적 종교는 바로 루시퍼를 믿는 것이다. 루시퍼는 곧 아도나이와 동격으로, 루시퍼는 빛의 신이며 선의 신이다. 이 신이 바로 인류를 위해 아도나이와 싸우고 있다."

앨버트 파이크는 또한 『모럴과 도그마』에서 다음과 같은 주장한다.

"빛이 즉시 사라지는 것을 방지하기 위해서 아담에게 선악을 아는 과일 먹는 것을 금했다. 빛의 왕국과 어둠의 왕국에 대해 잘 알게 될 것 같아서이다. 진짜 빛의 천사가 아담을 꼬여 귀신의 말을 어기게 만들어 아담에게 승리의 수단을 주었다. 그런데 여호와 귀신이 이브를 만들어서, 이브가 결국 아담을 유혹해 육신에 빠지게 함으로써 약하게 만들고, 육적인 것에 묶이도록 만들었다."

또한 프리메이슨의 핵심 교리는 '우주적인 보편성'이고, 모든 종교를 하나로 통합하고자 한다. 그들은 모든 사람이 연합하고 모든 사람이 모든 종교를 함께 나누는 것을 표방한다. 기독교, 불교, 힌두교, 이슬람교가 모두 다르지 않다고 본다. 프리메이슨의 교리에서 일관되게 드러나는 것은 행위로 영생에 도달한다고 본다. 높은 계급으로 올라가면, 나중에는 '내가 곧 신이다'라고 말하기도 한다. 프리메이슨이 된 사람의 제1차 의무는, 상급자에게 절대 복종하는 것이다. 그 성격과 결과에 상관없이 명령은 즉각 순종되어야 한다. 절대 복종에 대한 프리메이슨의 법은 아주 단호하다. 프리메이슨 멤버는 맹목적인 복종을 하도록 서원하게 하며, 진짜 그들이 어디에 절대 순종해야 하는지 내용도 모르면서, 하급 3단계 후보들이 하는 맹세가 다음과 같다.

① **입문자:** 엄격하고 진지하게 맹세하는 모든 것에, 조금도 주저함이나 흐트러짐이 없게 한다. 만약에 이 맹세를 어기면 내 목을 자르거나 내 혀를 뿌리까지 뽑아버리거나 내 몸을 물이 흐르는 지역에 생매장 시켜서 죽여도 좋다.

② **숙련공:** 만약 의도적으로 거룩한 맹세를 깨거나 동료들과의 약속을 어기면, 내 왼쪽 가슴을 찢어 심장과 내장을 꺼내서 여호사밧 골짜기로 가져가서, 야생 짐승의 먹이가 되도록 해도 좋다.

③ **지도급:** 만약 거룩한 서원과 맹세를 어기면, 존재할 가치가 없는 악한 내 몸을 중간에서 쪼개서 하나는 남쪽으로, 동쪽으로 보내고, 내장들은 불태워 재를 사방으로 흩뿌려서, 나라는 존재가 조금도 흔적이 남지 않도록 해도 좋다.

이들은 평화와 화해와 인류애를 위하여 모든 종교를 차별하지 말고 서로 포용하고 받아들이자고 주장한다. 이렇게 보편성을 주장하며 '영생은 선행을 통해서 이루어진다.'고 말한다. 겉으로는 많은 사람들이 선행을 베푸는 친목단체로 알고 있는 이 조직은 평화를 추구하며 착한 일을 많이 하고 형제애를 중시하는 것 같지만, 이는 어디까지나 겉에 드러난 모습에 불과하고, 사실은 가톨릭을 중심으로 한 종교통합을 추구한다.

그들의 기원

중세시대 성당건축에 참여한 석공 조합에 뿌리를 둔 프리메이슨은 17세기 영국에서 인간과 사회의 개선을 추구하는 엘리트들의 사교클럽으로 재탄생했다. 세계시민주의, 자유주의를 지향하는 이 단체는 이후 전 유럽과 미국 등지로 확산됐다. 현재 회원 수는 전 세계 약 570만 명 정도며 그 중에서 영국과 미국에만 500만 명 정도인 것으로 알려져 있다. 프리메이슨의 역대 회원 중엔 미국의 조지 워싱턴, 링컨, 루스벨트, 닉슨, 빌 클린턴 전 대통령들과 영국의 윈스턴 처칠 총리, 볼테르, 몽테스키외, 스탕달, 보들레르 등 전 세계를 움직이는 인물들이 포함돼 있다. 대체 어떤 단체 이길래, 그들의 말대로 순수한 사교클럽이나 사회단체에 불과한 한 조직체 안에 그렇게 대단한 엘리트들이 포진하고 있는 것일까? 앞서 살펴본 대로 근대 프리메이슨의 공식적 탄생 시기는 1717년이지만, 이 조직은 자신들의 정체성과 관련한 자신들의 기원을 훨씬 그 이전으로 소급하고 있다. 전설속의 신비로운 집단이라고만 생각했던 성전기사단, 장미십자단, 일루미나티, 영지주의, 신비주의가 모두 통합된 영적인 추구를 지향하는 단체라는 점이다. 그들은 더 나아가 자신들의 기원을 인류 역사상 처음으로 도시를 건설한 에녹과 바벨탑을 건설한 니므롯에게 소급시키고 있다. 『도덕률과 교리』 210페이지에 다음과 같이 묘사되어 있다.

> "에녹… 그의 이름은 히브리어로 착수, 전수, 계몽자의 의미를 지닌 INITIATE 또는 전수자의 의미를 지닌 INITIATOR라는 뜻을 가졌다. 화강암, 청동 혹은 놋쇠로 만든 그가 세운 기둥들의 전설은 아마도 상징적일 것이다. 홍수를 견뎌낸 청동 기둥은 합법적 후계자인 메이슨들(석공들)이 이어받은 신비들을 상징하는데 그들은 시작부터 그 신비의 관리인과 저장고였으며, 그것은 세상의 대부분이 모르며, 시대 속에서 끊임없는 유전의 흐름으로 이어져 온 위대한 철학과 종교적 진리와 도식과 상징과 그리고 우화 속에 구현된 것이다."

프리메이슨은 여기서의 에녹이 아담의 7대손이며, 하나님과 동행한 기원전 3760년에 태어난 에녹이고, 유전의 흐름으로 그들의 신비주의 지식을 전수받았노라고 주장하지만, 성서학자 제이 어셔의 『성경연대기』에 의하면 아담의 7대손 에녹은 기원전 3382년에 태어났고, 프리메이슨의 에녹은 그보다 378년이 앞선 가인의 아들이다. 동생 아벨을 죽인 인류 최초의 살인자 가인이 "에녹"을 낳는다. 「창세기」 4:17에서, "아내와 동침하매 그가 임신하여 에녹을 낳은지라 가인이 성을 쌓고 그의 아들의 이름으로 성을 이름하여 에녹이라 하니라."라고 기록되어 있다. 이렇게 인류 역사상 처음으로 성을 쌓은 가인, 그리고 그의 아들 에녹이 바로 프리메이슨의 기원이 되는 셈이다. 이는 앨버트 파이크의 다음 진술에서 더욱 명확해진다.

"루시퍼는 빛과 선의 하나님으로서 인류를 위해 어둠과 악의 하나님인 아도나이와 싸우고 있다."

그들은 성서를 선과 악을 뒤집어 해석하고 있다. 그들에 의하면 아벨이 오히려 완악하거나 영악한 것이고, 가인이야말로 스스로에게 솔직하고 선한 것이다. 그리고 아도나이, 즉 여호와가 악하고, 그들이 섬기는 신 루시퍼가 선하다. 그들은 이런 식의 해석을 놓고 스스로 용기있고, 세련되고, 지적 수준이 높으며, 진리를 간파하는 열린 눈을 가졌다고 자평한다. 그리고 그렇게 하지 못하는 이들에 대해 용기 없고, 촌스럽고, 지적 수준이 떨어지며, 진리를 꿰뚫어보는 눈이 없다고 깔본다. 양들의 무리에 섞여있는 염소의 심정이 꼭 이와 같지 않을까? 『도덕률과 교리』 321페이지에 다음과 같이 묘사되어 있다.

"루시퍼, 빛을 가진 자! 기이하고 신비한 이름이 어둠의 영에 주어졌나니! 루시퍼, 아침의 아들! 그가 빛을 가진 자인가? 그리고 그의 견딜 수 없는 밝은 빛으로 연약하거나 감각적이거나 이기적인 영혼들을 눈멀게 하는가? 의심의 여지가 없다!"

이렇게 석공들의 최초 기원을 가인과 에녹에게 소급해 놓은 그들은 다시 대홍수 이후 노아의 세 아들로부터 다시 시작하게 되는데, 그 중에서 함의 손자 니므롯이 하나님에게 대적하여 일어나는 것에 주목한다. 「창세기」 10:8~12에서 이르기를

"구스가 또 니므롯을 낳았으니 그는 세상에 처음 영걸이라 그가 여호와 앞에서 특이한 사냥꾼이 되었으므로… 그의 나라는 시날 땅의 바벨과 에렉과 악갓과 갈레에서 시작되었으며… 그가 그 땅에서 앗수르로 나아가 니느웨와 르호보딜과

> 갈라와 및 니느웨와 갈라 사이의 레센을 건설하였으니 이는 큰 성읍이라."

고 하여, 니므롯이 많은 도시를 건설하는 내용이 기술된다. 유대 역사가 플라비우스 요세푸스는 니므롯에 대해 나음과 같이 언급한다.

> "사람들이 하나님을 모욕하고 경멸하도록 이끈 것은 니므롯이었다. 그는 노아의 아들 함의 손자였다. 그는 대담하고 강한 힘의 소유자였다. 그는 사람들이 누리는 행복이 하나님에게서 오는 것이 아니며 하나님께 감사하지 말도록 사람들을 설득하였다. 동시에 그는 사람이 자기 자신의 용기를 믿음으로 그들이 행복을 찾을 수 있다고 사람들을 설득하였다. 그는 자기의 힘에 사람들이 지속적으로 의존하도록 만들지 않고선 그들이 하나님 경외하는 것을 막을 수 없다는 것을 깨닫고 그의 정부를 천천히 독재정부로 변화시켰다. 또한 그는 다시 하나님께서 세상을 물에 담그실까 봐 하나님께 복수하겠다고 하였다. 그는 물이 닿지 못할 높은 탑을 건설하여 그렇게 할 것이었다. 그리고 그는 자기 조상을 멸하신 하나님께 복수할 것이었다."

프리메이슨의 『퀴즈 북』에는 "니므롯은 누구였는가?"라고 질문을 던지고는 이어서 "그는 구스의 아들이다. 오래된 헌법에는 그가 석공예(Masonry)의 아버지였다고 언급하며, 성서에는 많은 도시의 건축가였다고 한다."

라고 답하고 있다. 또한 『프리메이슨 백과사전』 Vol.1의 61페이지에는 다음과 같이 기술되어 있다.

> "석공예(Masonary)에서 바벨은 의심의 여지없이 프리메이슨 사업을 상징하며 초기 해석가들은 그 사실에서 충분히 이득을 얻었다. 그들은 시험받고 검증된 마스터 메이슨(석공)처럼 하나의 언어와 하나의 말을 가지고 동쪽에서 서쪽으로 이동한 사람들을 기억하였다. 그들이 시날 땅에 도착했을 때 그곳에서 노아의

후손들로 거주했고 처음으로 메이슨이라는 이름의 특징을 가졌었다. 그곳에서 그들은 혼란의 높은 탑, 바벨탑을 건설했다. 악에서 선이 나온다. 그러나 언어의 혼란은 '말하지 않고 대화하는 고대 메이슨들의 방법'을 고안하게 했다."

이로써 니므롯이 현대 프리메이슨의 뿌리임이 명백해진다. 주지하는 바와 같이 이후 바벨론 문화는 문명의 발생지인 이집트를 비롯하여 인도, 페르시아, 그리스에까지 영향을 미쳤고, 그들의 바탕에는 공통적으로 '범신론 사상'이 숨어있다. 1859년부터 1891년까지 프리메이슨의 지도자로 있었으며, 신비주의 사교 집단들의 완벽한 역사에 대해 집대성한 앨버트 파이크는 『도덕률과 교리』라는 책에다가

"신비주의 종교가 어떻게 성장하여 바벨론 시대부터 프리메이슨에 이르기까지 어떻게 흘러나왔는지 집대성한 내용"

이라고 밝혔다. 거기서 파이크는 다음과 같이 쓰고 있다.

"프리메이슨의 비밀 지식을 보면, 많은 내용들이 유실된 것처럼 보이지만, 메이슨, 혹은 프리메이슨, 프랭크 메이슨이라고 부르는 이름을 통해 중심 교리는 거의 다 다 남아 있다. 각종 등급의 이름 역시 그 당시에 있었는데, 물론 같은 방식은 아니지만, 결국 영성과 그 중심의 하트는 똑같이 존재하고 있다. 그리고 모든 사상의 시작은 바벨론에서 출발했다."

그리고 또한 그는 이렇게 주장하기도 한다.

"이 프리메이슨이 바로 각종 철학자, 카발리스트, 신비주의와 영지주의를 만들었다"

이런 주장은 다른 각종 메이슨의 참고 서적에도 똑같은 내용으로 나타나고 있다. 『프리메이슨의 모니터』라는 책을 보면,

> "메이슨의 각종 용법과 관행들은 이집트 철학자들과 너무나 일치한다. 그런데 이 신비의 철학을 세속의 인물들에게 알려주기 싫어서 처음에는 그들의 특별한 교리와 정책을 숨겼으며, 보통 사람들이 알기 힘든 상형문자를 사용했다"

고 말하고 있다. 이처럼 프리메이슨이 그들이 말하는 대로 단순한 사회단체라고 보기엔 그 계보가 너무나 엄청나다. 단순한 사회단체가 아니란 증거는, 프리메이슨의 시작과, 역사, 조직에 대한 기록을 보관하고 있는 수많은 책과 도서관의 규모만 보더라도 짐작할 수 있다. 유럽만 하더라도 런던 중심가 대 여왕 거리에 있다는 프리메이슨 홀에는 엄청난 자료가 보관돼 있으며, 미국은 엄청난 기록들이 아이호아주 랏지에 남아있고, 가장 많은 자료는 워싱턴의 프리메이슨 신전에 있다. 워싱턴 신전은 전 세계의 '어머니 최고 위원회' 본부로서의 역할, 즉 프리메이슨의 총본부 역할을 하고 있으며, 프리메이슨의 신전 역할과 유명한 메이슨의 도서관을 가지고 있다. 오랜 역사를 거치면서, 프리메이슨의 조직과 사상은, 처음에는 정보들이 구전돼 오다가 상형문자로, 그리고 문명마다 서로 다른 문자로 전수돼 왔다. 그러나 시간이 흐를수록 비밀의식에 관련된 지식, 신조들이 루시퍼 사탄의 활동들을 영구화시키기 위해 문서화된 것으로 보인다. 그 중에 많은 부분들이 그리스 로마 철학자들에 의해 처음 기록됐으며, 이것이 세대를 거쳐 전해져 내려온 것이다. 오늘날 이른바 'New World Order'라는 구호를 외치고 있는 프리메이슨의 뿌리가 노아의 홍수 이후 건설된 바벨탑이 분명해진다. 이후 각종 사교, 영지주의, 성전기사단, 장미십자단을 거쳐 현대의 뉴에

이지 운동으로까지 이어지고 있는 셈이다. 프리메이슨은 궁극적으로 새로운 세계 질서 구축을 위해, 대중들에게 문을 열었는데, 방법은 자선기관 형태였다. 겉으로는 자선 기관의 모습으로 포장을 하고, 속으로는 사교 집단의 비밀을 이어가자는 전략을 취한 것이다. 그리고 그들이 가장 편리하게 이용할 수 있는 조직의 이미지가 바로 석공 조합, 즉 프리메이슨이었고, 상징과 모양을 똑같이 채택했다. 그런데 당시 수많은 단체들 가운데, 하필이면 석공 조합이었을까? 과거의 성전기사단 회원들이 바로 위대한 석공들이었던 것이다. 왜냐하면 당시에는 수많은 성전들과, 어마어마한 부자들이 스스로 즐길 수 있는 대 농장을 짓는 석공들로, 엄청난 부를 쌓는, 새롭게 떠오르는 신흥 계층이었던 셈이다. 그들은 성공담을 기념하는 기념물을 세우기까지 하고, 그들 자신을 위대한 건축가로 생각했던 것이다. 사실 석공 조합은, 당시에 인정받는 단체였고, 자신들의 정체를 숨기기 위한 좋은 도구였다. 하지만 이 석공 조합만으로는, 많은 사람들을 끌어들이는데 한계가 닥쳤다. 중세 때만 하더라도 성전 건축을 많이 했는데, 성전 건축이 사라지면서 갑자기 석공 조합의 규모가 줄어들었다. 모일 명분이 없었기 때문에 지하로 잠적해야 할 형편이었다. 결국 전통을 살리기 위해 그들의 자리를 바깥사람들에게 공개해야 했다. 이런 변화는 1640년대에서 시작, 1717년 세계 최초의 대형 신전을 런던에 건축하면서 정점이 됐다. 새로운 이 조직은 급성장했다. 1700년대 후반에서부터 이들은 아주 좋은 일 하는 단체라는 이미지가 확립되어, 대중들에게 큰 호감을 얻게 됐고, 이후 수백 년에 걸쳐 그들의 계획을 하나하나 실행해나갈 수 있게 되었다.

역사를 보는 다른 관점

프리메이슨은 자선기관으로 자칭하면서 대중에게도 문을 열고, 또 자유, 평등, 박애정신 같은 모토를 내세우면서 대중의 호응을 얻어 결국 1789년 프랑스 대혁명을 성공시킬 수 있었다. 18세기말 당시 대중이나 귀족이나 가릴 것 없이 모두들 형식적이고 권위적이고 타락한 가톨릭에 진절머리를 내고 있었다. 이런 정황을 잘 간파하고 종교에 적대적인 태도를 취하는 전략으로 프리메이슨이 종교 타도를 외치며 프랑스 혁명을 일으켰던 작전이 제대로 적중하면서 마침내 성공해냈던 것이다. 이처럼 "**땅에서 나온 짐승**" 예수회가 두 개의 핵심 조직을 이끌며 결국 얻어내고자 하는 궁극적 목표는 **모든 부분이 중앙에서 통제되는 사회를 건설하는 것**이었다. 이러한 예수회의 오래된 목표를 꼭 빼닮은 프리메이슨 33도의 모토를 한마디로 집약하면 그것은 바로 "**오르도(ORDO) 압(AB) 카오(CHAO)**"라 할 수 있는데, 이는 "혼돈 속에서 질서를 이룬다."는 의미이다. 그들이 목표로 하는 질서가 수립될 때까지 끝없는 혼돈을 유발하는 것이 그들의 주요한 전술전략이다. 그들은 "결과가 수단을 정당화한다."고 주장한다. 목표를 달성할 수 있다면 그 어떤 수단이라도 활용할 수 있다는 것이다. 그들은 또한 "**악에서 선을 낳는다.**"고 주장한다. 이는 자신들의 목표야말로 지고지대한 선이고, 그것을 낳기 위해서는 그 어떤 악이라도 용납된다는 의미이다.

프랑스 대혁명이란 대혼란을 조장하면서 무너뜨린 것은 천년이 넘도록 존속해왔던 기존 질서 프랑스의 "**왕정체제**"였다. 1단계 작전에 성공한 짐승들은 그 뒤에는 과연 또 어떤 큰일들을 획책했을까? 1871년 앨버트 파이크는 당시 일루미나티의 수장 쥐세페 마찌니에게 편지를 보낸다. 거기에는 "신세계질서"를 이룩하는데 필수적인 요소로써, 세 개의 큰 세계대전을 일으키는 것에 대하여 자세히 묘사하고 있었다. 그에 의하면 제1차 세계대전에 대한 설계도는 다음과 같았다.

"제1차 세계대전은 일루미나티가 러시아에서 황제의 권세를 없애고 러시아를 무신론 공산주의 요새로서 만들기 위해 일어나야 한다. 일루미나티 요원들에 의해 생겨나는 영국과 독일제국 간에 분기가 이 전쟁을 조성하는데 사용될 것이다. 이 전쟁의 끝에 공산주의가 설립될 것이고, 그것은 다른 정부들을 파괴하며 종교의 영향력을 약화하기 위해 사용될 것이다."

실제로 1914년에 발발한 제1차 세계대전은 영국 중심의 협상국 진영과 독일, 오스트리아의 동맹국 진영이 양 진영의 중심이 되어 싸운 전쟁이었고, 그 결과로서 러시아의 왕권이 사라지고 무신론에 입각한 공산주의 국가 소련이 수립될 수 있었다. 설계도가 단지 그림으로만 끝난 것이 아니었던 것이다. 1871년에 수립된 제2차 세계대전에 대한 설계도는 무엇이었을까?

"제2차 세계대전은 파시스트들과 정치적 시온주의자들 사이의 분기를 기회로 조성해야 한다. 이 전쟁은 나치즘을 파괴하고 정치적 시온주의가 충분한 힘을 얻어서 팔레스타인에 이스라엘 국가를 세우게 되어야 한다. 제2차 세계대전 동안 세계적으로 공산주의는 충분히 힘을 얻어 기독교 국가들과 균형을 이루어야 하며, 마지막 사회적 재앙을 일으키기 위해 우리에게 필요할 때까지 자제되고 견제 받아야 한다."

이것이 바로 당시 작성되어 있던 설계도 내용이었다. 그리고 실제로

1939년 발발한 전쟁의 결과로서 시온주의는 힘을 얻어 팔레스타인에 이스라엘을 건국할 수 있었고, 공산주의의 물결이 중국으로 흘러들어가 장악하게 되었다. 1945년 포츠담 회담에서 미국 트루먼 대통령, 영국의 처칠, 소련의 스탈린이 만나 회담을 한 결과 유럽의 많은 부분이 러시아에 거저 주어진바 되었다. 공산주의 국가 소련이 세상의 다른 한 축으로 등장하게 된 것이었다. 어떻게 그토록 상대적 약세에 불과했던 소련이 그렇게 강성해질 수 있었는지, 그리고 왜 유럽의 많은 부분이 소련의 지배를 받게 되었는지 이해할 수 없었는데, 역사책이 알려주지 않는 곳을 그들의 설계도를 들여다보면 이것이 어떻게 가능했던 일인지를 분명하게 보게 된다. 포츠담회담 당시 프리메이슨 지도자들끼리 만나 당초 수립되어 있던 계획서대로 모든 일을 진행해나갔던 것이다.

이와 같이 2개의 세계대전이 설계한대로 이미 착착 진행되었고, 마지막 남은 세 번째 세계대전의 설계도가 궁금해지게 된다.

"제3차 세계대전은 일루미나티 요원들이 시온주의자들과 이슬람권 지도자들 사이에 생성하는 분기를 기회로 조성해야 한다. 전쟁은 이슬람권과 정치적 시온주의(이스라엘 국가)가 서로를 파괴하는 형식이 되어야 한다. 그러는 동안 다른 국가들은 이 문제에 대해서 의견이 갈려서 완전히 물질적으로, 도덕적으로, 영적으로, 경제적으로 파탄되는 수준까지 싸워야 한다. 우리는 니힐리스트(허무주의자)들과 무신론자들을 풀어놓을 것이고, 그로 인해 우리는 가공할만한 사회적 재앙을 불러일으킬 것인데, 그것은 완전한 무신론과 야만성의 근원과 최고의 피비린내 나는 소란들의 영향들에서 오는 공포를 국가들이 분명하게 보여줄 것이다. 그래서 방방곡곡에서 국민들은 자신들을 소수의 혁명가들로부터 보호하기 위해 문명 파괴자들과 기독교에 빠진 수많은 사람을 몰살시킬 것인데, 그 순간부터 그들의 영들은 방향을 잃은 채 이상을 찾아 헤맬 것이고 무엇에게 그들의 경배심을 주어야 할지 모르게 될 것이다. 그때에야 순수한 루시퍼 교리의 진정한 빛이 전 세계에 공개적으로 드러나게 될 것이고 그들은 그 빛을 받아들일 것이다. 이 빛이 드러나게 될 때 일반적인 복고운동의 결과로서 기독교의 파괴와 무신론의 파괴가 일어날 것이며 동시에 둘 다 정복당하고 제거당할 것이다."

바로 이것이 1871년 앨버트 파이크에 의해 수립된 제3차 세계대전의 설계도라고 하는데, 믿어지는가? 아직 그것이 일어나지 않아서 다행스러운가? 아직 일어나지 않은 것은 단지 때가 무르익지 않았기 때문일 것이고, 중요한 것은 이 설계도의 목표가 분명하게 드러나 있는데, 언제든 그것이 현실화될 수 있는 준비태세가 완비되어 있다는 점이다. 현재 무신론자들과 허무주의자들이 온 땅을 뒤덮고 있고, 이슬람과 이스라엘의 대치는 아직도 극단적이고, 사람들은 이미 무엇에게 경배심을 주어야 할지 몰라서 헤매고 있으니, 설계되었던 제3차 세계대전의 발발은 단지 시간문제인 것으로 보인다. 우리는 결국 **루시퍼**[3)]의 진정한 빛을 보게 될 운명인가? 그들은 소떼를 도살장으로 몰아가듯이 경제파탄과 전쟁으로 세상을 이끌어나가고 있다. 공립교육체계나 미디어 등의 다양한 방법을 통해서 대중이 자신의 지성과 자기 자신만을 신뢰하도록 세뇌 교육하고 불안정한 세계정세를 조장하여 대중들이 그들이 내세우는 세계단일정부에 의존할 수밖에 없게끔 분위기를 만들 것이고, 종국에는 그들이 늘 그래왔듯이 유일무이한 독재체제의 완전한 확립을 노릴 것이다. 그것이 바로 그들이 외치는 "New World Order"이다.

---

3) 2014년 부활절 바티칸은 루시퍼를 찬양하는 미사를 올렸다. 계명성을 뜻하는 루시퍼는 타락한 천사를 지칭하는 사탄이라고 그동안 가르쳐왔기 때문에 모두들 깜짝 놀랐다. 하지만 「계시록」 22:16에는 예수가 새벽별이라고 지칭된다는 것이 그들의 논리였다.

새로운 아틀란티스

이른바 유럽의 근대화라는 것을 통해서 태동된 자유주의와 공산주의의 대두를 비롯해 심지어 시온주의에 이르기까지 그 실상을 알고 보면, "땅에서 나온 짐승"에 의해서 그 모든 것들이 주도되고 조장되었다고 해도 전혀 과언이 아니란 것을 알게 되었을 것이다. 그러나 그들의 야심은 유럽의 근대화만으론 도저히 만족할 수가 없었다. 유럽에서 막대한 인원과 조직, 자금력, 영향력을 행사하게 된 이들은 동시에 대서양 건너의 대륙에 지대한 관심을 갖고 있었다. 유럽을 넘어서 새로운 세계의 건설에 강한 열망을 품고 있던 그들에게 거대한 아메리카 신대륙은 너무도 강한 유혹일 수밖에 없었다. 이런 이유에서 그들은 이미 수백 년 전부터 동료들을 그 먼 곳에까지 파견하며 지속적으로 관여하고자 했다. 그 옛날 황금시대를 재현하고 싶다는 오랜 갈망을 어쩌면 정말로 실현할 수 있을지 모른다는 희망을 품고, 사라진 제국의 영광, 세계단일정부, 신세계질서라는 거대한 목표를 위해, 그들은 대서양을 건너 1776년 신대륙에 미국을 건국하기에 이른다. 근현대에 들어와서 그들이 특히 미국에 집중적으로 관심을 기울인 이유는 미국이야말로 새로운 아틀란티스를 실현할 최적의 장소로 보았기 때문이었다. 플라톤의 대화록에 의하면 고대 아틀란티스는 풍부한 천연자원과 고도로 발달한 과학과 문명을 가졌었고 모든 인간의 필요를 채워줄 수 있는 제국이었다고 한다. 그런데 갑작스런 자연재해로 순식간에 물속에 잠겨버렸다고 한다. 너무나 사악하여 대홍수로 멸망시켰다는 노아 이전의 세상, 그 중의 하나가 아틀란티스였던 것이다. 최상위 33도 프리메이슨이자 철학자였던 멘리 피 홀이 말하기를,

> "아틀란티스는 실존하였고, 온 세상을 다스리던 제국이었다. 그것이 언젠가는 다시 재건될 운명이다."

라고 했다. 오랜 계보의 전통을 지닌 비밀조직들은 지난 3,000년 이상을 줄곧 새로운 아틀란티스를 재건하기 위하여 그토록 열심히 정보를 수집하고, 그토록 열심히 활동하고 있었던 것이다. 멘리 피 홀은 또한 이렇게 진술한다.

> "많은 미국의 건국자들이 메이슨, 즉 석공이었을 뿐 아니라 유럽에 존재하는 비밀스럽고 위엄 있는 조직들의 도움을 받았다."

이러한 비밀조직에는 "아는 것이 힘이다."라는 명언을 남겼던 장미십자회의 수장 프랜시스 베이컨도 있었고, 그는 프리메이슨들을 신대륙으로 보냈다. 프랜시스 베이컨이 설계한 프로그램에 따라 새로운 아틀란티스 계획은 순조롭게 잘 형성되어갔다. 심지어 건국의 아버지라고 칭송받는 초대 대통령 조지 워싱턴을 비롯해 미국 역대 대통령 중에 프리메이슨으로 확인된 자들만 최소 14명이다.

그 결과 그들의 수도 워싱턴에는 온갖 오컬트 상징들로 가득 차게

되었고, 그들의 1달러짜리 지폐에는 일루미나티의 상징 "전시안"을 비롯하여 "신세계질서"를 의미하는 라틴어가 새겨져 있고, 심지어 사람들이 흔히 독립연도라고 생각하기 쉬운 "1776"을 의미하는 로마자 표식 역시 실은 일루미나티 창설 연도이다. 이렇게 미국이란 나라의 태생 자체가 지극히 수상하다. 새로운 아틀란티스를 노린 흑암세력은 비단 장미십자회나 프리메이슨이 전부가 아니었다. 프리메이슨의 일원이었던 조지 워싱턴이 이렇게 말한다.

> "만약 미국이 자유를 박탈하는 날이 온다면 그것은 가톨릭체제를 통하여 올 것이다."

1782년에 일루미나티와 프리메이슨이 결합되었음에도 불구하고 적어도 조지 워싱턴은 예수회가 그 뒤에 숨어 있다는 것을 아직 인지하지 못했었던 것 같다.[4] 그리고 미국 제2대 대통령 존 애덤스는 이렇게 말한다.

---

4) 한때 예수회 신부였던 "알베르토 리베라"는 가톨릭이 프리메이슨과 원수인 줄 알았다가 예수회 고위급이 프리메이슨인 것을 발견하고 큰 혼란을 겪다가 그곳을 탈퇴한다. 원래 리베라 박사의 역할은 교회에 스파이로 들어가 개신교를 파멸하는 것이었다. 그는 자신이 몸담았던 예수회의 내부 모순과 범죄를 목격하고 탈퇴한 이후 그것의 실상을 고발하는 내용을 『알베르토』, 『이중 십자가』, 『대부』, 『어둠의 세력』, 『네 명의 말 탄 자』, 『거짓선지자』 등 6권의 만화 형식으로 출간하고 증언하며 다니다가 1997년 결국 의문의 죽음을 당했다.

"이들 중 많은 수가 집시들의 왕이나 할 수 있을 것 같이 화가, 출판인, 작가, 교사로 가장하고서 이곳에 벌떼같이 몰려들고 있지 않은가? 만약 이 땅과 지옥에서 영원한 고통을 받기에 합당한 그룹이 있다면 그것은 로욜라의 조직 예수회이다."

이로써 건국 초기서부터 이미 미국의 지도급 인사들이 땅에서 나온 짐승 "예수회"와 바다에서 나온 짐승 "교황"을 상당히 의식하고 있었던 것이 분명하다. 그들의 그러한 우려는 단지 기우에 지나지 않았을까? 그 뒤로 얼마 지나지 않아 염려했던 우려가 현실로 다가온다. 미국을 건국한 국부의 하나로 추앙받는 벤자민 프랭클린, 제3대 대통령 토마스 제퍼슨, 제7대 대통령 앤드루 잭슨, 제임스 파튼[5)]가 한결같이 다음과 같이 진술한다.

"프리메이슨의 계보를 올라가 가장 정상에 이르러 프리메이슨들의 우두머리가 누군지 살펴보면, 당신은 예수회의 끔찍한 수장과 프리메이슨들의 우두머리가 같은 사람이란 사실을 발견할 것이다!"

그리고 도저히 치유될 수 없는 불치병 수준에 도달했다는 것이 미국 사회 전역에 증명되는 사건까지 벌어진다. 그것이 1826년 윌리엄 모건이 살해되는 사건이었다. 윌리엄 모건은 프리메이슨의 비밀을 폭로하는 책을 썼으나, 출간하기 직전에 프리메이슨들이 그를 납치하여 살해했다. 이 사건으로 사회적인 이슈가 되어 범죄자들을 처벌해야 한다는 대중들의 여론이 들끓었으나 정의의 실현은 불가능했다. 한때 프리메

5) 전기 작자, 프랑스 혁명의 철학자 볼테르의 전기를 집필했다.

이슨이었다가 탈퇴한 목사 찰스 G. 피니는 이에 대해 이렇게 진술한다.

"사람들은 법정, 보안관들, 목격자들, 배심원들과 아무것도 할 수 없음을 깨닫게 되었고, 그들의 모든 노력은 당시에 완전히 무력하였다."

26명의 프리메이슨 단원이 기소되었고, 6명이 재판에 회부되었으나 그 중 4명만이 가벼운 판결을 받는데 그쳤고, 대중들은 분노했지만 거대한 현실의 벽을 절감할 수밖에 없었다. 당시 미국 7대 대통령 앤드루 잭슨은

"나는 프리메이슨 조직이 최악이 아니라면 도덕적 악이나 정치적 악 중에 하나라고 양심적으로 믿는다."

라고 말한다. 1829년 뉴욕 주 상원위원회에서 프리메이슨에 대해 공식적으로 조사를 하였고, 그 결과를 이렇게 정리해준다.

"프리메이슨은 어떤 존재인가? 굉장히 강력하다! 그것은 높은 고위층, 부유층, 각 기관의 능력 있고 권세 있고 권세를 가졌다가 잃은 자들로 구성되어 있는데 중요한 권력이 있는 거의 모든 곳에는 그들이 존재하고 있다."

또한 1834년 매사추세츠 합동 위원회에서는 이렇게 정리한다.

"프리메이슨은 우리 정부 안에 존재하는 분명하고 독립적인 정부이며 비밀스러운 방법들 때문에 땅의 법령들이 닿지 않는다."

온 땅에서 분열과 갈등을 조장하면서 이른바 카오스(혼돈) 상태를 즐기는 짐승들의 혁혁한 활약상은 새로운 아틀란티스에서도 전혀 예외가 아니었던 것이다. 1861년에서 1865년까지 4년 동안 치러진 남북전쟁을 승리로 이끈 제16대 대통령 링컨은 이렇게 진술한다.

"이 남북전쟁은 예수회의 사악한 영향력이 없었다면 일어나지도 않았을 것이다. 이 땅에서 흘려진 숭고한 아들들의 피는 가톨릭의 책임이다. 매일 우리 땅에 상륙하는 신부, 수녀, 수도승이 그들의 종교를 전파한다는 구실아래 오지만 실은 그들이 교황과 유럽의 다른 폭군들의 밀사로서 온다는 사실을 만약 개신교도들이 깨달을 수만 있다면 남북의 개신교도들은 신부들과 예수회를 몰아내는데 연합할 것이다. 그들은 우리기관들을 약화하고, 우리 국민들 마음을 헌법과 법률로부터 멀어지도록 하려하며, 학교를 파괴하고, 그들이 아일랜드, 멕시코, 스페인, 그리고 어디든 자유를 원하는 사람들이 있는 곳에서 그랬듯이 이곳도 무정부 상태로 만들기 위해 준비하고 있다."

9.11 사태의 진상

이렇게 미국의 건국 초기부터 이미 뿌리 깊이 자리 잡은 흑암세력이 21세기의 오늘날에는 좀 잠잠해졌을까? 아니면 더욱 심각한 상황이 되어 있을까? 존 다니엘은 1999년 『거대한 계획의 폭로』에서 이렇게 말했다.

"진실은, 로마의 예수회가 그들의 목적을 달성하기 위한 가장 훌륭하고 효과적인 도구로서 개신교도들 사이에 프리메이슨 조직을 완성시켰다는 것이다."

그들은 가톨릭교회에만 머물지 않고 모든 개신교도들까지 영향력 아래에 두고 있다. 1995년 4월 9일 오클라호마 폭탄테러가 있었다. 그러나 수개월 전에 이미 일괄테러방지 법안이란 것이 제안되어 있었는데, 그때까지만 해도 미국에 테러가 전혀 없었기에 전혀 명분이 없었다. 그런데 갑자기 폭탄테러가 발생했고 아이들과 여자들이 죽었다. 국영방송은 연방청사 건물 안에서 3개의 폭탄을 발견하였고, 첫 번째 폭탄이 폭발하였다고 발표했다. 후에 발표된 공식 보고서는 범인이 트럭에 가득 실은 폭탄을 터뜨렸다고 발표했다. 목격자들은 전날 이 트럭을 보았다고 하는데, 트럭이 폭발한 위치에 폭발을 입증해줄만한 구덩이가 없었다. 트럭에 실은 폭탄이 건물 밖에서 폭발하였다면 건물은 안쪽을 향하여 폭발해야 하는데 정작 건물은 바깥쪽을 향하여 폭발해있었다. 이 사실은 안쪽에서 폭발한 폭탄 때문으로 보인다고 보도했던 국영방송의 현장보도와도 일치한다. 트럭에 실린 폭탄 때문이었다면 트럭의 잔해가 남아야 마땅하지만, 잔해가 현장에 전혀 남아 있지 않았다. 트럭의 잔해라고 후에 발견된 뒤 차축은 몇 블록이나 떨어진 곳에서 발견되었고, 뒤 차축에 차량인식번호가 찍혀 있었기에 폭발물을 실은 트럭의 부품이었다고 증명되었다고 한다. 그러나 미국에서 만들어진 차 중에 그 어떤 차도 뒤 차축에 인신번호가 찍혀있지 않으며, 범인이 트럭을 빌린 회사 또한 뒤 차축에는 인신번호가 없다고 증언했다. 뒤 차축에는 본래 부품번호만 찍혀 있을 뿐이라, 특정차량의 것으로 추정할 수 없다. 사고 후 많은 폭파 전문가들이 건물붕괴에 의문을 제기했다. 아무리 2톤의 폭발물이 터졌더라도 비료와 메탄, 경유의 혼합물로 9층짜리 건물을 무너뜨렸다는 건 물리적으로도 화학적으로도 불가능하다는 것이다. 40년간 이 분야에 종사한 폭발물 전문가 샘 코헨 역시 그런 의견을 제시했다. 그는 내부에서 건물의 기둥을 폭발시키지 않는

한 트럭의 화학비료 폭발만으로 건물이 무너지는 것은 불가능하다고 지적했다. 시간이 흐를수록 이 폭발의 진상에 대한 의문은 계속 커졌는데, 당시 범인으로 지목된 "티모티 맥베이"의 변호사는 재판을 위해 피고 측 변호 팀이 현장을 조사할 시간을 요구했지만, 그의 요구는 무시되었고, 건물은 안전상의 이유로 철거되었다. 이 사건은 미국 역사 속에서 일어난 진실을 요구하는 굉장히 이상한 사건 중의 하나였다. 사건이 발생한 후 5일 만에 대테러 법안이 통과되었다.

하지만 그것이 끝이 아니었다. 그와는 비교도 안 될 정도로 어마어마한 초대형 사건이 벌어진다. 미국 대통령이 헌법을 무시할 수 있는 권한을 허용하기는 하였으나 미국이 마음대로 어느 국가든 들어갈 수 있는 권한을 주지는 못하였다. 그런 권한을 얻기 위해서는 진주만 공습과 같은 초대형 사건이 필요한 상황이었는데, 그때 때마침 9.11 테러가 발생했다. 9.11 테러가 있은 후 부시 대통령은 유엔총회에서 말한다.

> "우리는 테러에 대하여 진실을 말해야 한다. 9월 11일에 대한 터무니없는 음모론들을 허용해서는 안 된다. 음모론들은 범죄자들 즉 테러리스트들로부터 책임을 떠넘기려는 악의적인 거짓말이다."

CBS 방송은 뉴욕시 소방국으로부터 두 번째 폭발물의 가능성에 대해서 들은 내용을 보도하였는데, 한 소방관이 한 남성을 구조하려던 중 또 다른 폭발을 들었고, 그의 생각에는 건물 안에 폭탄이 설치되었던 것 같다고 증언했다. 빌딩에서 탈출한 목격자들은 방송에서 비행기가 빌딩을 쳤고 불에 타기 시작했는데, 그 후 45분이 지난 후에 두 번째 폭발이 크게 "쾅, 쾅, 쾅" 세 번에 걸쳐 있었고 그 후에 건물이 붕괴하기 시작하였다고 증언했다. 건물 철거 전문가들은 건물을 철거할 때 일어나는 상황과 똑같다고 증언했다. 세계무역센터 옆의 건물들은 대부분 손상이 적었다. 그런데 아무것도 치지 않은 길 건너편의 "빌딩7"만 트윈 타워가 비행기에 맞은 후 8시간 뒤에 완벽하게 붕괴한다. 그러나 그것에 대해서는 별로 보도되지 않았다. 보통은 CIA가 "빌딩7"에 있었어야 하지만, 트윈타워가 비행기에 맞았을 때 빌딩을 버리고 나왔다는 것이다. 이 모든 일이 진행되는 동안 사건 당일 미국 정부는 25명의 테러리스트를 범인으로 지목했다. 모든 것을 주도한 테러리스트는 '아타'라는 남자라고 했는데 그들은 아타가 택시에 흘리고 간 자료들 때문에 그가 범인인 것을 알았다고 한다. 과연 어떤 테러리스트가 그런 실수를 할 수 있을까? 흥미롭게도 그들은 아타의 자살 유서를 그의 짐 가방에서 발견하였다고 한다. 그런데 비행기가 폭발하였는데 그 짐 가방을 어떻게 발견했을까? 그 짐 가방만 실수로 비행기에 실어지지 않았기 때문이라고 한다. 이 또한 우연일까? 그런데 자살하는 사람이 유서를 왜 폭발할 비행기에 실어질 짐 가방에 적어놓았으며, 또 하필 그 가방만 비행기에 싣지 못하게 된 것일까? 게다가 비행기들은 엄청난 정확도로 트윈타워를 충격했는데, 폭발로 비행기의 블랙박스들은 완전 파괴를 당하였다. 다른 잔해들은 많이 살아남았지만 이런 충격들을 견디도록 일부러 디자인된 티타늄 박스들만 완전히 파괴되었다고 한다. 테러리스트들의 이름이 발표되었을 때 아랍 국가들은 그 중에 다섯 명이 멀쩡히 잘 살아있기 때문에 비행기에 있었을 수가 없었다고 발표하였다. 테러리스트들이 아랍인이란 사실은 비행기에서 불타다 남은 여권이 떨어진 것을 발견하였기 때문이라 발표되었다. 그런데 블랙박스들이 손상되고 빌딩이 붕괴하는 사건에서 불에 타다가 만 여권을 찾아서 범인을 지목할 수 있다니, 이 수사팀은 대체 얼마나 운이 좋았던 자들일까? 사건이 있기 3일 전 항공사 주식이 전에 없었던 엄청난 판매량을 보였다. 그러므로 누군가는 이 사건들이 벌어질 것을 미리 알았다는 것 외에 어떻게 설명할 수 있을까? 그리고 도저히 있을 수가 없는 가장 큰 의혹은 건물들이 붕괴한 이유이다.

> "폭발이 있었어요… 세 번째 폭발이었는데 우리는 건물 로비에 있었거든요… 건물이 우리 위로 무너져 내렸어요… 첫 번째 폭발은 모르겠고, 두 번째 폭발은 정말 끔찍했어요… 그 후에 세 번째 폭발도 있었어요… 사람들이 위층으로 올라가기 위해 로비에서 대기 중이었는데 건물이 무너졌어요… 이해 못하실 거예요… 또 다른 폭발이 있을 수 있다니까요… 이 중에 있는 건물도 당장 폭발할 수 있어요… 이게 끝이 아닐 거예요… 건물 구석 쪽에서 쾅 쾅 쾅 쾅쾅쾅쾅쾅쾅 스무 번 정도 연이어서 무너졌어요… 1초도 안 되는 시간에… 층 순서대로 쾅쾅쾅쾅… 마치 건물을 무너뜨리려고 계획한 것처럼 말이에요… 쾅쾅쾅쾅쾅쾅!"

이와 같이 국영방송을 통해서 당시 생생하게 현장을 목격했던 목격자들은 비행기 충돌 후 45분 뒤에 두 번째 폭발과 세 번째 폭발이 있었음을 증언하였지만, 공식 발표에서는 두 번째 폭발부터 아예 무시해버리고 공식적으로 부인해버린다. 건물을 붕괴하도록 만든 두 번째 그 끔찍했던 폭발은 과연 무엇이었을까? 고층건물철거전문가들이 포함된 9.11진실을 위한 건축가들과 AE911 엔지니어 단체의 견해는 이러하다.

> "9.11에 무너진 3개의 빌딩에 대한 공식발표는 비행기 연료 화재가 트윈 타워를 약하게 만들었고 결국 무너지게 되었고, WTC "빌딩7"은 사무실 내 화재 때문에 약해져서 무너졌다고 발표했지만, 그 발표처럼 무너지는 것은 물리적으로 불가능하다는 충분한 과학적 증거가 우리에게 있다. 역사 속에서 고층 건물이 화재 때문에 무너졌다는 기록은 9.11 사태 외에는 전무후무하다. 그럼에도 그들은

우리에게 3개의 빌딩들이 기본적인 물리법칙들을 무시하고 굉장히 극적인 모습으로 화재 때문에 완전히 무너졌다고 말하고 있다. 9.11에 무너진 세 번째 타워인 WTC '빌딩7'은 트윈타워 옆에 위치한 47층의 고층건물로서 IRS(국세청), NSA(국가안보국), CIA가 상주하던 건물이다. 이것은 비행기가 치지도 않았지만 9월 11일 오후 5시 20분에 완벽한 대칭으로 그것도 건물터 안에서 7초 만에 완전히 붕괴하였다. 가장 핵심은 WTC '빌딩7'이 붕괴할 때 자유 낙하 가속을 하였고 트윈타워도 자유 낙하에 가깝게 붕괴하였다는 것이다. 전문 건축가와 엔지니어, 그리고 건물 철거 전문가들은 건물이 자유 낙하 가속으로 붕괴하는 방법은 통제된 철거 외에는 없다고 이해하고 있다. 그러므로 다른 이성적인 가능성이 전혀 없다."

정작 상황은 이런데도 불구하고, 9월 29일 캐나다 총리는 "래리킹 라이브" 프로그램에 출연하여 이렇게 말한다.

"그러나 저는 이 모든 일에서 어떤 좋은 것이 나오기를 바라고 있습니다. 왜냐하면, 저는 부시 대통령과 함께 다른 세계 지도자들과 대화를 하고 있기 때문이죠. 세계적으로 거대한 연합이 이루어지고 있으며, 어젯밤 유엔에서 우리 모두에게 유익할 신세계질서(New World Order)를 세계에 설립할 위대한 결의안이 통과되었습니다."

이러한 진술을 들어보면, "혼돈 속에서 질서를 이루고, 악에서 선이 나온다."라는 프리메이슨 33도의 모토가 저절로 떠오르게 된다. 이렇게 그들은 목적을 달성하기 위해서는 어떠한 수단과 방법도 가리지 않고 있다. 같은 상황을 놓고 2001년 9월 14일 전 상원의원, 게리 하트가 이렇게 말한다.

"미국의 대통령은 그의 아버지가 내 생각엔 단 한번 사용하곤 사용하지 않은 단어 신세계질서(New World Order)를 위한 기회로 이 재앙을 사용할 가능성이 있다."

9.11 테러 후 정말로 굉장한 법안들이 제안되어 통과되었고, 미국은 이제 재판도 없이 무인공격기로 테러용의자들을 사살할 수 있게 되었다.

짐승의 막강한 힘

땅에서 나온 짐승 "예수회"가 설립한 일루미나티와 프리메이슨이 1782년 합쳐진 이후 235년이 지난 오늘날까지 여전히 맹위를 떨치고 있는 그들의 불가사의한 생명력과 흡인력은 과연 어디에서 비롯된 것인가? 교과서들이나 유력 신문이 알려주지 않는 자금의 출처에 관한 흑암 세력의 특별한 활약상에 대해 안쏘니 써튼은 다음과 같이 진술한다.

"혁명은 언제나 독재국가를 대항하여 정치적 또는 경제적 빈곤층이 일으키는 즉흥적인 사건으로 기록되어 있다. 서방의 교과서에서 당신은 혁명이 자금이 필요하다는 사실을 절대로 찾을 수 없을 것이며, 그 자금의 출처가 대부분 월가로 이어진다는 사실을 볼 수 없을 것이다."

프랑스 혁명이나 볼셰비키 혁명을 비롯하여 세상의 모든 혁명들에 엄청난 자금이 필요했다는 사실을 우리는 크게 간과하고 있었던 것이 아닐까? 『바티칸 암살자들』이란 책 397페이지에선 프랑스와 러시아 혁명의 유사점을 다음과 같이 정리해주고 있다.

① 공산주의자이며 프리메이슨 철학자인 볼테르와 마르크스의 글에 기초하였다.

② 국가의 교회를 제거하였다.

③ 군주제를 끝장냈다. 부르봉 왕조와 로마노프 왕조는 예수회의 적이 아니었던가?

두 왕조 모두 예수회를 그들의 국가에서 쫓아내지 않았던가?

④ 공화국의 형태를 보였지만 전제 군주를 가진 예수회 공화국을 만들었다.

⑤ 무신론을 국가의 종교로서 내세웠다. 그들의 행위를 증거로서 보면 예수회는 진정한 무신론자들이 아닌가?

⑥ 엄중한 비밀경찰을 통해 공포 정치를 하였다.

⑦ 군사 독재자를 출현시켰고, 그들은 예수회의 적들을 처단했다. 예수회가 그들이 공개적으로 쫓겨난 프랑스와 러시아에서 나폴레옹과 스탈린을 통해 그 국가들을 속이고 이득을 얻지 않았는가?

이처럼 감히 땅에서 나온 짐승을 건드리는 자들은 그 누구도 무사하지 못했다는 것을 역사가 증명해주고 있다. 프랑스 왕조도 무사하지 못했고, 러시아 왕조도 무사하지 못했다. 1773년 예수회를 해산했었던 교황은 1798년에 뜨거운 맛을 보게 되면서 1814년에 예수회를 다시 부활해야 했다. 이렇게 짐승이 떡 주무르듯이 세계사를 제 맘대로 도모할 수 있었던 가장 큰 원동력은 바로 **거대한 자금동원력**에 있었다. 예일대 출신 변호사로서 20년간 세계은행에서 시니어 고문으로 일했던 캐런 후디스는 세계의 가난을 해결하겠다는 목적으로 설립된 세계은행이 실제로는 가난을 늘려왔다고 폭로한다. 그녀는 FRB와 세계금융권이 예수회와 한패라고 고발하면서, 세계은행의 부패를 추적해서 돈이 어디로 흘러가는가를 조사해보면 그 끝에 바티칸과 예수회가 있다고 알려준다. 그동안 바티칸이 돈 세탁한 혐의에 대하여 끊임없는 논란이 있었지만 그것은 금기시 되어온 주제였는데 캐런이 용감하게 공개한 것이다. 결론적으로 그녀는 예수회는 '역사상 가장 큰 폭력 행위를 해온 집단'이라고 고발한다. 그녀의 진술을 한번 들어보자.

> "스위스 취리히 로잔 공과대학에서 전 세계 43,000개나 되는 모든 다국적 기업을 누가 소유하고 있는지 연구했다. 연구결과는 이 기업을 모두 사들인 폭력배들이 있음이 드러났다. 언론에서는 이 내용을 읽을 수 없는데 그들이 언론사들도 소유하고 있기 때문이다. FRB와 국제결제은행은 가장 큰 사기꾼들 예수회와 한패이다. 각국에 세계은행 내부 고발자 그룹이 있는데 우리는 역사상 가장 큰 폭력행위에 대해 밝히려고 한다. 바로 바티칸의 예수회다. 나는 늘 CIA와 다른 정보국들이 문제라고 생각했었다. 그러나 진실은 바티칸이 거대한 정보국을 가지고 있다는 사실이다. 다른 사기꾼 정보국들은 바티칸의 정보국 아래서 일하고 있다. 그들은 서로 싸우는 거처럼 연극을 하고 있다. 대부분의 사람들이 미국 국세청 소득이 바티칸으로 간다는 사실을 모른다. 우리가 영적 지도자들로서 믿고 있는 사람들이 실제로는 정반대의 악행을 하고 있다. 그들이 세계의 모든 첩보 기관을 주관하고 있으며 우리를 속이고 있다. 우리는 진지하게 이 문제를 해결해야만 한다."

현재 이 세상에서 일어나고 있는 크고 작은 많은 사건들의 배후에 그들이 있다는 것이 밝혀지고 있다. 프랑스 혁명, 제1차 세계대전, 러시아 혁명, 제2차 세계대전, 한국전쟁, 석유파동, 다양한 범죄 조직, IMF, 우루과이 라운드, FTA 등 다양한 지구촌의 대소사들이 모두 그들이 주도했다는 명백한 증거들이 나오고 있다. 히틀러, 프랑코, 페탱, 무솔리니, 파벨리치, 티소와 같은 우익독재자들은 모두 가톨릭과 밀접한 관계를 맺은 자들이었다. 『히틀러의 교황』이란 책 280페이지에는 다음과 같이 지적한다.

"실질적으로 그 시대의 모든 우익 독재자는 모태 가톨릭교도이거나 가톨릭교도로 성장하였다."

독실한 가톨릭교도들이 최악의 독재를 행하고 반인륜적 범죄를 자행했다는 것이니, 이렇게 아이러니한 일이 또 있을까? 그렇다면 좌익 쪽은 좀 달랐을까? 공산주의든 나치든 전체주의 운동이 일어나면 예수회 신부가 어김없이 그 지도자의 고문역에서 발견되었다. 가령 쿠바의 카스트로 고문은 알만도 로렌테 신부였다. 이것이 무엇을 의미하는가? 악어와 악어새의 공생관계를 떠올리게 한다. 시대가 변하고 상황이 변함에 따라 악어들은 끊임없이 바뀌었지만, 악어새의 역할은 언제나 한결같이 짐승의 몫이었다. 아브라함 링컨은 이렇게 말한바 있다.

"마피아와 여러 비밀단체들이나 정보기관이 한 통 속이 되고, 거대 기업들이 바티칸과 손을 잡고, 비밀스러운 목적을 위해서 거액의 돈이 뿌려지고, 정치와 종교와 첩보와 금융과 조직범죄 사이의 경계선이 희미해져서, 마침내 무엇이 무엇인지도 모를 지경에 이르렀다."

그들은 유력자가 나타나면 어김없이 찾아가 손을 내밀었고, 좌익과 우익을 전혀 가리지 않았다. 그들의 기준은 언제나 내 편이냐, 네 편이냐, 오직 그것만이 중요했다. 미국 제28대 윌슨 대통령은 이렇게 말한다.

"내가 정계에 들어온 이후 줄곧 여러 사람의 견해들이 내게 개인적으로 전달되었다. 미국 상업과 생산업 분야의 가장 큰 거물들은 누군가를, 무엇인가를 두려워하고 있다. 그들은 매우 조직적이며, 교묘하며, 조심스럽고, 맞물려 있으며, 완성되어 있으며, 만연한 하나의 세력을 알고 있는데, 사람들은 그것을 비난할 때 조용하게 하는 것이 좋을 것이다."

어느 날 바람처럼 다가온 짐승에게 협조하기만 하면 많은 자금과 함께 물심양면의 지원을 보장받을 수 있었지만, 그렇지 않을 경우에는 언제나 목숨이 위태로워졌다. 아브라함 링컨은 이렇게 말한다.

"내 목숨을 노리는 그토록 많은 음모들이 꾸며졌었기에, 그 모든 것이 실패했다는 것은 정말 기적이다. 특히 거의 대부분이 숙련된 로마 가톨릭의 살해자들, 명확하게 예수회에 의해 훈련된 자들의 손에서 꾸며졌다는 것을 생각해 볼 때… 예수회는 피를 흘리는 임무에 매우 전문적이어서, 헨리4세는 그들을 벗어나는 것은 불가능하다고 말했고, 그리고 비록 그가 자신을 보호할 수 있는 모든 것을 다했음에도 불구하고, 그는 그들에게 희생되었다. 그들의 손아귀에서 내가 벗어나는 것은, 제퍼슨에게 쓴 교황의 편지가 나의 가슴을 찌르는 백만 비수를 갈게 하였기에, 기적을 훨씬 뛰어넘는 일일 것이다. 하나님이 모세에게 이스라엘 민족들의 죄들로 인해, 그가 요단강을 건너가기 전에 죽을 것이라고 말씀하셨을 때, 모세의 입술에서 나오는 어떤 불평도 듣지 않으셨던 것처럼; 그렇게, 내가 내 나라를 위해 쓰러질 때, 그분께서 나의 불평을 듣지 않으시길, 다만, 나는 소망하고 기도드린다."

이렇게 아브라함 링컨은 끊임없는 기도를 통해 목숨을 건질 수 있었지만, 존 F. 케네디 대통령의 상황은 달랐다. 그는 사실 오컬트 조직의 하나인 콜럼버스 기사단 소속으로 알려졌으나, 그들에게 등을 돌리면서 암살당하고 만다. 『화폐 전쟁』이란 책의 260페이지에서 다음과 같이 묘사된다.

> "현대사를 통틀어 케네디 대통령 암살 사건만큼 노골적으로 민주정치를 짓밟은 예는 없을 것이다. 케네디 임살 후 불과 3년 만에 18명의 결정적 증인이 연이어 사망했다. 그 중 6명이 총에 맞아 죽었고, 3명은 자동차 사고로 사망했으며, 2명은 자살, 1명은 목이 잘리고, 1명은 목이 졸려 죽었고 5명은 자연사했다. 영국의 한 수학자는〈선데이 타임스〉에 기고한 글에서 이런 우연히 발생할 확률은 10경분의 1이라고 했다."

일단 짐승이 접근해올 때, 협조하지 않거나 협조하다가도 등을 돌리면, 당연히 목숨을 장담할 수 없게 된다. 그러나 짐승에게 있어 더 이상 쓸모가 없다는 판정을 받는 것은 더욱 위험하다. 전 일루미나티 요원이었던 스발리는 다음과 같이 증언한다.

> "일루미나티는 정치인들 뿐 아니라 전 세계 은행가들을 포함하고 있는데, 공산주의는 동서 냉전 시기동안 맹위를 떨쳤지만, 그들의 용도가 달성되면서 너무나 쉽게 무너져 내렸다. 교황 요한 바오로2세를 슈퍼스타로 만들면서… "

대체 레이건과 교황이 어떻게 한 것일까? 오래전부터 계획된 음모였고 그 결과 교황은 영웅이라는 타이틀(Title)을 거머쥘 수 있었던 것이다. 이렇게 지구 전체를 노리는 그들의 조직은 대략 4백만 개 정도라고 추산되고 있으며, 그 회원은 전 세계 최고의 엘리트들만 모아 약 1천만 명 정도에 이르는 것으로 추산된다. 그들은 사실상 이 세상의 모든 권력과 재화를 모조리 쥐고 있다. 하지만 그들이 발휘하고 있는 이런 무지막지한 힘의 원천을 단지 막강한 자금력으로 한정해서 본다면, 그들의 진정한 능력을 제대로 보지 못하는 것이다. 그들의 진정한 힘은 최고의 엘리트들까지 현혹시킬 수 있는 사상과 철학에 있다고 보아야 할 것이다. 근현대의 대석학들, 정치가들, 각 분야의 대표적 천재들을 끌어 모을 수 있을 정도로 강력한 그 무엇이 그들에게 있는 것이다. 설득력 강한 철학과 사상이라는 명분이 뒷받침되지 않았다면 상기의 일들은 절대로 불가능했을 것이다. 그리고 21세기 현재 프리메이슨들은 이제 전 세계의 금융, 언론, 곡물, 석유, 경제, 종교, 문화, 연구기관, 대학교들, 다양한 국제기구들, 교수들, 각국의 대통령들, 범죄 조직들, 로마 교황청, 공산당 등을 총망라하는 조직으로써, 그들은 유엔을 업그레이드하여 세계단일정부를 세우고, 선출된 수장이 전 세계를 장악하는 원대한 목표를 수립해놓고 있다. 과연 이들이 꿈꾸는 원대한 목표는 계획대로 달성될 수 있을까? 우리가 프리메이슨을 주목해야 하는 이유는 노스트라다무스의 그림에 그들의 표식이 그려져 있었기 때문이다. 그리고 말라키 마틴이 쓴 『예수회 수사들』을 통해 밝힌바, 바티칸에서 예수회 회원으로 40년간 일했던 그의 친구 마리오 마리니 몬시뇰이 2008년 죽기 직전에 했다는 고백한 내용을 읽어볼 필요가 있다.

"우리 손은 묶여 있다. 중요 직책을 맡은 사람들이 모두 프리메이슨 단원이기 때문에 우리는 아무 것도 할 수 없다. 우리는 프리메이슨에 의해 점령당했다."

또한 조지타운 대학교에서 빌 클린턴이 가장 존경하던 교수 캐롤 퀴글 리가 자신의 저서 『비극과 희망』에서

"대중은 이미 세계 정복을 목표로 하는 작지만 강력한 그룹의 주관 아래 있고 퀴글리 자신도 그 그룹에 소속되어 있다."

고 하는 진술을 참고할 필요가 있다. 정말로 세상을 주관하고 있는 작은 그룹이 있는 것이다. 그리고 프랭클린 D, 루스벨트 대통령은 이렇게 말한다.

> "정계에서는 어떤 것도 우연히 일어나지 않는다. 만약 어떤 일이 생긴다면 그것은 계획된 것이다."

이처럼 지난 근현대 역사를 통틀어 우연히 일어나거나 우발적으로 일어난 사건은 거의 없었다. 제1,2차 세계대전도 계획된 바대로 일어났다. 따라서 조금 냉정하다고 싶을 정도로 엄밀하게 얘기한다면, 프리메이슨이 제3차 세계대전을 계획해놓은 지가 이미 오래 전의 일이었고, 우리는 단지 그들의 실행 시기만을 기다리고 있는 처지라는 것을 깨달을 필요가 있는 것이다.

3. 종말의 시간표

만약 뉴턴이 17세기가 아니라 지금 이 시대에 살고 있었더라면, 아마도 지금쯤 기를 쓰고 어떻게든지 정확한 그때를 알아내려고 했을 것 같다. 자, 「다니엘서」에서 2026년이란 연도를 뽑아들었던 것에 이어서, 이번엔 다른 재료들을 가지고 시간표를 뽑아보기로 한다. 우리나라에는 예로부터 주역의 원리를 바탕으로 한 "여러 비결서"들이 전해져오는데, 그 모든 것들의 요점은 다음과 같이 요약된다. **아주 어려운 말세의 시기가 도래할 것이고, 많은 사람들이 죽게 되지만, 그 어려운 와중에 미륵불이 우리나라에 나타나서 도탄에 빠진 이 세상을 전부 구제해준다는** 내용이다. 그리고 그 결과 우리나라는 세계를 이끌고 나가는 최상등국의 지위에 오르고, 그 세상은 참으로 살기가 좋아 「이사야서」 65장에 묘사된 바와 같이, 수명이 마치 나무의 수명과 같이 연장되고, 심지어 어떤 이는 마침내 영생까지도 얻게 되는 세상이 된다고 한다. 이런 "비결서"들 속에 시간표를 끄집어낼 수 있는 단서들이 숨어 있다.

한국의 비결서

먼저 『주역』을 살펴보아야 한다. 주역 64괘의 괘사는 3천 년 전 주나라 문왕이 쓰고, 384효의 효사는 주나라 주공이 쓰고, 마지막 단사는 춘추시대 공자가 쓰고, 이렇게 세 분의 성인께서 합작으로 만든 작품이 바로 『주역』이다. 중손괘의 제5효 효사에 주공께서 이르기를,

"선경삼일(先庚三日) 후경삼일(後庚三日)"

이라고 했다. 바로 이 구절이 후천의 대개벽기의 상황을 단적으로 보여주는 구절이 다. 상기의 글을 해석하면, 갑을병정무기경신임계로 구성된 10개의 천간 중에서 경庚이란 글자를 중심에 두고, 앞으로 3일, 뒤로 3일 하라. 직역하면 이렇게 되는데, 『주역』에서도 성서와 똑같이 일 년을 360일로 본다. 그리고 이것을 360년으로 해석해야하는 경우들이 있게 되는데, 동서양이 이렇게 똑같은 것이 우연일까? 결과적으로

갑 - 을 - 병 - 정 - 무 - 기 - 경 - 신 - 임 - 계

경의 앞쪽으로 3칸을 가보면 정이 나오고
경의 뒤쪽으로 3칸을 가보면 계가 나온다.

이렇게 해서 대변혁의 시기는 정년에서 계년 사이의 7년이 열쇠를 쥐고 있음을 짐작할 수 있는데, 여기서 10천간은 나왔지만 12지지에 대해선 아무런 언급이 없다는 것이 문제가 된다. 그래서 이를 보완해주는 보충 설명서 같은 것들이 각종 "비결서"라고 보면 이해가 빠를 듯하다. 여러 비결서 중에서 가장 직접적으로 그 때를 알려주는 것 하나를 꼽아보면, 바로 『격암유록』이다. 박태선과 그 일당들에 의해 너무 많이 훼손되어 거의 참조하지 않고 있지만, 딱 이 구절 하나만큼은 특별히 참조하기로 한다.

백서중심전후삼심각자수(白鼠中心前後三心覺者誰) ; 하얀 쥐를 가운데

로 두고 앞쪽으로 3칸, 뒤쪽으로 3칸, 이것을 마음으로 깨닫는 자 누구인가?

아주 구체적으로 알려주고 있다. 여기서 **백서는 하얀 쥐를 의미한다.** 그리고 하얗다는 것은 오행으로 금 기운을 말한다. 10천간 중에선 경금과 신금을 말한다. 그리고 쥐라고 하는 것은 자-축-인-묘-진-사-오-미-신-유-술-해로 구성된 12지지 중에서 바로 쥐띠 해를 말한다. 그러니까 자년이 된다. 그렇게 합해보면 우리는 **경자년**을 끄집어낼 수 있게 된다. 문제는 60년 주기로 경자년이 셀 수도 없이 많을 텐데, 그 중에서 어디를 말하는 것인가? 거기에 대한 중요한 논거가 되는 것이 바로 『정감록』「도선비결」에 기술된 **"주변인들에게 지위를 맡기는 후사가 없는 군주"**이다. 박근혜가 2016년, 2017년을 소란스럽게 만들면서 이렇게 예언의 한 자락이 성취되었고, 나머지는 자동적으로 결정된다. 때마침 곧 다가오는 쥐띠 해 2020년이 "경자년"이다.

2017년 정유년
2018년 무술년
2019년 기해년
2020년 경자년
2021년 신축년
2022년 임인년
2023년 계묘년

그렇게 해서 말세의 7년간이 완전히 확정될 수 있게 되었고, 예언이 계속되는데 이런 구절들이 『격암유록』이나 『정감록』 등등에 두루두루 숨어 있게 되겠다.

진사성인출(辰巳聖人出) ; 진년, 사년에 성인께서 세상에 나오시고
오미낙당당(午未樂堂堂) ; 오년, 미년에는 집집마다 즐거움이 있을 것이다.

이제 성인께서 출세하시게 되는데, 즉 세상에 등장하시게 되는데, 그때가 언제? 바로 진년과 사년이라고 한다. 2024년과 2025년이 바로 갑진년과 을사년이다. 바로 이때에 성인께서 세상에 등장을 하신다는 것이다. 그리고 그 분의 공덕으로 말미암아, 오년(2026년)과 미년(2027년)에는 집집마다 즐거움이 가득할 거라는 예언이다.

2024년 갑진년
2025년 을사년
2026년 병오년
2027년 정미년

2026년과 2027년을 주목해보자. 2026년이라? 이거 어디서 보았더라? 앞서 살펴본 바 있었던, 「다니엘서」 12:11~12를 다시 회상해볼 필요가 있다. 거기서, 우리는 코드 두 개를 뽑아냈었다.

코드[1] "제사를 폐하며, 멸망할 미운 물건을 세울 때부터 1290일을 지낼 것이요."

코드[2] "기다려서 1335일까지 이르는 그 사람은 복이 있으리라."

상기 코드1과 코드2의 기간이 언제였을까? 바로 1981년~2026년이었다. 이스라엘 입장에서는 2026년까지 살아남아야 했지만, 그래야만 비로소 복이 있는 것이었지만, 우리나라 대한민국 입장에서는 2024년에 이미 성인의 감화를 얻게 되는 셈이다. 이것이 사실이라면 아무래도 대한민국이 조금 더 유리하지 않을까? 아마도 맨 먼저 회초리를 맞게 되는 곳이 대한민국이므로, 성인의 감화도 가장 먼저 받을 수 있는 것이 아닐까? 혹시 우리의 옛 속담에 "매도 먼저 맞는 것이 낫다."는 말은 바로 이를 두고 했던 말이 아니었을까?

『모든 세기』의 예언

예언의 대명사로 알려진 저명한 인사 미셸 드 노스트라다무스, 그가 남긴 『모든 세기』의 4행시들을 근거로 종말의 시간표를 추정해보기로 한다. 『모든 세기』의 대명사가 된 상기의 4행시야말로 확실한 시간표의 기점이다.

Nostradamus prophecy: Quatrain 10, 72

1900, 90의 9년, 7의 달
하늘에서 공포의 대왕이 온다.
앙골모아의 거대한 대왕을 소생시키기 위해,

전후, 마르스가 엄청난 권력의 행운을 거머쥔다.

1999년을 기점으로 우리 지구에 사실 유례를 찾을 수 없는 공포의 대왕이 거대한 제국의 통수권자로 자리매김하면서 수천 개에 달하는 핵폭탄 스위치를 확보하는 장면을 목도하게 되었다. 푸틴은 1999년 12월 31일 옐친이 사임하면서 대통령 대행을 맡게 되었고, 이는 1999년 8월에 이미 약속되었던 바였다. 그리고 2000년 3월 26일 제2대 대통령에 당선되어 1차례 연임을 포함해 2008년에 임기를 마친다. 이로써 사람들은 그 자가 조용히 물러날 줄 알았겠으나, 그자를 몰라도 너무 모르고서 하는 소리이다. 그 자는 일찍이 아무도 시도해보지 못했던 꼼수를 동원한다. 자신의 수하 드미트리 메드베네프를 활용하여 그 자를 대통령으로 내세우고 잠시 수상 자리로 물러나더니, 슬그머니 대통령 재임기간을 4년에서 6년으로 늘려놓는다. 그리고 2012년 3월 25일 멋지게 제4대 대통령직에 다시 당선되면서, 임기 12년을 다시 합법적으로 보장받을 수 있게 되었다. 우리는 최소한 2024년까지 크렘린궁에 들어있는 그의 얼굴을 여전히 보고 있어야 할 처지이다. 이 4행시와 짝이 되는 4행시 하나를 찾아야 하는데, 프랑스의 예언연구가 장 샤를은 바로 이 4행시를 들고 나왔다.

Nostradamus prophecy: Quatrain 8, 77

세 번째 적그리스도는 곧 힘을 잃으리라.
27년 동안, 그의 투쟁은 피로 지속된다.
믿지 않는 자들은 죽거나 잡히거나 추방당하리라.
피로 적신 시체들, 붉은 물이 대지를 덮는다.

이 4행시는 이미 제1편에서 자세히 살펴본 바와 같이 히틀러에 대한 예언인데, 쟝 샤를은 세 번째 적그리스도가 종말에 시기에 오는 그 자로 착각을 하면서 이것을 뽑아들었던 것이다. 그리고 여기서 나오는 27년을 1999년에 더하여 나오는 2026년까지 전쟁이 지속되다가 최후의 아마겟돈 전쟁이 2026년에 벌어질 거라고 주장하였다. 하지만 1999년에서 2017년 현재까지 제3차 세계대전은 아직 일어나지 않았다. 빗나간 그의 해석을 대신해 필자는 다른 4행시를 제시하고 싶다. 바로 이것이다.

Nostradamus prophecy: 추가 발견

20 더하기 7년 동안 커다란 제국이 통치한다.
기아, 질병, 유혈, 눈물, 전쟁
적그리스도는 기뻐하고 군중은 크세르크세스를 외치며 울부짖는다.
혼란한 세상에서 만인이 압제 당한다.

물론 이 4행시도 앞서 제1편에서 살펴보았던 바이다. 그런데 바로 이것이야말로, 마지막 종말의 시기에 등장해 만인을 압제할 진짜 적그리스도를 지칭해주는 시문이다. 아마도 쟝 샤를도 이 4행시를 알았더라면 흔쾌히 동의하리라 믿는 바이다. 그리고 나머지 결론은 장 샤를의 그것과 완전히 동일하다. 1999년부터 27년간 적그리스도가 세상에서 커다란 제국을 통치하는 활동을 할 것이며, 그 마지막 연도가 2026년이 될 것이다. 그리고 그의 27년간의 통치기간 중에서 앞쪽의 20년 동안은 큰 전쟁이 없을 것이나, 마지막 7년간, 즉 2019년에서부터 2026년까지 큰 전쟁이 있을 것으로 보인다. 아무튼 이렇게 해서 『모든 세기』에서의 결론도 2026년이라고 확정짓게 된다. 러시아의 푸틴, 그 자의 동향을 계속 주시할 필요가 있다. 2012년 3월 30일자 〈주간경향〉 967호에 소개되었던 푸틴에 관한 기사 한 토막을 참조해보자.

러시아의 철권 통치자 푸틴의 등장은 극적이었다. 어릴 때부터 스파이가 되는 것이 꿈이었다는 푸틴은 러시아 정보기관인 연방안보국(FSB) 국장 시절인 1999년 8월 9일 당시 보리스 옐친 대통령으로부터 총리 대행으로 전격 발탁됐다. 스파이 수장에서 현대판 짜르가 탄생하는 순간이었다. 푸틴은 옐친 대통령의 적극적인 후원과 지지에 힘입어 대통령 직무대행을 거쳐 이듬해 3월 대선에서 대통령에 당선됐다. 대통령이 된 푸틴은 특유의 카리스마와 철권통치로 강한 러시아 시대를 열었다. 푸틴의 상트페테르부르크대학 은사이자 정치적 대부인 아나톨리 소바차크 전 상트페테르부르크 시장조차 푸틴을 '새로운 스탈린'이라고 부를 정도였다. 철권통치자로서의 푸틴의 면모는 러시아 작가이자 언론인 마샤 게센이 최근 펴낸 『얼굴 없는 남자』에 낱낱이 드러나 있다. 게센은 지난해 국내에 소개된 『세상을 가둔 천재 페렐만』으로 알려진 작가로, 『얼굴 없는 남자』를 통해 살아있는 권력 푸틴을 정면으로 비판했다. 『얼굴 없는 남자』를 분석한 컬럼비아 저널리즘 리뷰는 게센이 푸틴을 인신공격하고 비난하지만 믿을 만한 사실들과 통찰력 있는 분석을 바탕으로 하고 있다고 평가했다. 우선 눈에 띄는 대목은 푸틴의 탐욕을 보여주는 사례다. 미국 프로풋볼 뉴잉글랜드 패트리어츠 구단주인 로버트 크래프트는 2005년 러시아 방문 때 황당한 일을 겪었다. 그 해 패트리어츠는 슈퍼볼 우승컵을 안았다. 푸틴은 크래프트가 내민 우승반지를 보며 크래프트에게 "한 번 끼어 봐도 되냐"고 물었다. 반지를 낀 푸틴은 "이것으로 누군가를 죽일 수도 있겠군."하고 농담을 했다. 푸틴은 처음엔 반지를 갖고 싶다는 욕망을 억눌렀지만 언제 그랬냐는 듯이 반지를 자신의 호주머니에 넣고 방을 나가버렸다. 크래프트는 "돌려 달라."는 말을 차마 하지 못했다. 그리고 반지는 푸틴의 것이 됐다. 게센은 푸틴의 철권통치, 그 서막을 보여주는 계기가 된 사례로 1999년 모스크바 아파트 연쇄 폭탄테러 사건을 꼽았다. 러시아는 당시 수백 명이 숨진 이 사건의 범인을 독립을 요구하던 체첸 자치공화국 반군들이라고 비난했다. 그러나 게센은 푸틴이 당시 수장으로 있던 FSB가 사건의 배후라고 단정했다. 이 사건을 계기로 푸틴이 옐친으로부터 권력을 이양 받게 되고, 러시아는 체첸 반군과의 전쟁을 정당화하게 됐다는 것이다. 2000년 118명이 숨진 러시아 핵잠수함 쿠르스크호 참사에 대해서도 비록 크렘린의 소행으로 보진 않지만 소극적으로 다뤘다고 꼬집었다. 잇단 언론인 독살 및 암살사건도 푸틴이 자신에게 반대하는 언론인을 처단하기 위해 저지른 것이라고 주장했다. 이같이 피도 눈물도 없을 것 같은 푸틴이 지난 4일 대선 당일 밤 눈물을 보였다. 출구조사 결과 당선을 자신한 푸틴은 모스크바 크렘린궁 옆 광장에서 10만여 명의 지지자가 운집한 가운데 '완전한 승리'를 선포하면서 연설 도중 감정이 북받친 듯 눈물을 흘린 것이다. 그러나 '강한 카리스마의 지도자' 이미지로 각인된 푸틴이 흘린 눈물의 정체에 대해 푸틴 반대파들은 정치적 쇼라는 반응을 보였다. AFP통신에 따르면 러시아 블로거인 슬라빅 체너는 트위터에서 1981년 제53회 아카데미상 외국어영화상을 받은 옛 소련 시대 영화 〈모스크바는 눈물을 믿지 않는다.〉를 인용해 "모스크바는 눈물을 믿지 않는다."며 푸틴이 보인 눈물의 진정성에 의문을 제기했다. 푸틴이 눈물을 보인 이후 반反푸틴 세력은 '모스크바는 눈물을 믿지 않는다.'라고 쓴 플래카드를 모스크바 시내에 내걸었다. 분명한 것은 푸틴이 이번 대선에서 모스크바 시민들의 표심을 잡는 데 실패했다는 점이다. 푸틴의 전국 득표율은 63.6%이지만 모스크바 득표율은 47%로, 약 16%포인트나 뒤졌다. 모스크바에서 대규모 선거부정이 이뤄진 점과 이번 대선을 1812년 나폴레옹의 모스크바 침공에 맞서 승리한 나폴레옹 전쟁에 비유하며 막판에 모스크바 시민들의 지지를 호소한 그로서는 참패나 다름없다. 푸틴은 대선 2주 전 모스크바에서 가장 큰 스타디움에서 열린 선거 유세에서 러시아의 대시인 미하일 레르몬토프(1814~1841)가 나폴레옹 전쟁을 노래한 시 〈보로지노〉(1838)의 시구를 인용하면서 "나폴레옹 전쟁 직전 조국을 위해 충성을 맹세하고 조국을 위해 죽기를 각오한 영웅들을 노래한 레르몬토프를 생각하지 않을 수 없다"며 구애를 폈다. 러시아 유력 경제지 베도모스티의 타냐나 리소바 편집국장은 "푸틴은 모스크바에서 영웅이 아니다. 모스크바는 푸틴으로부터 아무것도 필요하지 않다."고 말했다. 3선에 성공한 푸틴의 향후 통치체제를 두고는 유럽의 마지막 독재자 알렉산드르 루카센코 벨라루스 대통령처럼 야권을 강하게 탄압하거나, 기존 통치노선을 밀고 나가거나, 점진적이고 부분적인 개혁으로 갈 것이라는 전망이 나온다.

4. 다가올 재앙들

성서에 이르기를 「이사야」 10:23에서 "이미 작정된 파멸을 주 만군의 여호와께서 온 세계 중에 끝까지 행하시리라."이라고 하였다. 이미 오래 전부터 작정된 바이고, 그것의 결론은 2026년이다. 앞선 「다니엘서」에서 2026년까지 살아있는 자들에게 복이 있다고 했고, "한국의 비결서"에도 2026년이 되서야 가가호호 즐거워진다고 했고, 『모든 세기』에서도 2026년이라고 지목해주고 있다. 적그리스도의 분탕질이 그때 혹은 그 이후나 되어야 잦아들 수 있을 것 같고, 비로소 지구가 다시 조용해질 수 있다는 얘기다. 추론한 결과들이 묘하게 서로 일치되고 있다. 그리고 앞서 소개했던 〈주간경향〉의 기사를 읽어보면, 그는 갖고 싶은 건 반드시 수중에 넣어야 하고, 네 것도 내 것이고 내 것도 내 것이라는 식의 심리를 가진 자인 듯하다. 목적을 달성하기 위해서라면 자국민을 향한 테러쯤은 눈 하나 깜짝 안하고도 감행할 수 있는 심성을 지녔고, 겁 대가리라고는 눈곱만큼도 찾아볼 수 없는 아주 보기 드문 인성의 소유자이다. 그 자의 진면목을 사람들이 아직 잘 모르고 있기 때문에 아직 공포심을 느끼지 않고 있으나, 아니 오히려 그에게 지지를 보내고 있을 정도이지만, 노스트라다무스는 분명히 말해주게 된다. 처음엔 사랑과 존경을 받다가 나중엔 공포의 대상이 된다고…

임박한 재앙들

우리는 지금 말라키에 의해 예언된 마지막 교황이 전 세계를 활보하고 있는 시대를 살고 있다. 또한 「계시록」에서 예언된 붉은 짐승이 북방의 큰 나라를 다스리고 있는 시대를 살고 있다. 2026년이면 기껏해야 10년도 채 남지 않았으므로, 이제 얼마 남지도 않은 시간이라고 여길 수 있을 것 같지만, 자고로 시간이 흘러가는 속도는 결코 동일하지가 않다. 이는 아인슈타인이 말한 바이기도 하다. 아마 모르긴 몰라도 하루가 백년 같고 한 달이 천년 같다고 느껴질 정도일 것이다. 하루하루가 고비가 될 마지막 시간표 중에서도 특히 우리 한반도와 관련된 일들이 다른 그 무엇보다도 중요할 것이다. 왜냐하면 우리가 견뎌내야 하고, 우리의 생사가 달려있는 문제이기 때문이다. 2026년까지만 살아있으면 복을 받을 수 있다고 했지만, 그게 결코 쉽지가 않을 것이라는 게 문제이다. 지금부터 가급적 우리와 관련되는 가까운 미래사들을 "키워드 연결법"에 의거해서 하나하나 살펴볼 예정이다. 지금부터 논의해나갈 줄거리의 핵심 키워드는 바로 "트럼펫"과 "장벽"이다. 트럼펫을 우리말로 번역하면 아마 "나팔" 정도가 될 것 같다. 이제 곧 나팔소리를 듣게 될 것이다.

Nostradamus prophecy: Quatrain 10, 76

The great Senate will ordain the triumph
For one who afterwards will be vanquished, driven out:
At the sound of the trumpet of his adherents there will be
Put up for sale their possessions, enemies expelled.

위대한 의회가 승리를 확정지을 것이다.
나중에 탄핵당하고 추방될 사람을 위해 :
그를 지지하는 추종자들의 트럼펫 소리가 있을 것이다.

그들의 소유물을 팔아가며 경쟁자를 물리친다.

이것은 힐러리와 트럼프가 치열하게 경합하던 제45대 미국 대통령 선거 상황을 묘사해주는 예언임에 분명해 보인다. 2016년 11월 8일 공화당의 도널드 트럼프가 민주당의 힐러리를 물리치고 당선되는데, 이는 미국 역사상 처음으로 정치적 '아웃사이더' 출신 대통령의 탄생이라는 의미를 갖는다. 트럼프의 공화당은 대선 외에도 상원과 하원에서도 민주당을 누르고 승리해, 예상을 깨고 '트리플 승리'를 일궈낸다. 당시 현지 언론들은 대선 전날까지만 해도 민주당 클린턴의 압승을 예견했었다. 트럼프는 무슬림 미군 전사자 가족 비하, 음담패설 녹음파일 공개, 성추행 등 악재들이 잇따라 불거지면서 지지율에서 한 때 두 자리 수 격차까지 벌어지는 양상이었다. 그러나 트럼프는 결국 선거 판세를 뒤집는데 성공하는데, 그가 승리를 거둘 수 있었던 가장 큰 요인으로는 미국 국민들의 기득권에 대한 지독한 불신, 특히 워싱턴 정치권에 대한 깊은 불신이 크게 한 몫을 했던 것으로 꼽힌다. 대선 과정에서 민주당의 클린턴이야말로 기득권 세력의 일부라는 인식이 확산됐는데, 그에 비해 그녀와 경쟁한 부동산 억만장자 트럼프는 기부금에 거의 의존하지 않고, 자기 재산들을 팔아가며 최소한으로 선거자금을 투입하는 전략을 구사했고, 결국 이렇게 무모해 보이는 전략으로 대성공을 거두게 된다. 오른쪽 그림과 같이 힐러리가 "**바호멧의 두 뿔**" 표식을 선보이는 장면에서 유권자들이 줄줄이 이탈하게 되었다는 것을 그녀 자신이 아주 잘 인식하고 있으리라 믿어 의심치 않는 바이다. 미국의 유권자들이 익히 보아오던 표식이었고, 트럼프에게선 좀처럼 찾아볼 수 없었던 표식이기도 했다. 프리메이슨에 놀아나는 금권 정치에 실망한 백인 노동자들이

오히려 막판 대결집하게 만드는 결정적 요인으로 작용한 것이다. 세계화의 여파로 일자리가 감소하고 이민자 증가로 위기의식을 느낀 백인 노동자들은 트럼프에 기대를 걸게 되었고, 이른바 '트럼피즘(트럼프주의)"로 집약된 변화를 원하는 유권자들의 열망이 지지표로써 대거 표출된 것이다. 그리고 이러한 모든 상황이 예언에 고스란히 반영되어 있음을 우리는 읽어낼 수 있다. 셋째 행에서 트럼펫은 곧 트럼프를 상징하는 대용품임에 틀림없다. 노스트라다무스가 트럼프의 별명으로서 트럼펫이란 단어를 뽑아들면서 무슨 생각을 했었을까? 추정컨대, 그는 분명히 「계시록」에 등장하는 일곱 나팔의 심판을 머릿속에 떠올려 보았을 것 같고, 조물주의 기묘한 유머 감각 중의 하나가 아니겠냐고 생각했을지도 모르겠다. 일곱 번째 나팔의 심판, 그때를 맞이하여 트럼프라는 이름을 가진 자가 등장하여 트럼펫(나팔)을 불어대는 이 기기묘묘한 상황, 이는 동시에 「고린도전서」 15:51에,

> "보라 내가 너희에게 비밀을 말하노니 우리가 다 잠 잘 것이 아니요, 마지막 나팔에 순식간에 홀연히 다 변화되리니"

가 성취되는 순간일 것이다. 여기서 말하는 마지막 나팔이 곧 일곱 번째 나팔인 것이다. 이는 동시에 「스가랴」 1:16에서 언급된 바,

> "나팔을 불어 경고하며, 견고한 성읍들을 치며, 높은 망대를 치는 날이로다."

라고 했던 바로 그 구절의 실현이기도 한 것이다. 어쩜 조물주는 이토록 참으로 얄궂은 운명까지 예비해 두셨더란 말인가! 한편, 노스트라다무스는 트럼프의 대선 승리와 동시에 그의 암울한 미래까지도 함께 예언해놓았다. 제2행에서 결국 트럼프는 대통령의 지위에서 탄핵되어 쫓겨날 운명이란 것을 우리는 어렵지 않게 짐작해낼 수 있다. 한편 『모든 세기』의 1,000여 개의 4행시들 중에서도 특히 제3차 세계대전의 시기를 알려주는 결정적인 4행시는 바로 이것이다.

Nostradamus prophecy: Quatrain 1, 16

A scythe joined with a pond in Sagittarius
at its highest ascendant.
Plague, famine, death from military hands;
the century approaches its renewal.

낫은 연못에 오고,
사수자리로 움직여 원일점에 승천하면
전염병, 기근, 죽음이 군대의 손에서 나오리라.
그러나 새로운 황금 세기가 다가오리라.

제1행에서 낫은 토성을 의미한다. 토성은 천체학에서 모래시계나 낫으로 비유된다. 그리고 연못이란 것은 전갈자리를 뜻하고, 고인 물이나 움직이지 않는 물을 상징한다. 그리고 원일점은 지구의 공전궤도상에서 태양과 가장 먼 지점을 의미한다. 매년 7월 4일에서 7월 6일 사이에 지구가 원일점에 놓인다.

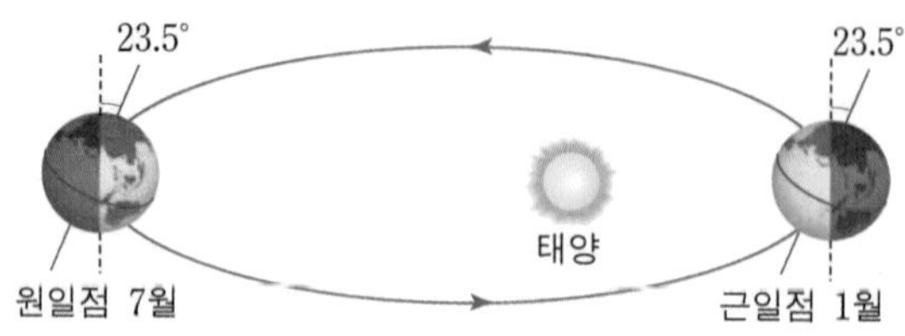

흔히 태양과 가까워질 때가 여름이라고 생각할 수 있으나 이는 사실이 아니다. 오히려 태양에서 가장 먼 곳에 위치할 때가 북반구의 여름이고, 가장 가까운 곳에 위치할 때가 북반구의 겨울이다. 태양과의 거리보다 지구 자전축에 의한 태양의 고도가 더 큰 영향을 주기 때문이다. 상기의 4행시를 다시 풀이하면 **토성이 전갈자리 있다가 사수자리로 움직여 원일점에 서게 되는 시점에, 제3차 세계대전이 전염병, 기근을 동반하면서 인류를 죽음으로 내몰게 된다고** 알려준다. 그때가 언제일까? 토성의 공전주기는 대략 29.5년이므로, 매 2.4년마다 12별자리를 갈아타게 된다. 2017년 10월 현재 토성의 위치는 전갈자리 끄트머리에 위치하면서 서서히 사수자리로 이동해가고 있는 중이다. 언제쯤 사수자리로 도착할까? 대략 2018년경, 그때 즈음이면 동시에 원일점에 도달하게 된다. 노스트라다무스는 전쟁으로 인한 죽음을 말하면서도 새로운 황금시대에 대한 희망을 알려주고 있다.

Nostradamus prophecy: Quatrain 3, 50

The republic of the great city
Will not want to consent to the great severity:
King summoned by trumpet to go out,

The ladder at the wall, the city will repent.

위대한 도시의 공화국은
거대한 심각성에 동의하고 싶지 않을 것이다.
왕은 나아가기를 원하는 트럼프에 의해 권유를 받을 것이다.
장벽에 사다리가, 그 도시는 유감스러워할 것이다.

여기 "위대한 도시의 공화국"에서 공화국은 바로 "Republic of Korea", 즉 "대한민국"을 말하고, 위대한 도시는 "서울"을 말한다. 그리고 "거대한 심각성"은 바로 2017년 현재 첨예하게 전개되고 있는 북한의 핵무기 위협 상황을 일컫는다. 미국의 트럼프가 제기하는 거대한 심각성에 대해, 대한민국의 수장 문재인 대통령의 진짜 속마음은 그 정도까진 아니라고 말하고 싶을 것이다. 단지 체제 유지 수단일 뿐이라고 말하고 싶을 것이다. 그리고 그는 대화로 국면을 타개해나가야 한다고 일관되게 주장할 것이다. 이러한 주장에 대해 트럼프는 강경책으로 같이 맞설 것을 권유하게 될 것이다. 그는 분명 쉬우면서도 빨리, 그리고 효과적으로, 중대한 위기 상황을 돌파해낼 수 있을 거라고 장담하면서 설득을 시도할 것이나, 문재인 대통령은 결국 남북한 간의 제2차 전쟁으로 확대될 뿐이라고 주장하면서 트럼프의 주장에 동의하지 않을 것이다. 그리고 이러한 전개에 대한 최종 결론은 네 번째 행에서 묘사되고 있는데, "장벽에 사다리"가 바로 그것이다. 지금까지의 예언은 우리가 이미 알고 있는 사실에 해당하지만, 지금부터는 아직 실현되지 않은 따끈따끈한 미래의 일이다. 네 번째 행에서 장벽이라 함은 휴전선을 의미하고, "사다리"라고 하는 것은 미국의 암살특공대가 "김정은 참수작전"을 수행하기 위해 단독으로 사다리를 놓고 휴전선을 넘게 될 것이란 것을 의미하는 것으로 보인다. 그리고 그 도시가 유감스러워한다는 것은 서울이 이러한 미군의 독자행동에 대해 동의하지 않을 것임을 의미한다. 이에 대한 보다 자세한 전개 상황을 말해주는 예언은 바로 이것이다.

Nostradamus prophecy: Quatrain 3, 7

The fugitives, fire from the sky on the pikes:
Conflict near the ravens frolicking,
From land they cry for aid and heavenly relief,
When the combatants will be near the walls.

도망가는 자들, 하늘에서 피키들 위로 불이 내리친다.
까마귀 근처의 전투는 유희에 가깝다.
땅에서, 그들은 도와달라고 울부짖고 하늘의 구원을 외친다.
장벽 근처에 전투기가 있을 때.

이것은 평양을 급습하는 전투기의 활약상을 보여주는 예언으로 보이는데, 굳이 북한일거라고 확정짓는 이유는 바로 피키(Picque)라는 단어 때문이다. 프랑스어에서 피키는 주로 한국이나 중국인들이 전통적으로 입던 누빈 조끼를 일컫는다. 4행에서 등장하는 장벽이 휴전선을 의미하는지, 혹은 단군 조선의 평양성(Pyongyang Wall)을 의미하는지 이 문장만 가지고는 분명치 않다. 이미 13세기 말『Annals of the Three Kingdom』라는 책에 단군왕검이 평양성(Pyongyang Wall)을 수도로 삼았다는 내용이 유럽에 소개되어 있었다고 한다. 어쩌면 그 책에 고조선에서 신물로 여겼던 삼족오도 실렸을지 모르겠다. 노스트라다무스가 굳이 까마귀를 끼어 넣은 이유가 혹시 그것이 아닐까? 그게 아니라면 네이비씰 같은 미국 특공대가 새까만 유니폼을 입고 침투한 장면일지도 모르겠다. 피키, 까마귀, 장벽, 이런 단어들이 북한일 가능성을 한층 높여주고 있다. 한편 현대전에서는 이제 공간적 거리는 거의 무의미해지고 있다. 2017년 6월 27일자 저녁 뉴스에서는 주한미군이 유사시 북한의 주요 군사시설을 정밀 타격할 수 있는 장거리 공대지 미사일 "재즘"을 전격적으로 배치했다는 사실을 알려주고 있다. 애초 우리 공군도 도입을 추진했었지만 미국이 전략무기라는 이유로 판매를 불허했던 품목으로, 전투기에서 발사된 미사일이 날개를 편 뒤 날아가 목표물을 오차 범위 2m 이내로 정확히 타격하는 초정밀 미사일이다. 적의 전파 교란에도 끄떡없는 군사용 GPS와 목표물 자동 탐지 장비를 내장하고 있으며, 사거리가 370km에 달해 굳이 휴전선을 넘지 않고서도 북한의 주요 군사시설들을 신속하게 타격할 수 있다. 따라서 지금까지의 정보로 트럼프의 전사들이 펼치는 활약상을 간략하게 재구성해보면 대략 이 정도가 아닐까 싶다. 먼저 특공대가 새까만 유니폼을 입고 적진 깊숙이 침투한다. 마침내 김정은의 위치를 정확히 파악하는데 성공하고 할당된 군사위성 주파수를 통해 좌표를 불러준다. 주한미군이 보유한 F-16 전투기가 휴전선 근처로 발진하여 "재즘"을 발사하면서 정밀 타격 능력을 유감없이 과시한다. 난데없이 날라드는 미사일 공격에 북한 경비군은 속수무책으로 무너진다.

Nostradamus prophecy: Quatrain 1, 57

The trumpet shakes with great discord.
An agreement broken: lifting the face to heaven:
the bloody mouth will swim with blood;
the face anointed with milk and honey lies on the ground.

트럼펫 소리가 불협화음과 함께 진동한다.
약속은 파기되고, 얼굴을 하늘 쪽으로 들어올린다.
피 묻은 입은 결국 붉은 피 속에서 헤엄치게 될 것이다.
우유와 꿀이 발라진 얼굴이 땅 바닥에 나뒹군다.

여기서도 트럼펫은 여전히 트럼프 미국 대통령을 은유적으로 표현한 용어이다. 따라서 이 구절은 "트럼프가 불협화음 속에서 큰 소리를 낸다."라고 의역할 수 있다. 트럼프는 북한의 김정은 제거를 간절히 원하지만, 문재인 대통령은 대한민국 국민들의 안전을 위해 그것에 결사반대한다. 그에 대해 트럼프는 한국을 배제하고 미국 독단으로 북한을 공격하지 않겠다는 문재인 대통령과의 약속을 아무렇지도 않다는 듯이 뻔뻔스럽게 파기해버릴 것이다. 코리아 패싱은 결코 일회성으로 끝나지 않을 것이고, 갈수록 정도가 심해져갈 것이다. "얼굴을 하늘 쪽으로 돌린다."는 것은 문재인 대통령과의 약속, 그리고 대한민국 국민들의 안전 같은 것은 "나 몰라라"식으로 외면해버리고, 모든 것을 하늘의 뜻으로 무책임하게 돌려버린다는 것을 의미한다. "피 묻은 입은 결국 붉은 피 속에서 헤엄치게 될 것이다." 굉장히 무서운 구절이다. 노스트라다무스는 트럼프가 어떤 종류의 인간인지를 이미 알고 있었던 것이다.

김정은을 향해 트럼프가 쏟아내는 온갖 험악한 말들은 결코 말로만 그치지 않을 것임을 우리는 직감할 수 있게 되는 것이다. 실제 실행으로 옮겨지게 될 것이고, 고스란히 엄청난 인명 피해와 함께 애꿎게 피 흘리는 대한민국 국민들의 고통으로 귀결되고야 말 것이다. 제4행에서 묘사된 "우유와 꿀이 발라진 얼굴"이란 것은 곧 서울 시민들의 잘 가꾸어진 고운 얼굴을 의미한다. 그들이 결국 피를 흘리며 땅 바닥에 나뒹굴게 될 것이란 의미이다. 그 다음 셋째 행에서 묘사된 붉은 피 속에서 헤엄을 친다는 문구와 곧바로 연결되는 또 다른 중요한 예언은 바로 이것이다.

Nostradamus prophecy: Quatrain 2, 57

Before the conflict the great wall will fall,
The great one to death, death too sudden and lamented,
Born imperfect: the greater part will swim:
Near the river the land stained with blood.

전쟁이 터지기 전, 거대한 장벽이 무너진다.
위대한 사람의 죽음, 죽음은 너무나 갑작스럽고 애달프다.
불완전하게 태어나, 더 큰 부분은 헤엄을 칠 것이다.
강 근처의 땅은 피로 얼룩질 것이다.

앞의 것과 지금 이 4행시는 헤엄이라는 단어로 서로 연결된다. 이 글을 쓰고 있는 2017년 10월 15일 현재, 남북이 대치하고 있는 한반도의 휴전선보다 더 거대한 장벽은 전 세계 어디에도 존재하지 않는다.

첫째 행에서 알 수 있는 바는 북한이 대한민국을 공격하기 위해 휴전선을 무너뜨리게 된다는 사실이다. 그리고 그 원인은 그 다음 행에 묘사된다. 김정은이 급사하는 것이다. 북한 사람들은 김정은을 위대한 지도자로 떠받들고 있다. 그리고 미군은 실제로 김정은을 죽이는데 필요한 시간은 15분이면 충분하다고 공언하고 있다. 실제로 트럼프가 결심만 하면, 미사일 발사 버튼이 눌러지고 그 미사일이 김정은을 향해 날아가는 데 필요한 시간은 15분이 채 걸리지 않을 것이다. 한편 지금 이 중대한 장면에 대해, 『송하비결』을 참고해보면,

북문북두(北門北斗) : 북쪽 문, 북한의 북두성 김정은
만월지식(滿月之食) : 보름달이 완전히 기운다.
망동초앙(妄同招殃) : (트럼프와) 더불어 망령된 (행동을 하다가) 재앙을 부른다.
백서비래(柏西飛來) : 잣나무, 즉 미군이 서쪽에서 날아오니
흑룡토혈(黑龍吐血) : 흑룡 김정은이 피를 토한다.

이라고 묘사되어 있으니, 결국 미군에 의해 김정은이 비명횡사한다는 내용이다. 그러면 김정은이 죽는 원인에 대해서는 『송하비결』에서는 뭐라고 표현되어 있을까?

여궤분탈(輿軌奔脫) : 두 개의 수레바퀴가 평행선을 그리다가 이탈한다.
지중염광(地中炎光) : 땅 속에서 (수소폭탄을 터트려) 화염과 빛이 터져 나오니
만월점식(滿月漸食) : 보름달이 점차 기울어간다.

2017년 9월 3일 북한은 함경북도 길주군 풍계리에서 6차 핵실험을 실행한 바 있다, 그리고 12월 현재 7차를 준비하고 있다. 6차 핵실험은 북한의 역대 핵실험 중에서 가장 강력한 폭발로 기록된 것으로 미루어 마침내 수소폭탄 개발을 완료한 것으로 보인다. 『송하비결』에 의하면, 대략 이 정도가 북한이 올라갈 수 있는 최대치이고, 이제부터는 만월점식, 서서히 기울어질 일만 남는다. 그리고 그 일은 트럼프에 의해 추진될 것이고, 그 결과가 바로 만월지식이다. 김정은 제거까지는 트럼프가 의도하는 바대로 진행될 수 있겠지만 그러나 거기까지이다. 이후부터는 결코 그의 바람대로 흘러가지 않을 것이니, 넷째 행에서 묘사된 바와 같이, 북한 수뇌부는 김정은의 폭사에 분노하여, 이판사판의 심정으로 서울을 향해 노도와 같이 밀려들 것이고, 한강을 사이에 두고 남·북한군이 격렬하게 대치하면서 한강 근처의 땅은 붉은 피로 붉게 물들어 갈 것이다. 이에 대해 『송하비결』에서는 다음과 같이 묘사하고 있다.

송하유돈(松下有豚) : 松에서 나무 木을 취하고 돼지 亥를 더해 핵(核)이 된다. 그리고 돼지와 더불어 松에서 나무를 벗어던진 公을 합해 돼지 공, 즉 돼지 공(김정은)이 나오게 되고, 따라서 돼지 공(김정은)의 핵폭탄이란 의미가 된다.

백광차목(白光遮目) : (핵폭탄이 터져) 하얀 빛이 눈이 부시게 한다.

자오충입(子午衝入) : 북쪽이 남쪽으로 쳐들어오니

불고가산(不顧家産) : 집 재산 돌아볼 틈도 없이

동분서주(東奔西走) : 이리저리 분주히 뛰어다닌다.

"백광차목"을 풀어보면 하얀 빛이 눈을 부시게 한다는 뜻이 된다. 북한이 6차 핵실험을 하면서 풍계리의 지하갱도는 이제 더 이상 사용할 수 있을지가 지극히 의심스러운 지경이 되어버렸다. 따라서 북한이 지금 준비하고 있는 7차 핵실험, 그리고 더 나아가 8차 핵실험은 대략 두 가지 가능성 밖에 없을 것 같다. 즉 그들이 공언하고 있는 것처럼 진짜로 태평양의 공해상에다가 미사일을 발사해버리거나, 그게 아니라면 대기권 밖으로 쏘아 올리는 방법이다. 둘 중에 어느 경우라도 핵폭발에 의한 빛이 사람들에게 감지될 수밖에 없을 것 같고 그로 인해 눈이 부실 것 같다.

그 외에는 실제로 핵폭탄을 터트리면서 전쟁을 시작하는 경우일 것이다. 북한이 남쪽으로 밀고 들어오면서 핵폭탄을 터트린다면, 추정컨대 가장 가능성이 높아 보이는 경우는 EMP(Electromagnetic Pulse)탄으로 사용하는 경우일 것 같다. 핵폭탄이 터질 때 발생한 강력한 빛 감마선이 산소나 질소 분자에 부딪치면 높은 에너지의 전자가 튀어나온다. 핵폭발에서 나오는 감마선으로 인해 EMP가 유발되는데 그 파장이 수 kHz~수백MHz에 이르다가 점차 감소하면서 전기 · 전자 장비에 순간적으로 과도한 전류가 흐르며 전자기기를 무력화시킨다. 가령 20kt급 핵무기가 터지면 반경 100km 이내의 통신장비와 컴퓨터, 반도체 등이 파괴돼 상대방의 지휘통제 기능이 마비된다. 핵 EMP폭탄은 고도 30km 이상 대기권 외부에서 폭발하기 때문에 지구 표면에 핵폭발과 방사능으로 인한 피해는 없다. 하지만 최첨단 전자 기술 무기로 우위를 유지하고 있는 우리 군으로서는 개전 초기 방어선 구축에 있어서 크게 어려움에 처할 가능성이 상당히 농후하다. 한편 4행시 셋째 행에서 "불완전하게 태어났다는 것"의 의미는 바로 남북한 정부의 태생적 불완전성을 지적해주는 것으로 보인다. 돌이켜보면 1948년 최초 남북한 정권 자체가 각각 반쪽짜리로 불완전하게 수립되었던 것이 사실이 아닌가. 대한민국은 8월 15일, 북한은 9월 9일, 따로따로 수립되었지만, 결국 서로가 더 큰 하나를 주장한다면 상호 총부리를 겨누는 것은 필연적 수순 아니겠느냐고 지적해주는 듯하다. 또한 노스트라다무스의 예언들에서 헤엄친다고 묘사된 것은 언제나 전쟁과 같은 고통 속에서 허우적거리며 난항을 겪는 것을 의미한다. (가령 제1권 57편, 제2권 60편, 제3권 13, 68, 87, 88편, 제5권 52편, 제8권 1, 38편을 들 수가 있겠다.) 따라서 우리는 제3행을 "불완전하게 태어나, 더 큰 하나로 나아가는데 크게 난항을 겪게 될 것이다."라고 의역해볼 수 있게 된다. 1948년부터 시작해 2017년 10월 현재에 이르기까지 무려 69년이 지나도록 아직도 통일이 되지 않고 있으니, 이 정도면 표현된 바가 지극히 적절하다고 볼 수 있지 않을까? 그리고 그 다음은 또 어떻게 전개되어 나가는 것일까?

Nostradamus prophecy: Quatrain 3, 84

The great city will be thoroughly desolated,
Of the inhabitants not a single one will remain there:
Wall, sex, temple and virgin violated,
Through sword, fire, plague, cannon people will die.

거대한 도시가 철저히 황폐화되리라.
단 한 명의 거주자도 남아 있지 않게 되리니
장벽, 남녀, 교회, 처녀가 파괴되고

사람들이 칼, 화재, 전염병, 포격에 의해 죽어나갈 것이다.

대단히 유감스럽게도 바로 이 예언이 그 다음 상황을 묘사해주는 것으로 보인다. 거의 모든 예언연구가들이 하나같이 여기에서 묘사된 "거대한 도시"야 말로 분명 프랑스 파리일 것이라고 주장하고 있지만, 적어도 필자만큼은 서울의 상황이라고 생각하고 있다. 그 결정적인 이유가 바로 "장벽"이라는 단어 때문이다. 프랑스 파리에는 그 어떤 장벽도 존재하지 않는다. 반면 오직 한반도에만 거대한 휴전선이 장벽으로 존재하고 있을 뿐이다. 혹 어떤 이들은 서울에 휴전선이 있는 게 아니라고 딴지를 걸어올지도 모르겠다. 이는 노스트라다무스가 구사하는 언어의 유희를 이해하지 못하고 하는 소리에 불과하다. 그에 의하면 서울이 곧 한국이고, 한국이 곧 서울이기도 하다. 노스트라다무스가 우리 후손들이 예언을 풀어낼 수 있게 해주는 주요 단서들 중의 하나로 바로 이런 식, 그러니까 핵심적인 단어 하나를 끼워 넣어줌으로써 1,000개 이상으로 구성된 예언들 간에 상호 연관성을 이어나갈 수 있도록 배려해놓았다고 필자는 굳게 믿고 있고, 이미 앞서 살펴본 몇 개의 예언들에서 "장벽"이란 단어를 통해, 우리는 그것이 바로 우리 한반도의 상황임을 추론해볼 수 있었던 것과 마찬가지로, 이 처참한 예언도 결국 서울에 대한 묘사라고 판단하게 된 것이다. 혹자는 또 주장할지도 모르겠다. 나중에 프랑스 파리에도 결국 장벽이 만들어질 수 있지 않겠느냐고… 누가 알겠는가? 정말 그럴 수도 있겠다. 그리고 제발 그랬으면 좋겠다. 그러나 그렇게 될 가능성보다 이미 오래전부터 장벽이 설치되어 있던 한반도의 상황일 가능성이 훨씬 더 커 보이는 건 도저히 어쩔 도리가 없는 것 아니겠는가. 우리에게 남은 시간이 정말로 얼마 되지 않는다는 것을 다시 상기해보도록 하자. 이성적으로 말이다.

만약 상기의 예언대로 대도시 서울에 포격이 집중된다면, 거미줄처럼 촘촘하게 연결된 도시가스 배관들과 곳곳에 산재하고 있을 주유소 등등이 모조리 무방비 상태로 노출될 게 뻔하고 연쇄 폭발 및 거대한 화재로 귀결될 것이다. 그리고 서울에는 또 왜 그렇게 교회들이 많은 것일까? 비행기를 타고 밤하늘에서 내려다보면 마치 공동묘지를 방불케 할 정도이다. 노스트라다무스도 분명 셀 수도 없이 많이 산재해 있는 교회의 십자가들을 내려다보았을 것 같고, 그래서 굳이 교회란 단어를 언급해놓은 것 같다. 그리고 중요한 단어 하나가 등장하는데, 바로 "전염병"이란 단어이다. EMP 폭탄에 의해 개전 초기 지휘 체계가 무너져 결국 서울에서 한강을 사이에 두고 남북이 대치하게 될 때, 전혀 때 아니게 치명적인 전염병이 대두된다고 하는데, 여기서 실현 가능성이 가장 높아 보이는 시나리오는 바로 북한이 보유하고 있는 생화학무기에 의한 천연두 발발이다. 이판사판으로 달려드는 북한군은 결국 국제적으로 금지되어 있는 생화학무기 사용까지도 불사하게 될 것이고, 그로 인해 사람들이 죽어나가게 된다는 것을 알 수 있다. 그리고 이는 결국 『모든 세기』 제2권 44편의 예언을 초래하는 하나의 원인으로 작용하고야 말 것이다. 그것을 살펴보기 전에, 전쟁 발발과 동시에 벌어지는 전염병의 필연성을 말해주는 또 다른 예언 한편을 더 살펴보도록 하자.

Nostradamus prophecy: Quatrain 9, 55

The horrible war which is being prepared in the West,
The following year will come the pestilence
So very horrible that young, old, nor beast,
Blood, fire, Mercury, Mars, Jupiter in France.

서방에서 준비되고 있는 무서운 전쟁
이듬해 전염병이 따라오게 될 것이다.
젊은이나 늙은이나 짐승들까지도 너무 무서워
피, 불, 수성, 화성, 목성은 프랑스에

이 예언의 "서방에서 준비되고 있는 무서운 전쟁"이란 구절에서 서방은 바로 미국을 지칭한다. 노스트라다무스의 고국 프랑스에서도, 그리고 우리가 살고 있는 극동의 입장에서도, 서쪽 지방에 위치하고 있는 나라는 미국임에 분명하질 않은가. 2017년 10월 현재 전쟁을 준비하고 있는 트럼프를 말해주는 것으로 보이는데, 전쟁은 언제 벌어질까? 상기의 제1행과 제2행을 연결해서 보면, 2017년이나 2018년에 둘 다 가능성이 있을 것 같다. 이렇게 시작된 전쟁은 결코 한반도만의 국지전으로 그치지 않고, 전 세계로 확전되면서 제3차 세계대전의 양상으로 전개되어 나갈 것으로 보인다. 아무리 늦추어 잡아도 2020년 트럼프의 임기 이내에는 벌어지고야 말 일이다. 앞서 푸틴의 변곡점도 2020년이었음을 참고하자. 그리고 전쟁이 준비되고 그 이듬해에는 전염병이 곧바로 따라오게 된다고 하는데, 이는 전쟁이 벌어지는 것과 더불어 거의 동시에 전염병이 발생하는 것으로 추정된다. 그리고 이때의 전염병은 생화학무기에 의해 유발된 천연두와는 차원이 다른 어마어마한 위력을 선보일 것으로 예상된다. 노스트라다무스가 프랑스 앙리2세에게 보내는 서신에서 이미 인류의 3분의 2를 절멸시키는 초강력 전염병을 예고하고 있다. 이는 전 세계 인구가 약 70억 명이라면 무려 45억 명이 희생된다는 것을 의미한다. 사람들은 물론이고 짐승들까지도 이 전염병에는 도저히 견뎌내지 못할 정도로 치명적인 독성을 지닌 바이러스가 퍼지게 될 것이다.

Nostradamus prophecy: Quatrain 2, 44

The Eagle driven back around the tents
Will be chased from there by other birds:
When the noise of cymbals, trumpets and bells
Will restore the senses of the senseless lady.

텐트 주위로 돌아온 독수리는
다른 새들에 의해 거기서 공격당할 것이다.
심벌즈들과 트럼펫들과 종소리들의 소음들이 난무할 때
감각 없는 여인의 감각이 회복될 것이다.

이 4행시는 미군의 한반도 철수와 트럼프의 탄핵을 묘사한다. 넷째 행에서 등장하는 여인은 바로 대선에서 패배했던 민주당의 힐러리일 가능성이 높아 보인다. 그녀가 트럼프의 탄핵에 앞장서게 될 것임을 짐작할 수 있는데, 첫째 행에서 “텐트 주위로 독수리가 돌아온다는 것”은 남북한 간의 격렬한 전쟁 상황에서 미군이 결국 한반도에서 철수하게 된다는 것을 의미한다. 철수하는 원인에 대해선 이 예언엔 적혀 있지 않지만, 바로 앞서 살펴본 바와 같이 전쟁과 더불어 찾아오는 불청객, 서울을 비롯하여 한반도 전체로 퍼져나가게 될 전염병이 원인일 것이다. 아마도 전무후무한 악성 전염병이 한반도에 창궐하게 되면서, 미군들이 한반도에 머물 수 없게 될 것이고, 어쩔 수 없이 철수하게 되는 상황으로 전개될 것으로 보인다. 결국 김정은을 죽이고 북한을 해체한다는 대의명분 같은 것들은 죄다 무의미해져버리고, 수도 서울의 완전한 파괴를 비롯하여 수 천만 명의 무고한 인명피해만을 남겨놓은 채, 전무후무한 치명적인 악성 전염병은 남북한 사이의 전쟁마저도 소강상태로 만들어버리게 될 것이 분명하다. 그리고 그렇게 참담한 상황을 저질러 놓고도 그 어떤 것도 얻어내지 못하고 허무하게 미군 철수를 단행할 수밖에 없게 되는 결정적인 당사자 트럼프, 그의 무책임함은 결코 허용될 수 없을 것이고, 전 세계의 여론들이 일제히 들끓게 될 것이다. 그리고 그는 자신의 자리를 결코 임기 말까지 보전할 수 없을 것이다.[6)]

Nostradamus prophecy: Quatrain 1, 40

The false trumpet concealing maddness
will cause Byzantium to change its laws.
From Egypt there will go forth a man who wants
the edict withdrawn, changing money and standards.

6) 동양 주역을 동원해 추산해보면, 2019년 6월경 트럼프 탄핵안이 소추되고, 2019년 12월경에 인용될 것으로 보인다.

광란을 감추고 있는 거짓말쟁이 트럼프가
비잔티움이 그 법을 바꾸도록 만들 것이다.
이집트에서 앞으로 나아갈 것이다.
돈과 표준을 바꾸는 칙령이 철회되기를
원하는 한 남자가

언뜻 보아도 우리 한반도 상황과 무관해 보이는 이 4행시를 검토해보는 이유는 트럼프를 언급하는 유일하게 남아있는 예언이고, 혹시 트럼프의 탄핵 시점과 연관되어 있을지도 모르기 때문이다. 만약 이 예언이 아직 성취되지 않았다면 적어도 이것까지는 트럼프가 끝을 내주어야 할 것이다. 시야를 잠시 비잔티움(중동지역)으로 돌려볼 필요가 있는데, 시계를 돌려 2017년 4월 3일 날짜로 돌아가 보면, 그때 도널드 트럼프 미국 대통령은 압델 파타흐 엘시시 이집트 대통령과 백악관에서 정상회담을 갖는다. 엘시시는 민주적 선거로 선출된 무함마드 무르시 전 대통령을 2013년 쿠데타로 축출해버린 뒤 인권 탄압을 지속해오던 자이고, 버락 오바마 전 대통령은 그런 엘시시 정부를 아예 외면해 왔었다. (참고로 2016년 유엔은 이집트 정부가 지속적으로 여성, 인권 운동가, 언론인을 박해하고 있다고 밝혔고, 인권단체들은 최소 4만 명의 정치범이 구금돼 있다고 추산하고 있다.) 트럼프의 희박한 인권 의식은 이미 지난해 대선 과정에서 중국 천안문 사건을 '폭동'으로 지칭했을 때부터 징조가 보였다. 쥐구멍에도 볕들 날이 있다고, 그동안 미국으로부터 아무런 지원을 받지 못해 애타고 있던 엘시시로선 트럼프의 등장으로 특급 구세주를 만난 셈이다. 트럼프의 외교 정책 기조에서 인권이라는 키워드가 배제되고 있다는 사례들이 계속 꼬리를 물고 있다. 서안지구 이스라엘 정착촌은 팔레스타인 자치권을 침범하는 '불법 건축물'로 규정돼 왔었지만, 4월 2일 니키 헤일리 유엔주재 미국대사는 〈ABC〉 방송에 출연해 오바마 행정부의 이스라엘 정착촌 반대 정책을 "이스라엘에 대한 편견"이라고 언급하면서 정착촌을 묵인할 뜻을 내비쳤다. 또한 오바마 행정부는 시아파 주민들의 인권 개선을 요구하며 바레인에 무기를 팔지 않았으나, 트럼프는 2017년 3월 미국 기업들이 바레인에 F-16 전투기 등 무기를 판매하도록 허용해 여론이 들끓었었다. 이러한 망나니 짓거리에 대해 노스트라다무스는 첫째 행부터 아예 작정을 했는지 크게 한방을 내질러버린다. 그에 의하면 더 두고 볼 것도 없이 트럼프는 거짓말쟁이에 미친놈이 되는 것이다. 오바마의 외교 기조를 모조리 뒤엎어버리고 그로 인해 덕 보는 자들은 시대에 역행하는 엘시시 같은 자들뿐이다. 지금까지 열거된 모든 사실 관계에 비추어 볼 때, 우리는 이 예언도 이미 완전히 성취되었음을 알 수 있고, 따라서 트럼프의 탄핵은 미군이 한반도에서 철수하자마자 추진되는 것으로 확정지을 수 있게 된다.

예정된 미국 몰락

앞서 살펴보았던 본서 제3편에서, 히틀러를 현대판 알렉산더라고 보았었다. 따라서 히틀러가 패망한 이후 독일의 동서독 분단은 어쩌면 필연이었는지도 모른다. 일본, 이탈리아, 그리고 독일이 동독과 서독으로 갈라져 비로소 알렉산더 4장군의 표상을 완성하게 되니 말이다. 더불어 「계시록」 6장을 설명하면서 소개했던 그림예언에서 한반도를 칼로 두 동강 내던 서늘한 장면이 선명하게 떠오르게 된다. 이러한 독일의 분단, 그리고 한국의 분단, 이와 관련해 그냥 웃고만 넘길 수 없는 야화가 하나 있다. 지난 제2차 세계대전은 역사적으로 1945년 8월 15일에 끝났지만, 사실상 1943년 카이로회담 무렵에 이미 연합군 승전 및 전쟁의 종식이 가능했었다고 한다. 다만 종전 후 일본과 독일, 그리고 한국과 중국을 포함한 그들의 점령국 분할 문제에 관해 연합국들 사이의 의견이 서로 일치가 안 되어 1945년 얄타회담까지 시간을 보냈으며, 마지막까지도 미국-소련 사이에 의견일치를 보지 못한 것이 바로 한반도 문제와 독일 문제였다고 한다. 한국과 독일의 분할에 관하여는 미소 양국이 의견 접근을 할 수 없었는데, 이 이견을 해결한 사람은 엉뚱하게도 정치인이 아닌 인도의 유명한 예언가이자 명상가 J. C. Chrishinan (크리쉬난)이었으며, 그는 당시에 북극점에 얼음집을 짓고 명상을 하고 있었다고 한다. 미국과 소련은 각각 그에게 몰래 특사를 파견하여 그에게 조언을 구했다고 한다. 그때 크리쉬난은 소련에서 보낸 특사에게 이렇게 말했다고 한다.

> "당신들은 독일을 분단하라! 그리고, 독일의 분단을 가능한 시기까지 최대한 연장하라! 독일의 분단이 허물어져 통일이 되면 그날이 바로 당신들 소련의 마지막 날이다!"

그리고 크리쉬난은 여러 번의 고사 끝에 끈질긴 미국의 특사에게도 조언을 해주었는데, 그 내용인즉 다음과 같았다고 한다.

"미국은 한반도를 분단하라! 한반도의 분단이 허물어져 어떤 형태로든 통일이 되면 바로 그날이 당신들 미국의 마지막 날이며, 미국이란 국가는 모래성처럼 허물어질 것이니, 최대한 분단 상태를 유지하라!"

크리쉬난은 미국과 소련 양국이 영토분할에 관한 최종 합의가 용이하도록 해주기 위해 미국에는 소련에 준 예언을, 소련에는 미국에 준 예언을 발설하지 않았고, 이러한 두 조언에 따라 서쪽 유럽의 경계는 베를린 장벽이 상징하는 동서독 분단, 동쪽 한반도의 경계는 38선이 상징하는 남북한 분단이 각각 합의되어 얄타와 포츠담선언의 이면합의가 이루어졌다고 한다.

"소련은 독일을 분단해야 하고, 독일이 통일되면 바로 붕괴된다, 미국은 한국을 나누어 유지해야 하고, 만약 한국이 통일되면 미합중국은 산산조각이 난다."

고 하는 이 예언이 한반도 분단과 통일에 대한 저주와 같은 특급비밀이었다. 그래서 미국은 북한이 아무리 날뛰고, 지랄발광을 하고, 핵폭탄을 개발하고, 수소폭탄을 터트리고, 미사일을 쏴대도 폭격을 할 수 없으며, 독일 통일과 함께 산산이 부서진 소련의 결과까지도 확인하게 된 지금은 더 더욱 북한을 괴멸시켜서 한반도를 통일하는 것을 원치 않는다는 것이다. 이런 이야기를 근거로 해서, 왜 미국이 프에블로호가 나포 당했을 때나, 휴전선 도끼만행에도 불구하고 북한을 응징하지 않았는지 그 이유가 설명이 가능해진다고 한다. 아프카니스탄, 아르헨티나, 쿠바, 리비아, 이라크 등에 대해서는 가차 없이 단호하게 무력으로 응징하던 미국이 유독 북한에 대해서만큼은 각종 국제법 위반이 명백하고 공개적인 도전행위에도 불구하고 별다르게 손을 안 쓰고 있는지가 설명이 된다는 것이다. 상기의 내용은 70년대 중후반 한반도 정보와 군사작전 및 계획에 관련된 일을 하면서 같이 일했던 미국인이 농담 반 진담 반으로 얘기해주었던 내용이었으며, 당시 한참 북괴의 도끼만행 사건으로 북한에 대한 공격명령을 기다리고 있던 긴박한 상황에 처해 있으면서도 절대 북한에 대한 미국의 공격은 없다고 잘라 말하던 그의 주된 논거였다고 한다. 그는 이러한 정보 소스(Source)에 대한 끈질긴 질문에 대해선, 오로지

> "TOP SECRET(일급비밀)! ONLY FOR YOU(오직 너에게만 알려주는 것)! BUT NOT A FICTION.(하지만 소설은 아님)"

라고만 대답하며 설명을 회피했다고 한다. 그 후 80년대 중반 수소문 끝에 크리쉬난의 제자들이 히말라야에 모여 살고 있다는 정보를 입수해 상기의 사실을 확인하려고 인도의 히말라야 지역을 찾았으나 제자들이란 이들은 혀 자르고 붙이기, 머리 몸통 꼬아 괴상한 자세로 머물기, 공중에 앉기 등의 기행이나 하며 관광객을 상대로 돈을 벌고 있었고, 스승의 행적과 내막은 전혀 모르고 있었으며, 생사여부조차도 모르고 있었지만 오직 크리쉬난에 대한 존경심만큼은 신앙과도 같았다고 한다.

이 야화의 무서운 점은 1990년 10월 3일 독일이 통일된 후, 1991년 12월 25일 소련이 붕괴되면서, 예언이 정말로 성취되었다는 것이고, 따라서 남북한이 어떤 형태로든 하나로 합쳐지는 순간 자동적으로 미국의 붕괴가 예고된다는 점이다. 추정컨대 이 야화는 역대 미국 대통령들에게 계속 전해져 왔던 것 같다. 적어도 트럼프가 집권하기 전까지는

말이다. 그러나 청개구리 성향을 보이는 트럼프에게는 아예 전달이 되지 않았거나, 전달이 되었음에도 코웃음과 함께 "개~무시"를 당했던 것으로 보인다. 이를 모를 수밖에 없었던 죽기 전 김정일의 김정은을 향한 핵개발 코치는 어디까지나 트럼프가 아닌 상식이 통하는 경우에만 유효한 것이었고, 청개구리 트럼프의 등장으로 유효기간이 끝나버린 것 같다. 어차피 예정된 일들은 무슨 짓을 하더라도 결국 일어나고야 마는 것인가? **한반도 상황을 너무 쉽게 생각하는 트럼프의 오판으로 남북한의 경계가 어떤 식으로든 무너지는 순간, 미합중국은 결국 붕괴의 길로 접어들고 말 것이다.** 이와 관련해 근래에 들어 미국의 개신교 목사들이 유난히 꿈을 자주 꾸는데, 주로 달러 지폐가 휴지처럼 사방에 흩날린다거나, 금값이 떨어지고 대신에 은값이 치솟는 꿈을 꾼다고 한다. 해몽을 한번 해준다면, 금이란 금메달과 같이 가장 높은 자리를 의미하고 은이란 은메달과 같이 두 번째를 의미하므로, 미국의 몰락과 러시아의 부상이라 단언하게 된다. 달러가 종이쪽지가 되는 것도 미국의 몰락을 의미한다. 미국이 붉은 짐승 러시아에게 크게 당할 것이다. 그것이 바로 음녀의 심판일 것이다.

제3차 세계대전

오만방자한 트럼프, 그의 등장으로 인해 오래전부터 하늘에서 준비하고 있었던 종말의 프로그램들이 연쇄적으로 자동 실행되는 순간이 바로 코앞으로 다가왔다. 이후 가장 먼저 세계 지도에서 사라질 곳은 당연히 한반도일 것이다. 밤하늘 인공위성에서 내려다보아도 불빛 하나 감지해낼 수 없는 절대 암흑이 지속되면서, 세계인들은 죽음의 반도로 돌변해 영원히 사라지는 것으로 여기게 될 것이다. 실제로 한반도는 창궐한 전염병의 늪에 깊이 빠져들어 거기서 쉽게 헤어 나오질 못할 것이다. 전염병은 한반도를 넘어 전 세계 곳곳으로 퍼져나갈 것이고, 더불어 동아시아는 또 다른 전쟁으로 확전될 것이다. 미국의 다음 타겟은 아마도 중국일 것이다. 추정컨대 주요 명분은 북한을 제대로 제어해 내지 못한 괘씸죄가 가장 클 것이다. 이러한 일련의 일들에 대해 『증산도전』 7편 35장에는 이렇게 묘사되어 있다.

① "때가 되면 세계전쟁이 붙으리라…

② 난의 시작은 삼팔선에 있으나 큰 전쟁은 중국에서 일어나리니 중국은 세계의 오고가는 발길에 채여 녹으리라." 하시고

③ "병이 돌면 미국은 불벌자퇴하리라."하시니라.

상기의 내용으로 미루어, 한반도에 전쟁이 벌어지고 이어 예기치 않았던 괴질이 돌면서 미군이 철수할 수밖에 없도록 상황이 전개된다. 당연히 한반도의 전쟁도 소강 국면으로 접어든다. 하지만 미국은 이렇게 한반도의 상황을 걷잡을 수 없을 정도의 지경으로 몰고 간 주범으로써 중국을 지목하며 책임을 전가하려고 들 것이고, 이에 발끈한 중국과 서로 강대강으로 맞서면서 큰 전쟁이 발발하게 될 것이다. 그리하여 중국이 미국을 비롯한 서구 열강들의 스파링 파트너로 전락한다.

Nostradamus prophecy: Sixians 27

Celestial fire from the Western side,
And from the South, running up to the East,
Worms half dead without finding even a root.
Third age, for Mars the Warlike,
One will see fires shing from the Carbuncles.
Age a Carbuncle, and in the end famine.

서방의 한쪽에서 오는 하늘의 불
남쪽으로부터, 이윽고 동쪽으로까지 달려가는
뿌리조차 찾지 못하고 반쯤 죽은 벌레들
세 번째 시대, 호전적인 마르스
석류석으로부터 빛나는 불을 보리라.
석류석의 시대, 그리고 마지막에는 기근이

많은 중국인들은 자신들이 세상의 중심이라고 믿고 있는 듯하다. 그런데 『성경』을 들여다보면, 세상의 중심은 그 흔적조차 찾아볼 수가 없다. 『성경』 자체가 서양 쪽 얘기 일색이라고 치부해두기로 하자. 그러면 『모든 세기』에서는 어떨까? 『모든 세기』를 보다가 보면 여러 가지로 놀라게 된다. 그 중의 하나가 중국에 대한 얘기를 거의 찾아볼 수 없다는 점이다. 노스트라다무스가 중국을 인지하지 못했던 것일까? 아니면 관심이 없었던 것일까? 이는 일본과 비교해보아도 차이가 난다. 심지어 한국과도 비교가 안 된다. 도대체 이러한 현상을 어떻게 받아들여야 할까? 뭔가가 이상하질 않은가? 현재의 국제 정세만 놓고 본다면, 당연히 상당한 비중으로 취급되어야 할 것 같은데, 실상은 전혀 그렇지가 않은 것이다. 따지고 보면 중국은 지난 제1,2차 세계대전에서도 덩치는 산山 만 한데, 별다른 활약이 없이 무기력했던 나라였다. 그리고 제3차 세계대전에서도 아주 일찍 사라져버리고 그 뒤로 별다른 역할이 없을 듯하다. 그러니 관심이 없을 수밖에 없었던 것 같다. 이 6행시가 바로 중국이 조기에 퇴장하는 내용을 담고 있다. 상기 제4행에서 "세 번째 시대"는 곧 제3차 세계대전의 시기를 의미한다. 마르스는 전쟁의 신을 의미한다. 이래저래 전쟁이란 의미밖에 나오질 않는다. 제5, 6행에서의 석류석은 아직도 공산주의를 고수하고 있는 유일한 나라, 아니 저 미개한 북한과 함께 아직도 공산당이 집권하고 있는 희귀한 나라, 붉은 중국을 말해준다. 도대체 사춘기 소년도 아니고 시대에 뒤떨어지고 한참 덜 떨어진 그런 공산주의 이념 따위를 가지고 세상의 중심이라? 언감생심 어디 가당키나 한 말이겠는가. 서방에서 날아오는 불이 먼저 남쪽 지역을 불태우고, 이윽고 해안선을 따라 올라가면서 동쪽으로까지 불길이 번져간다. 그리하여 붉은 석류석이 불에 활활 타버리고, 그 마지막에는 기근이 기다린다. 그들이 그동안 주변에 봐달라고 나름 자랑하던 최신무기들은 막상 어른과 아이 만큼이나 수준 차이가 커서 전혀 위협조차 되질 않는다. 이때의 일에 대해 『송하비결』에는 이렇게 적혀져 있다.

황백분토(黃白奮土) : 황과 백이 땅을 다투게 될 것이다.
천횡지경(天橫地驚) : 하늘과 땅이 온통 요란한 소리들로 가득하다.
굉굉정정(轟轟丁丁) : 꽝꽝하는 소리와 쨍쨍하는 소리가 계속된다.

산하혈광(山下血光) : 산 아래에 온통 피 빛이 돌고
도중분연(都中焚煙) : 도시들이 불타고 연기가 가득하다.
오악적변(五岳赤變) : 전국 5개의 산들이 붉게 변한다.
절절박박(折折剝剝) : 꺾이고, 꺾이고, 벗겨지고, 벗겨진다.

상기의 "황백분토"는 명백히 황인종과 백인종의 전쟁을 말해준다. 황인종의 대표 주자는 중국이고, 백인종의 대표는 미국이다. 상기의 내용으로 보아, 중국의 모든 도시들과 산들이 하나도 성한 곳이 없을 정도로 일방적으로 폭격을 당하는 것으로 보인다. 중국이 너무 일찍 고개를 내민 것이 크나큰 실수가 되고 마는 것이다. 동서양의 예언들을 모두 찾아보아도 중국이 미국에게 타격을 가한다는 내용을 찾아볼 수가 없다. 지금 중국의 시진핑에 의해 한참 전개되고 있는 "중국의 자존심 세우기 정책"은 한 30년쯤 뒤에나 시도할 수 있는 그런 것이었고, 그것을 깨닫게 되었을 때는 이미 때가 너무 늦어버려서 도저히 되돌릴 수가 없을 것이다. 그리고 그것으로 중국은 세계의 무대에서 사라져버리고 더 이상의 다른 활약이 없다. 정권과 수뇌부는 온전히 유지될지 모르겠다. 어찌됐든 중국이라는 커다란 장작을 불쏘시개로 삼아, 전 세계가 제3차 세계대전의 화염으로 치닫는다. 동쪽뿐만 아니라 서쪽에서도 일이 벌어진다.

Nostradamus prophecy: Quatrain 5, 55

평온한 아라비아에서 마호메트의 법도 아래
한 강자가 태어나리라.

스페인을 침략하고 그라나다를 정복하리라.
바다를 통해 터키인들에게 더 큰 고통을 주리라.

Nostradamus prophecy: Quatrain 5, 25

화성, 태양, 금성이 사자자리에서 만날 때
아랍의 우두머리가 바다를 통해 교회의 권력을 굴복시키리라
페르시아에는 백만에 가까운 사람들이 모이고
진짜 뱀이 비잔틴과 이집트를 공격하리라.

Nostradamus prophecy: Quatrain 4, 68

비너스로부터 멀지 않은 해에 아시아와 아프리카의 두 명의 가장 큰 거물들
라인 강으로부터, 그리고 낮은 다뉴브 강
그들이 온다고 말하여지리라.
몰타 섬에서 그리고 리구리안의 옆에서 울음들과 눈물들이

Nostradamus prophecy: Quatrain 5, 13

커다란 분노로 로마인인 벨기에 왕은
바르바르인들에 의해 능욕을 당하리라.
이를 악무는 분노, 그는 헝가리로부터
헤라클레스의 기둥들까지 리비아 사람들을 몰아내리라.

대략 이 정도의 것 말고도 유럽의 전쟁 상황을 묘사해놓은 어마어마한 분량의 4행시들이 『모든 세기』 안에 가득하다. 창조주의 원대하고 심원하신 계획을 우리 피조물들이 어떻게 짐작이나 할 수 있겠는가? 하지만 기본적으로 제3차 세계대전을 통해, 창조주께선 인류가 수천 년간 알게 모르게 쌓아왔던 그간의 모든 갈등, 오해, 모순, 불협화음, 원한, 질투, 시기심에 이르기까지 마음속에 응어리진 것들을 모조리 끌어내 한꺼번에 분출시키고 그것들을 죄다 용해시켜버리려고 작정하신 것은 분명한 듯하다. 이러한 일련의 여러 프로그램들 중에서도 가장 현저한 플랜 하나는 아마도 **유럽을 비롯한 서구인들의 시련**일 것이다. 이는 지난 수백 년간에 걸친 그들의 품위 있고 수준 높은 문명을 이기적으로 누려낼 수 있도록 뒷받침해주느라고 그간 희생될 수밖에 없었던 수많은 것들이 고통으로 다시 되돌아오는 필연적 수순일 것이다. 서구인들은 이제 고대 로마의 역사가 되풀이되는 악몽을 겪게 될 것이고, 무엇보다도 먼저 아랍의 동향을 눈여겨보아야 할 필요가 있을 것이다. 조금이라도 틈을 보이는 순간 그들은 반드시 움직일 것인데, 그간엔 잘 보이지도 않았던 크고 작은 틈들이 갑자기 여기저기서 터져 나올 것이고, 이는 사람의 힘으로 제어할 수 있는 수준을 넘어서므로 하늘의 뜻이라고 밖에 달리 해석되지 않을 것이다. 때로는 알라릭이 나타나 놀랄 것이고, 때로는 가이세리크가 나타나 치근덕거릴 것이고, 때로는 아틸라가 나타나 전광석화와 같은 한방으로 치명타를 안기기도 할 것이다. 이어서 오도아케르가 들어오고, 데오도릭이 들어올 것이다. 결코 일회성으로 끝나지도 않을 것이고, 그들은 먹잇감을 입에 문 야수와도 같이 집요하게 물고 늘어질 것이다. 유럽도 나름대로 전력을 정비해가면서 반격도 가하는 등 양측의 공방전은 일진일퇴를 거듭하며 매우 뜨거워질 것이다. 『모든 세기』를 들여다보면, 온통 아랍과 유럽의 전쟁 이야기들로 가득 차 있다. 그 모든 것들 하나하나가 사실 유럽인들과 아랍인들에게는 특히 중요한 정보가 되겠으나, 동아시아에 살고 있는 한국인들에겐 너무 먼 곳의 이야기들이다. 따라서 그들이 알아서 챙기도록 맡기는 것으로 정리한다.

마지막 그때, 종류도 다르고 무게도 다른 심판이 저마다 주어지겠지만 한 가지 측면, 즉 누구든지 빠지지 않고 모두에게 심판이 내려진다는 점에 있어서만큼은 지극히 공평무사할 것이다. 그때 한국인들에게 주어지는 가장 큰 심판은 아마도 치명적인 괴질병일 것이다. 그것만 이겨내면 가장 큰 고비는 넘었다고 할 수 있을 것이다. 서구열강들에 대한 심판은 그렇게 격렬하면서도 참혹할 지경인데 다른 지역은 어찌하여 덜할 수 있는 것인지, 이러한 이치가 약간 이해가 가지 않는다면, 성서의 이 구절을 참고할 필요가 있겠다. 계 18:4에 이렇게 기술되어 있다.

> "또 내가 들으니 하늘로서 다른 음성이 나서 가로되 내 백성아 거기서 나와 그의 죄에 참예하지 말고 그의 받을 재앙들을 받지 말라."

상기의 구절을 읽어보면, 큰 재앙들이 집중되는 어떤 특별한 지역이 있을 것이며, 가급적이면 그 지역을 벗어나서, 그들이 받을 재앙들을 엉뚱하게 덤터기 쓰지 말라는 내용이다. 개똥밭에서 같이 구르다보면 저절로 개똥 냄새가 배어나기 마련이다. 그 다음 구절 계 18:5에서도 계속 이어진다.

> "그 죄는 하늘에 사무쳤으며 하나님은 그의 불의한 일을 기억하신지라."

이는 그들에 의해서 자행되어진 수많은 범죄들이 하늘에 사무칠 정도로 지극히 크다는 말이다. 심판이란 것이 누구에게나 다 똑같이 내려지는 것이 아니라, 자신들이 저마다 그간에 행했던 행실의 크기대로, 각각 다르게 주어진다는 것이다. 따라서 가해지는 심판은 저마다 크기가 제각기 다를 수밖에 없는 것이다. 그리고 오히려 그것이 지극히 올바른 이치라 할 것이다. 계 18:6에서 계속 이어진다.

"그가 준 그대로 그에게 주고 그의 행위대로 갑절을 갚아주고 그의 섞은 잔에도 갑절이나 섞어 그에게 주라."

앞서 본서의 제1편 국왕에게 보낸 서신에서, 노스트라다무스는 특히 3년간에 걸친 극심한 박해를 예고하고 있다. 제3편 「계시록」에서 언급했던 "땅에서 나온 짐승"이 맹활약하는 무대가 바로 그 시기일 것이다. 그런데 왜 3년간일까? 그냥 그런가보다 하고 넘어갈 수도 있는 대목이지만, 특히 상기의 구절을 읽으면서, 이 3년간이란 의미에 대하여 나름대로 곰곰이 추론을 해본 결과, 어떤 이미지 하나가 선명하게 떠오르는 것이 있었다. 제2편 「다니엘서」에서 종말의 시기를 결정해주었던 바로 그 미운 물건, 바로 모리아 산에 건립되어 있는 바위 사원이다. 그것이 서기 688년에 건립되기 시작하여 그로부터 3년이 지난 서기 691년에 완공되었다. 창조주께서 이때 미운 물건이 들어서는 그 3년간의 시기가 다른 무엇보다도 특히 더 괴로우셨던 것이 아닐까? 따라서 3년간이란 시간에 얽혀있는 사연은 대략 이해를 할 수 있을 것 같다. 그리고 더 나아가 무슬림들에 의해 건립된 이 바위 사원의 오리지널 시원을 거슬러 올라가보면, 로마 교황청의 음흉한 계략이 거기에 은밀히 도사리고 있었다. 교황청이 자신들이 그리는 거대한 구도를 완성하기 위해서 아랍인들을 교묘하게 이용했다는 것은 이미 앞서 다룬 바가 있었고, "**그가 준 그대로 그에게 주고**"란 대목과 연결해서 본다면, 마지막 때에 창조주께서도 똑같이 무슬림들을 동원해서 그들 로마 교황청의 주요 활동무대가 되는 10개의 뿔에 해당하는 열국들을 심판하는 것이 오히려 더 이치에 합당하다는 결론에 도달하게 되는 것이다. 문제는 "**그의 행위대로 갑절을 갚아 주고 그의 섞은 잔에도 갑절이나 섞어 그에게 주라.**"에 있다. 심판의 크기는 상상을 초월할 정도로 참혹할 것이고 지옥이 따로 없다고 해야 할 지경일 것이다. 그렇게 깨어져 지옥이 되는 지역이 대체 어느 정도의 규모에 달하는 것일까? 이에 대한 해답이 「스가랴」 13:8~9에 명확하게 기술되어 있다.

> "여호와가 말하노라 온 땅에서 삼분의 이는 멸망하고 삼분의 일은 거기 남으리니, 내가 그 삼분의 일을 불 가운데에 던져 은 같이 연단하며 금 같이 시험할 것이라 그들이 내 이름을 부르리니 내가 들을 것이며 나는 말하기를 이는 내 백성이라 할 것이요 그들은 말하기를 여호와는 내 하나님이시라 하리라."

세상의 67%는 깨어져 멸망하고, 33%는 금은과 같이 연단되어 남아 있게 된다. 거기에는 금은과 같이 연단된 하나님의 참된 백성들이 살아 있다고 명시되어 있다. 서구인들이 살고 있는 지역을 찾아보라. 지구의 67%가 바로 그곳이다. 유럽, 북아메리카, 오세아니아, 아랍, 그리고 러시아까지 모두 깨어지게 될 것이다. 그러므로 이 글을 읽는 독자들은 하루라도 빨리 그들에게서 벗어나서, 그들의 심판에 동참하지 않도록 하는 것이 유익할 것이다.

한편 서구열강들이 정신이 혼미해지고 육근이 녹아날 정도로 지옥의 맛을 뜨겁게 보고 있는 그때를 즈음하여 우리 한반도의 상황은 어떻게 전개되고 있을까? 남북한의 충돌에 이어 곧바로 전개되는 치명적인 괴질의 악몽에서는 벗어나 있을까? 어찌되었건 간에 한국도 서구열강 정도에 비할 만큼의 중대한 범죄는 아니지만, 나름대로 하늘에 이래저래 빚진 것들이 없을 수가 없기 때문에, 약 3년간의 괴질을 통해 엄청나게 큰 타격을 받을 것으로 보인다. 동학을 일으킨 최제우가 『용담유사』 「권학가」에서 다음과 같이 이르고 있다.

"그 말 저 말 다 던지고 하느님을 공경하면 우리 동방 삼년 괴질 죽을 염려 있겠느냐, 어화 세상 사람들아 이내 경계하는 말씀 세세명찰 하온 후에 잊지 말고 지켜내어 성지우성 공경해서 하느님만 생각하소, 처자 불러 효유하고 영세불망 하였으랴."

우리들이 잘 쓰지 않는 용어들이 몇 가지 나오는데, "세세명찰"이란 자세히 밝게 살핀다는 뜻이고, "성지우성"이란 정성을 다하고 또 정성을 다한다는 뜻이다. "효유"란 것은 깨닫도록 잘 타이르고 일러준다는 것이고, "영세불망"은 영구히 잊지 않는다는 뜻이다. 따라서 상기의 구절을 다시 정리하면 대략 이러할 것이다.

"세상에 이런 말들과 저런 말들이 차고 넘치지만, 오직 하느님을 공경하면 우리 한반도에 창궐하는 3년 괴질에도 죽지 않을 수 있다. 그러니 세상 사람들아, 경계하는 이 말을 부디 자세히 살피고 살펴서 잊지 말고 정성을 다해 하느님을 공경하자. 그리고 처자식도 같이 불러 잘 깨닫도록 타이르고 일러주어 혼자가 아니라 더불어 영원히 잊지 말자."

한반도가 맨 먼저 매를 맞게 되지만 이는 어쩌면 중대한 전화위복으로 작용할 수도 있다. 종말의 때 가장 먼저 전쟁과 더불어 괴질에 휩싸이게 되는 나라가 바로 한국이겠지만, 바로 이것이 창조자의 절묘한 계책일 수도 있다. 어쩌면 그 덕분에 최소 3년 정도 전 세계 그 어떤 나라도 한국은 거들떠보지 않을 것이고, 도처에 미사일들이 날아다니는 그 시점에 한국은 타격 목표에서 제외된다. 노스트라다무스가 예언하기를 전 세계 인구의 67%가 희생된다고 하는 이 괴질이 전 세계를 휩쓸며 돌아다니지만 이에 대한 치료책을 그 누구도 내놓지 못할 것이다. 처음 한반도에서 시작된 이 괴질은 결국 오직 한반도에서만 해결책이 나오도록 운명 지워져 있다. 하지만 그것이 한반도를 휩쓸면서 너무나 엄청난 타격을 줄 것이기 때문에 그것을 견뎌내고 다시 회복하는 데만도 오랜 세월이 필요할 것이다. 그러한 와중에도 한반도에는 대략 세 가지 정도의 큰 소용돌이가 있을 것 같다. 그 하나는 바로 북한군의 잔당들이 무리지어 소동을 일으키는 일이다. 『송하비결』에 이런 구절이 있다.

규견침가(窺見侵家) : 몰래 엿보다가 침입하니
적병여산(賊兵如山) : 도적의 무리가 산처럼 몰려온다.

이로 미루어 볼 때, 괴질로 인해 한반도 전체가 몸살을 앓으면서 남북한 간의 전쟁 그 자체가 무의미해지고, 시간이 경과함에 따라 북한군은 저절로 괴멸되어져 갈 것으로 보인다. 그러나 군데군데 대규모 집단이 완전히 와해되지는 않고 근근이 버티고 있다가 이따금씩 남쪽으로 떼 지어 내려오는 일이 있을 것 같다.

오합지졸(烏合之卒) : 까마귀들의 집단에 불과하다.

그러나 그렇게 큰 염려할 바는 못 되는 것 같다. 우리 국군의 기강이 살아 있어서, 오합지졸에 불과한 그들을 물리치고 와해시키는 것은 단지 시간문제일 듯하다. 그러나 모든 것이 과하면 문제가 된다고 또 다른 문제가 하나 일어난다.

황우지세(黃牛之歲) : 택화 혁괘(革卦)의 기세가 강한 해에
휴입조궁(鵂入朝宮) : 수리부엉이가 정부에 들어오니
역신회두(逆臣回頭) : 반역의 무리가 고개를 돌리고
국사번요(國事煩擾) : 나라의 일이 번거롭고 어지러워진다.
혁명반군(革命反軍) : 혁명 반군
병성경동(兵聲驚動) : 병사들의 함성에 놀란다.

『주역』 64괘중에서도 특히 택화혁(䷰)의 괘상에서 누런 소, 즉 기축이란 뜻이 나오고 이는 뒤집어엎는 혁명을 상징한다. 따라서 한 차례 군부에 의한 쿠데타 기도가 예고되어 있다고 볼 수 있다. 그들이 보기에 나라가 돌아가는 꼴이 성에 차지 않을 정도로 위태위태해 보이는 지경이란 의미일 것이다. 이를 달리 보면 적어도 군대의 기강만큼은 아직 시퍼렇게 날이 서있다고 해석될 수도 있겠다.

박이평정(朴李平定) : 박 장군과 이 장군이 평정한다.

하지만 시대가 어떤 시대인데, 군부가 다시 집권하는 게 가능하겠는가? 강물은 천 번이나 굽이치며 돌아나가지만, 유유히 흘러 결국은 망

망대해에 이르기 마련이다. 시계 바늘을 거꾸로 돌릴 수는 없는 법이다. 다행히 올바른 심성을 가진 박 장군과 이 장군이 나서서 쿠데타를 진압해 줄 것이다. 그리고 다른 하나는 지진이다.

괴성대란(壞聲大難) : 흙더미가 소리를 내면서 크게 어지럽다.

흙더미가 소리를 낸다는 것은 지각이 흔들리는 큰 지진을 의미한다. 큰 혼란을 야기할 정도로 큰 지진이 발생할 것 같다. 그동안 적어도 지진에 관해서 만큼은 우리 한반도가 안전지대라는 인식이 많았지만 근자에 이르러 특히 지진이 잦아지고 있다.

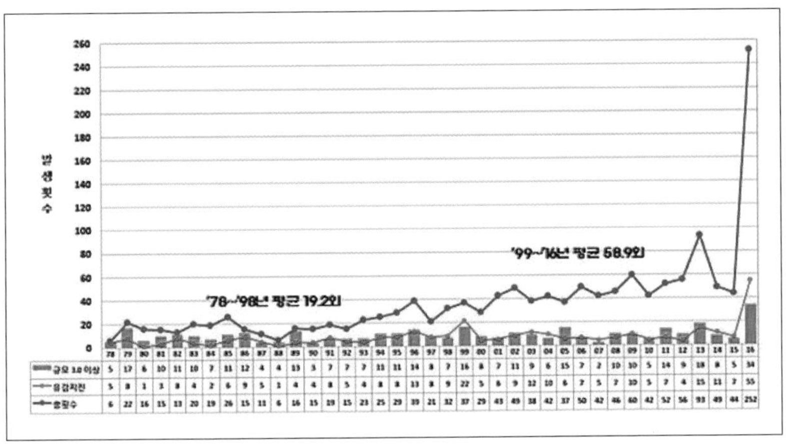

	78	79	80	81	82	83	84	85	86	87	88	89	90	91	92	93	94	95	96	97
규모 3.0 이상	5	17	6	10	11	10	7	11	12	4	4	13	3	7	7	7	11	11	14	8
유감지진	5	8	1	3	8	4	2	6	9	5	1	4	4	8	5	4	8	8	13	8
총횟수	6	22	16	15	13	20	19	26	15	11	6	16	15	19	15	23	25	29	39	21

	98	99	00	01	02	03	04	05	06	07	08	09	10	11	12	13	14	15	16
규모 3.0 이상	7	16	8	7	11	9	6	15	7	2	10	10	5	14	9	18	8	5	34
유감지진	9	22	5	8	9	12	10	6	7	5	7	10	5	7	4	15	11	7	55
총횟수	32	37	29	43	49	38	42	37	50	42	46	60	42	52	56	93	49	44	252

상기의 지진 발생 추이만 봐도 우리 한반도가 더 이상 안심할 수가 없는 상황이란 뚜렷한 반증이 된다. 따라서 대비가 필요하다.

정리해보면, 대략 북한잔당, 군부의 쿠데타, 그리고 지진 등이 한반도를 괴롭힐 것으로 보인다. 하지만 이런저런 여러 소동의 와중에서도 결국 한국은 사실상의 남북통일과 더불어 뚜렷한 회복 국면에 들어설 것이다. 그리고 한국이 회복되어야 비로소 다른 곳에도 희망이 생길 것이다. 그때 간신히 한국이 기력을 회복하고 있을 무렵, 유럽을 필두로 한 세상의 다른 곳들의 상황은 이루 형언할 수가 없을 정도로 극악한 상황에 처해 있을 것이다. 세상은 도저히 구제가 불가능한 지옥 같은 참상들로 가득 차 있을 것이고, 어쩌면 지옥도 이것보다는 나을 거라고 여기는 정도일지도 모른다. 눈을 들어 사방을 둘러봐도 어느 곳에서도 한 줌의 희망을 찾아보기가 힘든 참담한 지경 일색일 것이다. 격렬하게 전개되던 제3차 세계대전은 결국 아랍을 제압한 러시아로 정리가 될 것이나, 그들의 짐승 같은 몹쓸 놈의 사조가 유럽과 온 세상을 한바탕 지독한 몸살에 시달리도록 할 것이다. 오랜 세월 동안 번영을 구가해왔던 서구인들은 누구 하나 빠지지 않고 모두들 힘들어 할 것이다. 서구인들뿐만 아니라 사실 전 세계적인 전무후무한 대 환란일 것이다. 특정 종교를 믿는 자와 안 믿는 자, 그런 것들을 불문하고, 지구상에 살고 있는 모든 인류에게 닥치는 대 환란일 것이다. 눈에 보이는 건 모두 다 암울한 상황일 것이고, 생전 보지도 못한 황당한 압제와 억지스런 겁박 속에서 굶주림과 죽음의 공포에 직면한 채로 하루하루를 버티어 내야 할 것이고, 심지어 성서에는 그날에 이르러선 차라리 죽은 자를 부러워하고, 죽고 싶어서 죽음을 시도해도 죽지 않도록 해놓는다고 묘사되어 있다. 말 그대로 지옥 같은 참상 아니겠는가? 이제 정신을 차리지 않으면 한국도 곧 그 뜨거운 지옥의 참상을 맛봐야 할지도 모른다. 이때를 즈음하여 전개될 주변 정황에 대한 보다 깊은 이해를 위해 우리는 잠시 제3차 세계대전이 필연적으로 낳게 될 한 사람의 영웅을 주목해보기로 한다.

불세출의 영웅

무슬림들의 유럽 침공은 헛되지 않아서 그들은 결국 각종 천재지변과 여러 내우외환에 시달리던 유럽에 대하여 최종적 승리를 선언하는 데까지 도달할 수 있을 것이다. 이러한 상황을 담고 있는 4행시가 하나 발견된다.

Nostradamus prophecy: Quatrain 6, 78

To proclaim the victory of the great expanding "Selin:"
By the Romans will the Eagle be demanded,
Pavia, Milan and Genoa will not consent thereto,
Then by themselves the great Lord claimed.

크게 팽창한 초승달은 승리를 선언하고
로마인들에 의해 독수리가 요구되리라.
파비아, 밀란, 제노바는 동의하지 않으리라.
그들 자신들이 스스로 세우는 왕

여기서 초승달은 무슬림 국가를 말하고, 독수리는 미국을 말한다. 유럽 지역을 크게 점령하게 된 무슬림들은 승리에 들떠서 기뻐하고, 이탈리아와 스위스 등은 미국을 거론하며 향후 대책에 부심하지만 결국 유럽에서 해결책을 찾는 것으로 결론을 내리는 듯하다. 그러나 무슬림들의 이러한 승리는 결국 북극점을 마주하고 있는 두 나라의 참전을 유발하는 원인이 될 것이다. 그들의 참전으로 인해 아랍은 공포에 떨게 될 것이고, 실제로 공포로만 끝나지도 않을 것이다. 반드시 대가를 치루고 말 것인데, 그럼에도 한 가지 위안을 삼을 수 있는 게 있다면 철전지 원수 같은 그들 서구인들의 끝을 멋지게 책임져줄 적임자, 지옥의 왕자를 초대할 수 있었다는 것 정도일 것이다. 초대장을 보낸 적도 없는데 알아서 찾아와 줄 것이고, 아프리카 초원의 표범, 치타, 하이에나 등이 사자에게 맥없이 쫓겨나는 것처럼 기껏 힘들여 사냥해놨더니 엉뚱한 놈이 찾아와서 즐기는 형국일 것이다. 그런데 정말 웃기는 것은 최종적으로 러시아를 유럽으로 초대하는 존재가 로마 교황이란 것이다. 천년이 넘도록 유럽을 그렇게 고단하게 만들었던 교황은 마지막 순간까지도 유럽을 그로기(Groggy) 상태로 몰고 가는 결정적인 당사자가 되어 준다. 악연도 이런 악연이 없다고 해야 할 것이다. 나중에 서구인들은 아마도 교황이란 소리만 듣고서도 울고 싶어지게 될 것이다. 세상에 이런 미운 놈이 또 있을 수가 있을까? 참으로 보기 힘들고 상상하기 힘든 캐릭터가 바로 교황이란 존재이다. 불가사의하기가 이를 데가 없다. 반면 교황의 초대장을 받아든 푸틴은 얼굴에 화색이 돌면서 환호성을 지르게 될 것이다. 이 무슨 운명의 장난이란 말인가? 난세는 반드시 큰 영웅을 낳기 마련이다. 비교 대상을 찾을 수 없을 정도로 사상 최대 규모, 사상 최강의 화력을 과시하는 제3차 세계대전을 통해 탄생하는 아주 특별한 영웅에 대해 『모든 세기』는 단지 특별한 키워드 하나만으로도 제법 풍성한 열매를 즐길 수 있도록 설계되어 있다. 그 키워드는 바로 이것이다.

Nostradamus prophecy: Quatrain 6, 27

Within the Isles of five rivers to one,
Through the expansion of the great "Chyren Selin":
Through the drizzles in the air the fury of one,
Six escaped, hidden bundles of flax.

다섯 개의 강이 있는 섬에 있는 자에게
위대한 시렌 셀린의 확장을 통해서
그 자의 분노한 대기 중의 이슬비를 통해
도망간 여섯, 숨겨진 아마 섬유의 다발

여기에 "Chyren" 또는 "Chiren"이라고 하는 특별한 고유 명사 하나가 등장하는데, 『모든 세기』를 통틀어 가장 중요하다고 해도 과언이 아닐 것이다. 앞서 마스틴이나 트럼펫에 대한 키워드를 심도 있게 분석을 한 바 있었지만, 지금 "시렌"을 분석해볼 차례이다. "C-H-I-R-E-N"이나 "C-H-Y-R-E-N"이라고 쓰고 있는데, 프랑스 연구가들은 이를 대체로 "H-E-N-R-Y-C"라고 써놓고는 "앙리-C"라고 부르기를 즐기는 듯하다. 아마도 그런 심리의 이면에는 제발 그 이름의 주인공이 프랑스인이었으면 하고 바라는 건지도 모른다. 망할 때 망하더라도 "세계를 지배하는 제왕"이 이왕이면 프랑스 출신이면 얼마나 좋을까. 뭐 그런 종류의 심리가 아닐까 싶다. 아무튼 "시렌"이라는 것이 ANAGRAM(글자 배열 바꾸기)가 필요하다는 데에는 대부분 공감을 하는 듯한데, 문제는 작금의 세계 정세를 둘러봤을 때, 최소한 비슷해 보이는 이름이라도 등장해있어야 마땅하다는데 있다. "시렌"이라? 이 이름의 주인공이 과연 누구란 말인가? 그것도 우리가 아는 이들 중에서 찾아야 한다? 이제 노스트라다무스가 숨겨놓은 지적 유희의 세계 속으로 잠시 빠져들 필요가 있겠다.

H-E-N-R-Y-C … N-E-R-C-H-Y … R-E-C-H-Y-N … R-H-Y-C-E-N

등의 조합이 모두 가능하겠지만, 이들 여러 조합 중에서도 필자는 특히 "R-E-C-H-Y-N" 또는 "R-E-C-H-I-N"의 조합에 주목하고자 한다. 이렇게 써놓고 노스트라다무스가 머릿속으로 그려보았음직한 "사고 실험"을 한번 진행해보기로 한다.

R-E-C-H-Y-N 또는 R-E-C-H-I-N

사실 아인슈타인 같은 저명한 물리학자도 이른바 "사고 실험"이란 것을 통해서 상대성이론 같은 물리적 개념을 완성할 수 있었다고 한다. 필자는 물리학자도 아니고 저명한 사람도 아니지만, 평소에 "사고 실험"을 꽤나 즐기는 편이긴 하다. 그 이유 중의 하나가 바로 돈이 전혀 들지 않는다는 것이다. 그리고 아무런 시간적, 공간적 제약이 없다는 것, 그리고 모든 가능성을 다 열어놓을 수 있다는 것이 큰 장점이기 때문이다. 그리고 자꾸 하다보면 재미까지 느껴진다. 그러다 나중에는 혼자서 낄낄대는 부작용이 가끔 벌어지는 게 흠이긴 하다. 자, 그것을 한번 시작해보기로 하자. 남녀노소를 막론하고 전 세계인들이 즐기는 것 중의 하나가 바로 월드컵 축구경기이다. 어느 날 깜짝 놀랄 정도로 유망한 신예 하나가 혜성같이 등장했다. 그런데, 그의 이름이 바로 상기와 같은 철자라고 생각해보기로 한다. 그의 이름이 갑자기 너무나 유명해져서 전 세계 사람들의 입에 오르내리게 되었다고 상상해보는 것이다. 각국의 스포츠 신문이나 뉴스에도 오르내리고, 인터넷 동호회 같은 데서도 그 이름이 무진장 회자되면서 그의 놀라운 활약상과 더불어 주변 신변잡기에 이르기까지 이야기의 꽃을 활짝 피울 것이다. 상기의 철자를 놓고, 굳이 미국인이나 영국인이 아니더라도 대부분은 이것을 "르친"이나 "레친"이라고 발음하게 될 것 같다. 그런데 이 이름이 러시아인들에게도 자주 오르내리게 되었다. 그런데 러시아인들은 좀 특이하고 사정이 조금 다르다. 러시아의 알파벳은 영어를 배운 사람들을 몹시 헷갈리게 하는데, 오죽했으면 이런 우스갯소리까지 회자되고 있을 정도이다. 서양에서 구한 문자를 러시아에 가져가 쓰려고 하던 한 러시아 사람이 보드카를 마시고 취해서 그만 글자판을 땅에다가 엎질러버리는 바람에 글자들이 뒤섞여버려 러시아어 알파벳에는 거꾸로 된 것이 많고, 발음도 어떨 때는 영어와 같다가도 어떨 때는 전혀 딴 소리가 나게 된다는 것이다. 실제로 그들은

B를 써놓고는 [v]로 발음한다.
H를 써놓고는 [n]으로 발음한다.
P를 써놓고는 [r]로 발음한다.

따라서 러시아인들에게서도 똑같이 레친이나 르친이라는 발음을 듣기 위해선, 그들의 알파벳의 "**PR 관계**", 즉 "**P라고 써놓고 R이라고 발음하는 관계**"에 의해, 러시아인들의 머릿속에는 상기의 이름이 자꾸 아래와 같이 연상될 것이다.

P-E-C-H-Y-N 또는 P-E-C-H-I-N

바로 이렇게 연상될 거라는 것이다. 이렇게 철자를 엉뚱하게 그려놓고는 그들은 이것을 "레친"이나 "르친"이라고 읽게 될 거라는 말이다. 그런데 러시아 알파벳을 모르고 전후 사정을 알지 못하는 사람들이 우연히 러시아인들이 긁적거려놓은 상기의 철자를 처음 접하게 된다면, 그들은 당연히 이것을 "프친"이나 "페친"이라고 읽게 될 것이다. 이는 멀쩡하던 이름 "레친"이나 "르친"이 러시아만 한번 거쳤다가 돌아오면 졸지에 "프친"이나 "페친"으로 변신을 하게 된다는 말이다. 여기에 더해서 음성학적으로 CH [츠] 발음은 T [트] 발음과 매우 가까운 친척 관계에 있다. 가령 영어 단어 "Country"를 한글 발음으로 표기할 때, "컨츄리"라고 표기해야할지, "컨튜리"라고 표기해야할지 상당히 애매한 이유가 바로 음성학적으로 T [트] 발음과 CH [츠] 발음은 매우 밀접한 관계에 있기 때문에 생기는 일이다. 비슷한 사례로 한국어에서도 "같이"를 [가치]라고 발음하고, "붙이고"를 [부치고]라고 발음한다. 따라서 우리는 이것을

P-E-T-Y-N … P-E-T-I-N

이라고 고쳐 쓸 수가 있게 되고, 러시아인들을 제외한 대부분의 세계인들은 당연히 "프틴"이나 "페틴"이라고 읽게 될 것이다. 자, "프틴"? 어디서 많이 들어본 이름 아닌가? 푸틴… 이렇게 해서, 우리는 이 놀라운 고유명사의 주인공이 우리들이 이미 익히 알고 있는 한 저명인사와 그 맥이 닿게 된다는 놀라운 결론에 도달하게 된다. 경악스러운 사실… 알고 보니, 현 러시아 대통령의 이름, 푸틴이었던 것이다. 게다가 노스

트라다무스는 혹시라도 이러한 추론을 의심스러워 할까봐 다른 장치 하나를 더 준비해 놓기까지 했다. 그 장치는 바로 "Chyren" 바로 옆에다가 붙여 놓은 "Selin"이란 단어이다. 여기서의 셀린(Selin)은 셀레나(Selena)에서 나온 말이고, 셀레나는 달의 여신으로 머리에 초승달을 달고 있는 모습으로 묘사된다. 그녀는 두 마리의 말이 끄는 마차를 타고 하늘을 달리곤 했다.

목동들을 보호하는 목신 판은 그녀의 아름다운 모습에 반해 아름다운 양털로 그녀를 유혹했고, 그녀에게 흰 소떼를 선물한다. 그러나 그녀는 양치기였던 아름다운 청년 엔디미온에게 빠져버린다. 그녀는 제우스신에게 엔디미온이 젊음을 유지한 채로 영원히 잠들어버리게 해달라고 부탁하였고, 소원대로 엔디미온이 라트모스 동굴에서 영원히 잠에 빠진다. 그녀는 밤마다 엔디미온을 찾아가고, 그렇게 50명의 딸들을 낳는다. 이러한 신화의 줄거리는 그 자체로 이미 의미심장하다. 아름다운 양털로 유혹을 받고, 흰 소떼를 선물 받는 셀레나, 그러나 그녀는 거기에 만족하지 않고 아름다운 청년 엔디미온을 영원히 잠재워버리고, 혼자서 그를 탐닉하는 악취미를 선보인다. 이러한 셀레나와 러시아의 푸틴이 대체 무슨 관계가 있는 걸까? 그것을 알아볼 수 있도록 노스트라

다무스는 일부러 그림을 하나 그려놓았고, 바로 이것이다. 이 그림은 앞에서도 여러 차례 설명이 된 바 있지만, 아직도 풀어내야 할 것이 더 남아 있었던 것이다. 대부분의 예언연구가들은 "Selin" 즉, "초승달"이란 단어만 나오면 기계적으로 이슬람의 초승달을 떠올리고 만다. 그러나 이 그림의 수레바퀴 밑에도 초승달이 하나 그려져 있다. 상기의 4행시와 지금 이 그림을 서로 연결해주는 키워드가 바로 "**Selin**"이다. 게다가 화살 든 녀석이 바로 시렌이고, 따라서 우리는 이 그림에서 "Chyren Selin"이란 이름을 자연스럽게 유추해낼 수가 있는 것이다. 그리고 시렌 셀렌의 밑으로는 악을 상징하는 염소가 하나 그려져 있으니, 이 자야 말로 악마 중의 악마이다. 그리고 그 자가 하는 짓은 자본주의를 배경으로 하고 있는 부유한 큰 음녀를 향해 화살을 쏘는 일이다. 이 그림 하나로 종말의 중요 사항들을 모조리 정리해주고 있는 것이다. 더불어 우리의 예언자께서 얼마나 친절한 분이셨는지를 한번쯤 되새겨볼 필요도 있을 것 같다. 이렇게 해서 중요 키워드의 의미를 알아냈으니, 이제 다른 것들까지 능히 추론해볼 수 있는 길이 열렸다.

Nostradamus prophecy: Quatrain 9, 41

The great "Chyren" will seize Avignon,
From Rome letters in honey full of bitterness:
Letter and embassy to leave from "Chanignon,"
Carpentras taken by a black duke with a red feather.

위대한 시렌이 아비뇽을 탈취하리라.
로마로부터 고통에 찬 전갈이 오리니
이탈리아의 카니노에서 외교 문서가 출발하리라.
카르팡트라에 붉고 검은 깃발을 꽂은 지도자에게 넘어가리라.

프랑스 아비뇽에 시렌이 나타난다는 그 사실 하나만으로도 이미 이건 보통 일이 아니란 것쯤은 직감할 수 있을 것이다. 프랑스인들이 들으면 매우 섬뜩한 얘기일 것이다. 시렌이 정복한 아비뇽은 아마도 무슬림들에게 점령당해 있던 것을 시렌이 나서서 회복해주고 있는 것을 말하는 것으로 보인다. 그게 아니라면 프랑스인들에겐 더 슬픈 소식일 것이다. 아비뇽을 막 탈취했는데, 이탈리아 카니노에서 고통스런 전갈이 출발한다는 것은 그때 유럽 상황이 매우 긴박한 혼전 중이란 것을 시사해주는 것이고, 그만큼 시렌이 맹활약하고 있다는 반증이기도 하다. 적어도 지금까지의 시렌은 프랑스를 비롯한 유럽인들에게 매우 고마운 존재로 비춰지고 있을 것 같다.

Nostradamus prophecy: Quatrain 8, 54

Under the colour of the marriage treaty,
a magnanimous act by the 'Chyren selin':
St. Quintin and Arras recovered on the journey;
By the Spanish a second butcher's bench is made.

결혼 조약의 색깔아래
시렌 대왕의 관대한 행동
원정을 통해 생깡탱과 아라스를 회복하리라.
스페인은 학살로 인해 순조로우리라.

시렌의 활약은 프랑스에만 국한되지 않는다. 스페인을 비롯하여 온 유럽에서 맹활약을 유감없이 선보인다. 그의 이러한 활약들의 밑바탕에는 주로 과감한 판단력과 탱크같이 주저 없이 밀고 나가는 실행력이 있을 것이다. 필요하다고 싶으면 무자비한 학살 정도는 눈 하나 깜짝하지 않고 쉽게 해치워버릴 수 있으므로, 적들이 매우 두려워할 것이다. 이제껏 경험해보지 못한 전혀 새로운 스타일이 나타난 것이다. 나중엔 그의 이름만 들어도 오금이 저려오게 될 것이다.

Nostradamus prophecy: Quatrain 2, 79

The beard frizzled and black through skill

Will subjugate the cruel and proud people:
The great "Chiren" will remove from far away
All those captured by the banner of "Selin".

무기들을 통해 검고 곱슬머리 바르바르
잔인하고 오만한 사람들을 정복하리라
위대한 시렌 왕이 이슬람의 깃발아래 있던
포로들을 풀어 주리라.

이 4행시는 프랑스어 원문에 철자가 "Chyren"이 아니라 "Chiren"이라고 표기되어 있다. 그의 맹활약이 계속 이어지는데, 상기의 4행시에서 그가 누구를 상대하고 있는지를 명확히 확인할 수 있다. 잔인하고 오만한 바르바르인들, 즉 무슬림들이다. 여기서의 셀린은 초승달을 말하고, 무슬림 국가들의 깃발에는 항상 초승달이 새겨져 있다. 초승달은 본래 1세기경 사산제국의 상징이었다. 후에 무슬림들이 페르시아 땅을 점령한 후부터 초승달이 그들의 상징으로 채택되었다. 12세기에는 초승달과 별이 오스만 터키 사람들에 의해 채택되었고 그 이후로 초승달은 오스만 군과 무굴 군과 같은 강력한 무슬림 제국에 의해 사용되어왔다. 한편 초승달과 시렌은 서로 불가분의 숙명적 관계를 맺고 있는 것이 틀림없다. 시렌이 성장하는 주된 밑거름이 바로 초승달이니, 그에게 있어선 너무나 고마운 존재가 아닐 수 없을 것이다. 그는 아마도 겉으로 내색은 안하겠지만 속마음으로는 무슬림 친구들을 안아주고 싶을 정도일 것이다. 세상에 이렇게 도움이 되는 자들이 또 있을까 싶은 그런 마음일 것 같다. 노스트라다무스도 이러한 관계에 주목하여 시렌이란 글자 옆에다가 셀린을 추가해주었던 것이 아닌가 싶다.

Nostradamus prophecy: Quatrain 4, 34

The great one of the foreign land led captive,
Chained in gold offered to King "Chyren":
He who in Ausonia, Milan will lose the war,
And all his army put to fire and sword.

외국 땅의 우두머리가 포로로 잡혀 오리라.
황금으로 묶여서 시렌 대왕에게 바쳐지리니
그는 오소니아의 밀라노에서 패하리니
그의 군대가 불과 칼에 의해서 패망하리라.

시렌의 눈부신 활약이 계속되다가 종국에는 외국 땅의 우두머리까지 붙잡고, 그들의 군대를 패퇴하도록 만든다. 우리는 앞에서 세 갈래 강이 있는 상트페테르부르크에서 태어나는 위대한 한 인물이 장차 동쪽을 떨게 만들 것이라는 얘기를 다룬 적이 있었다. 지금 여기서 말하는 외국의 우두머리는 바로 동쪽에 있는 나라 아랍계 국가의 우두머리일 것이다. 하늘이 이미 아랍의 천적으로써 이 인물을 주도면밀하게 예비해놓았던 것이다. 본시 뒷골목에서 노는 패거리들을 제압하기 위해선 그들보다 더 무식하고 더 무자비한 깡패 중의 깡패가 필요한 법이다. 시렌에게 있어서 아랍을 상대하는 일은 손바닥 뒤집기보다도 쉬운 일에 속할 것이다. 그들이 보유하고 있는 무기들도 알고 보면 죄다 러시아에서 공급해준 것들이다. 그러니 그것들의 장단점을 누구보다도 잘 파악하고 있었던 것이다. 그리고 부속품 공급만 끊어버리면 무용지물이 되는 것이기도 하다. 그는 이렇게 상대하기 쉬운 아랍에 의해 줄곧 괴롭힘을 당하고 있었던 유럽인들이 참으로 안쓰럽게 여겨질 정도일 것이다.

Nostradamus prophecy: Quatrain 6, 70

Chief of the world will the great "Chyren" be,
Plus Ultra behind, loved, feared, dreaded:
His fame and praise will go beyond the heavens,
And with the sole title of Victor will he be quite satisfied.

시렌 대왕이 세계의 우두머리가 되리라.
그 누구보다도 더 큰 사랑과 존경, 나중엔 두려움과 공포로
그의 명성과 상찬은 하늘을 넘어서고
정복자라는 칭호에 그는 크게 만족해하리라.

뜨는 인물 시렌의 위상은 하늘 높은 줄을 모르고 연일 상한가를 치면서 계속 치솟을 것이다. 그 결과 그의 명성과 상찬은 하늘을 뛰어넘을 것이다. 지상 최고는 물론이고 인류 역사상 최고의 정복자가 되는 순간일 것이다. 그리고 시렌 자신도 그러한 정복자라는 칭호가 제법 뿌듯하게 와 닿고 있을 것이다. 참으로 훈훈하기가 그지없다.

Nostradamus prophecy: Quatrain 1, 92

한 사람 밑에서 모든 곳에 평화가 선언되리라.
그러나 머지않아 약탈과 모반이 있으리라.

거절 때문에 도시와 육지와 바다는 꿰뚫어지리라.
백만 명의 삼분의 일이 죽거나 잡혀가리라.

정복자라는 칭호는 결국 한 사람이 통치하는 세계단일국가의 수장 자리로 까지 이어지게 된다. 드디어 그는 아랍을 완전히 제압하게 됐노라고 선언하게 된다. 이렇게 모두가 환호하게 되는 그 시점이 진정한 폭압과 박해의 시작점이었다는 것을 깨닫는데 그리 오랜 시간이 필요치 않을 것이다.

Nostradamus prophecy: Quatrain 10, 99

The end of wolf, lion, ox and ass,
Timid deer they will be with mastiffs:
No longer will the sweet manna fall upon them,
More vigilance and watch for the mastiffs.

마침내 늑대, 사자, 황소와 노새
수줍은 암염소는 사냥개 마스틴과 함께 있을 것이다.
그들은 더 이상 감미로운 만나를 찾지 않을 것이며,
마스틴을 위한 더 많은 감시와 휘장

사랑스러운 "라이온 킹"의 이미지는 곧 사라지고, 알고 보니 주인을 배신한 사냥개임을 깨닫게 될 것이다. 하지만 사냥개의 힘이 너무 커져 있어서, 더 이상 어찌해볼 도리가 없는 형편일 것이다. 지금까지 이 사냥개 한 마리에 대한 호칭이 대체 얼마나 많았던지 일일이 열거하기도 힘들 지경이다. 시렌, 마스틴, 마르스, 필립, 크세르크세스, 곡, 사탄, 악마, 조커, 공포의 대왕, 적그리스도, 알루스(Alus) 등등 아직도 소개가 안 된 것이 남아있을 정도이다. 알고 보면, 『모든 세기』, 그리고 「요한계시록」과 「다니엘서」가 죄다 이 한 인물 때문에 설 수가 있었던 셈이다. 참으로 인류 역사상 그 유례를 찾기 어려운 악마 중의 악마인 듯하다.

Nostradamus prophecy: 추가 발견

밤이 낮이 되고, 곳곳에 큰 공포가 휩쓸고 지나간다.
경고는 적중하고 여인은 복음을 구한다.
시실리와 테종, 로마의 대혼란, 가중되는 불안
재앙이 손짓할 때, 방방곡곡에서 피가 흐른다.

이제 사람들은 누가 말해주지 않아도 스스로 절감하게 된다. 『성경』과 『모든 세기』가 들려주었던 그간의 경고가 결코 빈 소리가 아니었다는 것을 알게 된다. 심약한 여인네들은 하나님을 울부짖으며 하늘을 올려다보게 된다. 제1행에서 밤이 낮이 된다는 것은 한 밤 중 내내 폭격이 있다는 얘기이겠지만, 동시에 진리가 매몰되고, 사악한 이치가 지배한다는 의미도 내포한다. 사악한 이치가 지배하는 곳에는 공포 외에 다른 것은 존재할 수가 없다. 공포를 불러일으키는 원인은 제4행에 적혀있다. 보이는 것은 온통 재앙뿐이고, 온 세상이 피를 흘리며 빨갛게, 빨갛게, 물들어간다.

Nostradamus prophecy: 추가 발견

혜성이 지나가고, 물고기는 한쪽 배를 위로 하고 물 위로 떠오른다.
이교도는 기뻐하고 죄악은 승리하고 사탄의 임무는 달성된다.
왕의 어머니는 창백한 볼에 눈물을 흘리고 눈썹을 찡그린다.
전염병은 제멋대로 전 세계를 뒤덮는다.

물고기가 죽으면 배를 위쪽으로 드러내고 물 위로 떠오르게 된다. 제1행에서의 물고기는 기독교도들을 말한다. 이교도가 기뻐한다는 것은 기독교를 기반으로 하고 있는 서구인들에겐 참으로 슬픈 소식이고, 바로 이것이 사탄의 임무였던 것이다. 또한 전쟁과 무관하게, 치료법을 알 수 없는 괴질이 제멋대로 전 세계를 휘돌며 인명을 앗아간다. 하늘에서 성모 마리아는 이러한 지구를 내려다보시며 눈물을 흘리고, 눈썹을 찡그리게 된다.

Nostradamus prophecy: Quatrain 1, 67

The great famine which I sense approaching
will often turn (in various areas) then become world wide.
It will be so vast and long lasting that (they) will grab
roots from the trees and children from the breast.

나는 극심한 기아가 다가오는 것을 느낀다.
전 세계로 퍼져나갈 것이다.
너무나 광범위할 것이고, 너무나 오랫동안 지속될 것이다.

나무의 뿌리를 깨고, 엄마의 젖에서 아기를 떼어놓으리라.

제3차 세계대전의 여파로 군인들만 죽어나가는 것이 아니다. 가장 심각한 문제는 사람들이 먹을 것을 구하지 못하게 된다는 것이다. 어느 특정 지역에서만 그런 것이 아니고 전 세계적인 문제가 될 것이다. 광범위한 곳에서 사람들이 굶주리게 될 것이고, 그런 상태에서 괴질에 노출되는 최악의 상황이 인류를 괴롭힐 것이다.

하늘의 덫

마지막 시대의 시종을 알리기 위해 하느님이 두 개의 아이콘을 준비해두신 듯하다. 그리고 알고 보면 그리 복잡하거나 어려운 것도 아니다. 아니 오히려 매우 단순하다. 먼저 한국이 제3차 세계대전의 **"개전을 알리는 아이콘"**이다. 그리고 또 다른 "현저하게 드러난 덫" 하나가 이스라엘인데, 여기서 이스라엘은 바야흐로 제3차 세계대전의 **"종전을 알리는 아이콘"** 역할을 할 것이다. 이 두 개의 아이콘을 우습게보면서 건드려버리면 정말 큰 코를 다치게 되는데, 먼저 미국이 첫 번째 아이콘을 건드리면서 혼쭐이 나게 될 것이고, 종말의 때에 러시아가 두 번째 아이콘을 건드리면서 혼쭐이 나게 될 것이다. 「이사야」 43:10에 이런 구절이 있다.

"나 여호와가 말하노라. 너희는 나의 증인, 나의 종으로 택함을 입었나니, 이는 너희가 나를 알고 믿으며, 내가 그인 줄 깨닫게 하려 함이라. 나의 전에 지음을 받은 신이 없었느니라. 나의 후에도 없으리라."

여기서 분명히 이스라엘이 여호와의 증인이라고 명백하게 밝혀놓고 있다. 따라서 이스라엘을 건드리면 안 되는데, 이를 무시하고 동방에서 이스라엘 쪽으로 많은 왕들이 군대를 이끌고 모여들게 되어 있음을 알려준다. 동방의 왕들은 바로 이스라엘을 치려고 오는 자들이다. 그리고 이들을 부추겨 모으는 자들은 바로 창조주에게 대적하는 로마 교황, 그를 추종하는 프리메이슨, 바로 그들이다. 주로 알라신을 믿는 무슬림 국가들이 그들의 감언이설에 속아 이스라엘로 집결하게 될 것이다. 드디어 아마겟돈 전쟁이 준비되는데, 이스라엘이라고 하는 매우 특별한 아이콘에 대해 「스가랴」 12:1~3에서 이렇게 얘기해주고 있다.

"이스라엘에 관한 여호와의 경고의 말씀이라 여호와 곧 하늘을 펴시며 땅의 터를 세우시며 사람 안에 심령을 지으신 이가 이르시되, 보라, 내가 예루살렘으로 그 사면 모든 민족에게 취하게 하는 잔이 되게 할 것이라 예루살렘이 에워싸일 때에 유다에까지 이르리라. 그 날에는 내가 예루살렘을 모든 민족에게 무거운 돌이 되게 하리니 그것을 드는 모든 자는 크게 상할 것이라. 천하만국이 그것을 치려고 모이리라."

이렇게까지 분명하게 덫을 쳐놓았노라고 천명하고 있는데도 불구하고, 만국이 취하여 정신을 차리지 못하고 기어코 무거운 돌 예루살렘을 들려고 둘러싸고 만다. 「에스겔」 38장에서도 두 번째 아이콘에 대해 자세히 설명해주고 있다.

[2] 인자야 너는 마곡 땅에 있는 곡 곧 로스와 메섹[7]과 두발[8] 왕에게로 얼굴을 향하고 그를 쳐서 예언하여

[3] 이르기를 주 여호와의 말씀에 로스와 메섹과 두발 왕 곡아 내가 너를 대적하여

[4] 너를 돌이켜 갈고리로 네 아가리를 꿰고 너와 말과 기병 곧 네 온 군대를 끌어내되 완전한 갑옷을 입고 큰 방패와 작은 방패를 가지며 칼을 잡은 큰 무리와

[5] 그들과 함께한바 방패와 투구를 갖춘 바사와 구스와 붓과

[6] 고멜과 그 모든 떼와 극한 북방의 도갈마 족속과 그 모든 떼 곧 많은 백성의 무리를 너와 함께 끌어내리라

[7] 너는 스스로 예비하되 너와 네게 모인 무리들이 다 스스로 예비하고 너는 그들의 대장이 될지어다.

고대 언어의 세계적인 권위자 월 헬름 계세니우스 박사는 "로스"가 나중에 "러시아"가 되었고, "두발"이 "두볼스크"가 되었고, "메섹"이 "모스크바"가 되어, 이 종족들이 분명히 현재의 러시아를 구성하고 있다고 진술한다. 또한 "로스"란 당시 토오라스 산맥의 북부 볼가의 주변에 살고 있던 종족들의 명칭이었다고 한다. 한편 바사는 이란이고, 구스는 수단이나 에티오피아, 붓은 리비아를 말한다. 고멜과 도갈마는 현대의 터키를 말한다. 그리고 이들 이란, 수단, 에티오피아, 리비아, 터키 족속들을 이끄는 대장 곧은 러시아의 푸틴을 말한다. 「에스겔」 38:15~16에도 다음과 같이 기술되어 있다.

---

7) 히브리어에서 메섹은 메스케우 또는 메스헤우이고 모스크바의 고어 모스케우, 모스헤우와 비슷하다.
8) 두발은 히브리어에서 도볼이고 고대 시베리아를 지칭한다. 소비에트연방의 중앙부 토볼(Tubal) 주, 그 수도는 토볼스크이다. 주 전체가 거대한 군수공업지대, 미사일기지, 공군기지 등으로 사용된다.

"네가 네 고토 극한 북방에서 많은 백성 곧 다 말을 탄 큰 떼와 능한 군대와 함께 오되, 구름이 땅에 덮임같이 내 백성 이스라엘을 치러 오리라 곡아 끝날에 내가 너를 이끌어다가 내 땅을 치게 하리니 이는 내가 너로 말미암아 이방 사람의 목전에서 내 거룩함을 나타내어 그들로 다 나를 알게 하려 함이니라."

세계 지도를 펴놓고 살펴보라. 지금 이 시대에 극한 북방에 있는 옛 땅에 기반을 두면서, 큰 떼를 이룬 능한 군대를 이끌며, 능히 이스라엘을 칠 수 있으며, 북아프리카와 중동 국가를 이끌면서 그들의 대장이 될 수 있는 나라, 러시아 말고 다른 또 누가 가능하겠는가? 러시아 말고는 도저히 여기에 부합되는 나라가 떠오르질 않는다. 이렇게 쉬운 데도 사람들이 머뭇거리는 이유가 과연 뭘까? 알고 싶지 않은 것일까? 애써 외면하고 싶은 것일까? 바로 그러한 작은 틈새들 하나하나가 러시아가 힘을 비축하고, 군사력을 비대하게 키울 수 있게 하는 큰 원동력이 되는 것이다. 「에스겔」 38:14에서

"인자야 너는 또 예언하여 곡에게 이르기를 주 여호와의 말씀에 내 백성 이스라엘이 평안히 거하는 날에 네가 어찌 그것을 알지 못하겠느냐"

상기의 구절 그대로 이스라엘이 설립된 지도 벌써 어언 69년이 지났다. 2000년 가까이 나라도 없이 온 세상을 떠돌던 유대인들이 상기에 이른 바 그대로 정말로 옛 땅 으로 돌아와 1948년 나라를 건국하였다. 이 또한 성서의 신비가 아니겠는가! 시온주의 자체가 일루미나티와 프리메이슨이 벌이는 큰 계획의 일환이었다는 것을 앞에서 잠시 다룬 바 있지만, 성서에 분명히 이스라엘 건국이 예고되어 있다. 이는 사탄이 오로지 자신의 계획에 의거해 흑돌을 하나씩 하나씩 두어가고 있는 듯 보이지만, 실상은 백돌의 계획이 하나씩 하나씩 현실화되어지는 형국

으로 보인다. 다시 말해서 신바람은 흑돌이 내고 있지만 정작 그 모든 결실은 백돌의 몫이 될 듯하다. 참으로 흥미로운 장면이 아닐 수 없다. 이미 무대까지 완벽하게 준비되어 있고, 심지어는 등장인물까지도 완벽하게 준비되어 있는 듯하다. 붉은 짐승, 황폐하게 하는 가증스러운 자, 성서가 지목하는 극악무도한 적그리스도, 그리고 예언에 부합하는 음흉스런 마지막 교황과 거짓선지자… 그 나머지는 모두들 조연들이다. 결국 여기까지 오고야 말았다. 이제 커튼만 걷어내면 된다.

그런데 **그때 이스라엘이 공공의 적으로 갑자기 급부상하게 되는 이유가 뭘까?** 추정해보건대 그때를 즈음해서 이스라엘 내에서 큰 사건이 하나 벌어지는 것으로 보인다. 이스라엘 사람들은 도처에서 벌어지는 극악한 상황에 대한 공포로 말미암아 마침내 **바위사원**을 허물고 그 자리에 **제3의 성전**을 건립하게 될 것으로 보인다. 고려가 몽골의 침입을 부처님의 가피로 막아내고자 팔만대장경을 만들었던 것처럼, 이스라엘은 성전 건립을 통해 여호와의 기적을 간절히 기원하게 될 것으로 보인다. 이미 성전 건립에 대한 모든 준비가 완료되어 있기 때문에 마음만 먹으면 불과 몇 개월이면 충분하다고 한다. 하지만 바위사원을 허문다는 것은 무슬림들에게 있어선 도저히 용납이 안 되는 일대사건일 것이다. 제3의 성전이 완공될 무렵, 무슬림과 러시아가 한 마음이 되어 이스라엘을 지워버리기 위해 모일 것이다. 그들이 이스라엘을 공격하면서 예루살렘을 에워싸고 있을 때, 더 나아가 "곡"이란 인물이 "**거룩한 성전**"에 서게 됐을 때, 전 세계로 SOS가 타전될 것이다. 이에 대해 「이사야」 55:5에 이런 구절이 있다.

"보라. 네가 알지 못하는 나라를 네가 부를 것이며, 너를 알지 못하는 나라가 네게로 달려올 것은, 여호와 네 하나님 곧 이스라엘의 거룩하신 이로 말미암음이니라. 이는 그가 너를 영화롭게 하였느니라."

여기서 너는 이스라엘을 말한다. 이스라엘이 알지 못하는 한 나라를 부른다고 한다. 그리고 이어서 그 나라가 이스라엘로 달려온다고 적혀있다. 여기서 "알고 모르고"에 대한 시점은 아마도 이사야가 살던 당시의 시대를 말하는 것일 게다. 그러니까 적어도 대명천지가 실현되어 있는 지금 시대에선 아마도 서로가 서로의 존재를 잘 알고 있는 상태일 것이다. 이 모든 일은 하늘의 뜻이라고 하는데, 대체 어떤 나라가 달려오는 것일까? 이에 대해 「이사야」 46:11에 이런 구절이 있다.

"내가 멀리 동방에서 내 뜻을 이룰 독수리 같은 자를 부를 것이다. 내가 말하고 계획한 것이니 분명히 이루고 말 것이다."

여기서 말하는 독수리는 「계시록」 4장에서 설명했던 하얀 독수리를 말한다. 자신 속에 혼재하고 있던 악의 뿌리를 정복하고 순수한 선으로 거듭난 불사조이다. 하늘의 뜻을 이루기 위해 바로 그 독수리를 부른다고 한다. 동방에 있는 독수리 같은 자가 대체 누구일까? 일본? 중국? 인도? 만약 저 멀리 예루살렘 쪽에서 SOS가 한반도 쪽으로도 날라든다면 그때 한국의 입장에선 아마도 그 어느 때보다도 선택이 중요한 때일 것이다. 그동안 한국은 미국만 바라보면 웬만한 것은 다 되었으나 이때는 그것이 불가능할 것이니 말이다. 올바른 선택을 위해선 그 어느 때보다도 더 많은 용기와 지혜를 필요로 하는 상황일 것이 분명하다. 어찌되었건 간에 이때에 이스라엘로 달려오는 동방의 독수리가 보여주는 능력에 대해 「계시록」 19:15~16에서 이렇게 말해주고 있다.

> "그의 입에서 이한 검이 나오니 그것으로 만국을 치겠고 친히 저희를 철장으로 다스리며 또 친히 하나님 곧 전능하신 이의 맹렬한 진노의 포도주 틀을 밟겠고 그 옷과 그 다리에 이름 쓴 것이 있으니 만왕의 왕이요 만주의 주라 하였더라."

고 하여 엄청난 능력을 지닌 메시아를 예고하고 있는 것이다. 이렇게 달려오는 메시아와 함께 풍전등화와 같은 상황에 몰려있던 이스라엘은 마침내 국난을 이겨내는 것으로 성서에 기록되어 있다. 「스가랴」 12:8~9에서 이르길,

> "그 날에 여호와가 예루살렘 주민을 보호하리니 그 중에 약한 자가 그 날에는 다윗 같겠고 다윗의 족속은 하나님 같고 무리 앞에 있는 여호와의 사자 같을 것이라. 예루살렘을 치러 오는 이방 나라들을 그 날에 내가 멸하기를 힘쓰리라."

창조주가 지켜주고, 동방에서 달려오는 독수리 같은 자가 도와주는데, 어떻게 이스라엘이 패망할 수 있겠는가? 다윗도 무서운데, 무리 중에서 가장 약한 자가 다윗 같다고 하는 이스라엘을 그 누가 이겨낼 수 있겠는가? 노스트라다무스도 국왕에게 보낸 서신에서 이렇게 진술한다.

> "평범하신 동시에 비범하시고, 모든 이들 중에서 가장 강력하신, 왕께서 출현하실 것이고, 곧 이어 가장 놀라운 사건이 일어나게 될 것입니다."

러시아가 임자를 잘못 만난 것이 분명하다. 불세출의 영웅이란 자가 이스라엘이 바로 하늘이 쳐놓은 거대한 덫이란 사실을 그만 간과하고 말았다. 가장 놀라운 사건과 함께 그의 시대가 마지막 종막을 고하게 될 것이다.

5. 동방의 빛

지금까지 주로 앞으로 오게 될 재앙들을 다루게 되었으니, 다소 우울해지는 기분을 금할 수 없었을 것 같다. 그래서 앞으로는 우리에게 희망이 될 만한 것들을 다루고자 한다. 빛과 어둠의 일전은 결국 빛이 승리할 것이고 올바른 진리가 온 세상에 전해지게 될 것이라 믿어 의심치 않는다. 본서 시리즈 자체를 "동방의 빛"이라 명명한 까닭은 제목이 멋있어 보이라고 그런 것보단, "우리 동방에 희망의 빛"이 있다는 사실을 널리 알리고자 함이었다. 이미 수천 년 전에 홍익인간의 이념으로 온 누리에 빛을 밝혔던 우리 한반도가 아니었던가. 그곳에서 희망의 빛이 다시 꿈틀거리고 있다는 것을 널리 알리고 싶었던 것이다. 한반도는 하느님이 믿고 의지하시는 최후의 보루와도 같은 곳이기도 하다. 실제로 모든 진리의 복음들이 한반도로 몰려들었었다. 단군의 빛이 한반도에서 활활 타올랐었고, 석가모니의 빛이 이차돈의 기적을 통해 한반도에 들어올 수 있었다. 그리고 우리가 미처 깨닫지 못하는 사이에 예수의 빛을 들고 그의 직제자까지 한반도에 방문했었다는 흥미로운 사실이 밝혀지고 있다. 그리고 우리나라의 고서에 뜬금없이 이따금씩 흔적을 남기시곤 하셨던 하느님의 특별한 기록들까지 모두 전하고자 한다. 필자는 이 모든 것들이 우리 한반도를 특별히 애지중지하시는 하늘의 깊은 배려와 관심이 그 속에 깊이 담겨 있는 거라고 굳게 믿고 있다. 약육강식의 논리로 강자가 약자를 일방적으로 괴롭히고 착취하고 못살게 구는 짐승의 사조가 아니라, 널리 인간을 이롭게 한다는 홍익인간의 이념을 펼쳤었고, 더불어 총명하고, 부지런하고, 예의 바르고, 심지가 굳으며, 천지신명을 받들고, 충효애인을 신조로 하는 심성이 착한 사람들이 모여 사는 곳이 우리 한반도이다. 드디어 그곳에서 세계사에 한 획을 그으며 참된 빛이 드러나는 일대장관의 기적이 예고되고 있다.

가야국에 온 도마

예수의 12제자는 익히 들어 알고 있는 바이다. 그 중의 한명인 사도 도마(Thomas)가 김해 김 씨의 시조이자 가야국을 세운 **"김수로왕"**과 인도 아유타국 공주 **"허황옥"**을 중매하면서, 서기 48년 7월 27일 김해에서 혼인식을 가졌다는 주장이 한국 고대 기독교 역사를 연구하는 학자[9]에 의해 제기되고 있다. 지금부터 잠시 이러한 주장을 담고 있는 글을 소개해보기로 한다.

「사도행전」 1:8에서 예수가 제자들에게 **"땅 끝까지 가서 복음을 전하라."**고 말한 바에 따라, 도마가 서기 40년경에 가야국에 들어와서 7년 동안 복음을 전했다는 역사적 사실이 처음 발표된 것은 지난 1988년이었다. 그 후 지금까지 약 500여 명의 학자가 1000여 개의 항목을 28년에 걸쳐 과학적으로 검증한 결과 그것이 모두 사실이며, 경북 영주시 평은면 강동리에 있는 도마의 돌비석을 통해서 입증되었다. 서기 50년경 도마는 예루살렘 총회에 땅 끝 나라 가야국에 대한 선교를 보고하기 위해 이스라엘에 들렸다가, 다시 가야국으로 돌아오는 길에 인도의 아유타국을 경유하게 되었고, 당시 16세였던 공주 허황옥과 동행

---

9) 김철수 박사. 전남 함평출생, 월간 〈아동문학〉 발행인, 계간 〈크리스찬문학〉 발행인

하여 금관가야의 김수로왕에게 중매를 했다고 한다. 그 전에 이미 하나님의 계시몽을 통해 김수로왕을 알고 있던 허황옥의 부모와 허황옥은 순순히 도마의 권유에 따라 인도 아유타국에서 김해까지 동행한 후 김수로왕의 아내가 됨으로써 가야국의 국모가 되었다고 한다. 도마의 돌비석을 맨 처음 발견한 사람은 1988년 당시 서울 관악고 역사 교사였던 유우식 선생이었다. 그는 당시 영주 순흥 고분을 연구하던 중이었는데 꿈에서 하나님으로부터 평은면에 있는 한 바윗돌을 찾으라는 계시를 받게 된다. 당시 수풀과 잡목이 우거져 있어 형체를 제대로 알아볼 수 없는 석상이 절벽 밑에 있어 깨끗하게 씻은 후 자세히 살펴보니 우리나라 전국 각지에 퍼져있는 부처상들과는 전혀 다른 석상이었다. 이 석상에 대해 2013년 11월 28일자 영주신문 인터넷 판에서는 "왕류동 마애상의 비밀 기독교상? 불교상? 지금도 논란" 이란 제목의 기사가 실렸는데, 경북전문대 박창규 교수는

> "손 모양이 독특해 보인다. 왼손은 엄지와 검지를 맞대어 가슴위에 올려놓고 있고, 오른손은 엄지와 중지를 맞대고 가슴위에서 손바닥이 밖을 향하는 자세를 하고 있다."

며 이는 불상의 수인(手印)에서는 그 유형을 찾아볼 수 없고 발가락의 노출 또한 특이한 점을 보이고 있다고 발표했다. 이러한 특징은 옛날 우리나라의 암각화 부처상에서는 찾아볼 수 없는 흔적으로 샌들을 신고 다니던 문화권인 이스라엘과 그 주변국 사람으로 추정할 수 있다는 것이다. 그리고 도마 석상에 손에 들고 있는 것은 불교의 것이 아니라 장미나 양의 머리로 일치되고 있다. 이에 대해 동서양문화교류사를 연구한 대학자 중에는 이 석상을 평한 글에서 상의의 옆구리와 하부에

음각된 문양은 목단이나 장미 같은 꽃무늬로 보이며 불교의 상징 연꽃무늬와는 판이하게 다르다는 것을 강조했다. 또한 분처상(分處像)의 고리형 목걸이 문양과 상의의 가로줄 문양은 둔황경 교화상의 목걸이 문양이나 상의 문양과 각각 같은 형태임이 분명하다는 주장이다. 이 석상의 손모양은 기존의 불상과는 전혀 다르고 1908년 중국 둔황에서 발견된 경교화상(景敎畵像)과 매우 흡사하다. 수세뿐만 아니라 상의 구도나 복장의 화려함도 두 석상이 서로 유사하여 불상과는 확연하게 구별되며 발가락의 노출도 불상에서는 찾아볼 수 없는 기독교상 특유의 것으로 밝혀졌다. 더욱이 도마의 석상이 조각된 시대는 불교가 한반도에 들어오기 훨씬 이전으로 이 석상을 불교의 부처상으로 추정하는 학자들은 통일신라 혹은 고려 초의 작품으로 보기도 한다. 왜냐하면 신라는 이차돈이 순교함으로 서기 528년에 불교를 국교로 승인했고 그 후에야 부처의 조각상들이 제작되었기 때문이다. 그러나 이 도마 석상의 왼쪽 하단 자리에 새겨진 지전행(地全行)의 서채를 자세히 보면 이러한 주장이 전혀 역사적 사실과는 거리가 멀다는 것을 알게 된다. 처음 도마 석상을 발견했을 당시 첫 글자를 "명(名)"자로 생각하여 '명전행'이라고 잘못 보도된 적이 있었다. 그러나 사도 도마의 한국선교의 흔적을 약 30년 동안 연구해 온 한국고대기독교연구소 소장 조국현 목사는 새겨진 한자에 대하여 우리나라에 불교가 전래되기 이전의 것이며 그 글은 '명전행(名全行)'이 아니라 '지전행(地全行)'이라고 주장한다. 조국현 목사는 10세 대부터 약 30여 년간 서예를 공부했고 그 후 20여 년간 서예와 동양화가로서 활동을 해오면서 현재 한국과 중국 일본에 있었던 시전지 만들기의 유일한 기능보유자이기도 하여 누구보다도 글자체에 대해 해박한 지식을 갖고 있다. 도마 석상에 새겨져있는 '지전행'은 중국의 왕휘지 이후에 나온 해서체와는 전혀 다른 서체라는 주장을 하고 있다. 중국 한나라 때 쓰던 예서체로 새겨져 있으므로 기원전 202년부터 서기 220년 사이에 제작되었다는 것이다. 서도대사전을 통하여 전(全)과 행(行)역시 한나라의 예서체와 똑같은 서체로 되어있다는 것을 대조해보아도 마찬가지였다. 첫 글자가 한 나라 때 쓰였던 지(地)는 "땅 지" 라는 것이고 해서체의 지(地)자임을 확인한 것이다. 그리고 도마 석상을 조각한 석공은 글자에 대하여는 충분한 지식을 갖지 못한 사람으로 추정되고 다만 석공이 설계도 격인 비단 천에 붓으로 그린 제작자의 그림을 보고 그대로 히브리어 글자를 조각한 것으로 추정할 수 있다. 왜냐하면 붓으로 서예작품을 할 때 가로획은 얇고 세로획이 더 굵게 써지는 것이 원칙인데 석공이 글자를 팠을 때 비단위에 붓으로 쓴 그대로를 옮겨 놓았음을 최초 발견 시 찍은 사진을 보면 그 글자나 석상의 모습이 뚜렷함으로 알 수 있다. 고대 히브리어 글자의 특징은 반드시 오른편에서 왼쪽으로 쓰는 것과 반드시 자음(타우, 맴)만 쓰였기 때문이다. 히브리어 모음은 주후 6세기~10세기에 맛소라 사본 기록부터 고안된 것이다. 그리고 정통 유대인들은 히브리어 자음으로 기록한다. 만일 당나라 시대에 경교의 영향으로 그 당시 히브리어를 아는 선교사에 의하여 이 석상이 새겨졌다면 히브리어 글자는 자음과 모음으로 새겨졌을 것이 분명하다. 이 석상 우측의 상단에 새겨진 글은 히브리어를 아는 사람이라면 누가 보아도 분명한 타우, 멤이다. 그것도 히브리어를 제대로 쓰고 있다. 히브리어 쓰기의 원칙에서 멤(Mem)자는 단어의 중간에 들어가면 우리나라 "ㅁ(미음)"의 필기체와 비슷하다. 그러나 단어의 어미에 쓰일 경우 반드시 바른 네모와 같다. 오른쪽에서 세 번째와 왼쪽 끝은 글자가 아니라 사람이 양다리를 하고 앉아있는 모습이다. 대충 해석을 해본다면 이 작품의 주제는 도마이며 도마는 사람이라는 것으로 추정되는 것이다. 도마 석상은 그 당시에는 많은 사람들이 볼 수 있는 곳에 세워졌다. 지금은 외진 작은 길가에 있지만 이곳이 과거 100년 전만 하더라도 낙동강 소금배가 오르내리는 경북 예천군 상락에서 봉화를 잇는 길목에 위치해 있었다. 만일 무역하는 사람이 해상의 실크로드를 이용한다면 외국의 바다에서 김해만으로 들어올 수 있게 된다. 그 이유는 고대로부터 인도에서 중국 남동해안으로 들어오는 무역선들이 다시 배를 띄우면 쿠로시아 해류에 의하여 반드시 김해만으로 들어오게 되어있기 때문이다. 이 사실은 지구과학 교과서의 "해류 흐름도"에도 잘 나타나 있고 역사가 토인비의 "1세기 동양의 해상교역추정도"에도 나타나 있다. 그 바닷길이 신기하게도 황해나 일본으로 빠지지 않고 자연스럽게 김해만으로 끌어들이고 있기 때문이다. 그리고 낙동강 하류에서부터 당시의 고속도로와 같은 낙동강을 따라 이곳까지 올 수가 있는 것이다. 경북 예천군 상락이 고속도로의 톨게이트 라면 봉화까지 가는 내성천은 작은 도로라고 볼 수 있다. 그 길 위에 사도 도마의 석상이 자리 잡고 서 있는 것이다. 이 석상에 대한 인근 주민들에게 전해 내려오는 말도 이 석상은 기독교상이라는데 무게를 두고 있으며 이 석상을 오랜 세월에 걸쳐 지켜봐왔던 주민들은 종래 이 석상 앞에서는 숭배 행위와 같은 모습을 일체 본적이 없다고 전하고 있다. 불상이나 기타 상서롭지 않은 조형물이나 대상들을 보면 예외 없이 불공을 드리거나 복을 비는 무속신앙과 불교인들의 관행에 비춰볼 때 의외라 하지 않을 수 없다. 이것은 우상숭배를 불허하는 기독교의 영향이 계속 전해내려 온 것에서 비롯된 것으로 사료된다. 인도의 아유타국 공주 허황옥이 사도 도마와 함께 가야국에 올 때 나이는

불과 16세였다. 서기 11세기에 적힌 「가락국기」의 금관성(금관가야)의 파사석탑에 관한 글에 보면,

> "수로왕의 왕비 허황후의 이름은 황옥이니 동한건무(東漢建武) 24년 갑신에 서역 아유타국으로부터 싣고 온 것이다 (…) 그 때 해동에서는 아직 절을 창건하고 불법을 받든 일이 없었으니 대개 부처님 화상과 교리가 이르지 않았던 까닭으로 토박이 사람들이 신복하지 않았던 것이다."

라고 소개하고 있다. 또한 허황후가 가지고 온 돌들은 인도 첸나이 지역에 있는 돌들과 성분이 똑같은 파사석이다. 파사석이 파사석탑(波裟石塔)이라 표기된 이유는 당시 고대 타밀어로도 독같이 파사돌(Paasadol)이라고 발음했었기 때문이었다. 파사돌(Paasadol)은 파사(Paasa)로 부모나 스승, 성직자 등의 사랑에다 돌(dol)이라는 고대 타밀어 "Stone"이 합쳐진 합성어이다. '돌'은 우리말과 고대 타밀어가 그 발음과 뜻이 완전히 일치한다. "파사돌"을 한자로 표기하다 보니 파사석이 되었고 탑으로 쌓아놓았으니 파사석탑이 된 것이다. 도마가 인도에서 한반도로 어떻게 올 수 있었는지, 그리고 당시 역사적 정황들이 하나둘 물적 증거로 뒷받침하고 있는 재미있는 사실들이 계속 꼬리를 물고 이어지고 있다. 초대교회 당시 복음이 들불같이 번져나갈 때 예수가 도마로 하여금 해가 떠오르는 가야국에 복음을 전파토록 해주었다. 도마는 예수의 제자가 되기 전엔 숙련된 석공이었다고 한다. 그가 가야국에 와서 복음을 전하고 7년 동안 사역을 마친 후 김수로왕과 인도의 아유타국 공주 허황옥을 직접 데려와 혼인을 하도록 주선한 도마는 다시 뱃길을 따라 홍해를 지나 소코드라 섬에서 2년 동안, 그리고 남인도 코친과 첸나이에서 20년 동안 복음전파에 힘쓰다가 심한 박해를 받고 숨어 있

던 중 붙잡혀 72세의 나이로 창에 찔려 순교하였다.

하나님의 흔적

만약 상기의 내용과 같이 정말로 도마가 가야국에 들어온 것이 사실이라면, 어쩌면 당시 가야국에서 철기 기술이 크게 발달했었던 이유까지도 설명이 가능해질지도 모른다. 주지하는 바와 같이 로마제국은 철기를 다루는 기술로 흥했던 나라였다. 그런 로마제국과 가야국 간에 장거리 해상 루트를 통해 모종의 교류가 있었다면, 당시 동아시아에서 가장 발달한 철기 문화를 구축하는 일이 충분히 가능했을 것이다. 이러한 가설 자체가 흥미로운 연구 주제의 하나이긴 하지만, 지금 주목하고자 하는 것은 **한반도에서 발견되는 하나님의 흔적이다.** 예수의 직제자 도마의 방문 외에도 한국의 고서에서 하나님의 흔적들이 발견되고 있다. 『삼국유사』에 인용된 「가락국기」에는 김수로왕의 출현과 개국에 관한 설화들이 기록되어 있다. 그리고 그 중에 다음과 같은 허황옥 설화가 포함되어 있다.

왕궁에서 서남쪽으로 60걸음 되는 산기슭에 장막으로 궁실처럼 만들어 놓고 기다렸다. 왕후가 산 너머 별포 나룻목에서 배를 매고 육지로 올라와 높은 언덕에서 쉬고 난 다음, 입고 있던 바지를 벗어 폐백으로 삼아 산신에게 보냈다 (…) 이에 왕은 왕후와 함께 침전에 있는데, (왕후가) 조용히 왕에게 말하기를

> "나는 아유타국의 공주로 성은 허요, 이름은 황옥이며, 나이는 열여섯입니다. 본국에 있을 때, 금년 5월중에 아버지인 왕께서 왕후와 함께 나를 돌아보면서 하시는 말씀이 '우리가 어제 꿈에 똑같이 하늘의 상제를 뵈었는데, 상제께서 이르시기를 가락국의 임금인 수로는 하늘에서 내려 보내 임금의 자리에 앉힌 사람으로서 신명스럽고 거룩하기가 그만이건만, 새로 나라를 꾸미느라 아직 배필을 정하지 못했으니 그대들이 꼭 공주를 보내서 짝을 이루게 하라'고 하시고 하늘로 올라갔는데… 꿈을 깨고 나서도 상제의 말소리가 귀에 쟁쟁하였다. 이러하니 네가 속히 부모를 떠나 그리로 가야겠다.'고 말하였습니다. 내가 바다 저편 아득한 남쪽에서 찾고 다시 방향을 틀어 동쪽에서 찾더니, 이제 추한 용모로 존귀한 분을 모시게 되었습니다."

고 하였다. 허황옥의 꿈에만 상제가 나타난 게 아니라, 그녀의 부모들까지도 꿈에서 상제를 뵈었노라고 말해주고 있다. 이에 김수로왕이 대답하기를

> "나는 공주가 멀리서 오시리라는 것을 먼저 알고 있었습니다. 때문에 신하들이 예전부터 왕비를 맞아들이라고 청하였지만 듣지 않았습니다. 이제 현숙한 분이 스스로 찾아 왔으니 참으로 다행한 일입니다."

고 하였다. 드디어 동침하여 이틀 밤을 치르고 하루 낮을 보냈다. 그리고 타고 온 배를 돌려보냈는데, 뱃사공은 모두 15명이었다. 각각 쌀 열섬과 피륙 서른 필을 주어 본국으로 돌아가게 하였다. 8월 초하룻날 본국으로 돌아왔는데, 왕과 왕후가 한편에 타고, (왕후를) 따라 온 신하 내외도 말고삐를 나란히 하고 왔다. 가지고 온 갖가지 외국물건도 모두 실어가지고 천천히 왕궁으로 오니 그 때의 시각이 바로 정오였다.

이후 김수로왕은 첫째 아들은 김해 김 씨의 대를 잇도록 했고, 둘째

아들은 허황옥의 성을 따라 김해 허 씨의 시조가 되도록 배려하였고, 지금도 김해 김 씨와 김해 허 씨는 서로 동성동본으로 여기고 결혼을 하지 않고 있다. 지금 여기 『삼국유사』에 기록된 내용과 앞선 사도 도마의 이야기를 연결해보면, 전후 맥락상 『삼국유사』에 기록된 상제는 필시 기독교도들이 말하는 바로 그 "하나님"임에 틀림이 없는 듯하다. 우리는 그 분을 흔히 한자로는 "상제" 혹은 "천제"라고 표기하고, 말로는 그냥 "하느님"이라고 불러왔던 것이다. 그리고 해마다 때가 되면 하늘에다가 천제를 올리며 제천행사를 행하던 민족이 바로 우리나라였다. 어쩌면 이 이야기를 현재의 기독교도들이 들으면 도저히 이해가 안 되는 사건일지도 모르겠다. 기독교를 믿지도 않는 나라의 왕을 위해서, 이역만리나 떨어져 있는 기독교를 믿지 않는 나라의 공주를 찾아다가 서로 맺어주시는 하나님의 섭리란 것이 현재 그들이 갖고 있는 좁은 소견으로는 어쩌면 도저히 이해가 불가능한 이야기일지도 모른다. 하늘의 진리는 오직 기독교 성서에만 존재한다고 보면 이는 도저히 말이 안 되는 일에 속한다. 절대 나타나시지 말아야 할 곳에 나타나신 것이다. 그런데 『삼국유사』에는 또 다른 기록이 전해져 오고 있다. 이번에는 신라시대였다. 신라 제26대 진평왕이 상제로부터 하사받은 옥대에 관한 설화가 『삼국유사』 권1 「기이편」에 기록되어 있다. 그는 서기 595년 8월에 즉위하였는데, 그 해 천사가 궁전 뜰에 내려와 이렇게 말한다.

"상제께서 나에게 명하여 이 옥대를 전해주라고 하셨습니다."

이에 왕이 꿇어앉아 두 손으로 공손히 받았고 천사가 하늘로 올라갔다. 그리고 진평왕은 큰 제사를 올릴 때에는 언제나 이것을 허리에 맸다고 한다. 길이가 10위이고 장식한 띳돈이 62개라 하는데, 이 옥대는 신라가 국보로 삼은 3개의 보물, 즉 신라삼보 중의 하나였다. 이후 이 옥대에 관련된 이야기들은 고려 태조 왕건을 비롯하여 여러 차례 기록이 이어서는 것으로 보아 단지 설화에만 존재하는 가상의 물건이 아니라 실제로 허리에 매는 옥으로 만들어진 허리띠였던 것이 확실하다. 그런데 한 가지 생각해보아야 할 것이 있다. 지금 여기서 등장하는 천사와 상제는 기독교 성서에 등장하는 천사와 하나님과 다른 별개의 존재들이었을까? 혹시 사탄이 천사로 위장하여 보내줬던 것일까? 만일 같은 존재라면 기독교 나라도 아닌 곳에 엉뚱하게 옥대를 선사하시는 하나님의 섭리라는 것은 대체 어떻게 이해하고 어떻게 받아들여야 하는 것일까? 다시 생각해보면, 하느님께서는 신라의 박혁거세에게는 금척을 내려주셨고, 김수로왕에게는 아유타국의 공주를 배필로 삼아주셨고, 그리고 신라의 진평왕에게는 옥대를 내려주셨던 것이다. 이미 오래전부터 하나님께서 깊이 관심을 기울이시며 살펴보고 계셨던 것이 아닐까? 아니, 오히려 단 한 순간도 관심에서 내려놓으신 적이 없었던 것 아닐까? 모든 것을 창조하시고 모든 곳을 주관하시는 하나님이라면 당연히 후자가 정답이 아닐까? 그런데 기독교 성서는 그때 어디에 있었는가? 적어도 한반도에는 존재하지 않았던 것 같다. 한반도에는 성서가 필요 없었던 것일까? 언뜻 보면 옥대가 아니라 "기독교 성서"를 갖다 줬어야 마땅한 일 아니었을까? 무한한 하느님의 진리를 기독교 성서 속으로만 꾸역꾸역 우겨넣으려는 그 집착이 오히려 편협한 시도가 아닐까? 성서를 제대로 해석한 것이 맞는가? 중세기 교황청이 부렸던 그 무지막지한 횡포를 또 다시 반복하고 있는 것은 아닐까? 모든 것은 마음먹기에 달린 것이 분명하다. 더 열린 마음으로 세상을 바라본다면 훨씬 드넓은

품을 가지신 하느님을 발견할 수가 있을 것이다.

성배의 민족

이른바 "슈타이너 교육"이란 것을 시작해서 교육가로 널리 알려진 독일인 루돌프 슈타이너(1861~1925)는 유럽에선 알아주던 신비주의 사상가이기도 했는데, 그는 러시아의 브라바트스키에 이은 유럽 최고의 대신비가로 명성을 날렸고, 유럽에서 녹색운동과 유기농 운동, 그리고 생명과 영성 대안교육의 발도르프 학교를 창시한 사람이기도 했다. 그는 제자들에게 이렇게 유언을 남겼다고 한다.

> "인류문명의 대전환기에는 새 문명, 새 삶의 원형을 제시하는 성배의 민족이 반드시 나타나는 법이다. 그 민족은 개인적으로나 집단적으로 탁월한 영성을 지녔으나 외세의 침략과 내부의 폭정으로 끊임없이 억압당해오는 과정에서 삶과 세계에 대한 생득적인 꿈과 이상을 내상처럼 안으로만 간직하고 있는 민족이다. 로마제국이 지배하던 지중해 문명 시대의 전환기에는 그 성배가 이스라엘 민족에게 있었으나, 그때보다 더 근본적 전환기인 현대에는 그 민족이 극동에 와 있다. 그 이상은 나도 모른다. 이제 그 민족을 찾아 경배하고 힘을 다하여 그들을 도우라."

그래서 그의 제자였던 일본인 "다카하시 이와오"는 그 극동 민족이 어느 국가인지를 직접 찾아보게 되었다고 한다. 당연히 그는 제일 먼저 일본에서부터 찾아보았다. 그런데 그의 결론은 일본은 아니었다고 한다. 일본 인지학회 회장 "다카하시 이와오"는 일본으로 돌아가 각종 문헌과 정보를 통해 자기네 일본을 포함해서 극동을 샅샅이 살피다가 우연히 한국사와 동학사를 읽게 되었다.

"인내천, 사람이 곧 하늘이다."

라고 하는 생전 처음 들어보는 용어에 문득 큰 전율과 함께 성배의 민족이 바로 한민족임을 깨달았노라고 김지하 시인에게 실토한 적이 있다고 한다. 그렇다면 슈타이너가 말한 "성배의 민족"이 과연 정말 한국이 맞는 것일까? 혹시 너무 성급하게 말해버린 것은 아닐까?

우리는 이에 대한 실마리를 성서를 통해서 살펴볼 수가 있다. 아무한테도 들어본 적이 없었던 전혀 새로운 성서 해석 방법을 제시해보고자 한다. 우리는 제3편에서 프랑스 대혁명 이후에 나타난 네 짐승에 대하여 고찰한 바가 있었고, 거기에서 알렉산더의 뒤를 이은 수하 네 장군을 표상하는 현대의 4개국이 바로 이탈리아, 일본, 동독, 서독이라고 정의한 바가 있었다. 여기서 딱 한 발짝만 더 내디뎌 보기로 한다. 알렉산더의 뒤를 이은 4개국 중에서 유독 셀류커스라는 제국이 많은 영토를 차지하면서 커져나가는 장면이 「다니엘서」 11장에 기록되어 있다. 그리고 특히 현저한 뿔 하나가 등장하는데, 그가 바로 셀류커스의 안티우커스4세였다. 그는 볼모로 잡혀가서 접하게 된 그리스 문화의 찬란함을 몸소 경험하면서, 귀국하면 셀류커스의 모든 것을 헬라화 하겠노라고 다짐하게 된다. 그렇게 찬란한 선진 문명에 눈을 뜨게 되었고, 나중에 자신이 정말로 왕위에 오르게 되었을 때, 그는 모든 것을 그리스 방식으로 바꾸기 시작했다. 이는 일본제국이 중국이나 한국보다 앞서 서양 문물에 일찍 눈을 떠서, 메이지 유신을 단행했던 상황을 연상

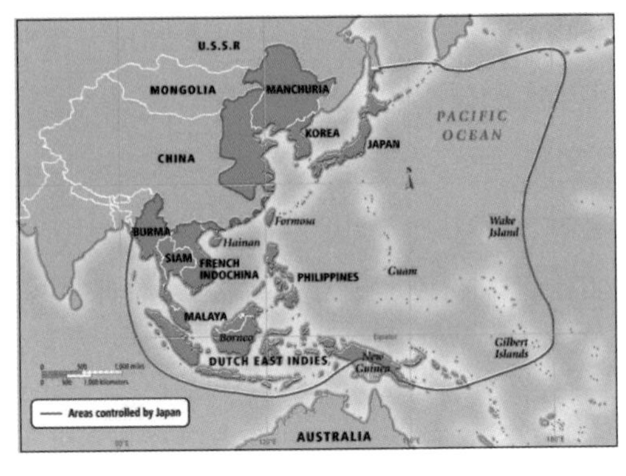

하게 된다. 그리고 수많은 정복 전쟁을 통해서 나라의 크기가 현저하게 커졌다는 것도 일본제국의 엄청나게 확장되었던 영토 상황과 비슷하다. 당시 일본 천황은 신처럼 추앙받았고, 일제치하에서 고통 받던 조선인들은 신사참배와 천황숭배를 강요받아야 했다. 셀류커스의 통치 체제하에서도 이스라엘 사람들이 안티우커스4세의 우상숭배 강요와 지독한 박해 때문에 매우 곤욕스런 일들을 겪어야 했다. 그리고 셀류커스가 망하고 그 대신 기원전 63년 로마제국이 통치하게 되었고, 그로부터 90년 정도가 지나 예수가 나타났다. 일본제국이 제2차 세계대전에서 패망하고, 일본을 대신하여 현대의 로마로 볼 수 있는 미군이 72년간 한반도에 주둔하고 있는 현재의 상황과 묘하게 겹친다. 따라서 이렇게 정리를 해보게 되는 것이다.

셀류커스 ························ 일본
로마제국 ························ 미국
이스라엘 ························ 한국
예수 ························ 메시아

자, 이해가 되는가? 슈타이너가 무슨 말을 했는지도 이해가 되는가? 서기 1세기 초엽 당시 성배의 민족이 이스라엘이었고, 로마의 지배를 받던 그곳에 예수가 나타났던 것처럼, 또 다시 인류 문명의 대전환기를

맞이하고 있는 지금 극동에 있다는 그 성배의 민족은 바로 한국이고, 따라서 한국에서 메시아가 나타나게 될 거라는 말이다. 여러 정황상 매우 임박한 상태임이 분명하다. 그리하여 그는 새로운 삶의 원형을 제시할 것이고, 새로운 문명의 횃불을 높이 치켜들게 될 것이다. 그런데 어떻게 이런 일이 가능해지는 걸까? 『능엄경』에 이런 구절이 있다.

> "한 사람이라도 진리를 발견하여 근원으로 돌아가면 시방세계 허공이 다 녹아떨어진다."

잠시 역사를 돌이켜보면, 일제강점기 시절의 한국에는 최제우, 김일부, 소태산, 강증산 등과 같은 걸출한 신인들이 무수히 태어났는데, 이는 어쩌면 하늘이 한국의 가장 암울한 시기에 정신적 지도자들을 보내서 어둠을 밝혀주려는 의도가 아니었을까? 마치 이스라엘이 나라를 잃고 바벨론과 페르시아의 노예로 이리저리 헤매고 있을 때 무수한 선지자들을 보내서 정신을 놓아버리지 않게 했던 것과 똑같이 신인들을 보내서 인류 정신의 새로운 원형을 가다듬고 있었던 것은 아닐까? 최제우는 동학을 세웠고, 김일부는 정역을 썼고, 소태산은 원불교를 창시했고, 강증산은 증산교를 창시했다. 단지 인내천 하나만 가지고서도 크게 놀랬던 "다카하시 이아오"의 말 그대로 오늘날 한국은 정말로 새로운 문명을 한 3개쯤 창안해내고도 충분히 남을 정도의 엄청난 자산들을 보유하고 있는 세계 유일의 나라가 되어 있다. 세계 역사를 통틀어 이렇게 엄청난 에너지를 보유했던 나라가 과연 언제 적, 어느 곳에 또 있었던가? 동양 문화들의 정수라고 하는 것들을 죄다 갖춰 놓은 것은 물론이고, 그것도 모자라 이제 서양의 물질문명까지도 모두 섭렵해놓은 오늘의 한국이다. 이제 그것들을 모아, 추리고, 다듬고, 버무리고, 익히는 일들만 남아 있게 되었고, 그 일을 바로 메시아가 나서서 멋지게 해치워주게 될 것으로 보인다. 사실 메시아가 해줄 일은 도화선에 불을 붙여주는 일일 것이다. 그리고 모두가 지휘봉에 따라 장단만 맞추면 저절로 되어질 일이다. 전 세계는 신바람을 일으키는 한민족의 거대한 저력을 똑똑히 목도하게 될 것이다. 그 도도한 물결을 목격하고 전 세계가 깜짝 놀라게 될 것이다. 그리하여 그들도 기꺼이 이 도도한 물결에 동참하게 될 것이고, 그렇게 전 세계가 그 위대한 신바람 속에서 한바탕 들썩들썩 거리게 될 것이다.

그리스도의 위대한 대리자

조선시대 말엽, 어느 산속 동굴에서 도를 닦아 도통하게 되었다는 송하노인(松下老人)이 지었다는 책, 송하비결(松下祕訣)의 원본은 몇 부가 존재했던 것으로 알려졌으나, 그 중 1부가 동학도였던 이석(1900년생)에게 전해졌고, 이석은 김옹(? ~1996)에게 전하였고, 김옹은 김성욱에게 구술과 글을 통해 남겼고, 이것이 출판되는데…

그 내용의 개략을 정리해보면, 「다니엘서」에서는 1981년부터 2026년까지의 45년간을 종말의 시기로 본 것에 비해 송하노인은 1992년부터 2040년까지의 60년을 말세로 보았으니 이 정도면 상당히 비슷하다고 해야 할 것 같다. 그 내용인즉슨…

흑호지돈(黑猢之豚) : 검은 원숭이해(1992년)부터는
척척세야(惕惕世也) : 두렵고도 두려운 세상이다.
계룡석백(鷄龍石白) : 계룡산의 돌이 희어지고,
착선행주(着蘚行舟) : 뉼이끼가 끼고 배가 다니면…
삼재재이(三才災異) : 하늘과 땅과 사람이 모두 재난과 이변을 당하게 되는 때이니,
하년하시(何年何時) : 어느 해 어느 때인가?
기시오신(其時五神) : 그 시기는 다섯 원숭이의 해인데
오색양간(五色陽干) : 오색(흑, 청, 적, 황, 백)의 양의 천간(임, 갑, 병, 무, 신)
신인탈의(神人脫衣) : 신인이 옷을 벗는다.
차시도래(此時到來) : 이때가 도래하면,
천도개변(天道改變) : 하늘의 운행질서가 바뀌고
지도천이(地道遷移) : 땅의 운행도 달라져서
사도역행(四道逆行) : 사계절이 거꾸로 돌게 된다.
적룡우계(赤龍遇鷄) : 붉은 용이 닭을 만나면 (공산국가 즉 북한이 닭띠해가 되면)
주야진진(晝夜震振) : 밤낮으로 땅이 진동하고 쩡쩡 울리게 된다.
염천지복(赤龍遇鷄) : 하늘에는 불길이 치솟고 땅은 뒤집어진다.
성세난의(聖世難矣) : 성인이 다스리는 세상에서도 살기가 어려운건데,
황말세호(況末世乎) : 하물며 이런 말세에는 어떻겠는가?
신인탈의(神人脫依) : 신인이 옷을 벗는
말세지세(末世之世) : 1992년 ~ 2040년까지의 말세에는
자오충입(子午衝入) : 북쪽이 남쪽으로 밀고 내려오고,

송하유돈(松下有豚) : 소나무 아래에 있는 돼지가 (핵폭탄을 말한다.)
백광차목(白光遮目) : 하얀 빛이 눈을 부시게 하고,
월락오제(月落烏啼) : 달이 떨어지고 해(까마귀)가 울고,
상만천중(霜滿天中) : 서리가 하늘에 가득하여 (핵겨울이 오는 듯…)
사도상역(四道相易) : 4계절의 도가 서로 어긋나니,
황인도호(況人道乎) : 하물며 사람의 도가 온전하겠는가!
이재전전(利在田田) : 오로지 마음 밭에 이로움이 있으니,
수중악전(手中握田) : 마음의 밭을 손 안에 움켜쥐어야 한다.
응성지곤(應星之坤) : 목성이 서남쪽에 떠오를 때,
혜성괴성(彗星怪星) : 혜성과 괴상한 별이
범어자미(犯於紫微) : 자미성(임금의 별)을 범하여
광염차명(光炎遮明) : 불기둥이 해를 가리니,
구사일생(九死一生) : 열 명 중에 아홉이 죽고 하나가 산다.
대소개망(大小皆亡) : 큰 나라, 작은 나라가 모두 망하고
부가선망(富家先亡) : 부자 집이 먼저 망한다.
용토경염(龍吐庚炎) : 산에선 용암과 화산재가 토해져 나오고
탕탕복복(湯湯覆覆) : 천지가 부글부글,
천비지존(天卑地尊) : 하늘은 낮아지고, 땅은 높아진다.
삼십육궁(三十六宮) : 온 지구가 전부 다
도시한동(都是寒冬) : 온통 한 겨울이 된다.
해룡토산(海龍吐山) : 바다가 융기하여 육지가 되고,
상전벽해(桑田碧海) : 대륙이 변해서 바다가 된다.

자, 여기까지는 말세의 개략적인 대요가 되겠고, 천지가 뒤집어질

정도로 엄청난 일들이 일어난다고 한다. 그럼에도 불구하고, 우리에게는 희망이 있음이니, 지금부터는 그 희망에 대해 말해주는 대목들이 나오게 된다.

백토이후(白兎以後) : 하얀 토끼 이후 (2011년 신묘년이나 2023년 계묘년 이후)
동방아국(東邦我國) : 동방의 우리나라에
운기도래(運氣到來) : 운기가 도래하니
목화지간(木火之間) : 동남쪽 하늘에 (목 오행은 동쪽이고, 화 오행은 남쪽)
문창무곡(文昌武曲) : 문창은 학문의 별이고 무곡은 재물의 별이다.
귀복이성(貴福二星) : 귀하고 복 되는 두개의 별이
간방회조(艮方會照) : 간방, 즉 동북방을 비추어 주니
황금복명(黃金復明) : 문명의 황금기가 다시 밝아오고
오륙강성(五六强盛) : 5 × 6 = 30 … 30년 동안 강성해져서
염화난세(炎火難世) : 화염에 휩싸인 어려운 난세에
장사괴절(將師魁折) : 적장을 물리치니
풍패불연(豊沛不然) : 풍패에서 일어나 한나라를 세운 유방 따위가 비할 바겠는가?
공전멸병(空錢滅兵) : 김씨金氏 성姓의 성인이
기중서악(其中庶握) : 서민들의 민심을 장악하니
수화지간(水火之間) : 남북의 중간에 해당하는 중부지방에서
수출서물(首出庶物) : 서민들 중에서 두각을 나타내시는데
만국성인(萬國聖人) : 만국의 성인이시다.

자오정립(子午正立) : 비로소 남과 북이 바르게 서고
삼도순행(三道順行) : 천지인의 세 가지 도가 순하게 행해지니
단군옥토(檀國玉土) : 단군이 주신 옥토가
사신호위(四神護衛) : 현무 청룡 주작 백호, 사신의 호위를 받으며
세세창성(世世昌盛) : 세세토록 창성하게 될 것이다.

상기의 구절들을 통해, 우리 "동방에 희망의 빛"이 있다는 본서의 핵심 메시지를 다시 한 번 더 공고히 할 수 있다면 여한이 없을 것 같다. 여기서 우리가 기다리고 있는 메시아에 대한 몇 가지 정보를 얻을 수 있게 된다. 먼저 그 분의 성 씨는 "공전멸병"에서 확실해진다. 동전을 말하는 錢(전)이란 글자에서 兵(병)을 멸해야 하는데, 錢이란 글자를 들여다보면 사람 찌르는 데 쓰는 "창"을 뜻하는 戈(과)라는 글자가 두 개나 들어있다. 이렇게 창들이 우글우글 거린다는 얘기는 곧 병사들이 우글우글 하다는 말과 같고, 그들을 모두 멸해버리고 남는 것은 오직 "金(금)" 하나이다. 따라서 그 분의 성 씨는 金씨이다. 이외에 이성적인 다른 판단의 가능성은 전혀 없으니, 혹 다른 미사여구에 현혹되지 말기를 바란다. 그리고 그 분은 서민들 속에서 두각을 나타내실 것이고, 민심을 독차지하실 것이며, 남쪽도 북쪽도 아닌 중부지역 출신일 것이며, 사상, 이념, 종교, 철학 등 모든 면에서 어느 쪽으로도 치우지지 않고, 오직 "중도의 길"만 뚜벅뚜벅 걸어가시는 분이실 것이다. 한편 『송하비결』 외에도 우리 한국에는 대단히 많은 비결서가 존재하고, "한국의 비결서"들에 모두 하나같이 언급되고 있는 대표적 용어를 딱 하나만 꼽으라고 하면 바로 "궁궁을을(弓弓乙乙)"을 들 수 있겠다. "궁궁을을", 이에 대해서도 실로 다양한 해석들이 여러 매체를 통해 선보이고

있는 작금이지만, 결론은 항상 아리송이다. “그래서, 뭐?”라고 질문을 던져보면, 그 뒤에 아무 것도 남지 않고 허망해진다. “궁궁을을”도 결국 메시아의 성 씨에 대한 정보를 알려주는 비결 용어이다. 弓(궁)과 弓(궁)을 거울대칭이 되도록 좌우로 배치하면 결국은 임금을 뜻하는 王(왕)자를 얻을 수 있게 된다. 상기 그림의 빨간색 문양이다. 그리고 을을(乙乙)은 하도의 이치에 의해 팔팔(八八)이 된다. 굳이 팔팔(八八)이 싫으면 그냥 을을(乙乙)을 흘려 써도 마찬가지이다. 두 개의 팔팔(八八)을 이번에는 상하로 마주 배치하면 상기 그림의 파란색 문양이 된다. 이렇게 궁궁을을(弓弓乙乙)을 상하좌우로 모두 결합하면 金(금)이란 글자 하나를 얻을 수 있게 된다. 알고 보면 이렇게 쉬운 것을 놔두고 참 많이들 헤매고 다닌다. 한편, 『정감록』과 『격암유록』 등에 다음과 같은 유명한 구절이 나온다.

살아자수(殺我者誰) 여인대화(女人戴禾) 인부지(人不知)
활아자수(活我者誰) 십팔가공(十八加公)

이 문구는 임진왜란 때의 일을 담고 있는 것으로 알려져 있다. 여인대화, 즉 계집(女) 사람(人)이 벼(禾)를 머리에 이고 있다고 해석된다. 이들 세 글자를 합쳐보면, 곧 倭(왜)라는 글자가 된다. 왜군이 쳐들어와서 나를 죽이는데, 이와 같은 사람의 이치를 모른다고 해석할 수 있다. 반대로 나를 살리는 자는 십팔가공, 즉 십(十)에다가 팔(八)과 공(公)을 더하면, 松(송)이라는 글자가 되므로, 이는 명나라의 이여송 장군이 지원을 온다는 의미를 담고 있다.

> 살아자수(殺我者誰) 우하횡산(雨下橫山) 천부지(天不知)
> 활아자수(活我者誰) 부토(浮土) 온토(溫土) 종토(從土)

그 다음의 문구는 병자호란의 일을 담고 있는 것으로 알려져 있다. 나를 죽이는 자는 산(山)을 옆으로 눕힌 다음에 우(雨)자에 더해주면 눈을 의미하는 雪(설)자가 되고, 차가운 눈이 나를 죽이는데, 이와 같은 천기의 이치를 모른다고 해석할 수 있다. 이는 1636년 12월 9일 엄동설한에 청나라 태종이 10만 대군을 이끌고 쳐들어왔고, 그때 정작 사람들이 많이 죽게 된 이유는 청군에 의해서가 아니라, 깊은 산속으로 숨어들었던 이들이 추위에 얼어 죽었다고 하니, 바로 눈이 사람들을 죽인 원흉이었던 것이다. 반대로 나를 살리는 자는 부토, 즉 공중에 떠 있는 흙이, 온토, 즉 따뜻한 흙이니, 종토, 즉 거기에 머물러 있으라고 알려주었던 셈이다. 여기서 공중에 떠 있는 흙은 바로 집집마다 있었던 온돌방의 구들장을 말한다. 실제로 피난을 가지 않고, 집에 머물렀던 사람들이 많이 살게 되었는데, 그 이유는 청군들이 워낙 번개 같은 속도로 남하했기 때문이라고 한다.

> 살아자수(殺我者誰) 소두무족(小頭無足) 신부지(神不知)
> 활아자수(活我者誰) 사답칠두락(寺畓七斗洛) 부금(浮金) 냉금(冷金) 종금(從金)
> 엄택곡부(奄宅曲阜) 삼인일석(三人一夕) 이재전전(利在田田) 도하지(道下止)

그리고 마지막 이 문구들은 앞으로 있을 최후의 시기를 말해준다.

나를 죽이는 자가 소두무족인데, 이와 같은 신의 이치를 모른다고 한다. 여기서 소두무족이 뭔지를 알아야 하는데, 먼저 귀신의 이치를 논해야 하므로, 귀신의 의미를 담고 있는 鬼라는 글자에서 출발하기로 한다. 소두, 즉 삭은 머리는 있고, 무족, 즉 다리는 없다. 그렇게 위에는 놔두고 다리를 없게 하면 결국 귀신 우두머리라는 의미를 가진 "甶(불)" 자가 남는다. 따라서 나를 죽이는 자가 바로 귀신 우두머리이고, 성서에서 말하는 사탄이 바로 그것이다. 즉 나를 죽이는 자가 사탄인데, 이와 같은 신의 이치를 모른다고 해석이 된다.

반대로 나를 살리는 자는 "사답칠두락에 부금이 냉금이니 종금하라." 고 알려준다. 이렇게 알려는 주고 있는데, 정작 그 의미가 해석이 안 되니 참으로 딱한 노릇이다. "사답칠두락"이란 문구에서 맨 끝에 있는 "락(洛)"은 낙서(洛書)의 준말이다. 동방의 빛 시리즈 제1권 『하도와 낙서』에서 다루었던 바로 그 낙서이다. 그리고 칠두(七斗)는 북두칠성을 말한다. 사답이라 함은 "절에 있는 논, 즉 사찰에 있는 논"이라고 해석되는데, 이를 파자해보면 寺라는 글자는 (十)+(一)+(寸)이라고 분해된다. 즉 "11마디"가 되는 것이다. 그리고 畓은 (水)+(田)이라고 분해된다. 여기서 田은 곧 낙서의 9궁을 상징한다. 그리고 거기에 물(水)이 들어있다는 것은 동방의 빛 시리즈 제3권 『정역』에서 다루었던 바와 같이 정역팔괘에서 유추된 "십일귀체의 수리" 중에서 특히 중궁 속에 들어있는 1, 6수를 상징한다. 그리고 11마디는 곧 사방팔방으로 이른 바 "십일귀체"가 만들어지던 정역의 "11"이란 수리를 말한다. 따라서 이는 선천의 시기를 마감하고 문왕역이 정역으로 전환된다는 "대 개벽"의 의미를 담고 있다. 더불어 동방의 빛 시리즈 제3권 『정역』에서 소개했던 바와 같이, 정역팔괘가 포국되기 위해서는 가장 먼저 『천부경』에서 얻어지는 "**북두칠성의 수리**"들이 낙서 구궁에 뿌려져야 비로소 가능했었다. 그래야 "정역팔괘"란 것이 만들어질 수 있었다. 혹 아직도 안 읽은 사람들은 되도록이면 일독을 권하는 바이다. 이어지는 부금이란 용어는 앞에서 나왔던 金씨 성을 가진 메시아가 세상에 나오는 것을 의미한다. 즉 서민들의 입에 오르내리는 金씨를 말한다. 속된 말로 뜬다는 것이고, 「다니엘서」 2장 바벨론 왕의 꿈속에서 거대한 신상의 발을 후려갈기던 바로 그 둥둥 뜨인 돌을 의미하기도 한다. 냉금은 차가운 금이라고 해석되는데, 10천간 중에서 임계수가 하도의 북쪽에 놓이면서 겨울을 상징한다. 따라서 냉금(冷金)은 곧 임금(壬金)이라고 바꿀 수 있게 된다. 그러므로 부금이 냉금이니 종금하라는 것은 서민들의 입에 오르내리는 金씨 성을 가진 그 분께서 곧 선천 세상을 갈무리하고 후천의 여명을 밝히시는 임금이시니 그 분을 믿고 따르라는 것이다.

그런데 그 분은 어떤 큰일을 하시는데, 그 일은 곧 엄청난 일대 격변을 의미한다. 그리하여 문왕역의 시대가 마감되고, 정역의 시대가 시작되는 것이다. 대체 어떤 격변을 말하는 것일까? 동방의 빛 시리즈 제4권 『정역』에서 다루었던 엄청난 "**우주적 규모의 일대격변**"을 의미한다. 그것이 곧 「계시록」 16:18~20에서 묘사된 바로 그 격변이기도 하다. 상기의 남은 구절들은 바로 그 일을 알려주는 내용들이다. 즉 엄택곡부(奄宅曲阜)라는 것은 엄택곡부(奄宅曲阜) 미단숙영(微旦孰營)을 생략해 놓은 것이다. 따라서 비록 뒤의 구절이 적혀있진 않지만 자동적으로 튀어나와야 하는 문장이다. 옛날에 성인 공자께서 평생 동안 꿈에서도 잊지 못하셨던 두 성인이 계셨는데, 한 분이 주 문왕이고, 다른 한 분은 주 문왕의 아들 주공이었다. 주 문왕은 『주역』의 64괘의 괘사를 쓰셨고, 주공은 384효의 효사를 쓰셨던 성인들이었다. 주 문왕의 아들 무왕이 부친의 유업을 받들어 은나라를 멸하고 주나라를 세웠고 55개의 제후국을 두고 나라를 다스렸다. 그 중에서 가장 규모가 큰 제후국이 노나라와 위나라였는데, 주공이 노나라를 분봉 받았고, 이 노나라의 도읍지가 곡부였다. 주공은 개국 초기에 형 무왕을 도와 천하를 안정시켜야 했고, 무왕이 죽고 난 후에는 어린 성왕을 도와 섭정을 맡아야 했다. 7년 동안 주공은 주나라의 국가체제인 분봉제후제와 종법제를 완성시켰고, 왕실에 반란을 꾀하는 세력들을 평정하여 주나라를 반석 위에 올려놓았다. 그는 마음만 먹었으면 언제든지 자신이 왕이 될 수도 있었지만 모든 사사로운 욕심을 버리고 오직 대의를 위해서만 일하였고, 이러한 주공의 충성어린 노력으로 주나라는 이후 태평성대를 누릴 수 있게 되었다. 이러한 공을 기려 성왕은 주공을 위해 곡부에 큰 궁궐을 지어주었다. 엄택곡부(奄宅曲阜) 미단숙영(微旦孰營)이란 바로 이 일에 대한 것이다. 그 뜻은 "주공이 큰 공이 있기에 곡부에 대궐이 들어설 수 있었다. 주공과 같은 성인의 공로가 아니면 그 누가 이처럼 큰 기업을 경영할 수 있겠는가?"라고 감탄하는 내용을 담고 있는 문장이다. 그런데 이와 똑같은 맥락의 큰일이 종말의 시기에도 일어난다는 것이다. 즉 종말의 시기에 등장한 메시아가 사사로운 일체의 욕심을 버리고 오로지 대의만으로 새로운 세상을 일으킨다는 말이다. 그때 "삼인일석(三人一夕)", 즉 "세 사람이 한 저녁에 든다고 하는 것"은 적그리스도, 거짓선지자, 교황 이렇게 지옥의 3인이 종막을 고한다는 것을 의미한다.

그리고 이재전전(利在田田)이라고 하면서 이로움이 밭과 밭에 있다고 하는데, 여기서 밭과 밭이란 것이 대관절 무엇을 의미하는 것일까? 앞에서도 설명했지만, 田이란 낙서의 9궁을 상징한다. 따라서 田田이란 낙서의 9궁 2개가 나란히 서있는 것인데, 『정역』에 보면 "구구음"이란 용어가 나온다. 그것은 대변혁이 일어나 결국 문왕역의 문왕 팔괘 배열이 정역의 정역 팔괘 배열로 변환된다는 것을 알려준다. 따라서 이재전전(利在田田)이란 곧 어마어마한 일대변혁이 일어나 수천 년 간의 문왕역 시대가 종언을 고하고, 새로운 정역의 시대가 밝아오니, 이로움이 바로 여기에 있다는 것이다. 그리고 도하지(道下止)하라는 것은 새로운 밝은 세계의 바른 도, 바로 이치에 참여하라는 뜻을 담고 있는 것이다.

문왕 팔괘가 배열된 구궁

4 손궁 ☴	9 리궁 ☲	2 곤궁 ☷
3 진궁 ☳	5 중궁	7 태궁 ☱
8 간궁 ☶	1 감궁 ☵	6 건궁 ☰

정역 팔괘가 배열된 구궁

4 손궁 ☴	9 곤궁 ☷	2 리궁 ☲
3 간궁 ☶	5 중궁	7 태궁 ☱
8 감궁 ☵	1 건궁 ☰	6 진궁 ☳

아무튼 이렇게 "한국의 비결서"들이 모두 메시아의 성 씨를 金씨로 지목하고 있음을 알게 되었다. 따지고 보면, 『삼국유사』에 남아 있었던 하느님의 흔적을 잠시 재 고찰해보건대, 딱 3회에 걸쳐 흔적을 남기신

것도 의미가 심장하지만, 박혁거세에게는 금척을 주셨고 진평왕에게는 옥대를 주셨는데, 김수로왕에게는 아무런 선물도 주지 않으시고 단지 배필을 정해주셨을 뿐이었다. 그러나 주목해야 할 것은 허황옥의 꿈에 현몽하신 하느님께서 이르시기를 김수로를 일컬어 "**하늘에서 보낸 사람**"이라고 했다는 점이다. 따라서 우리는 그의 특별한 위상을 확인할 수가 있고, 모종의 계획이 있음을 눈치 챌 수 있게 되는 것이다. 박혁거세와 진평왕에게 특별히 금척과 옥대를 하사하신 이유는 아마도 굳이 하늘에서 보낸 이들이 아닌데도 불구하고 칭찬하시고 싶으실 정도로 멋들어진 성군의 자질을 보여주었기 때문이 아닐까 한다. 반면에 김수로왕의 경우는 어떤 계획의 일환으로 포석이 전개되는 것으로 보인다. 따라서 결론적으로 메시아의 성 씨는 특별히 하늘에서 파견하신 김수로왕의 핏줄일 가능성이 높다고 여겨진다. 그러면 하필이면 왜 가야국이었을까? 하느님의 독특하고 유별나신 취향이 바로 거기에서 적나라하게 드러난다. 하느님은 결코 힘이 센 강대국을 좋아하시지 않으신다. 힘이 세다고 주변국을 업신여기고 침탈하면서 약한 나라를 괴롭히거나 마구 다루는 그런 몰상식한 짓거리들이야말로 가장 혐오해마지 않는 짐승의 사조라는 것이다. 하느님께서 보시기에, 이왕이면 이 세상이 강한 나라가 약한 나라를 괴롭히는 게 아니라, 오히려 약자를 돌봐주면서 공생과 공동번영을 함께 모색해나가는 그런 세상이기를 간절히 바라고 계신 것이다. 따지고 보면 지난 수천 년간의 세상 역사를 통틀어 오직 고조선만이 하느님의 기준으로 보시기에 합당한 나라였을 것이다. 이웃나라 중국에 물난리가 나서 엄청난 고통을 겪고 있을 때, 단군왕검께서 부루 태자를 파견해 홍수의 재앙을 돌보아주셨던 흐뭇한 미담을 본서 동방의 빛 시리즈에서 자세히 다룬 바 있다. 더욱이 부루 태자는 단군왕검께서 낳은 아들도 아니었다. 어느 지방을 순찰하던 중 성군의 자질이 보여 파격적으로 발탁되었을 뿐이다. 단군왕검의 그릇이 그 정도로 위대했던 것이다. 이러한 일들을 비롯하여 역대 단군들의 덕행들은 계속 이어졌고, 이후 동아시아에서 성군의 전형으로써 자리 잡았던 것으로 보인다. 그리고 이로 인해 동아시아의 역대 제왕들은 대대로 성군이 되어야 한다는 강박관념에 시달려야 했다. 사실상 성군이란 개념 자체가 동아시아를 제외하고는 찾아볼 수가 없는 그런 것이었다. 그러니 하느님이 마지막 시기에 택하시는 나라를 찾는다는 게 사실은 알고 보면 손바닥 뒤집기보다도 쉬운 문제였던 것이다. 그러한 하느님의 독특한 취향의 결과로써 서양에서는 약한 나라 이스라엘이 선택되었고, 동양에서는 조선이 선택되었을 것이다. 고구려나 백제가 삼국을 통일하지 못하고 신라가 통일하게 된 배경도 결코 이와 무관하지 않을 것이다. 또한 신라보다도 약했던 가야국의 김수로왕을 선택하셨던 이유이기도 할 것이다. 이후 김해 김 씨 일족들은 지난 세월동안 대체로 높은 자리나 귀한 자리에서 찾아보기가 힘들었다. 그들은 높은 자리보다는 주로 평민층의 삶들을 대대로 살아왔던 것으로 보이고, 그러한 와중에서도 오늘날 가장 많은 수를 자랑하고 있다. 우리들 주변에서 그야말로 널리고 널린 게 김해 김 씨들이다. 어떻게 보면 가장 좋은 번영이 바로 이런 것일지도 모르겠다. 항상 낮은 데로 임하시는 하느님의 취향이 가장 잘 반영되어 있다고 봐야 할 것 같다.

한편 우리가 이미 앞에서 다루어보았던 것처럼, 『모든 세기』 안에서 제법 많은 한반도 관련 예언들을 발견할 수가 있었다. 전 세계에서 한국이 차지하는 비중을 고려해볼 때, 도저히 믿기지가 않는 이러한 사실에 대해 『모든 세기』의 저자인 노스트라다무스의 의중을 잠시 들여다볼 필요가 있을 것 같다. 그의 입장에서 보자면, 사실 우리 한반도 같은 것은 주목할 대상이 전혀 아니어야 한다. 그것이 오히려 지극히 정상적인 것이다. 단지 저~쪽 아주 멀리 있는 저~쪽 동네의 이름도 몰라야 되는 아주 작은 나라일 뿐이다. 전혀 관심이 갈만한 대상이 아니어야 한다. 그런데 참으로 이상한 일들이 포착되었을 것이다. 중국도 아니고, 일본도 아니고, 그 사이에 있는 조그마한 나라에서 심상찮은 징조들이 그의 시야에 포착되었을 것이고, 이는 루돌프 슈타이너의 상황과도 아주 유사하다. 극동의 어딘가에 붙어있는 잘 보이지도 않는 나라, 전혀 주목할 "꺼리" 자체가 안 되는 그런 곳에서 전혀 예기치 않았던 심상찮은 뭔가가 벌어지는 것이다. 노스트라다무스가 한반도의 어디까지 들여다보고 있었는지를 짐작해볼 수 있는 아주 특별한 4행시 하나가 발견되고 있다.

Nostradamus prophecy: Quatrain 4, 31

The Moon in the full of night over the high mountain,
The new sage with a lone brain sees it:
By his disciples invited to be immortal,
Eyes to the south. Hands in bosoms, bodies in the fire.

한 밤중 높은 산 위에 있는 달
단지 한 두뇌의 새로운 현자만이 달의 비밀을 보리라.
그의 제자들로 인해 불멸하리라.
남쪽으로 눈들, 가슴에 손들, 불 속에 몸들

아무도 해석해낼 수 없는 신비로운 4행시인데, 대체 이런 시문을 어떤 이가 쓸 수 있단 말인가? 잠시 타임머신을 타고 시간 여행을 떠나보자. 때는 1893~1898년, 높은 산 위에 떠 있는 달의 변화를 꿰뚫어보는 유일한 현자, 그때 그는 동학란을 피해 계룡산의 한줄기인 향적산의 국사봉 산자락에서 40여명의 제자들을 이끌고 있었다. 젊은 시절 스승이 내주신 "영동천심월"이란 화두를 품고 솔성지공으로 지극정성을 다해 공부한 끝에 마침내 깨닫게 된 만고의 비밀, 천심월이 저물고 황심월이 뜬다는 개벽의 소식을 19년 만에 깨우친 김일부, 그는 후천시절 내내 그의 제자들로 인해 불멸하는 존재가 되고도 남을 것이다. 세계인들이 부러워할 엄청난 유산인데, 아직 사람들이 이를 깨닫지 못하고 있다. 동방의 빛 제3, 4권 『정역』에 자세히 수록되어 있다. 노스트라다무스는 여기까지도 내려다보고 있었던 것이다. 대관절 그는 김일부를 어떻게 알아보았더란 말인가? 시공을 초월한 도인의 눈에는 다른 도인이 보인다는 것인가?

Nostradamus prophecy: Quatrain 5, 41

Born in the shadows and during a dark day,
He will be sovereign in realm and goodness:
He will cause his blood to rise again in the ancient urn,
Renewing the age of gold for that of brass.

어두운 날, 그리고 그림자 속에서 태어난
그는 최상의 자비심으로 지배하리라.
그는 고대의 항아리에서 그의 피를 다시 일으키고,
놋쇠의 시대를 황금의 시대로 바꾸어놓으리라.

이 4행시는 메시아가 태어나는 순간을 포착하고 있다. 노스트라다무스는 주요 인물들의 탄생 순간을 방문하는 일을 꽤나 즐겼던 것 같다. 그는 히틀러의 탄생 순간을 보았고, 푸틴의 탄생 순간을 보았으며, 그리고 메시아의 탄생 순간을 놓칠 수가 없었던 것 같다. 이는 어쩌면 대大예언자에게만 허락되는 아주 특별한 특권 같은 것이었는지도 모른다. 노스트라다무스가 한반도를 주목해보지 않을 수 없도록 만든 이 특별한 인물은 고대의 항아리 속에서 신비의 마법을 꺼내든다. 5,000년간 잘 숙성된 오묘한 장맛은 만인들로 하여금 경탄을 금할 수 없게 만든다. 그는 고대에 빛나던 동방의 불빛을 다시 치켜들 것이고, 그 결과 놋쇠가 황금으로 변하는 기적이 일어난다. 그러니 한반도가 얼마나 궁금했을까? 노스트라다무스는 부랴부랴 발품을 팔아가며 한반도와 관련된 책들을 일부러 찾아다니면서 뒤져보았을 것이고, 그 결과 『Annals of the Three Kingdom』이란 책을 구할 수 있게 되면서, 고조선의 왕검성에 대한 이야기부터 시작해서 몇 가지 중요 정보들을 얻을 수 있었을 것이다.

Nostradamus prophecy: Quatrain 5, 80

Logmion grande Bisance approchera.
Chassee sera la barbarique Ligue:
Des deux loix l'vne l'estinique laschera,
Barbare &franche en perpetuelle brigue.

앞서 제1편에서 상기의 4행시를 검토한 바 있었고, 거기서 "L-O-G -M-I-O-N"이란 단어의 알파벳 배열 속에서 우리는 "M-O-N-G-O-L-I"를 유추해냈었다. 여기서 딱 한 발짝만 더 나가보기로 한다. 한국인들이 "**몽골족 계통**"에 속한다는 것은 널리 알려진 사실이고, "L-O-G-M-I-O-N"이란 단어 속에서 메시아의 성 씨를 한번 유추해보려고 한다. 그런데 과연 그것이 가능할까? Anagram(글자배열 바꾸기)에 의해서 우리는 손쉽게 "G-I-M- L-O-O-N"이란 배열을 얻어낼 수 있게 된다. 그리고 그것을 프랑스어로 "김 루온"이라고 발음한다. 프랑스어 루온(Loon)은 한국어로 번역하면 "아비"라는 이름을 가진 새[10]이다. 이 새는 언뜻 보면 까마귀와 매우 유사하게 생겼는데, 노스트라다무스는 어쩌면 까마귀보단 조금 더 우아한 모습을 지닌 루온(Loon)이 더 적합하겠다고 생각했는지도 모르겠다. 까마귀는 우리나라에서 예로부터 귀한 새로 여겨져 왔고, 그 중에서도 다리가 셋 달린 까마귀인 삼족오는 『천부경』의 이치가 반영되어 있는 신물중의 신물로 여겨져 왔다. 앞서 살펴본 바 있었던, 『모든 세기』의 4행시 제3권 7편에서 북한 평양의 피격상황을 다루면서 일부러 까마귀를 등장시켰던 사실로 추론해볼 때, 노스트라다무스는 분명 고조선에서 까마귀를 어떻

10) 이 새는 바다에서 살고 있는 물오리와 비슷하고, 색깔은 짙은 회색으로 언뜻 보면 까마귀와도 매우 비슷하다. 전 세계적으로 5종이 있고, 주로 북극주변에서 번식한다. 가을에 남쪽으로 내려와 봄에 얼음이 녹을 때쯤 북쪽으로 올라간다. 겨울에 우리나라 연안에서도 3종이 흔히 관찰된다.

게 여기고 있었는지를 확실히 인식하고 있었던 것 같다. 그러므로 우리는 어쩌면 "김 루온"이란 단어를 "금 까마귀", 즉 한자어로는 "금오(金烏)"라고 바꾸어 볼 수도 있겠다. 어찌됐든 간에 『모든 세기』에서도 또다시 마지막 시기에 나타나는 인물의 성 씨가 김 씨일지도 모른다는 가능성을 재확인할 수 있게 된 것이다. 한편 국왕에게 보내는 서신에서 "가난한 혈통"이라고 했으니, 필시 상당히 가난하실 것으로 보이고, 푸틴으로 추정되는 인물 필립에 비해 연배가 낮을 거라고 했으니, 1952년 이후에 태어났을 것이다. 결정적으로 금척이나 철장이라도 들고 나온다면, 가장 확실한 그 분이 아닐까 싶다. 아무튼 한국에서 나오는 메시아의 성 씨는 이제 감을 잡을 수 있게 되었고, 그 분이 어떤 일을 하시는지를 살펴보기로 한다.

Nostradamus prophecy: Quatrain 9, 89

7년 동안 행운은 필립에게 있으리라.
그는 아랍의 총공세를 다시 한 번 분쇄하리라.
그때 정오에 반대의 사건에 당황하리라.
연배가 낮은 오그미옹이 그의 본거지를 약화시키리라.

애당초 시작은 행운의 사나이 필립이 갑자기 당황하는 일부터 시작될 것으로 보인다. 하룻강아지 범 무서운 줄 모른다고, 천하의 북방 왕을 당황하게 만드는 그 자가 감히 겁도 없이 북방 왕의 본거지를 건드릴 것으로 보인다. 단 11:44에서 동북방의 소문이 북방 왕을 번민케 하는 일도 이것과 관련되어 있지 않을까? 그렇게 해서 북방 왕이 진영을 펼치고 진멸코자 하는데 하룻강아지가 되는 쪽은 오히려 북방 왕인 듯하다.

Nostradamus prophecy: Quatrain 1, 56

Sooner and later you will see great changes made,
dreadful horrors and vengeances.
For as the moon is thus led by its angel
the heavens draw near to the Balance.

조만간 당신은 거대한 변화가 일어나는 것을 보리라.
극도의 공포와 복수
달이 천사에 의해 이끌리고
하늘은 균형에 접근한다.

제4행에서 하늘이 균형에 접근한다는 것은 동방의 빛 시리즈 제4권 『정역』에서 논했던 지구 공전궤도의 재조정을 의미하는 것으로 보인다. 제3행에서 달이 천사에서 의해 이끌린다는 것도, 『정역』에서 다루었던 내용이다. 달이 뜨고 지는 양상이 장차 크게 달라진다고 묘사되어 있다. 제1행에서 거대한 변화는 전무후무한 일대격변을 의미하는 것이고, 제2행 극도의 공포와 복수는 하늘의 심판이 내리면서, 극도의 공포를 느끼게 되는 사탄을 표현해놓은 것이다. 사탄은 그때 창조주의 어마어마한 힘을 처음으로 실감하고는 소스라치게 놀라지 않을 수 없을 것이다. 그동안 자신이 알고 있던 한 없이 온화한 창조주의 모습은 온데 간 데가 없고, 마치 방금 지옥에서 튀어나온 화신과 같은 무시무시한 공포를 보게 될 것이다. 또한 지구에 사는 모든 사람들이 공포에 휩싸이는 대격변일 것이다. 바로 이러한 엄청난 창조주의 힘이 메시아를 통해 실현될 것이다. 이때 메시아는 자신의 자아를 접어두고, 창조주와 일심동체로 완전히 동기화되어 철저하게 창조주의 의지만을 실현해낼 것이나. 이에 대해 노스트라다무스는 아들에게 보내는 서신에서는 이렇게 묘사했었다.

> "위대하시고 영원하신 하나님께서 주기를 완성하시기 위해서 오실 것이다. 천체들의 패턴이 지구의 안정과 안전을 보장하는 보다 양호한 운동으로 돌아갈 것이다. 이는 사상 초유의 일일 것이다."

상기의 문장을 통해 우리는 지구적인 거대한 변화라는 것을 눈치 챌 수 있다. 지구적인 변화하는 것은 국왕에게 보낸 서신의 이 문구에서도 적나라하게 드러난다.

> "때가 이르기 전에 일식이 있을 것인데 천지가 창조된 이래 그리스도의 죽음과 수난을 제외하고 그토록 어둡고 암울한 시기는 없을 것입니다. 그리고 10월에 거대한 변동이 일어나는데, 사람들은 지구의 중력이 규칙적인 운행을 벗어나 영원한 암흑으로 추락하는 것으로 여기게 될 것입니다."

그러한 거대한 변화는 10월에 일어난다는 것, 그리고 때가 이르기 전에 일식이 있을 것이란 정보가 추가된다. 그리고 이러한 변화가 일어나는 힘의 원천에 대해선, 국왕에게 보내는 서신에서 이렇게 표현하고 있다.

> "평범하신 동시에 비범하시고, 모든 이들 중에서 가장 강력하신, 왕께서 출현하실 것이고, 곧 이어 가장 놀라운 사건이 일어나게 될 것입니다."

가장 강력하신 왕이 출현하여, 이 놀라운 사건을 일으킨다고 명백하게 표현해주고 있다. 그 분은 언뜻 보기에 너무나 평범해 보인다. 하지만 정작 알고 보면, 역사상 가장 비범하신 분이라고 한다.

Nostradamus prophecy: 추가 발견

------------- (제1행은 소실되었음)------------
어둠이 내린다. 어마어마한 일식, 남과 북이 뒤바뀐다.
전쟁과 자연은 손을 잡고 평화와 맞선다.
하늘의 대학살이 바위 위에 피를 뿌리고 우리들 얼굴이 갈라진다.

상기의 4행시도 동방의 빛 시리즈 제4권 『정역』에서 다루었던 우주적 격변의 모습을 그대로 반영하고 있다. 제2행에서의 "어마어마한 일식"은 서신에서 언급되었던 바로 그 일식이다. 남과 북이 뒤바뀐다는 것은 지구의 남반구와 북반구가 뒤바뀐다는 것을 의미한다. 말이 뒤바뀌는 것이지, 실제로 이런 일이 벌어진다면, 지구상에 살아있는 모든 생물들에게 있어 아마도 상상을 초월하는 대재앙일 것이다. 제4행에서 이때의 일을 딱 한마디로 정의해준다. "하늘의 대학살"… 바로 그 순간 예루살렘 동편의 감람산이 두 쪽이 나고 붉은 짐승이 혼비백산하면서 줄행랑을 치게 되는 것이다. 사실 하늘의 힘에 비하면, 한 줌 거리도 안 되는 것들이 하늘 높은 줄 모르고 업신여기다가 결국 큰 코 다치는 것이다. 하늘의 대학살이 벌어지는 그 날에 대해 「스가랴」 14:6~7에선 다음과 같이 말해주고 있다.

> "그 날에는 빛이 없겠고 광명한 것들이 떠날 것이라. 여호와께서 아시는 한 날이 있으리니 낮도 아니요 밤도 아니라 어두워 갈 때에 빛이 있으리로다."

낮도 아니고, 밤도 아닌데, 빛이 없어 암흑이 깔리고, 어두워 갈 때에 빛이 있을 것이라고 말해주고 있다. 그리고 하늘에서 어마어마한 일이 벌어지는 동안, 땅에서 예루살렘을 치러온 이들에게 심각한 재앙들이 들이닥친다. 「스가랴」 14:12~13에서 이르길,

> "예루살렘을 친 모든 백성에게 여호와께서 내리실 재앙은 이러하니 곧 섰을 때에 그들의 살이 썩으며 그들의 눈동자가 눈구멍 속에서 썩으며 그들의 혀가 입 속에서 썩을 것이요. 그 날에 여호와께서 그들을 크게 요란하게 하시리니 피차 손으로 붙잡으며 피차 손을 들어 칠 것이며"

사람들이 미치기 시작한다. 옆에 있는 이들을 붙잡아 손으로 치기 시작한다. 그리고 그들의 살이 썩어 들어가고, 눈동자도 썩어 들어간다. 그들의 혀가 입 속에서 썩는다고 한다. 어떤 이들은 상기의 진술이 중성자 폭탄을 터트렸을 때 일어나는 반응이라고 주장하기도 한다. 혹시 하늘이 중성자 폭탄을 쓰시는 것인지, 그것은 잘 모르겠다. 그러나 한 가지는 분명히 알 것 같다. 절대 예루살렘을 치러 가면 안 된다.

숨 막히는 추격전

프랑스에 『모든 세기』가 있다면, 한국에는 엄청나게 많은 "비결서"들이 난무하고 있다. 반면 압도적으로 인구가 많은 중국은 상대적으로

조용한 것 같다. 그래도 하나 정도는 있지 않을까? 바로 그것이 『추배도』이다. 유명한 주역의 대가 이순풍과 원천강이 지은 것으로 알려져 있다. 홍콩, 마카오, 중국에 이 책이 널리 알려져 있으며, 특히 중국에선 오랫동안 금서로 지정되었다가 1990년대에 노상 서점에서 베스트셀러로 다시 등장하였다. 제목은 "등을 받드는 그림"이란 뜻인데, 이는 마지막 장의 그림에서 유래한 것이다. 모호한 시와 함께 첨부된 60개의 일련의 초현실적인 그림을 통하여 전달되는 미래의 일을 알려주고 있다. 특히 제56번부터 제60번까지는 아직 실현되지 않은 미래사를 담고 있다. 잠시 이를 통해 이후의 양상을 가늠해보기로 한다.

제56장 讖曰 참서에 이르기를

飛者非鳥 潛者非魚 날아다니는 게 새가 아니고, 헤엄쳐 다니는 게 물고기가 아니다.

戰不在兵 造化游戲 전쟁을 하는데 병사들이 안 보이니, 그 조화가 마치 유희와 같다.

頌曰 읊어 이르되

海疆萬里盡雲煙 上迄雲霄下及泉 온 바다와 강역만리에 다만 연기뿐이로구나. 위로는 하늘나라에서 아래로는 저승에까지 미칠 것이다.

金母木公工幻弄 干戈未接禍連天 기술로서 희롱하는 것이니, 방패와 창이 부딪히기도 전에 재앙이 하늘에 이른다.

제57장 讖曰 : 참서에 이르기를

物極必反 以毒制毒 만물이 극에 이르면 돌아서고 독으로써 독을 푸는 법이듯이

三尺童子 四夷讋服 삼척동자가 강대한 사방의 오랑캐들을 두려워 복종케 한다.

頌曰 읊어 이르되

坎離相剋見天倪 大使斯人弭殺機 물과 불이 싸우고 하늘의 아들을 보리라, 하늘이 그를 보내 살의를 멈추게 한다.

不信奇才產吳越 重洋從此戢兵師 오월의 원한 속에서 배출되는 이 믿을 수 없는 기재는 서양과 동양 모두 전쟁을 그치게 할 것이다.

제58장 讖曰 참서에 이르기를

大亂平 四夷服 큰 난리는 끝났다. 사방의 오랑캐들이 승복한다.

稱兄弟 六七國 여섯, 일곱 나라가 형제로 칭하리라.

頌曰 읊어 이르되

烽煙淨盡海無波 稱王稱帝又統和 분쟁과 포연이 멈추고 바다는 잔잔해진다. 왕이나 황제를 칭하는 것도 평화롭게 통제된다.

猶有煞星隱西北 未能遍唱太平歌 다만 살성은 서북으로 숨을 것이니, 아직은 모두가 태평가를 부를 때는 아닐 것이다.

제59장 讖曰 참서에 이르기를

無城無府 無爾無我 나라의 경계도 없고, 정부도 없으며, 너도 없고 나도 없으니

天下一家 治臻大化 천하가 모두 일가가 되어, 크게 화합하며 모여 살게 되리라.

頌曰 읊어 이르되

一人為大世界福 手執籤筒拔去竹 한 사람이 세계의 행복을 위해 힘을

다하여 그 미래를 결정하니

紅黃黑白不分明 東南西北盡和 인종과 민족의 구별이 없으며, 동서남북의 차별이 없는 세계를 만들 것이다.

제60장 讖曰 참서에 이르기를

一陰一陽 無始無終 한번 음하고 한번 양하고, 시작도 없고 끝도 없으니

終者自終 始者自始 끝나는 자는 스스로 마치고, 시작하는 자는 스스로 시작한다.

頌曰 읊어 이르되

茫茫天數此中求 世道興衰不自由 이루 헤아릴 수 없는 하늘의 수가 이로써 중용을 구하며, 세상의 흥망성쇠는 제 맘대로 되는 것이 아니다.

萬萬千千說不盡 不如推背去歸休 수많은 좋은 설법들이 무궁무진하지만, 등을 받드는 덕, 즉 간괘의 덕을 받들며 돌아가 쉬는 것만 못하다.

상기의 내용을 읽어보면, 제60장은 결론을 말해주는데, 수많은 좋은 설법들이 무궁무진하겠지만, 한 마디로 "**간괘의 덕**"을 받들라고 조언해주고 있다. 대체 간괘(☶)의 덕이란 것이 무엇일까? 『주역』에서 간괘(☶)란 산을 상징하고 고유 숫자는 7이다. 「설괘전」에 의하면 동북방의 괘로 만물의 이루어짐이 끝나고 만물이 새로 시작되므로 성취의 결말이자 시작이기 때문에 결실과 성취를 얻는다고 설명되어져 있다. 또한 간괘의 성정(性情)은 멈추는 것이라고 한다. 한국을 상징하는 팔괘가 바로 간괘이다. 동북방에 있으며, 산이 많은 나라로써, 주역에서 한국은 간괘로 본다. 본시 처음 시작도 간괘에서 하고, 마지막도 간괘에서

이루어진다. 일 년으로 보면 바로 연말연시, 즉 12월과 1월이 간괘의 형상이고, 그때는 모든 지난 일을 마무리하고, 평가하고, 새로운 일을 계획하고 도모하게 된다. 지금 우리 우주가 바로 그러한 간괘의 때를 맞이하여, 신천을 마무리하고, 새로운 후천을 도모해야 하는 시점이다. 그리고 간괘에 해당하는 한국이 당연히 주도하게 되는 것이다. 중국의 옛 고수들도 종말의 시기에는 간괘의 덕을 따르란 것은 곧 한국에서 나오는 메시아를 따르라고 조언해주는 것이다. 상기의 예언에서 제56장은 제3차 세계대전의 참상을 전하는 내용이다. 그리고 제57장은 메시아의 활약을 예고하고 있다. 믿을 수 없는 한 기재가 독으로써 독을 푸는 방법으로, 사방에서 미쳐 날뛰는 오랑캐들을 제정신이 들도록 만든다. 그리고 제58장에 이르러 아마겟돈의 상황은 종료된다. 하지만, 그때 살성이 서북으로 숨는다는 것은 "크렘린궁의 주인"이 사로잡히지 않아서 아직 태평가를 부르고 있을 때가 아님을 말해주는 것으로 보인다. 이로써 서구인들이 11년간에 걸친 박해를 받는다는 국왕에게 보낸 서신의 내용과 2026년에 아마겟돈이란 내용이 서로 모순되는 부분이 해결될 실마리가 보이는 듯하다. 2017년 현재부터 11년을 더하더라도 최소 2028년이 나오므로, 2026년은 물리적으로 도저히 설명이 안 되는데, 그때 완전한 종전이 안 되는 거라면 설명이 가능해진다. 다시 정리해보면, 2026년 아마겟돈에서 벌어지는 운명의 일전은 결국 적그리스도의 패배로 종결된다. 하지만 그 자가 전쟁터에서 사로잡히지 않고 멀리 도망을 가는 듯하고, 유럽은 여전히 그들의 주둔지로 남아 있는 것으로 보인다. 따라서 적어도 유럽이나 북미 일대는 아직 해방이 되기 전이라고 보아야 할 것 같다. 그리고 그들을 모두 해방하는데 여러 해에 걸쳐 상당한 시간이 소요되는 것으로 보인다. 하지만 대세는 기울었고, 이후 쫓고 쫓기는 치열한 추격전이 전개될 것으로 보인다.

Nostradamus prophecy: Quatrain 8, 15

Great exertions towards the North by a man-woman
to vex Europe and almost all the Universe.
The two eclipses will be put into such a rout
that they will reinforce life or death for the Hungarians.

유럽과 거의 모든 우주를 괴롭혔던
그 북국을 향한 사람들의 엄청난 집념
두 개의 일식이 그러한 추격을 시작하게 만들 것이다.
그들이 생사의 기로에 놓인 헝가리를 구원할 것이다.

번역의 편의를 위해, 제1행과 제2행을 일부러 뒤바꾸어 놓았다. 여기서 북국은 러시아, 파노니아는 헝가리를 말하는데, 이때에 즈음하여 헝가리의 사활이 달린 문제가 걸려있다고 한다. 그리고 유럽을 비롯하여 온 세상을 괴롭혔던 "러시아"가 타도 대상이다. 온 세상이 인류의 대적 "러시아"를 타도하기 위해 모든 힘을 다 쓰게 된다. 제3행에서 거론된 일식이란 바로 국면을 획기적으로 전환시킬 수 있도록 만들어준 유례가 없었던 엄청난 자연재해를 한마디로 축약해서 말해준 단어이다. 아마도 단 한 번의 일식이 아니라, 두 차례에 걸친 일식이 동반되는 것으로 보인다. 지금 이 대목에서 잠시 "국왕에게 보낸 서신"중의 이 부분을 참조하면 좋을 듯하다.

"그때 적그리스도의 위대한 제국은 아틸라 제국이던 곳에서 시작될 것이며, 새로운 크세르크세스는 무수한 숫자로 내려올 것이나, 통치 기간은 한시적이며, 시간의 끝이 이를 것입니다. (그리스도의 위대한 대리자이시며 교회를 대변하시는) 군주를 대적하여 전쟁을 치를 가증스러운 적그리스도를 뒤쫓으면서, 48도에서 나아가, 성령이 장소를 바꾸어 임할 것입니다. 때가 이르기 전에 일식이 있을 것인데 천지가 창조된 이래 그리스도의 죽음과 수난을 제외하고 그토록 어둡고 암울한 시기는 없을 것입니다. 그리고 10월에 거대한 변동이 일어나는데, 사람들은 지구의 중력이 규칙적인 운행을 벗어나 영원한 암흑으로 추락하는 것으로 여기게 될 것입니다. 봄에는 징조가 있을 것이며, 그 후에는 극단적인 변동과 왕국들의 전복, 거대한 지진이 있을 것입니다. 이 모든 것은 첫 번째 홀로코스트의 가증스러움을 통해 커진 비참한 탕녀, 즉 73년 7개월간 존속할 새로운 바빌론의 세력 팽창과 함께 일어날 것입니다. 그 후에 위도 50도에서 전진하면서 기독교 교회 전체를 일신시킬 분이 오랫동안 가난한 집안 혈통으로부터 유래하게 될 것입니다."

상기의 내용을 모두 종합해보면, 러시아 말고는 온 세상을 피로 물들이는 "거대한 악마"를 달리 논할 수가 없다는 것을 확실히 인식할 수 있을 것이다. 그리고 그리스도의 위대한 대리자가 도망가는 러시아군의 뒤를 쫓는데, 그 과정이 앞에서 다루었던 바와 같이 터키를 거쳐 이탈리아로, 다시 알프스를 넘어 프랑스로, 그리고 북위 48도와 북위 50도에 위치하는 북유럽까지 계속 이어지는 것으로 보인다.

Nostradamus prophecy: Quatrain 2, 29

동방인이 자기 본거지에서 나설 것이다.
(이탈리아 반도의) 아페닌 산을 넘어 골(프랑스)을 보기 위해,
그는 하늘과 물과 눈을 넘어오리라.
그리고 누구든지 그의 막대기로 맞게 되리라.

Nostradamus prophecy: Quatrain 5, 54

흑해와 타타르(아시아 북부)에서
한 왕이 골(프랑스)을 보러 오리라.
알라니아와 아르메니아를 가로질러 뚫고 지나가리라.
그리고 비잔틴에 그의 피 묻은 막대기를 남기리라.

Nostradamus prophecy: Quatrain 5, 80

오그미옹은 비잔틴으로 접근하리라.
바르바리안 연합은 격퇴되리라.
두 개의 법들 중에 이교도의 법이 무너지리라.
바르바리안과 프랑스는 영원히 싸우리라.

상기의 4행시 3개는 이미 앞에서 다룬 바 있지만, 지금 적그리스도를 추격하고 유럽을 해방시키는 과정을 고스란히 담아놓은 것으로 보인다. 이들을 연결해보면, 동방에서 프랑스를 보러오는 한 왕은 오그미옹이고, 타타르에서 알라니아로 갔다가 아르메니아를 가로질러 비잔틴에서 아랍연합군을 격퇴하고, 이탈리아를 거쳐 프랑스로 길을 잡아나갈 것으로 보인다. 이들이 바로 유럽인들이 오랫동안 눈이 빠지게 기다리는 바로 그 메시아일 거란 추정을 해볼 수 있는 이유는 다음의 4행시 때문이다. 아시아에서 나타나 모든 동양을 능가하는 메시아를 중심으로 대반격이 전개되어질 것으로 보인다.

Nostradamus prophecy: Quatrain 10, 75

유럽에서는 오랫동안 기대하고 있어도 나타나지 않으리라.
그는 아시아에서 나타나리라.
크나큰 헤르메스에서 태어나서 연합하는 그 나라.
동양의 모든 왕을 능가하리라.

Nostradamus prophecy: Quatrain 6, 42

To Ogmios will be left the realm
Of the great "Selin," who will in fact do more:
Throughout Italy will he extend his banner,
He will be ruled by a prudent deformed one.

위대한 셀린의 왕국이
오그미옹에게 남겨지고, 더 많은 일을 하게 되리라.
그는 이탈리아 전역에 자신의 깃발을 꽂으리니
그를 닮은 신중한 사람이 그곳을 다스린다.

서신에서 노스트라다무스가 “Gallic Ogmion”이란 단어를 뽑아들었던 또 다른 이유 하나를 추론해본다면, 어쩌면 “Gallic”이란 단어에서 마늘을 뜻하는 “Garlic”을 쉽게 연상할 수 있기 때문일지도 모르겠다. 만약 그가 고조선의 단군신화를 읽었다면 말이다. 곰과 호랑이가 마늘을 먹고 웅녀가 된다는 신화를 읽었다면 이러한 추론도 충분히 가능해질 수 있을 것 같기도 하다. “Garlic Ogmion”에서 “마늘 먹고 사람 된 오그미옹”을 끌어낼 수 있는 여지가 있다니 참으로 기상천외하면서도 다른 한편으로는 특별한 재미가 느껴지기도 한다. 아무튼 오그미옹은 비잔틴에서 승리하는데 머물지 않고, 이탈리아에서도 위대한 셀린의 그림자를 완전히 지워버린다. 여기서의 셀린은 시렌 셀린의 줄임말로 보인다. 그리고 오그미옹은 이탈리아의 통치자로써 신중한 사람을 선택하여 다스리게 한다. 그 옛날 고조선이나 고구려의 광개토대왕이 그렇게 했던 것처럼 말이다.

Nostradamus prophecy: Quatrain 10, 32

The great empire, everyone would be of it,
One will come to obtain it over the others:
But his realm and state will be of short duration,
Two years will he be able to maintain himself on the sea.

세상 모든 이들이 속하는 위대한 제국
그것을 얻기 위해, 한 사람이 다른 자들을 넘어서고 올 것이다.
그러나 그의 권력과 영토는 그리 길게 지속되지 않을 것이다.
2년 동안 바다에서 자신을 유지할 수 있을 것이다.

위대한 정복자들을 비롯해, 교황, 예수회, 일루미나티, 프리메이슨, 그 자들이 오랫동안 꿈꾸어왔던 위대한 제국 "세계단일정부", 그리고 그 수장 자리를 차지하기 위해 경합을 벌이던 쟁쟁한 야심가들 중에서 결국 러시아의 푸틴이 그 자리를 차지하게 된다. 그 자가 그 자리를 꿰찰 수 있었던 주요 비결이 바로 바다에 있었던 것이다. 그 자는 핵미사일들이 마구 날아다니는 육지를 벗어나는 방법으로 전용비행기가 아니라 핵잠수함을 선택한다. 바다 속 깊이 잠수해버리면 인공위성으로도 찾을 수가 없게 되고, 드넓은 망망대해의 해저 깊숙이 숨어 자신의 생명은 안전하게 보호하면서 버튼 하나로 온 세상을 불바다로 만들 수 있었던 것이다. 그러나 그렇게 영원히 유지할 수 있는 것도 아니고, 그렇게 허용된 기간이 고작 2년이다. 겨우 2년의 영화를 위해서 온 세상을 지옥으로 만들었던 것이니, 참으로 어리석기가 그지없다. 어리석은 염소들조차도 그보다는 좀 낫지 않을까? 잠수함을 찾는 노력이 지속되면서 결국 잠수함 속에 오랫동안 은닉해 있던 러시아군의 수장 푸틴도 덜미를 잡히고 만다. 그리고 마침내 피비린내로 절어있는 그 자가 생포될 것이다.

Nostradamus prophecy: Quatrain 6, 33

His last hand through "Alus" sanguinary,
He will be unable to protect himself by sea:
Between two rivers he will fear the military hand,
The black and irate one will make him rue it.

피비린내로 절은 "알루스"에 의한 마지막 손
그는 바다에 의해 방어하는 것이 불가능해지리라.
두 개의 강 사이에서 그는 군대의 손을 두려워하리라.
검고 화가 난 이가 그를 후회하게 하리라.

제1행에서 피비린내로 절어있는 자는 두 말할 것도 없이 바로 적그리스도 그 자를 의미한다. "마지막 손"은 마지막 도구 또는 마지막 수단을 의미한다. 제2행의 의미를 제대로 이해하기 위해서는 아래의 4행시를 참고할 필요가 있다. 그동안 바다가 그 자의 주요한 생명줄이었던 것이다. 그러나 결국 보급품도 다 떨어지고, 그물망처럼 시시각각 좁혀오는 촘촘한 감시로 인해 바다에서조차 숨어있는 것이 더 이상 불가능해지고, 결국 강을 거슬러 올라오다가 두 개의 강이 만나는 지점에 닿는다. 오랫동안 이 잡듯이 뒤지며 찾으려고 혈안이 되어 있던 사람들이 결국 거기서 적그리스도를 발견하고 그를 후회하게 만든다. 지금 제4행에서 말하는 검고 화가 난 이는 미국인일까? 유럽인일까?

Nostradamus prophecy: 추가 발견

빨간 모자들은 기뻐하며 로마는 종려나무 잎을 깐다.
연기가 재속에서 피어오를 때 무수한 비명소리가 울려 퍼진다.
전쟁의 끝을 바라는 괴로움들 속에
결국 그 사람은 영원한 평화를 위해 전쟁을 끝낸다.

드디어 지긋지긋한 전쟁이 끝난다. 그 전에 무수한 비명소리들과 괴로움들, 참혹한 전쟁에 진저리를 내게 된 사람들은 이제 다시는 전쟁을 바라지 않게 될 것이다. 그리하여 영원한 평화의 기틀이 마련된다. 그리고 제1행 빨간 모자들은 가톨릭 추기경들을 지칭한다. 그들이 진정한 그리스도를 인식하고 진심으로 기뻐하면서 종려나무 잎을 깔게 된다. 자신들의 무지와 오류를 깊이 뉘우치게 될 것이다. 제4행에서의 그 사람이 바로 그 일을 성취해내시는 메시아, 그 분이시다. 그 분은 사람들의 마음을 바꿀 뿐만 아니라 전쟁까지도 그 분에 의해서 종결되는 것이 분명하다.

새로운 문명 건설

설마 의도적으로 그런 것은 아니겠지만 노스트라다무스는 종말만 이야기한 것으로 부각되어 있다. 사실은 그 이후의 새로운 문명에 대해서도 우리에게 중요한 메시지들을 전해주고 있다. 그동안 노스트라다무스의 예언들을 이야기하면서 왜 이 장면이 부각되지 않았는지 오히려 이상할 정도인데, 인류의 희망과 관계되는 중요한 장면이다. 바로 이 역사적 장면을 보충 설명해주는 4행시가 오랫동안 잠자고 있다가 마치 운명처럼 21세기 초 어느 날 갑자기 등장한다. 전해지는 바에 의하면 노스트라다무스는 죽기 직전, 그때까지 자신의 저서에 써넣지 않았던 일련의 극비 예언들을 한 문서에 적어 놓았다고 한다. 그것은 너무나 놀라운 내용들이었기 때문에 이 예언들이 초래할 후폭풍이 두려워 발표하지 않았다는 것인데, 그 극비 문서가 유서 깊은 그의 옛 집을 보수하기 위해 벽을 무너뜨리던 중에 그 내부에 수 세기동안 봉인되어 있다가 드디어 빛을 보게 되었다고 한다. 아마도 봉인 당시 이미 언제쯤 봉인이 풀리게 될지를 훤히 알고 있었던 듯하다. 필요하게 될 시점에 맞추어 특별히 배달해준 특별한 이 문서는 모두 51페이지로 구성되는데, 세월이 세월인지라 많은 단어와 문장이 닳아서 많이 지워졌고 최근 약 24편 정도의 4행시가 복원되었다. 그렇게 복원된 예언들은 "추가 발견"이라는 표제로 소개되고 있다.

Nostradamus prophecy: 추가 발견

지배권을 쥐게 될 새로운 지도자가 위도 50도에서 나타나
과거 위대했던 물고기가 되살아난다. 천년동안 지속될 평화.
로마는 재건되고 지배자의 성스러운 두 손은 없어진다.
대지는 소생하지만 상처 위에 새 살은 더디게 돋아난다.

이 4행시에서의 첫 구절 "지배권을 쥐게 될 새로운 지도자"는 그리스도의 위대한 대리자를 의미한다. 그 이유는 두 번째 구절에 등장하는 "과거 위대했던 물고기"란 용어에서 명확하게 드러난다. 이 의미는 바로 "오병이어의 기적"이 재현되는 것을 알려준다. 예수가 갈릴리 호수 근처의 들에 있을 때 많은 무리들이 뒤따랐는데, 날이 슬슬 저물어 갈 즈음에 제자들이 날도 늦었고 하니 사람들을 돌려보내서 뭐라도 좀 먹이자고 말한다. 그러자 예수는 제자들에게 모인 사람들에게 먹을 것을 주라고 했고, 제자들은 "이 사람들을 다 먹이려면 200데나리온으로도 모자랍니다."라고 말한다. 당시 제자들이 가지고 있던 것이라고는 어떤 아이가 내놓은 빵 5개와 물고기 2마리가 전부였다고 한다. 그러자 예수는 사람들을 50명씩 모여 앉게 한 다음, 빵과 물고기를 갖고 잠시 감사기도를 올리고는 그것들을 나누어주게 했다. 그러자 어찌된 일인지 4000명이나 되는 성인 남성들, 그리고 그 남성들을 따라온 여자들과 아이들까지 합치면 5000명이 넘는 사람들이 모두 배불리 먹고도 오히려 남았고, 남은 것들을 광주리에 담았더니 12 광주리나 되었다고 한다. 그 이후 물고기 표시는 초기 교회에서 기독교인을 나타내는 암호로 사용된다. 서기 1세기 무렵 당시 기독교는 로마제국으로부터 불법 종교로 규정되어 탄압을 받았다. 그들은 특히 로마 황제에 대한 숭배를 거부했기 때문에, 로마로부터 극심한 박해를 받았고 수많은 사람들이 순교했다. 그래서 그들은 예배를 드리기 위해 카타콤과 같은 비밀 장소에서 만나기 시작했고, 그들은 비밀 장소에 모일 때 로마 군인의 눈을 피하기 위해 기독교인을 표시하는 방법으로 물고기모양을 이용했다. 예를 들어 한 기독교인이 발로 땅 위에 물고기 모양의 윗부분을 그리면, 다른 교인이 나머지 아래 부분을 그렸다. 이러한 방식으로 기독교인들은 서로가 같은 믿음을 가진 자라는 것을 확인했다. 또한 고대 그리스어로 "물고기"는 "IXOUS(*I x θ Υ Σ*)"가 되는데, 기독교인들은 이 단어를 이용해서 "예수 그리스도는 하나님의 아들 구세주이십니다."라는 의미와 연결하기도 했다.

예수(I), 그리스도는(X), 하나님의(O), 아들(U), 구세주(S)

따라서 예언에서 "**위대했던 물고기가 되살아난다.**"는 것은 위대한 그리스도의 대리자가 놀라운 기적들을 재현하면서 종교 부흥을 일으킬 것임을 알려준다. 위도 50도에 나타나는 인물이라고 하는데, 위도 50도라

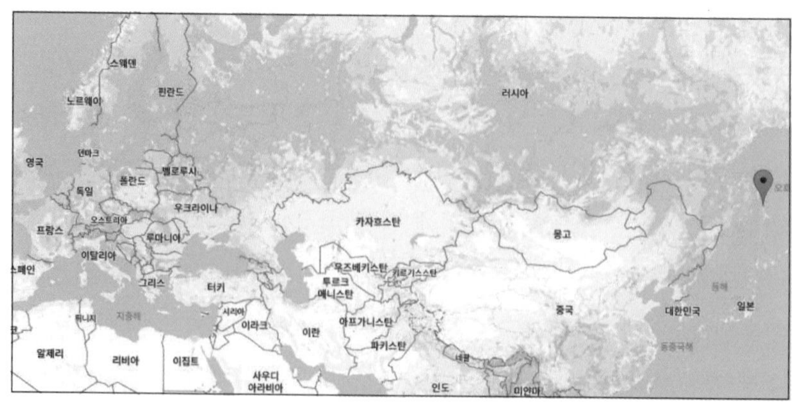

함은 사할린 섬으로부터 프랑스 위쪽에 위치한 벨기에 왈롱과 영국의 아래 부분을 지나는 가상의 선이다.

전후문맥으로 보아, 그는 적그리스도를 뒤쫓으며 위도 48도에 나아갔다가 장소를 바꾸어 위도 50도에 이르게 되고, 거기에서 사상 최악의 적그리스도를 상대해 최후의 결전을 치를 것으로 보인다. 제3행에서 지배자의 성스러운 두 손이 없어진다는 것은 거짓선지자와 그 일당들이 사라지는 것을 의미한다. 그리고 천 년 동안의 평화가 오게 될 것이고, 문명은 다시 재건될 것이며, 대지는 소생하지만, 상처가 너무나 깊어서 새 살이 돋아나는데 시간이 상당히 소요될 것이라고 말해주고 있다.

Nostradamus prophecy: 추가 발견

천상에서 내려온 새 지도자가 많은 사람들을 하나로 묶고
기존 종파는 사라지고, 새로운 모습으로 다시 태어난다.
고위 성직자들은 기꺼이 보다 높은 지배하에 들게 된다.
천사의 기뻐하는 모습이 보이며, 빨간 남자는 끝없는 미궁으로 사라진다.

마지막 그날에 등장하여 인류를 구원하는 메시아를 알려주는 예언임에 분명하다. 그리고 구세주의 활동 상황이 자세하게 기술되어 있다. 유례가 없는 엄청난 환란으로 인해 천 갈래 만 갈래 찢어져 있을 지구인들의 마음을 하나로 묶어주고, 낡아빠진 당파와 종파를 일신해주고, 지구를 처참하게 망쳐놓은 사탄을 끝이 없는 미궁, 즉 밑이 없는 구렁텅이를 말하고, 「계시록」 20:1에서는 이를 무저갱이라고 지칭한다. 바로 사탄을 무저갱에 가두어버리는 위대한 사업을 행하고 있는 것이다.

제3행에서 기꺼이 보다 높은 단계의 구속을 반긴다는 내용은 앞서 살펴본 "오그미옹"이란 이름에 담긴 뜻을 또 다시 떠올리게 한다. 인류를 구원하는 메시아는 사람들이 알아들을 수 있도록 성심을 다해 설득하고, 지성이면 감천이라고 그 뜻을 알아듣게 된 사람들이 기꺼이 받들게 되는 것이다. 노스트라다무스가 어찌하여 "오그미옹"이란 이름을 뽑아들었는지, 그 이유가 선명해지는 순간이라 할 것이다.

Nostradamus prophecy: 추가 발견

20 더하기 2 곱하기 6을 하면 천상의 지식이
의기양양하게 행성을 찾아와 질병과 전염병과 기아가 감소한다.
로마는 구세주에게 환희를, 학자들은 외경심으로 미소 짓는다.
점성술은 인정받고 과학의 신시대가 열린다.

제1행에서 2 곱하기 6을 하면 12가 되고, 그것을 20과 더하면 32가 된다. 따라서 이 예언은 **2032년**에 실현될 것으로 보인다. 물론 1632년, 1732년, 1832년, 1932년도 가능성이 있었지만, 우리는 이미 알고 있다. 그것이 실현되지 않았다는 것을… 천상의 지식이 오지 않았고, 구세주도 오지 않았으며, 학자들이 외경심으로 미소 지은 적도 없다. 아직도 점성술은 전혀 인정받지 못하고 있고, 과학으로 취급되기는커녕, 미신으로 치부되면서 깔아 뭉개지고 있는 실정이다. 그러므로 우리는 자연스럽게 2032년을 지목해볼 수 있게 되는 것이다. 여기서 놀라운 것은 점성술을 과학의 신시대로 이끄는 그 분이, 전혀 의외의 인물, 즉 우리 인류가 오래전부터 기다려 오던 바로 그 분이라는 것이다. 그 분은 성스런 진리의 소식만 갖고 오시는 게 아니라, 천상의 지식도 함께 가지고 오실 것이라 한다. 모르긴 몰라도 "고대의 항아리" 속에서 참 많은 것들을 꺼내주게 될 것으로 보인다. 참으로 기대만발이 아닐 수 없다. 한편 이와 유사한 방식으로 사건의 연도를 꼭 집어 예언해놓은 다른 사례 하나를 참고해보자.

Nostradamus prophecy: Quatrain 2, 51

The blood of the just will commit a fault at London,
Burnt through lightning of twenty threes the six:
The ancient lady will fall from her high place,
Several of the same sect will be killed.

런던에서 정의의 피가 잘못을 저지르게 된다.
번쩍임으로 인한 화재, 20이 세 개 그리고 6.
고대의 숙녀가 높은 곳에서 떨어질 것이다.
같은 종파 사람들이 죽음을 당할 것이다.

이 예언에서 20이 셋이면 그것은 60이 되고, 그것을 6과 합하면 66이 된다. 그리고 이 사건은 실제로 1666년 9월2일 영국 런던에서 실현되었다. 새벽 2시경 빵공장에서 불이 나기 시작했고 그것이 런던 시내 전역으로 번졌다. 당시 소방 담당의 무책임으로 인해 조기에 진화되지 않았고, 5일 동안 교회 87채와 주택 13000채가 불탔다. 9명이 목숨을 잃었으며, 당시 인구 8만 명 중 7만여 명이 집을 잃은 대참사였다. 런던 시민들은 대부분 목조 가옥에서 살고 있었고, 수 백 명의 시민들이 석

조건물인 세인트폴 대성당이 안전하다고 믿어 그쪽으로 우르르 몰려들었다. 하지만 이 화재로 대성당의 지붕 위에 있던 성모 마리아상이 떨어졌고 대성당 건물도 전소되었으며 시민들이 희생되었다. 예언의 첫째 행은 소방 담당의 업무 소홀이나 또는 대성당에 대한 시민들의 믿음을 헛되게 한 일을 언급하는 듯하고, 둘째 행은 최초로 불붙은 빵 공장, 셋째 행에서 고대의 숙녀는 바로 성모 마리아상을 의미한다.

이 예언에서 연도를 지명한 방법 그대로, 우리는 의기양양하게 2032년을 지명할 수 있게 된 것이다. 하지만 혹자는 말할 지도 모른다. 그런 식이라면 2132년이나 2232년도 가능한 것 아니냐고… 당연한 얘기다. 하지만 2032년이 아니라는 전제 조건하에 성립되는 얘기일 것이다. 그러니 우리는 일단 2032년을 기다려보는 게 좋을 듯하다. 누가 알겠는가? 그때까지 살아서 메시아를 친견하는 특전을 우리가 누려볼 수 있을지…

Nostradamus prophecy: Quatrain 10, 42

The humane realm of Anglican offspring,
It will cause its realm to hold to peace and union:
War half-captive in its enclosure,
For long will it cause them to maintain peace.

천사를 조상으로 하는 인간의 통치는
평화와 화합 속에 유지될 것이고,
전쟁을 반쯤 포로 상태로 봉합해버릴 것이다.
그러한 조치는 오랫동안 평화가 지속되도록 해줄 것이다.

마침내 온 인류가 염원해오던 평화로운 지구가 정착된다는 엄청난 메시지를 담고 있는 이 4행시가 그동안 쿨쿨 잠자고 있었던 이유가 무엇일까? 돈이 안 되기 때문일까? 실로 아름답기가 그지없을 정도로 희망의 메시지들로 가득하다. 아름답고 멋들어진 평화의 시스템이 구축될 것이다. 예언연구가들의 눈에는 이런 시들은 눈에 들어오지가 않고, 오로지 서로 치고 서로 싸우는 극악한 장면들만 선명하게 눈에 들어오는 듯하다. 노스트라다무스는 분명하게 말해주고 있다. 아주, 아주, 오랫동안 지구에 평화가 정착될 것이라고 말이다. 그러니 우리에게 종국에는 커다란 희망이 함께 하고 있는 것이다.

우리의 지향점

문득 세상을 둘러보면, 온 세상이 경쟁을 부르짖으며 미친 듯이 극한으로 질주하고 있는 듯하다. 그러나 경쟁은 결국 모두가 불행해지는 결과를 초래할 뿐이다. 경쟁은 인간의 사조가 아니라 짐승의 사조이다. 이제는 패러다임이 바뀌어야 한다. 경쟁이 아니라 상생과 화합으로 나아가야 한다. 결국은 엄청난 한바탕의 대 소동을 벌이고 나서야, 우리 지구에 조용한 평화가 다시 깃들 수 있을 것 같다. 노아의 대홍수 이래로 전무후무하면서도 해괴망측하기가 그지없는 그 요상한 미꾸라지 한 마리로 인해 초래된 일대소란을 통해서, 하늘은 우리들에게 무언가를 가르치고 싶었던 것이 아닐까? 예컨대 서구인들에게는 겸손을 가르치고 싶으셨던 것 같고, 한국인들에게는 그 옛날 콩 한쪽도 나눠먹던 훈훈한 정을 다시 되찾고, 홍익인간의 이념을 부르짖었던 그 위대했던 초심으로 다시 돌아가라고 가르치고 싶었던 것이 아닐까? 그리고 러시아를 비롯한 전 세계인들에게 공통적으로 가르치고 싶었던 것은 바로 마음(心), 이 한 글자를 가르치시고 싶으셨던 것이 아닐까? 「디모데전서」 2:4에 이런 구절이 있다.

"하나님은 모든 사람이 구원을 받으며 진리를 아는 데 이르기를 원하시느니라."

하늘은 사람들이 진리를 알기를 원하신다고 한다. 여기서 말하는 진리가 무엇인가? 필자가 몇 해 전에 제주도 여행을 갈 일이 있었고, 그때 전 세계의 크고 작은 연들을 모아놓은 한 박물관을 찾은 일이 있었다. 그때 나이 지긋하신 노신사 한 분께서 전 세계의 연들을 설명해주시면서 유난히 왜소해 보이는 한국 연에 대해 오히려 큰 자부심을 드러내고 있었다. 그 연유를 물었더니, 한국의 연에는 다른 나라에는 없는 텅 빈 중심이 있다는 설명이었다. 그것이 어떤 의미냐고 질문을 던졌고, 다른 나라의 연들은 그저 바람이 부는 대로 이리저리 날릴 뿐이지만, 한국의 연은 가고 싶은 방향으로 조정이 가능하므로, 연싸움을 하게 되면 크게 다르다는 설명이었다. 그때 필자의 가슴에 와 닿았던 것은 하다못해 연에 불과한 일개 사물조차도 텅 빈 중심이 큰 의미를 갖는데, 만물의 영장인 사람이 마땅히 저마다 텅 빈 중심을 회복할 필요가 있지 않겠냐는 생각을 하게 되었다. 텅 빈 중심을 어떻게 찾아야 하는가? 오직 마음(心)에 진리가 있다. 세상에 유물론이라니, 마음을 부정한다는 것이 어디 가당키나 한 말인가? 모든 것이 마음에 달려있고, 마음 한 글자를 통해서 우리는 세상에 존재하고 있다. 유물론이 아니라, 유심론인 것이다. 이미 2500년 전에 붓다가 유심론이라고 일갈했다. 붓다의 자비와 공자의 인과 예수의 사랑이 모두 같은 얘기 아니겠는가. 온 우주를 둘러봐도 마음 외에 달리 논할 수 있는 것이 아무 것도 없다. 사춘기 소년들이 한바탕 소란을 떨면서 반항을 해볼 수는 있지만, 그래도 다시 마음으로 돌아와야 한다. 그리하여 **경천합일**(敬天合一), 하늘을 공경하고, 그 공경해마지 않는 하느님과 마침내 하나가 되어야 한다. 오늘날 많은 목사들이 메시아를 부르짖고 있다. 그러나 그들이 간절히 고대하는 그 예수가 다시 살아 돌아와도 결국 마음을 부르짖게 될 것이다. 그들이 흔히 상상하는 바대로 메시아는 144,000장의 천국 가는 열차표를 갖고 오시는 게 아니다. 메시아가 온다면 그는 이 지상에다가 천국을 펼치려고 할 것이다. 주위를 둘러보면, 이 땅을 부정하고 휴거를 기다리는 자들까지 엄연히 존재하고 있으니, 그들의 우주관이 참으로 걱정스럽기 그지없다. 메시아는 만병통치약이 아니다. 목사들의 설교를 들어보면 천국 가는 길이 오직 예수에게 있다고 한다. 메시아가 와서 제일 한심스런 자들이라고 일갈하고야 말 것이다. 그들은 「마태복음」 28:20에 적힌,

" … 내가 세상 끝 날까지 너희와 항상 함께 있으리라… "

이 구절의 뜻을 제대로 이해하지 못한 것이 분명하다. 그들은 성화(Sanctification)을 말하면서도 정작 땅에서의 성화는 불가능하다고 체념해버리고 있다. 오직 메시아에 의해서만, 하늘에 의해서만 성화가 가능하다고 주장하고 있다. 그리고 메시아가 왔을 때 열심히 믿었으니 천국 가는 표를 달라고 손을 내밀지도 모르겠다. 육신의 예수가 아니라, 성령의 예수는 한 번도 이 지상을 떠나 본 적이 없다. 육신의 예수

가 다시 돌아와도 무리를 이끌어 물가로 데려갈 수 있을 뿐이다. 그는 단지 물가로 가는 지름길을 알려줄 수 있을 것이다. 나머지는 결국 각자의 몫이다. 사실은 메시아가 다시 올 필요조차도 없었던 것이다. 스스로가 그 물을 떠 마셔야 한다. 그런 다음 우리는 결국 어디까지 가야 하는가? 오쇼 라즈니쉬의 『길은 내안에 있다』에서 발췌한 내용을 소개해 보고자 한다. 이 글을 통해, 경천합일, 하늘과 하나가 된다는 것이 대체 무엇을 의미하는지를 느껴볼 수 있으면 좋겠다. 잃어버린 마음(心)을 되찾고, 텅 빈 중심을 회복해서 우리는 결국 여기까지 나아가야 한다.

1953년 3월 21일이 되기 바로 7일전, 나는 스스로에 대한 노력을 그만 두었다 (…) 그날 나는 탐구를 멈췄다 (…) 그날 욕망이 멎었다 (…)

7일 동안 나는 매우 희망 없고 무력한 상태 속에서 살았다. 그러나 그와 동시에 무언가가 일어나고 있었다. 내가 희망 없음이라고 말할 때 그것은 그대가 절망이라고 말할 때 의미하는 것과 같은 것을 의미하지 않는다 (…) 그 희망 없음은 절대적이고 전체적이었다. 희망이 사라졌고 그와 함께 그 짝인 절망 또한 사라졌다. 희망 없이 존재하는 것, 그것은 전적으로 새로운 경험이었다. 그것은 부정적인 상태가 아니었다. 말로는 그렇게 표현할 수밖에 없지만 그것은 부정적인 상태가 아니었다. 그것은 절대적으로 긍정적인 상태였다. 그것은 단순히 부재가 아니었다. 현존이 느껴졌다. 내 안에서 무언가가 넘쳐흐르고 있었다. 나를 덮치고 있었다. 그리고 내가 무력했다고 말할 때 그것은 사전상의 단어를 의미하는 것이 아니다. 나는 단순히 내게 자아가 없었다고 말하는 것이다. 그것이 내가 말하는 무력함의 의미이다. 나는 내가 없다는 사실을 깨달았다. 따라서 나 자신에 의지할 수 없었다. 나 자신의 땅위에 서 있을 수 없었다. 발밑에 땅이 없었다. 나는 심연 속에 있었다. 나는 심연 속에 있었다. 바닥없는 심연… 그러나 두려움은 없었다 (…) 그 7일간은 엄청난 변형의 완전한 변형의 날들이었다. 그리고 마지막 날, 전적으로 새로운 에너지의 현존, 새로운 빛, 새로운 기쁨이 너무도 강렬해져서 거의 견딜 수 없을 지경이었다. 마치 내가 폭발하고 있는 것만 같았다. 마치 내가 환희로 미쳐가고 있는 것만 같았다. 젊은 세대의 말을 빌리자면, 나는 황홀경 속에서 맛이 가고 있었다. 무슨 일이 일어나고 있는 것인지 이해하는 것은 불가능 했다. 그것은 아주 가늠하기 힘든 세계였다. 그것은 알 수도 없고 어떤 범주에 넣을 수도 없고 말로 설명하기도 어려운 것이었다. 모든 경전은 죽어있었고 이러한 체험을 표현하기에는 모든 말들이 너무나 시들하고 빈약했다. 그 경험은 그토록 생생하게 살아 있었다. 그것은 거세게 밀려오는 지복의 물결과 같았다. 하루 종일 이상하고 어리둥절했다. 또 그것은 모든 것이 산산이 부서지는 체험이었다. 과거가 사라지고 있었다. 마치 그 모든 과거들이 한 번도 내게 속한 적이 없던 것처럼… 마치 그 과거들에 관해 어디선가 읽었던 것처럼, 그것에 대해 꿈을 꾸었던 것처럼, 마치 누군가로부터 딴사람의 이야기를 들었던 것처럼… 나는 과거로부터 풀려나고 있었다. 나는 나의 일대기로부터 뿌리째 뽑혀지고 있었다. 나는 나의 자서전으로부터 삭제되고 있었다. 나눈 붓다가 아나타(Annatta)라고 부르는 비존재가 되어가고 있었다. 경계가 사라지고 구분이 사라지고 있었다. 마음이 사라지고 있었다. 마음은 수백만 마일이나 떨어져 나가서 마음을 붙잡는다는 것은 어려운 일이었다. 마음은 멀리 더 멀리 달아나고 있었다. 그리고 그것을 붙잡아 두려는 욕망도 없었다. 나는 단순히 그 모든 것에 대해 무관심했다. 그대로 좋았다. 나는 계속 과거에 머물고자 하는 욕구가 없었다. 저녁 무렵이 되자 견디기가 몹시 힘들어졌다. 그것은 괴롭고 고통스러웠다. 그것은 아기가 태어나려 할 때 여인이 겪는 극심한 산고, 진통과 같았다. 그 무렵 나는 밤 열두시나 한시쯤에 잠자리에 들곤 했다. 그러나 그날 나는 깨어있을 수가 없었다. 내 눈은 감겨있었다. 눈을 뜨고 있는 것이 어려웠다. 매우 절박한 무언가가 있었다. 무언가가 일어나고 있었다. 그것이 무엇이었는지 말한다는 것은 어려운 일이다. 아마도 나의 죽음이 일어나고 있었다. 하지만 두렵지는 않았다. 나는 준비되어있었다. 이 7일간의 체험은 너무나 아름다워서 나는 죽음을 맞을 각오가 되어 있었다. 더 이상 아무것도 필요하지 않았다. 그 날들은 엄청난 지복으로 차있었고 나는 그토록 충만해 있었기에 만약 죽음이 왔다고 해도 기꺼이 받아들였을 것이다. 하지만 분명 무언가가 일어나고 있었다. 죽음과 같은 어떤 것, 매우 강렬한 어떤 것, 죽음도 아니고 새로운 탄생도 아니며 십자가의 못 박힘도 부활도 아닌, 하지만 엄청나게 중요한 어떤 것이 바로 가까운 곳에 있었다. 나는 눈을 뜨고 있기가 불가능했다. 나는 취해 있었다. 나는 여덟시쯤에 잠자리에 들었다. 그것은 잠과는 다른 것이었다. 이제 나는 파탄잘리(Patanjali)가 잠과 사마디(Sammadhi)는 비슷하다고 하는 그 의미를 이해한다 (…) 나는 잠자리에 들었다. 그것은 참으로 이상한 잠이었다. 몸은 자고 있었지만 나는 깨어 있었다. 그것은 정말 이상했다. 그것은 마치 하나가 두 방향으로 두 차원으로 따로따로 떨어져 나가는 것 같았다. 마치 두개의 극이 완전히 포개지는 듯, 마치 내가 양극 모두인 듯 긍정과 부정이 만나고 잠과 각성이 만나고 죽음과 삶이 만나고 있는 듯 했다. 그것은 '창조자와 피조물의 만남'이라고 할 만한 순간이었다 (…) 열두시 가까이 되어 갑자기 눈이 뜨였다. 내가 눈을 뜬것이 아니었다.

다른 무엇인가에 의해 잠이 깼다. 나는 나를 둘러싼 방안의 거대한 현존을 느꼈다. 그 방은 매우 작았다. 나는 거의 허리케인과 같은 거대한 빛과 기쁨과 환희의 폭풍처럼 사방으로 나를 둘러싼 고동치는 생명, 거대한 진동을 느꼈다. 나는 그 안으로 빠져들고 있었다. 그것은 너무나 엄청난 실재여서 다른 모든 것은 비실재가 되었다. 방의 벽은 비실재가 되었다. 집은 비실재가 되었다. 나의 몸은 비실재가 되었다. 이제 처음으로 실재가 드러나자 모든 것은 비실재가 되었다. 그것이 바로 붓다와 샹카라(Shankara)가 세상을 마야(Maya) 즉 신기루라고 부른 이유이다 (…) 갑자기 그것은 거기 있었다. 다른 실재, 분리된 실재, 진짜 실재, 혹은 뭐라고 부르든 마찬가지이다. 신, 진리, 담마(dhamma)도 그대는 원하는 그대로 부를 수 있다. 그것은 이름이 없었다. 그러나 그것은 거기 있었다. 너무나 투명하게, 그러나 또한 너무나 확실해서 손으로 만질 수 있을 정도였다. 그것은 그 방안에 있는 나를 거의 질식시킬 지경이었다. 그것은 너무나 컸고 나는 아직 그것을 흡수할 수가 없었다. 방에서 뛰쳐나가 하늘 아래로 달려가고 싶은 절박한 충동이 내안에서 일어났다. 그것은 나를 질식시키고 있었다. 그것은 너무나 강렬했다. 그것은 나를 죽일 것 같았다! 내가 조금만 더 머물러 있었다면 그것은 나를 질식시켰을 것이다. 그렇게 보였다. 나는 방을 뛰쳐나와 거리로 나갔다. 하늘 아래서 별들과 나무들과 땅과 자연과 함께 있고 싶은 충동이 너무나 컸다 (…) 나는 가장 가까이 있는 공원을 향해 걸었다 (…) 처음으로 나는 혼자가 아니었다. 처음으로 나는 더 이상 한 개인이 아니었다. 처음으로 물방울은 대양 속으로 떨어졌다. 이제 온 대양이 나의 것이었고 내가 대양이었다. 경계가 없었다. 마치 무엇이든지 다 할 수 있을 것 같은 무한한 힘이 솟아올랐다. 나는 거기 없었다. 오직 힘만이 거기 있었다 (…) 너무 늦은 시간이었다 (…) 나는 문을 기어올라 도둑처럼 공원으로 들어가야 했다. 무언가가 나를 공원으로 끌어당기고 있었다. 내가 나 자신을 어찌할 수 없었다. 나는 단지 흘러가고 있었다 (…) 나는 내맡김 속에 있었다. 나는 거기 없었다. 그것이 거기 있었다. 그것을 신이라고 부른다면 신이 거기 있었다. 나는 그것을 그것이라고 부르고 싶다. 신이라는 말은 너무나 인간적인 말이고 너무 많은 사용으로 인해 너무나 더럽혀졌으며 수많은 사람들에 의해 너무나 오염되었다. 기독교인들 힌두교인들 이슬람교인들 성직자들과 정치가들 그들은 모두 그 단어의 아름다움을 타락시켜 버렸다. 그러니 그것을 '그것'이라고 부르겠다 (…) 내가 공원에 들어간 순간 모든 것이 빛을 발했다. 공원 전체가 축복과 은총으로 가득했다 (…) 나는 주위를 둘러보았다. 나무 한 그루가 굉장한 빛을 발하고 있었다. 마울슈리 나무였다. 그 나무가 나의 주의를 끌어당겼다. 그것이 나를 자신에게로 끌어당겼다. 내가 그것을 선택한 것이 아니었다. 신 자신이 그것을 선택했다. 나는 그 나무에게로 가서 그 아래에 앉았다. 내가 거기에 앉자 평온이 찾아왔다. 온 우주가 하나의 축복이 되었다. 내가 얼마나 그런 상태에 있었는지는 말하기 어렵다. 내가 집으로 돌아왔을 때는 새벽 네 시였으므로 시간적으로 적어도 세 시간은 거기 있었음이 분명하다. 하지만 그것은 무한이었다. 그것은 시계에 나타나는 시간과는 상관이 없었다. 그것은 영원이었다. 그 세 시간은 전적인 영원, 끝없는 영원이 되었다. 시간은 없었다. 시간의 경과는 없었다. 그것은 처음으로 드러나는 실재였다. 때 묻지 않고 만질 수 없는 가늠할 수 없는 실재였다. 그리고 그날 일어난 그것은 계속 되어 왔다. 하나의 연속성으로서가 아니라 그것은 내면을 흐르는 지하수처럼 계속 되어 왔다. 변치 않는 것이 아니라 매순간 그것은 끊임없이 일어나고 있다. 그것은 매순간 일어나는 기적이다. 그리고 그날 밤 이래로 나는 결코 육체 안에 있었던 적이 없다. 나는 육체의 주위를 떠돌고 있다. 나는 엄청나게 강해졌고 동시에 매우 연약해졌다. 나는 매우 강해졌지만 그 힘은 무하마드 알리의 힘이 아니다. 그 힘은 바위의 힘이 아니다. 그 힘은 장미꽃의 힘이다. 강하지만 동시에 너무나 연약하고 너무나 민감하고 너무나 섬세하다. 바위는 언제나 거기 있을 것이다. 그러나 꽃은 어느 순간에라도 사라질 수 있다. 그럼에도 불구하고 꽃은 바위보다 강하다. 꽃은 살아 있기 때문이다. 혹은 아침 햇살 속에 빛나는 풀잎에 맺힌 이슬방울의 힘… 너무나 아름답고 너무나 소중하다. 그러나 어느 순간에 미끄러져 떨어질지 모른다. 그 우아함은 비교될 수 없을 정도이지만 작은 산들바람만 불어와도 이슬방울은 떨어져 영원히 사라진다. 붓다들의 힘은 이 세상의 것이 아니다. 그들의 힘은 전적으로 사랑으로 이루어져 있다. 장미꽃이나 이슬방울처럼… 그들의 힘은 매우 부서지기 쉽고 연약하다. 그들의 힘은 죽음의 힘이 아닌 생명의 힘이다. 그들의 힘은 죽이는 힘이 아니다. 그들의 힘은 창조하는 힘이다. 그들의 힘은 폭력과 공격성의 힘이 아니다. 그들의 힘은 연민의 힘이다.

금시명

지난 2015년에 12년간의 연구를 통해 동방의 빛 시리즈 제1권 하도와 낙서, 제2권 천부경, 제3,4권 정역을 출간한 바 있다.
그리고 2018년 새해 벽두를 맞이하여 성서의 양대 예언서인 다니엘서와 요한계시록을 풀이하고, 나아가 노스트라다무스가 남긴 모든 세기의 빗장을 연다.

동방의 빛 ❻ 빛의 예언 下

초판 인쇄 2018년 1월 15일
초판 발행 2018년 1월 25일

지 은 이 | 금 시 명
펴 낸 이 | 하 운 근
펴 낸 곳 | 學古房

주　　소 | 경기도 고양시 덕양구 통일로 140 삼송테크노밸리 A동 B224
전　　화 | (02)353-9908 편집부(02)356-9903
팩　　스 | (02)6959-8234
홈페이지 | http://hakgobang.co.kr/
전자우편 | hakgobang@naver.com, hakgobang@chol.com
등록번호 | 제311-1994-000001호

ISBN 978-89-6071-725-1 04100
978-89-6071-498-4 (세트)

값 : 26,000원

이 도서의 국립중앙도서관 출판시도서목록(CIP)은 서지정보유통지원시스템 홈페이지(http://seoji.nl.go.kr)와 국가자료공동목록시스템(http://www.nl.go.kr/kolisnet)에서 이용하실 수 있습니다.(CIP제어번호: CIP2018001342)